U0033326

Chinese
Creation

一個清華學子的荊棘人生

高魯冀回憶錄

The Autobiography of Luji Gao

Incredible Life of A Tsinghua Scholar

高魯冀 著

目錄

The Autobiography of
Luji Gao
Incredible Life of
A Tsinghua Scholar

歷史機遇中的人生傳奇
——《一個清華學子的荊棘人生》序

李　昕（原香港三聯及北京三聯總編輯）

高魯冀與李昕

高魯冀先生的回憶錄終於出版了。

這是我曾經抱著極大熱情參與策劃和編輯的書。那還是七八年前，我在北京三聯書店任職，經人介紹，魯冀先生約我面談。就在三聯樓下的雕刻時光咖啡館，我初次見到這位風度儒雅、帶著一股濃濃的知識份子氣息的作者。他就著一壺伯爵紅茶，與我侃侃而談，講述自己平凡但又頗為傳奇的一生。我好奇地傾聽，時時被他的故事吸引、感動和震撼。大約兩個小時，我被他迷住了。我說，你的人生這麼精彩，為什麼不寫回憶錄呢？他說以前零星地寫過一些，也曾經出版過兩本隨筆集，但是總覺得自己不是名人，不曾動過寫回憶錄的念頭。於是我勸他說，你的人生經歷中有些重要的事實和史料，是值得挖掘和總結的。不光是為了對自己負責，而且，將這些真實的故事留下來，留給社會，留給後人，留給歷史，本身也是我們對於這個時代的一份責任。他接受了我的建議，於是就有了這本書。

魯冀先生的經歷，大體上分為前後兩段。早年在國內求學，「文革」前畢業於清華大學土建系，「文革」後又重回清華，獲得建築學碩士學位，成為土木建築領域的專業人士。八十年代初期，在一個偶然的機會中他移居美國，轉而變成了一位專業記者。晚年，在經歷了若干人生變故之後，他皈依基督，在美國成為一位牧師。他將自己的經歷稱之為「荊棘人生」，意謂自己生活道路之崎嶇多險，一路走來殊為不易。誠然，就像他自己記述的那樣，他這一生不僅故事多多，而且平凡中有不平凡，當他把自己個人經歷與歷史進程融為一體時，死水微瀾也曾凸現驚濤駭浪。他是記者出身，文筆上佳，會講故事，大事小事，經他娓娓道來，皆清新可讀，引人入勝。像每一個經歷豐富的老年人一樣，他的人生況味，就像一壇陳年佳釀，是值得人們細細品賞的，哪怕是那些隨手寫下的瑣碎記憶，其間也體現著某個特定時代的特徵，對於今天的讀者，已成為一種歷史的認知。他是文人，平日裡以文會友，與一大批文友結緣，有些還是忘年交。他在書中幾乎是隨口講出的一些自己與沈從文、蕭乾、劉開渠、黃永玉、錢紹武、李煥民等作家、藝術家交往的故事，便不能不令讀者對他刮目相看。

然而在我看來，魯冀先生最為可圈可點的是兩件壯舉。

一件是他「文革」期間在清華大學主持修建毛澤東塑像的事。按理說，他1965年從清華畢業，1966年「文革」興起，他早已離開學校。清華的「文革」與他無緣。然而由於受到好友邀請，他竟然意外地獲得了「回校鬧革命」的機會。而此時又恰逢清華大學的紅衛兵拆除校園內標誌性的歷史建築「二校門」，引發了他的一個創意：在「二校門」原址上建造一座毛澤東塑像。他的想法得到了蒯大富領導的紅衛兵總部的支持，於是他承擔了組織、策劃和施工的責任，作為塑像建造的總指揮，搖身一變成了「清華園裡能量最大的人之一」。1967年5月4日，塑像落成，不僅清華一片歡騰，而且引起全國廣泛關注。各地紛紛派代表到清華取經，魯冀先生作為專家屢受邀請，到處去指導毛澤東塑像的修建。他甚至為此專門寫了一本著作，向讀者講解主席塑像修建中的種種技術問題。須知，那時中國正處在個人崇拜的熱潮之中，到處都在「造神」，「大樹特樹」毛澤東的「絕對權威」，於是清華為毛澤東造像的創意在全國各地被迅速推廣，成為時代風尚，短短一兩年之內，在九百六十萬平方公里的土地上，成千上萬座毛澤東塑像在機關、學校、工廠，在社區、廣場、街頭被豎立起來，成為「文革」「紅海洋」中最為醒目的一道風景線。這樣的情景，相信所有經歷過「文革」的人們都記憶猶新。

儘管，時過境遷，隨著「文革」結束，極左思潮被糾正，這些在公共場所「日夜站崗」的毛澤東塑像，99%以上的已被拆除。就連魯冀先生在清華大學建造全國第一座毛澤東塑像的地方，清華「二校門」也早已按照原貌修復，而那座「毛主席揮手我前進」的塑像已無處找尋。今天，甚至連研究街頭雕塑的專家想要找到當年這些毛澤東塑像的照片也十分困難，魯冀先生作為為毛澤東塑像的「始作俑者」，「開風氣之人」自然也不為人知。由於他幾十年來身居海外，沉默低調，很少談及當年往事，以至於有關第一座毛澤東塑像的策劃、建造的故事，被人眾說紛紜，甚至以訛傳訛。由於大家從不同角度看待此事，有人認為這並非光彩之舉，所以即便參與了塑像的設計和修建，也羞於承認；有人卻以為這畢竟是一件輝煌的藝術作品，作為參與者與有榮焉，於是極力強調自己在當初發揮的決定性作用，難免有貪人之功的嫌疑。對此，魯冀先生在本書中細說從頭，提供了不可多得的史料，客觀還原了這段歷史。我想，無論人們怎樣看待此事的是非功過，都必須承認，建造毛的塑像，畢竟是當時的一件影響遍及全國的大事，它體現著中國曾經盛行的社會思潮，見證著我們的社會曾經陷入過怎樣的狂熱，代表著一個時代的歷史，因此值得一記。

魯冀先生做出的第二件壯舉，是他以記者身份在美國全程介入了記者江南遇害案的調查，並成為破案的關鍵人物。

江南本名劉宜良，是原《台灣日報》駐美特派記者，他在美國寫出《蔣經國傳》，該書在洛杉磯《論壇報》連載後，因其中披露蔣家內部矛盾和國民黨的派系鬥爭，引起國民黨上層強烈不滿，且同時國民黨情報局又發現他為中國大陸「收集情報」。於是，該情報局買通黑社會「竹聯幫」，於1984年10月15日在三藩市附近Daly City的江南私宅的車庫內將其暗殺。於是一時間國際輿論大嘩，海內外各界紛紛要求追查兇手。

魯冀先生此時也在三藩市，他是《時代報》記者，同時兼任香港《文匯報》駐美特派員。因為同行的關係，他結識了江南，彼此成為密友。江南遇害，他悲痛至極，決心親自追蹤調查，揭出事件真相。這在當時顯然是一件十分危險的事。然而魯冀先生是執著的，他抱著一種「走火入魔」的心態，連續撰寫了數十篇有關這一事件的新聞和評論，其中披露了大量鮮為人知的獨家資料，特別是提供了破解此案的一些關鍵證據線索。有時他的文章《時代報》害怕惹禍不敢刊登，他便轉給香港《文匯報》刊登，這些文章當時在港台、美加多間報刊都有轉載，引來大批讀者追讀。而魯冀先生為了避免暴露身份，頻頻更換筆名。他說自己一生用過十幾個筆名，光是為了江南案的報導，就用了七八個。可以說當時情況是大案當前，眾皆怯怯，而唯魯冀先生無所畏懼。他是唯一一位堅持獨立進行追蹤調查江南案的記者，也是唯一一位對此案的結案做出重大貢獻的記者。在這裡，他顯示出了一位優秀記者所具備的主要品質：敏銳，機智，有策略，有膽識，有擔當，有強烈的使命感和社會責任感。他的努力自然是有回報的，「大審竹聯幫」、台灣情報局長被撤職便是最後的結果。相信讀者後來都見到過相關報導，從中瞭解了事件的來龍去脈，但我希望大家在驚歎美國FBI破案能力之餘，不要忘記此案中調查記者那一支犀利的筆，曾經為迷茫的案情做出的解析，或許這才是FBI賴以破案的基礎。

這兩件「壯舉」，魯冀先生可以說都是受到歷史風雲的裹挾，而不由自主地參與其間。其實，他和我們一樣，原本是平凡的普通人，是「小人物」，也就是他所說的「small potato」。在通常的情況下，這樣的人是沒有機會參與歷史進程的。他們會被漫漫的歷史所遮蔽，而難以浮現出來。經驗告訴我們，一個小人物一生中假如有一次參與創造歷史的機會，那就是足夠幸運的，然而魯冀先生得天獨厚，他運氣特好，竟然趕上了兩次，無論是「文革」中修建毛澤東塑像，還是推動江南大案的偵破，他都處在創造歷史的核心位置。這是否應該簡單地歸之於他有非同尋常的機遇呢？

人們常說，機遇只留給「有準備」的人。這句話用在魯冀先生策劃修建毛澤東塑像上，是完全正確的。魯冀先生自幼喜愛藝術，少年學畫，對建築和雕塑早有心得，繼而又畢業於清華土建系，成了一名工程師。正是因為他具備了這幾方面的綜合素質，才能使他在看到清華「二校門」被推到時，第一時間想到的是在原址上該建一個什麼樣的建築？於是修建毛澤東塑像的創意便應運而生，這完全是天賜良機於斯人，天降大任於斯人也。但是，如果說他遭逢江南大案以後，冒險追蹤調查並取得關鍵證據線索也是因為「有準備」，那便是牽強附會了。在這裡應該說，創造歷史的機遇，通常只留給那些有良知、有膽略、有魄力的人，魯冀先生屬於這樣的人。

也許有人讀過本書以後，會感歎說，魯冀先生作為一位青年建築師，早早就顯露才華，不僅「文革」中主持修建過多座毛澤東塑像，而且「文革」後還以專家身份參加毛主席紀念堂前群雕的建造工程，在土建專業上，他顯示出的，完全是一種前程不可限量的發展態勢。如果他不移居美國去改行做記者，而留在國內繼續發展自己的專業，或許今天，他已經是國內著名的土木建築大家。但我以為，就像歷史是無法假設的一樣，個人專業的發展前景也無法假設。在人才問題上，只有一條邏輯是恒定的，那就是「金子在哪裡都閃光。」你看魯冀先生改行做了記者，不是也同樣優秀，同樣傑出嗎？哪怕是他後來研讀三年神學，做了牧師，他的論文在國際神學研討中，也受到特別的重視，被同行稱為「重量級」的專家。這可真是「才華不滅」的道理。

魯冀先生年長我十餘歲，其閱歷和學識一向為我所敬重；他過去曾是土建專家，其擅長的專業，我所知甚少。因而本書的序言，本該由前輩建築學家或藝術家來做。但是，如前所述，鑒於我和這本回憶錄的七八年的「緣分」，魯冀先生再三邀我動筆，我又感覺無法推辭。在第三遍閱讀本書之際，邊讀編寫，遂成此篇，勉強叫做序吧。

2018，9，30

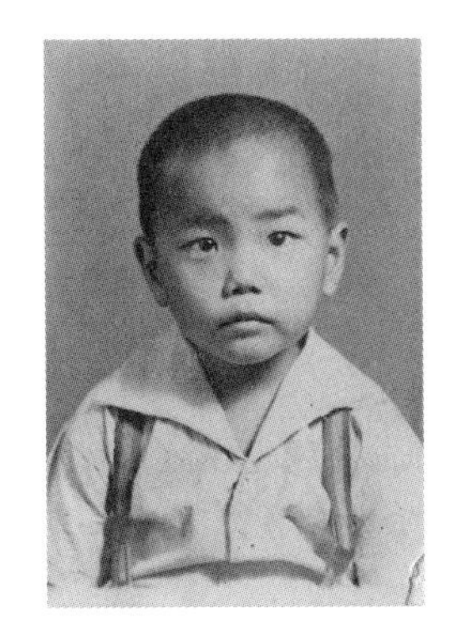

1945年。

1946年。

1946年父母與六個孩子。

1942年老姨抱著作者與兩姊姊。

1949年哥仨在花園。

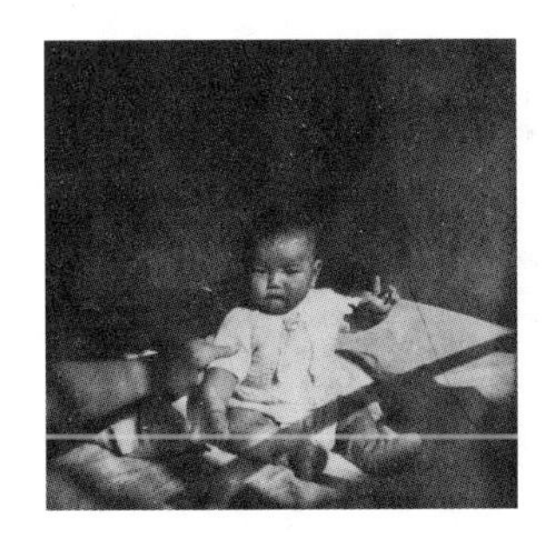

一歲指天。

▲
1942年全家在土山公園，難得的有老姨(母親右邊)，同姑姑(抱兩位姊姊)，高姑姑(最右邊)，作者兩歲。

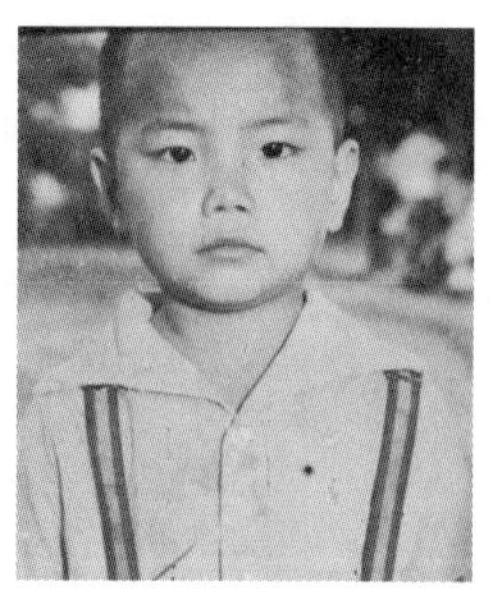
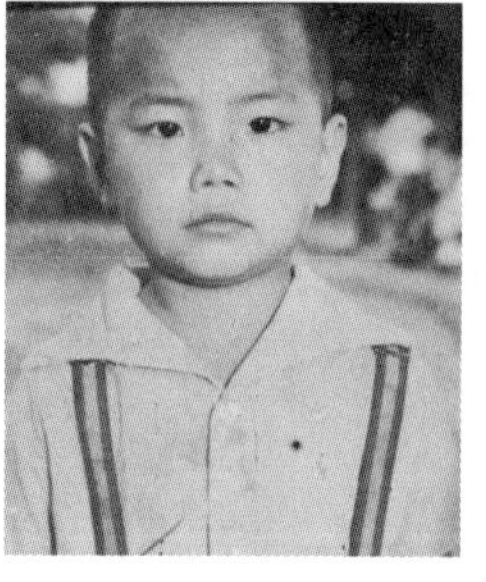

小學生。

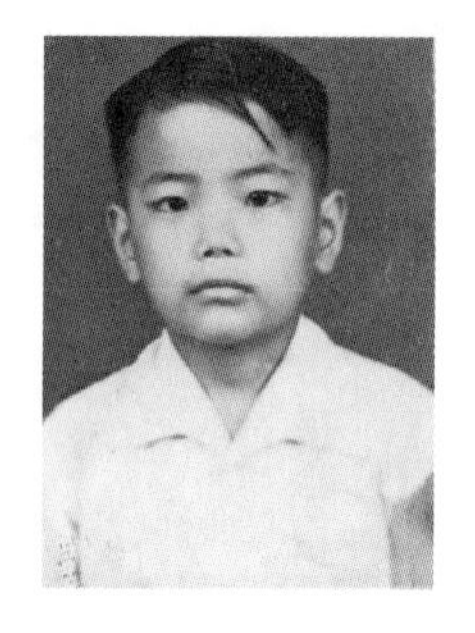

1948年小學生。

1949年舅母(後排左一)，父母(後排右一右二)，我們家七個孩子，舅母家三個孩子(缺大表哥)。▶

1942年全家父母親和五個孩子，老六，老七還未出生。

1984年奶奶抱著剛出生的孫子(魯渤之子)高昂。

1962年清華吹長號 。

在頤和園吹長號。

1963年7月與大學同學一起。

大學同學，中間為作者。

大學同班同學，本人，左起三名，左二為郭振華。

與同學在二校門合影。

和大學同學合影。

1961年9月17日，爸、媽、我和妹妹在北京中山公園合影。

1961年4月大學同學在頤和園。

1961年6月在清華學堂前，水磨石隊合影。

和同班同學合影，作者為後排中。

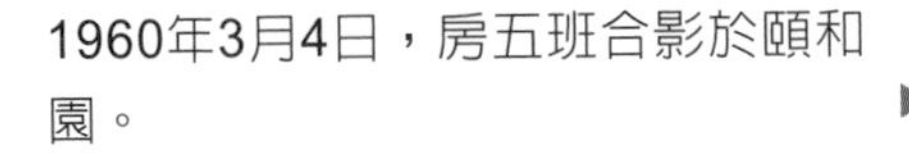

1960年3月4日，房五班合影於頤和園。▶

作者為第二排左三，(五人考上清華)，一排右五為高鐵民。

大學時代穿父親老西裝，在王府井中國照相館照後，班上很多人借西服照相，被批資產階級思想。

清華大學土木系，1959-1965畢業，全校師生合影，本人最後排右起第六名。

大學時代。

▲ 作者與白瀾生。

◀ 左起大學同學趙永志、我、白瀾生(我中學美術組同學，他考上中央美院雕塑系，是著名的雕塑家)。

1959年和高中同學合影，作者為右邊。

1970年生大女兒。

1975年在上海與岳父母一家合影。

1974年我們一起與父母合影，前排男孩為孫甥朱丹。

1974年老奶奶和兒媳及二個孫女高潔、高陽。

1969年結婚照。

1975年妻與二女兒。

1975年妻與兩個女兒。

1975年妻與二女兒。

二女兒。

兩個女兒在天津體育館門口。

1959-1965年清華大學文藝社團，畢業生合影，有胡錦濤，不清楚，本人在哪兒，也找不著。

1969年，在湖南韶山水庫出水口。

黃永玉妻子張梅溪與我大女兒。

三寶。

媽媽和女兒，我的三寶。

一家四口。

老奶奶抱妹妹的女兒和我的兩個女兒。

母親與大妹抱著我兩個女兒，還有妻。

母親與我老大。

大女兒、我與母親。

岳母、妻與兩女。

父親與我老大。

我設計芒果盒及彩色石子黏貼的毛主席像。

1969年在韶山毛主席舊居前。

一家四口，怎麼二女兒一邊揪姊姊頭髮，一邊揪媽媽的臉。

1982年姊夫（左）在美國作訪問學者、姨父與我。

1981年元旦，在加州首府沙加緬度印第安人博物館。

1981年5月3日，在芝加哥。

王光美身著旗袍，頭戴特別乒乓球串成的項鍊，接受批鬥。

· 文化大革命珍貴圖輯 ·

批鬥劉少奇夫人王光美

（本頁圖片有版權．請勿翻印）

▶ 1983年作者與章文晉大使。

▲ 1983年我與畫家關良在加州卡梅爾（Carmel）張大千舊居前合影。下一頁最底兩張為他送我的畫。

◀ 1983年7月我與朱紀瞻先生在舊金山國際機場他的大畫前合影。上為他贈送我的兩幅畫，其中贈我之畫為他走前從總領事館打電話給我，他作此以贈，此畫得到關良稱讚說隨性之作，揮灑自如。

2011年黃永玉先生為我畫的荷花。▶

關良贈畫二張。

1985年右起筆者與王己千、曹仲美。

1984年與夏志清先生合影。

2013年在上海黃永玉展覽會上。

1991年筆者與王己千先生在北加州萬佛城。

1994年1月14日在舊金山，三寶寺與星雲法師合影，下為賣給他的任熊的畫。

90年代初，我寄給黃先生2000元，請他畫張畫，他回了信，信寫在廢畫上(我也裱了起來)。原兩張大畫，共17呎。

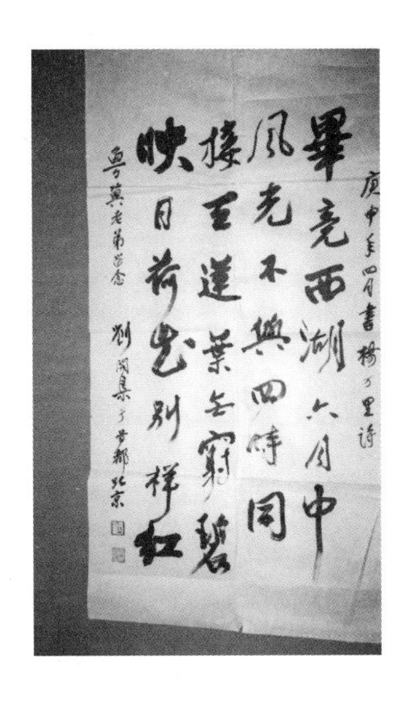

1980年來美前到劉開渠先生家辭行，劉先生贈送一畫一字。畫上寫魯冀兄留念，我說劉先生，您折死我了!在字上就寫了魯冀老弟留念。

◀ 1991年在北加州萬佛城與王己千先生合影。

兩幅王己千先生贈的畫，他還送了許多書法作品。

1987年妻子與二個女兒。

大女兒。

1975年大女兒。

1985年與中國女排合影。

1985年1月與侯寶林合影。

1981年元旦與台灣女孩王孝茵在加州首府印第安人博物館合影。

在教會講道。

2005年與家人和朋友在三藩市國語浸信會合影。

1986年12月21日受洗成為基督徒。

牧師朱樂華與當日受洗的人合影。

1988年在蕭乾家中，左為丁建，他向肖學習英語，我介紹的。

1988年與三爺爺高沂合影。

▲ 1998年大女兒在美國明尼蘇達結婚。

大女婿是律師及會計師，大女兒的同學。 ▶

◀ 1993年2月在家中等待兩個女兒旅遊歸來。

1989-1990年在三藩市台灣故宮博物院展覽會上。

1990年與大女兒高潔於加拿大溫哥華。

1998年聖誕節家中四人。

1998年生日，外甥丁芃、我、妻、二女兒。

姊妹情深。

1987年姊妹倆在北京朝陽公園。

老媽與第三代。

老媽與三姨楊懿德，她左邊是四舅，楊釗，天津人藝演員。

1986年在教會門口，我左邊為牧師朱樂華，右邊是醫生陳永成。

1986年聖誕節前受洗，成為基督徒。

▲ 1986年大女兒高潔。

兩個女兒在北京家中。 ▶

妻是烹飪高手。

祝媽媽、奶奶、姥姥生日快樂。

我出國後，妻一人帶兩個女兒。

1985年妻與二女兒高陽在北京家中。

大女兒高潔。

吃西瓜。

兩個女兒，畫家黃永玉評論是經典之作。

1981年在伊利諾大學英文班Party。

出國前筆者與母親。

1983年春節，大女兒高潔與奶奶。

1982年金東公司邀請張欽哲。

1982年金東公司成員與南工教授。 ▶

1982年7月5日與張欽哲攝於芝加哥。

1988年10月攝於舊金山ATC劇院後台，有孫道臨題詞，他在劇中飾演忽必烈汗。

1990年訪問柏克萊大學校長田長霖，我贈給他錢紹武的書法作品。

1990年帶《文匯報》總編輯程翔訪問田長霖。

1974年妻與小女兒。

小弟魯渤、母親與我。

1985年，我、林雲、海燈法師在曹仲英畫廊合影。

1985年1月22日在舊金山陶陶酒家，江南事件要委員會會議，筆者、崔蓉芝、王靈智。

1985年，我與海燈法師在美合影。▶

▼1988年，我等錢紹武、曹仲英、侯一民、史超雄。

第一章

童年憶往

我的弟兄們，你們落在百般試煉中，都要以為大喜樂，因為知道你們的信心經過試驗，就生忍耐。

（雅各書一章二至三節）

01｜瑣事

1941年5月18日，在天津市英租界沙市道恆昌里四號，誕生了一個嬰兒，是個兒子。這也沒什麼新奇之處，因為他之前，已經有一個哥哥，兩個姊姊了。這個小孩有一個大額頭，從小就叫「笨兒頭」。（多年後，我的外孫，外孫女，都遺傳了我的大額頭。）父親給他起名字叫高魯冀。因為父親母親都是山東人，所以名字中都有一個魯字，代表山東，他出生在天津，屬於河北省，簡稱冀。從小，他就受到家裡大人們的喜愛，因為他好玩兒。剛會說話的時候，三姨就愛逗他，經常問他「笨兒頭伸伸著嗎？」他就回答:「伸伸著」。這個人就是我。

家裡的大人很多，父母外，還有老姨，是三姨的好朋友，好像是個孤兒。三姨在上海參加進步組織，教一些報童，紡織女工等小孩讀書，老姨就是在這種場合與三姨認識的，且成為三姨的好朋友。後來三姨回天津，老姨捨不得分離，三姨就問了她大姊，就是我母親，我母親一口答應，「把她帶來吧。」因為三姨是最小的，她的「妹妹」我們就叫老姨。小時候，有一張老姨抱著我的照片，老姨很嫻靜，很苗條，也很好看。印象裡，她不多講話。後來嫁了一位裁縫，兩人感情很好，但她得了肺病，很年輕就去世了。記得我好像還到過她的墓地，我不明白，怎麼一個活生生的人，就變成一快石碑了呢？我捨不得她。

還有姑姑，是父親的堂妹，她的父親好像再娶，後媽不喜歡她，竟然把她送到了孤兒院，父親不捨，就與母親商量，母親說，「那就接回來吧。」但是接的過程中又發生了事故，在孤兒院，姑姑有一個好朋友，兩人不忍分離，父親又問母親怎麼辦？母親說，「那就一塊兒接過來吧。」那個時代也沒有電話，不知他們是怎麼聯繫的？跟著姑姑一起來的，就也叫姑姑，她姓同，我們就叫她同姑姑。

每天早上母親給我穿衣服時，一穿到破棉褲，就說，「唉，真得換條新的了。」可是天天說這句話，就是沒錢做一條新棉褲。母親是個護士，聽她說，當年美國鋼鐵大王的兒子到北平，肺壞了，從美國運來一個大大的鐵肺，據說鐵肺太大，還要拆什麼城門，才能運進來。母親那時是協和醫院的護士，親自護理過鐵肺人。

我出生的時候，可不是好時候，那時是日本時代，日本人佔領了大半個中國。當然，他們也佔領了天津市。有一個畫面一直在我腦子裡，一個夏天，天津的一條普通街道上，街道兩邊是行人走的便道，便道上種了樹，大約是槐樹。還有知了(學名叫蟬)在叫，知知的叫的好不煩人。

一個小女孩，拖了一根大樹枝，穿著一雙拖鞋，蹋蹋踏踏地在跑，後面一個全副武裝的日本兵，端著一根上了刺刀的長槍，在後面追。小女孩嚇死了，唯恐跑得不快，被日本人追上，可是穿著拖鞋哪能跑得快呢？小女孩是我姊姊，我大約也在跟著跑，要不然哪會有那麼深的印象？最後好像是有人通知了我們家，我父親出來和日本兵交涉。日本兵說我姊姊折斷了樹枝，我父親據理力爭，說那麼小的孩子，怎麼搆得到樹枝呢，她是撿的。日本人不講理，說撿的也不行，要罰錢。最後怎樣，完全記不得了。從此，我就恨透了日本人。還記得有一次，一個中國人坐有軌電車時，吐了，他吐的東西裡有大米，就被抓到日本憲兵隊拷打，因為大米是軍用物資，中國人是不許吃的。

1945年，我四歲了，這年發生了大事，日本人投降了。記得在我們那邊的馬路上，停著很多大卡車，上邊滿載了沒有武裝的日本兵，我和小朋友們高興極了，勇敢地衝上前去，喊:「小日本喝涼水兒，喝出一個吊死鬼兒。」喊完了扭頭就跑，生怕日本人追過來。我對日本人的仇恨，貫穿了我的一生。目前的中日釣魚島之爭，我一方面恨日本人的猖狂，一方面恨中國政府的軟弱，學學南韓，與日本有竹島之爭，乾脆把竹島武力佔領了，完事。因為恨日本人，我連日本車都不願意買，後來聽從了孩子們的建議，才買了日本車。我信主以後，學會了「愛」，「憐憫」，和「寬恕」，對日本人的恨才有了緩和。

小時候，家裡養了一隻母雞，每逢牠下蛋後，就「哥哥達，哥哥達」地叫。不知從什麼時候起，我知道了生雞蛋也可以喝，從此只要母雞一叫喚，我就到雞窩裡摸出還熱的雞蛋，往磚牆上一磕，一仰脖，把熱雞蛋喝了下去。喝了幾次，被大人發現了，這是給姥姥營養用的，我不可以喝。姑姑，阿姨們留了心，只要母雞下了蛋，她們就摸走了，等母雞「哥哥達，哥哥達」地一叫，我再去摸時，雞蛋已經沒有了，我生氣地用木棍兒打雞，打的雞滿院子跑。

母親每天上班很忙，她下班後還要做飯，忙很多事。每當她上床時，我已經早躺在了她的床上，然後向她報告一天當中家裡發生的大、小事。不僅是童言童語，有時還加上評論，把母親逗得哈哈大笑，還不忘親親我。

02｜母親

母親是個好人，她是虔誠的基督徒，誰都認為她和藹可親，她心還很大，一生幫助了許多人。她常說，「施比受更有福。」像我們家收養的老姨、同姑姑，叫我父親從孤兒院接回來的姑姑等等都是母親力主接過來的。我大舅死了，舅母帶著四個孩子無以為生，母親就叫他們一家五口來我家，一起生活。她總是想著別人，從不考慮自己的困難。

記得那是一個下雨天，雨下得太大，馬路的排水系統受不了這麼多的雨水同時渲洩，馬路上積了水，平了馬路牙子，大約有一尺深。我們孩子們高興至極，雨停以後，馬上就到馬路上去趟水，把自己摺的小船放到水裡，用腳轟著它走，還互相比賽著，看誰的船走得快。正在這時，忽然來了好幾輛三輪車，車上是我舅母一家四口，還有大包、小包，他們舉家搬到我家。我看了好高興，因為家裡就此熱鬧起來了。我家有七個孩子，我是中心軸，我之後又有兩個妹妹，一個弟弟。我們家一頭一尾和中間都是男的，我兩邊各有兩個女的。加上舅母家四個孩子，一共十一個孩子，那多熱鬧！我現在也想不通，六個大人，十一個小孩，只有三間房，不到四十平方米，是怎麼住的？

母親那時很忙呀，父親失業了，全家的生計全由母親一人承擔，那麼大家子人，要賺多少錢才能養活呢？記得母親去做了特別護士，就是為有錢人服務的，賺的錢相對多一些。母親上班前，先要攤好了煎餅。那是山東人的吃法。一個大約直徑兩尺的鐵鏊子，也就是餅埕，就像現在攤煎餅粿子一樣，不過鐵鏊子是放在地上，要彎著腰去攤，大概都是棒子麵，加了點豆麵的。剛攤出來的煎餅很脆，很好吃，尤其加上大蔥，抹上黃醬，或蝦米皮加蔥花等等，都很好吃，這就是全家人的飯。母親要上班了，舅母就接替著攤煎餅，攤一大攞呢，起碼有一尺高。

母親主外，舅母主內，做飯，洗衣，照顧孩子，都是舅母的事。我最喜歡的是，舅母一邊做飯，一邊為我們讀故事書，我從小喜歡文學，跟從小喜歡聽故事有關。若吃什麼特殊的東西，比如吃花生，舅母就用她的手抓出一份一份的，我們往往挑半天，也決定不了要那一份，因為都一樣多，大概用秤也沒那麼準確。中秋節吃水果，月餅也是一人一份。只有端午節吃粽子，可以隨便吃，結果我吃了太多的粽子，吐得一塌糊塗，從此，再也不敢吃太多的粽子。

母親一生都是靠信仰支撐著自己。她從我們小時候，就給我們講聖經故事，所以我們對聖經的故事，都耳熟能詳。她每天帶我們禱告，求天父賜給我們平安、喜樂，卻從未向天父請求賜給我一條新棉褲。

母親做了多年的護士長，後來做了護理主任，手下有幾百名護士，但她公私非常分明。大約1953年，開展三反運動，打「老虎」，醫院裡認為她是「大老虎」，因為後勤部門丟很多東西，而她是後勤部門的主管。我那時已經記事了，母親雖然在醫院承受了很大的壓力，但她回家後，總是說，「哈里路亞，感謝主。」後來，一位保管員歷歷指證她親眼看到我母親從縫紉室裡偷了布，她說的時間、地點都很清楚，還說母親有縫紉室的鑰匙。但是在那個時間，正好是醫院的軍代表在與我母親談話，叫她「放下包袱，輕裝前進，相信黨，相信群眾。」而且縫紉室的鑰匙母親一年前就交了出來，現由軍代表掌握。軍代表親自為我母親證明，還了她清白。那保管員反而暴露了她自己，後來經過查證，找到確鑿的證據，證明她才是真正的小偷，她是賊喊捉賊，侮蔑我母親。後來衛生局正式出了公函，為母親平反。

母親在小事上都很注意，公家的東西，絕不私用。醫院的文具等，她從不拿回家，連一枚迴紋針，一根橡皮筋兒，一張紙都不拿。那時用自來水鋼筆，她下班前，要把筆中的墨水擠回到墨水瓶中再走。想想今天社會，道德敗壞，貪污橫行。把配偶，子女和金錢送往國外的「裸官」氾濫，據美國華府的金融監督機構「全球金融誠信」（Global Financial Integrity）報告說，從2000年到2009年，中國非法轉移出境的金錢高達2兆7千億美元。相比之下，母親的廉潔達到了透明得像水晶一樣。

最令我印象深刻的是，母親事事感謝主，有一次，她的手錶丟了，那可是一件大事，因為那時，一塊手錶，要花費一、兩個月的工資呢。她回家後，還是「感謝主」，我就笑她說，「好事要感謝主，這種壞事為什麼也要感謝主？」母親說，「凡事都要感謝，因為凡事都有主的美意。」

後來，胡同裡七號院的人家搬走了，看我們家人口多，就把房子讓給了我們。我以為是他們的好心呢，原來過戶要給幾條金子呢。從此，我們家住七號，舅母家住四號，後來又分了家，叫舅母一家單過，母親每月給他們生活費。

五〇年代，大約是1953年，在朝鮮打美帝的志願軍回國，我兩個表哥也從朝鮮回來了。他們是二姨的孩子。二姨父是國民黨的高官，　好像是少將，還當過文化部長，追求二姨到了癲狂的地步。二姨年輕時美貌如花，就是不從，後來，二姨父在姥姥家哭得昏過去了，姥姥、　老爺才答應這門婚事。二姨婚後生了三個兒子，早早地死去了，二姨父太愛二姨了，終生鬱鬱寡歡。因為父親是國民黨的高官，兩個表哥年輕時就參加了國民黨的青年軍，打內戰，後來他們的部隊起義，成了解放軍，1951年他們都入朝鮮參戰。朝鮮停戰後，他們都回國，經過天津，在我家住幾天。母親突發異想，叫他們複習功課考大學。那時離大學考試沒幾個月了，兩個表哥都笑著說不行，因為初中都沒畢業，而且這些年在部隊，也沒念什麼書，但是母親一再堅持，並叫他們向部隊申請復原，住在我家，安心複習。那時我念初中，一開始，他們念初中的課，用我的課本。很快，他們就念高中的課程了，正好，我姊姊和表姊都考大學，都有課本，足夠他們用的。大概是五月高考，他們竟雙雙被錄取，大表哥考上了天津師範學院歷史系，二表哥考上了北京礦業學院採礦系。他們都享受調幹待遇，上完了大學。他們也都把我家當成自己的家，放假時都會回來住。

二姨父因為是國民黨的高官，解放前就回湖南老家買了房子，置了地，從此務農，解放後，大概也被戴上了什麼帽子，生活很不如意。他死後，他的小兒子仍在湖南鄉下務農，一個人很艱難。母親寫信，叫我最小的表哥，從湖南搬到我們家，當然這其中有很多手續，還托了人幫忙。記得他有一頭水牛，生產隊作價一塊五毛錢。父親聽說了說，「還不如殺了吃了呢。」

母親當護理主任後，有機會到幹部學校去學習，她很珍惜這次學習的機會，也很為此自豪。記得有一次，她的同學們來家裡聊天，都是些高級幹部。很晚了也不走，不知是姥爺還是舅母說了句，「叫他們走吧」，我還真的去說，「大人說，叫你們走吧。」那夥人說，「我們還想再聊聊呢，現在轟我們走了，那就走吧。」次日，母親挨個兒打電話去道歉，那些人說，「你那兒子還真實誠，大人說叫我們走，他還真來說。」又說，「他可能也不好意思，說的時候眼睛看著地下。」

母親的人緣好，在單位裡群眾關係非常好，她常說，真心實意地待人，不傳閒話，熱情地幫助人，你的群眾關係就一定好。母親退休後，再回到天津中心婦產科醫院，醫院的護士們都親切地叫她老主任，都誇她當主任時對護士們的培養和愛護。

因為三姨的關係，解放前有很多地下工作者到過我家，我家似乎成為了一個聯絡點。或從我家去解放區，或從我家去他們潛伏的地方，或者在天津有什麼暫時的工作，我母親都是熱情接待，從不問他們是幹什麼的，他們走後，也再不與他們聯繫。這些人中，有楊易辰、王明遠、于榮光、張華等等，總共有十幾人。

文化革命期間，很多人來外調，調查某某人是否來住過，有什麼活動等等。母親總是說他們很多好話，也確實如此，在白色恐怖時期，從事革命工作有多麼不容易。文革後，這些人又都恢復了工作，都是些大人物，他們知道了「楊大姐」還住在老地方，紛紛前來慰問。有些主動與我們恢復了聯絡。有幾位還聯名給天津市委寫信，說明我們家是革命家庭，在抗日戰爭和解放戰爭中對中國共產黨做出過很大貢獻，希望協助解決因文革被沒收的房子問題。

要說我們父母有多高的「革命覺悟」，大概談不上，反正接待的都是朋友，他們盡到了朋友的義務，客觀上幫助了革命。有一件事，可以說明我的觀點。剛解放的時候，有一天，家裡來了一個人，此人中等身材，身軀稍胖，圓臉，穿一件深色長袍，戴一頂瓜皮帽，滿臉堆笑，一看就是個做買賣的。他找到我父親，說明他在某某地方做生意，開個小店，一些解放軍住在他那兒，還有幾個原是國民黨兵的俘虜。其中一個俘虜對他說，他被俘後，經常受到打罵，想逃走。他有一個本家住在天津某某地方，就是我父親。那個商人同情他，就代他跑一趟，找到了我父親。一說之下，父親知道這個人，在村裡見過。就問那商人怎麼辦?那人說，只要我父親能收留他，他就能把那人送來，這樣，那個人就被送到了我家。我家有一間小屋，大概四平方米，很小，是儲藏室，那人就被關在裡面，大人特別囑咐孩子，誰也不能說這事。我們知道了這件事，都很興奮，私下裡議論過，但對外絕沒有說。大概住了幾個月，風聲不緊了，就給那人帶了衣服、乾糧，一定還有錢，他揹了個小包袱，就上路了，據說他一路走到濟南。後來又有消息說，他參加了解放軍，因為他是軍醫，是有用的人才。父親說是「人盡其才」。早知今日，何必當初？這關係到做人的尊嚴問題。

03｜父親

父親年輕時很英俊，毛筆字寫得很好，可惜我沒有保留他的墨寶。他是齊魯大學生物系畢業，畢業後就投筆從戎。我曾問過他，為什麼從軍，他說，「我愛國。」我也不知道當時的歷史背景與當時的環境，愛國就要從軍嗎？文革中，我在新疆的小妹妹被批鬥，揭發出很多父親的歷史，我們才知道父親原來還有這麼多的經歷。

我祖籍是山東省沂水縣高家店子村。我從未回過老家。但我們老家歷史上出過的名人，我卻知道。有一年，大約是1980年代初期，我在美國舊金山當中文報的記者，到飛機場採訪一個中國省長代表團。我在機場對各位省長說，你們每人說一句話，把你們省的特點講出來，我在考省長呢。一共有五位省長，團長是山東省長梁步廷，他說，「山東出聖人，孔，孟，嚴，曾，都是山東人。」我說，「這個好！」其他省長也都說了。梁省長問我什麼地方人？我說「山東人。」「山東什麼地方？」我說，「沂水縣」，他問我，「沂水縣歷史上出過兩個名人知道嗎？」「知道」，「文的是誰？」「諸葛亮」，「武的是誰？」「李逵」。省長沒考住我。其實，沂水縣還有另一個名人，是大書法家顏真卿。

據我爺爺輩的人高沂寫的「沂水流長——我的往事憶語」一書中的描述，我們村子在那一帶是個小村，現已劃歸沂南縣管轄。村莊坐落在一塊由沂河沖積而成的小盆地中，周圍比較平坦，西北約100公里處横亘著沂蒙山。村西緊靠著一條長約2500米，寬約200米的沙嶺，上面樹木蔥郁，秀色怡人。沙嶺西側是一個陡坡，下面就是清澈的沂河。這條河發源於北面的魯山，即今的沂源一帶，由北向南綿延幾百里後匯入大運河。父親曾給我們描述過，我們老家出產大的水蜜桃，可以剝了皮吃的。

爺爺據說是個民間藝人，會畫畫，我對美術的喜愛，大概源於此。父親和二叔從小就離家外出，自己闖蕩，都受了高等教育。二叔後來當了青島海洋學院生物系主任。他還是青島水族館的館長，他長期住在青島，我奶奶也跟他住，我曾經在暑假時去青島玩，見過奶奶，她已是白髮蒼蒼的老太太了。她大概已經有老年痴呆早期症狀，她自己說，什麼事情到她腦子裡，像揭一張紙一樣，一下子就翻了篇兒。她還送給我幾塊她保存的銀元。

父親參軍後，曾官拜上校，作秘書工作。據說蔣馮大戰後，馮玉祥大敗，部下都遣散了。父親就去投奔曾是他上司的秦德純、宋哲元。當時，秦德純是北平市的市長，秦見到父親，就說，「高秘書來啦。」當時市政府總務科科長不在，就叫父親代理，幾週後，總務科長回來，父親就到了宋哲元主持的冀察政務委員會任農村貸放組主任。我從歷史書上看到，宋哲元是著名的抗日將領，曾帶領19陸軍大刀隊抗擊日本兵，後為上將。但卻說，冀察政務委員會是漢奸組織，我搞不懂，漢奸怎麼又抗日？父親還加入張自忠為團長的代表團訪問過日本。張自忠也是抗日名將，在北京，曾有張自忠路，我也不明白，他是抗日將領，怎麼還率團訪問日本？他們訪日期間，還受到日本天皇的接見。但母親說，這是父親在吹牛，她說，日本天皇接見是很大的事，報紙上都要報導的，但從未看見父親他們被天皇接見的報導。

文革期間，父親被打成「反動軍官」，他的上級都是抗日將領，他卻是反動軍官，文革期間的邏輯都是混亂的。他被拉去勞改，母親說，叫他幹很重的活兒。後來父親高血壓，腦溢血，得了半身不遂，不能動了，才脫離了勞改。

解放前，父親失業了，記得那時他說，解放軍快打進來吧，打進來我們就好過年了。他這是在盼解放呢。解放後，他進入華北革命大學，學成後，被分配工作，到了北京醫藥公司。家在天津，為什麼分配到北京？後來，我哥哥考上北京鋼鐵學院，我考上清華大學，我們爺仨倒在北京團聚了。

父親在北京，不知怎麼知道了他有個三叔，是共產黨的大幹部，在清華大學當黨委副書記，叫高沂。他跑去看他，一口一個三叔地叫著。後來我考上清華大學，他更是在週末來清華大學看我，帶我一起去看高沂，我管高沂就得叫三爺爺了。我在清華大學上了六年大學，從未為個人的事找過高沂，就是剛人學把我硬從建築系「壓縮」到土木系，我也沒找過他。高沂倒是認我們這門親戚，在他書中293頁他寫到：「2004

年10月與孫輩攝於北京家中。」照片中是他和我，我哥哥魯平，我堂弟高歌的合影。

父親喜歡書法，早年他曾花重金買了許多碑刻的拓片，其中還有中國最早的隸書碑刻「石門頌」的拓片。文革期間，破四舊，我家裡燒了兩樟木箱的字畫，是些什麼字畫完全沒有印象了，只記得有朗士寧畫的馬。後來因為燒得太多了，怕鄰居報告，我媽就把一大包黑色的紙給我，叫我到北京去燒掉。我帶到北京後，因為經常到韶山等地出差，就請朋友把那包東西拿給畫家黃永玉看看，朋友告訴我，黃先生看了，說，「東西不怎麼樣。」，但提出「送給我吧。」我對朋友說，「不怎麼樣要送給他？不送！」。後來這批東西我帶到了美國。在芝加哥時，被鄧小平接見過的在芝加哥大學任教的明史權威何秉棣教授看到了，他愛不釋手，要求「賣」給他們東亞圖書館。問我要多少錢？我也不知道，說「你們給三千塊錢吧。」他們申請了半天，只得一千五百美元，我說，「算了，賣給你們吧。」交給圖書館時，他們找出四、五個石門頌拓片的版本，台灣沒有拓本，只有摹寫本。石門頌碑在陝西漢中，刻在沙岩上，漢朝的碑，風化得很厲害，明朝以後就拓不出了，我那幅是明朝拓片，彌足珍貴。後來，一位普林斯頓大學藝術史博士吳定一聽說我有石門頌拓片，說「我就是賣房子也要買石門頌」，我才知道我當了冤大頭，賣得太便宜了，但是賣了，也不後悔，在圖書館保存，可以在學術上發揮更大的作用，讓更多的人看到明代拓片的真貌，總比燒了強吧。後來圖書館館長還給我寫了感謝信，我居然還留著，隨信，還有我寫的目錄，有二十多幅拓片呢。

記得有一年，我送父親回北京，我們爺倆兒一邊談著我們喜歡的畫家，例如齊白石、黃賓虹、徐悲鴻等等，臨分別時，父親給我一些錢，我不要，他硬塞在我的脖領子裡，我一路走回家時，也沒取出來，硬硬地卡在領子裡，印象很深刻。

文革時，我因為父親的歷史問題，影響了我們的「前途」，對他很怨恨。其實，自己的前途是自己闖出來的，在文革時期，每個出身不好的人都有「原罪」，但這個「原罪」，是共產黨搞階級鬥爭造出來的，和聖經上說的人類的「原罪」，沒有關係。

父親半身不遂後，有一次我推著一個車，父親坐在車上，我們在馬路上走，忽然，隔壁胡同的孩子，很恭敬地向父親致禮，說，「高大爺好 ！」我看到，原先面無表情的父親，突然綻發出燦爛的笑容，並且很紳士地點頭示意，讓我心中好感動。原來人是需要被人尊重的。

父親半身不遂六、七年，都是我母親、妹妹伺候，我在北京工作，我太太帶孩子與他們同住，也幫忙洗洗涮涮。我後來省悟到我對父親的不好，到街上買了人蔘口服液，餵給父親吃，我母親說，「怎麼又大發孝心了，給你爸吃人蔘。」

04｜三姨

小時候，三姨喜歡我，經常逗我玩，還在我的照片上寫上一些好玩的話。那時她和姥爺、姥姥一起住在遠東新村，那是東亞公司的宿舍，因為她在東亞小學教書。三姨年輕的時候，長得漂亮，英語說得也好。說起東亞公司，那是大大地有名。是一位姓宋的民族資本家創辦的。是個毛紡廠。公司請了四大博士，其中馮蘭州是醫學博士，美國留學的，好像還是父親在齊魯大學的同學。馮博士解放後還得了科學發明三等獎，父親說他是「蚊子專家」，他研究寄生蟲。

記得每天晚上，馮博士都到我家，和三姨進行英語對話，馮博士半躺在床上，三姨站著，兩人講英文。三姨的英文因此講得很流利。有一年，美國大學生聯合會（有說是全國婦女聯合會）給了獎學金名額，共兩名，到美國去留學。三姨居然考上了。當時是要大學畢業的，三姨沒有，她只有專科畢業。但她用英語與領事館的人爭辯，她的英語講得好，領事館的人就叫她參加了考試，她還一舉得中。我姥爺說，獎學金是兩名，第二個人是誰，到底也不知道。

三姨是在組織的人，她是共產黨員，要去美國，需得到黨的批准，據說，後來與三姨好的王叔叔對她說，「大姊來信了，同意你去美國。」得到組織的批准，三姨就一門心思地準備起來了。記得那時，常有裁縫上門，給她縫製了一身一身的旗袍，都很好看。還打了兩口大箱子，是包鐵皮的木箱，那時去美國，是要乘輪船的，船要在海上走幾個月。姥爺是蒐集古董的人，據三姨說，姥爺給了她一個瓷瓶，說是明朝成化年的古董，她一直在手裡提溜著，後來到了一個飛機場，她往地上一頓，瓷瓶碎了一地。這是多年後，三姨在美國親口對我說的。明成化瓷，要是官窯，那是價值連城的，可惜了。

王叔叔是三姨的男朋友，長得很消瘦，顯得很幹練，也是共產黨員。他經常來我家，當然不是來看我們，是看我三姨。兩個人好得如漆似膠。王叔叔說，很快，要不了兩、三年，北平、天津這些大城市就會解放了。我四舅那時是國民黨的軍官，他說，「他吹牛！」實際上王叔叔還真說對了，他說這話時是1947年，1949年就解放了，新中國都成立了。

王叔叔要到很遠的地方，現在想，就是到解放區。我和表姊還在他臉上找記號，說怕以後見到他，不認識他了。三姨走了沒幾年，中國就解放了，三姨也沒能回來，後來在美國結了婚，嫁給她一個大學的同學，是個研究羊毛的博士。

解放後，王叔叔在共青團工作，他曾去蘇聯參加世界青年聯歡節，回國後，到我家，大人們告訴他，三姨已經結婚了，王叔叔痛哭流涕，但也沒法子了。後來，王叔叔當了北京農業大學的校長。我1980年去美國，他還給了我幾百塊錢，後來我從美國買了一塊手錶送他。

三姨在上海時，和江青是好朋友，文革後，打倒四人幫，出了一本四人幫罪行錄，是中央文件，要逐級傳達的。其中有江青和前男友唐納，因江青要去延安而分手，他們在山東濟南的一棟民宅裡見面，看到那個地址，我舅母說，那是我們姥爺、姥姥在濟南的家。

三姨曾在美國和我談過江青的事，說她當年怎麼好，我說，我也相信，但是她後來變壞了，她掌握了權力，幹了很多壞事，絕對的權力，導致絕對的腐敗。全國人民沒有不恨她的。三姨說，我不恨她，如果有可能，我願把她接到美國來，我養著她。我說，那是不可能的。我有一個三舅，是和江青他們一起去延安的，但後來一直沒有消息，一定是犧牲了。

三姨走後，每年聖誕節都給我們寫信，這些信，媽媽和四舅都要拿到單位向組織匯報的。後來，再也沒收到她的信。她說，她還是每年寫，但是我們收不到了。我們並沒有搬家，收不到信，只能說是被政府扣留了。我們也因為家裡有「海外關係」，影響了我們的「進步」，不能入黨、入團。文革時，還因為父親的反動軍官和三姨的海外關係，我們被抄了家。壓縮了房子，全家十幾口人，僅住一間半房子，約16平方米。

記得五十年代，一位南開大學何教授，到我家來，說是三姨在美國的朋友，他們全家回國了，分配在南開大學工作，何教授是搞核物理的。他給我們帶了很多東西，都是玩的、用的。一直到了文革後期，我們才又與三姨聯絡上，大概是1979年，我馬上提出要到美國留學，三姨還一口就答應了。那時，我正在清華大學念研究生。三姨給我買了經香港到美國芝加哥的飛機票。

三姨後來得了老年痴呆症，姨父叫我和妻考察一下國內的環境，可否把她送回國，我把考察的結果告訴了姨父，他決定把三姨送回國。大約2000年後，她被送回國，但她的居留又成了問題，每半年要延長一次簽證，不勝其擾。我一位同學與同事，是北京市市長助理，我托他想辦法，他說，我就認識一個人，是北京市公安局的局長。我說，「就這個人管用！」我哥哥把三姨的情況和我家在解放前對革命的貢獻都寫了一個材料，他們作為特殊處理，解決了這個問題。三姨在國內住了八年去世的，若在美國，大概熬不過這麼多年。我們家的醫療條件好，家裡我姑姑、我弟弟都是大夫，外甥女和外甥女婿都是兒童醫院的主任醫生，一有問題，就起碼四個醫生會診，在家裡就可以注射和打點滴。她直到壽終正寢。我兩個妹妹伺候她，姨父給他們工錢。三姨回國，還多活了幾年，姨父每年回去兩次，每次住兩、三個月，三姨開始還認識姨父，後來病情嚴重了，誰也不認識了。

05｜解放

我們管1949年共產黨取得了政權叫「解放」。我到美國後，在一家中文報紙工作，老闆告訴我一些注意事項，例如，不叫「解放」，叫1949年前後，不叫「唐人街」，叫「中國城」，等等。他說的比較客觀。不然，我們叫「解放」，台灣叫「淪陷」，扯不清了。

1948年我上小學了，那年我7歲，考的是津中小學，是津中銀行的子弟小學。我考了甲等第三名，有朋友到家裡報喜，我正在哭呢，大人說，「考甲等第三名還哭？」我抽抽咽咽地說，「沒考第一」，大人聽了都笑了。

日本投降後，開來了很多美國大兵，我最近還和妹妹討論這事，我們一致認為，美國大兵還不錯，不像抗美援朝時宣傳的那樣，到處惹事生非，強姦婦女，打架鬥毆等等。他們經常給小孩發糖，有時還是巧克力。我有一次還從正吃三明治的大兵手上，得過火腿腸，我很高興，馬上拿回家給大人看。晚上，我們常去美國兵的營盤看電影。記得有一個電影是兩個人打乒乓球，一人哈哈大笑，另一人一抽球，打到他喉嚨裡去了。

美國大兵經常開著吉普車在馬路上跑。有些中國女孩打扮得花枝招展地陪著他們，我們叫她們是「靠老美」，這些靠老美的女孩，多燙一個飛機頭，穿露著大腿的旗袍，擦著口紅，在吉普車上和老美摟摟抱抱。我們隔壁胡同達安里就有這樣一個女孩，解放以後她打扮得樸素了，看不出她靠過老美。我三姨雖然英文好，但絕不跟這些美國兵打交道。

有一個美國兵養了一隻大公雞，他一天到晚抱著他的雞跟人家鬥雞。有一天，到我們家來鬥雞，我們家的大公雞，把老美的雞踩在腳下，哆牠的冠子，還像踩母雞一樣，把牠給玩兒了。美國兵灰頭土臉地抱著他的雞走了，半路上，他的雞死了。他又抱著雞回來，叫我們賠，我們當然不賠。

後來，美國兵走了，國軍來了。對面的華北製冰廠，不造冰了，成了憲兵隊。快解放時，國民黨兵抓了共產黨嫌疑犯，就關在憲兵隊裡拷打，每天晚上，都聽得見被拷打的犯人嚎叫的聲音。後來，東亞毛紡織廠和仁立毛紡織廠都收到了共產黨的傳單，說是「保護民族工商業。」叫他們安心，不必出逃。可見共產黨活動的厲害。這兩家工廠都在我家附近。

有一件事印象深刻，有一次，家裡叫我排隊買糧食，買什麼記不清了，那時的糧食一天三漲價。往往帶去的錢，早上還夠，下午就不夠了。　　有一個人站在外邊，胳膊底下挾一個麵口袋兒，顯見也是買糧食的。　　維持秩序的警察叫他排在隊裡邊，他不聽，說「我就站這兒。」警察不幹，兩人嗆嗆起來。後來，兩人分頭去打電話。一會兒，警察叫的頭兒來了，那人叫的人也來了，來人騎一輛自行車，並不下車，兩腳支在地上，戴一頂鴨舌帽，戴一個大墨鏡，腰裡別著一把槍。他問是誰欺負了他小舅子，說是那個警察，他過去，啪，啪，兩個大耳光，被打的警察捂著臉，敢怒不敢言，後頭來的警察打著圓場說，「誤會，誤會」。　　戴墨鏡的人一看就像個特務，別人是惹不起的。

解放軍圍城，整天打炮，家人都嚇得要命。胡同口原來是個鏤空的鐵門，為了安全，用磚砌了牆，僅留一個小門。我家裡，在屋裡也搭了「防空洞」，等於是把床架高，人睡在床底下，小孩很高興，像過家家一樣。

解放軍打炮，砲彈打到對面胡同的一間房頂上，把房頂鑿透了，砲彈落在他們家的沙發上，沒有爆炸，也真是萬幸。國民黨的飛機在天上盤旋著撒傳單，共軍的高射炮打它，我們都爬上房頂去看。高射炮打上去，像一朵花似地炸開，一朵朵，就在飛機周圍爆開，並沒有打到飛機，但是過了不久，有砲彈皮從天而降，我們趕緊躲到屋子裡面。

那時，解放軍提的口號是，「打到天津去，活捉陳長捷」，這個口號很快就實現了。一天，有朋友到我家裡來說，金鋼橋上正在過解放軍，市政府拉起了長長的白布條，投降了。他說完，街道上就來了解放軍。胡同裡還有兩個人在挨個兒敲門，一邊叫著，「徵兵費」，那時候，只要某家沒有人當兵，就要出徵兵費。解放軍提溜著收徵兵費人的脖領兒，說「快滾把，還收什麼徵兵費呢！」

剛解放時，叫每家一個人去開會，就到馬路對面的華北製冰廠，父親去開了會，回來向我們傳達，他們說是「國民黨的稅多，共產黨的會多。」

胡同裡很多人家都住了解放軍，我們家大約人多，沒有住。他們住了幾個月，就南下了。走之前，在耀華中學的禮堂演出，招待我們去看。原來住在我們這兒的是部隊文工團。那次的演出可真好看，記得有一個節目，幕一打開，台上是黑的，一隊人馬提著燈籠載歌載舞地出來，燈光亮了，他們就演燈籠舞，最後，又用燈籠排成圖案，燈光熄了，幕布才拉上，我們從沒看過這麼好看的演出，都很興奮。沒想到住在我們這兒的解放軍，都是有本事的，會那麼多花活。在演出會上，還宣布，有兩個女孩子，也是住我們那塊兒的，參了軍，隨部隊南下走了。有一個女孩子的母親，哭得要死，後來，他們家掛上了「光榮軍屬」的牌子，她也不哭了。

06| 小學

解放了，津中小學不能上了，原因已經記不得了，是學費太貴還是津中銀行關門了？也說不定。因為解放以後，私人銀行都沒有了。不得已，去上一個剛剛成立的公立小學，叫示範小學，後來改成實驗小學。後來，這所學校成了全市最好的小學。校長是楊士儒，原來是東亞小學的老師，與三姨還是同事，三姨在東亞小學也教過書。楊校長也是地下黨員，還是三姨發展的。所以解放後，她當了小學校長。她一見到我，就問，「三姨有信來嗎？」我因為校長當著同學的面對我表示關愛，很不好意思。

小學一位美術老師姓曹，曹老師很老了，畫得很好，但他的評分很怪，對於學生臨摹的畫，畫得再好，也只給很低的分，凡是自己創作的畫，即或畫得不算太好，評分卻很高。當時我還不太服氣，今天我才真正理解到老師的匠心。在他的教導下，我的美術成績很好。而且培養了我一生對美術的熱愛。我文革的時候建造毛主席塑像，到美國後，收藏，鑑定中國傳統字畫，都跟小學對美術熱愛的根底有關。那時候要寫毛筆字，我三年級寫的一篇描紅還留著，可以看出，當年我真下過功夫，老師幾乎每個字都畫了紅圈兒。我想，中國傳統的毛筆，還應當大力推廣，因為，一部中國美術史，就是用毛筆寫出來的。小學還需要有習字課。

小學時，我當過班長，會管理全班的同學，文革時，我在韶山建毛主席塑像，指揮全國不同單位的千軍萬馬，好像也有小學班長的影子。

上小學三年級的時候，我寫了一篇作文，名字是「樹木也有了保障」，是新舊社會對比。解放前，物價飛漲，貪官橫行，民不聊生……解放後，連樹木也有人管，打針，噴藥，剪枝…是一篇歌功頌德的文章，但卻是我自己觀察的結果。老師說這篇文章寫得好，推薦給電台，居然在兒童節目裡播出了，還送了我一本書《一把小洋刀》，那是我生平第一次公開發表作品，對我今後有著重大的影響。

記得有一次，手工課留了家庭作業，要用馬糞紙（厚紙板）作一個小鴨子，用好幾層馬糞紙貼在一塊兒，還要固定在紙版上，最後用白粉子一塗，才大功告成。那個作業太難了，我幾乎束手無策，父親看我做不好，就幫我做。幾乎都是父親幫我完成的，做得太好了，我都不敢帶到學校去，怕老師知道那是家長幫著做的。後來還是交了上去，得了100分，我很不好意思，因為不是我做的。以後，再難的作業，我也自己做，再也沒讓父親幫忙。

小學班主任是馬淑慧老師，她先生是安老師，是師範學院的教授，兩人沒孩子。馬老師真是個好老師，知道我們每一個人的優、缺點，總是耐心地幫助我們進步。我固然是老師甚感頭痛的孩子，但也得到了老師不少特殊的幫助，使我從小就改正了自己不少的缺點。在小學打好了基礎，中學，大學，研究所，我都是上國內最好的學校，我在清華大學念了八年。因此我對自己的小學老師特別有感情。直到我工作多年之後，每次回天津，總要去探訪馬老師。我在北京工作，馬老師每年來我家，看我母親，我愛人還有我的孩子。我去看馬老師，則可以在她家裡碰到很多同班或不同班的同學。學生們愛她，她也愛每一個學生。她的愛人及她的母親，都叫得出常到她家裡去的每個學生的名字。關心每個學生的學習，工作甚至生活情況。她把學生都當成了自己的孩子。

當年，我在學校裡，儘管功課很好，但是也很調皮，馬老師這樣愛我們，可我們還對她惡作劇。她騎了一輛舊自行車，就像侯寶林的相聲 「夜行記」裡說的，那自行車除了鈴鐺不響，其他地方全響。馬老師的自行車鈴鐺也不響。我們在下學回家的路上，有一段和馬老師同路，我們就事先告訴警察，「那個後面來的女同志，她騎的自行車鈴鐺不響。」警察還真把馬老師攔下了，可能馬老師答應改進，警察才放她走。我母親知道這件事後，罵我們真缺德。我最後一次看馬老師，是我出國後的第一次回國。馬老師的先生過世了，自己也得了老年痴呆症，不過那次去，她還認出了我，記得我的名字，可見她對我的印象之深。妹妹說，曾看到馬老師到學校開退休老師會，她衣冠不整，釦子都沒繫上，頭髮多天未洗，都結成了疙瘩。我很自責，沒能像兒子一樣對待馬老師， 讓她有個舒適的晚年。但為什麼社會上也沒有這樣的機制，為沒有子女的孤寡老人安排一個平安的晚年呢？

記得小學時，大家反映地理不好學，老師就想方設法，給我們編了一個劇，這個劇的演出居然很成功。後來，老師還特意帶我們到一些中、小學去演出。劇情大概是這樣的：一列火車，從北京開出，到處周遊，看到各地的山川風光及豐富的物產。事隔一甲子，至今還記得一些細節。一開幕時，報幕員講解是：一列火車徐徐地開到了風陵渡口……

所以這個山西的小城，我至今不忘。在劇中，我演小麥，我的台詞是：「我是小麥，主要生長在汾水中下游一帶，我在的地方地勢比較低，也是比較肥沃的……」演出後，老師誇獎我演得不錯。

小學學的知識是最牢靠的，小學老師印在孩子們腦子裡的東西，是他們終生難忘的。孩子今後是否成才，小學老師敲的是關鍵的一錘。國外有的教育家說，一個人的教育，八歲以前就基本完成了。此說雖有些誇張，但不無道理。我小學學的一些知識，至今不忘。在大學時，我曾試圖去背俄文字典，但是，記憶力已不如小時候。我快40歲才開始學習英文，很苦啊，但是正如李正道先生親口對我說的「你有N個理由學不好英文，你有N加1個理由必須學好英文。」因為N加1一定大於N。所以必須學好英文。我想，如果小學能開設外語課，讓孩子在小學就能學到一些終生難忘的外文，那該多好。千里之行，始於足下，小學教育在人的一生中起著相當大的作用。特別是，我的大女兒也是上我的小學， 很多教過我的老師，也教過我女兒，想起這些，心中蕩起無限的感激。

我們上小學時，社會上提倡「五愛」： 愛祖國，愛人民，愛勞動，愛科學，愛護公共財務。從小受到的教育，影響了我的一生。從中國到美國，等於把我連根拔起，美國社會情況非常複雜，我怎樣掌握分寸？這時，五愛精神起了大作用。我憑自己的良知判斷，凡對祖國，對人民不利的事，我不做，不利的話，我不說。這個信念，貫徹了我的一生。我深切地感謝我的母校——天津實驗小學所給予我的一切！

上小學期間，我們每個禮拜天都去禮拜堂做禮拜，小禮拜堂離我家不遠，就在土山花園旁邊，牧師姓鄭。我們最高興的是過聖誕節，在教會裡，每人都得到一個禮物包，裡面有吃的，有用的，有玩的。後來，鄭牧師還去蘇聯參觀，回來給我們講述蘇聯的一些事情。再後來，他加入了三自愛國委員會，還是領導人物。他的教堂也改成了工廠，我們沒地方做禮拜了。

第二章

中學時代

「我要量著在我面前群畜和孩子的力量慢慢的前行。」

（創世紀三十三章十四節）

07｜一中

中學時代是指初中和高中各三年，共六年，時間是從1953到1959年。這六年裡，我專心念書，那時也很少課外活動．從小學轉入中學，突出的感覺是，老師不大管我們了，要學會自立。還好，這個過度很順利，很快就適應了。那時，我上的是天津一中，是公立學校。天津有兩個好的中學，一個是天津一中，一個是耀華中學，就是我們看部隊文工團演出的所在。原來是私立學校，是屬於耀華玻璃廠的。後來改成天津十六中學。我們學校是平民學校，學生都是些老百姓的子弟，都很窮。下雨天，學生都淋著雨走，因為都沒有傘。十六中則不然，學校建築一級棒，是很洋氣的學校。以前，下了學，都有洋車(就是三輪車)等著接學生，就像今天用小汽車接孩子一樣。這兩個學校學術上都不錯，不過好像我們一中還略勝一籌，例如，我們1959年考大學，那一年，一中有25個人考上清華大學，轟動整個天津市。

我上初中時，我哥哥上高中，我們胡同還有一個姓田的，也在一中，所以，每天上學，我們三個大小子，都一路走，竟成為一景。從我家走到學校，也就十多分鐘，我們一天走兩趟，是早上和中午，因為中飯是在家吃的。我們學校緊挨著我母親的婦產科醫院，我母親每天也走路上班，但我們僅是三個男孩子走，從不和母親一起走。

初中念了些什麼功課？總不外是，語文，數學，自然，地理，歷史，美術，音樂……，數學好像還分幾何，三角，代數。但那時已經中蘇友好，要學俄文，學外文一定要早，初中學也很好。俄文中學就學了六年，到了高中時，學得很好了。那時流行與俄國小孩通信，不僅是信，還寄一些信中可以容納的小東西，例如，書籤，小手帕，相片，小工藝品等等。但我覺得，俄國孩子寄還的東西都很簡陋，現在想想，大概他們都沒有什麼錢。因為都是小地方的人。儘管宣傳說，蘇聯是社會主義國家的一盞明燈，蘇聯的今天就是我們的明天。把蘇聯說得比天堂還好。

記得有一次，蘇聯一個什麼代表團到學校訪問，那可是大事，所有的俄語老師都出來做翻譯，這才發現，不是所有的俄文老師都翻譯得好。有一位東北籍的老師，翻譯得就很溜，即時翻譯，她原先住在東北，就有「老毛子」朋友，整天說俄文。所以說得又快又好。有科班畢業的反而不行，翻譯得磕磕巴巴。

俄文到大學又學了六年，整整念了十二年，可以說學得很好了，可以聽讀說寫，在大學時，還可以看俄文的參考書。但是我1965年大學畢業，1966年文化大革命就開始了，在那個時代，不可以學，用任何外文，以免有「裡通外國」之嫌。文革十年後，我再想拾起俄文，竟然發現，連字母都忘光了。

初中時，有一位姓王的同學，對我很不好，經常莫名其妙地欺負我，說我的壞話。兩人關係很差，搞得我連上學都不願去了，在家裡也總是身心不寧的樣子，但就是無法與他搞好關係。大約60年後，偶然的機會見到他，他好像沒事人一樣，毫不提當年在中學裡兩人冷戰的事，好像不曾發生過。在當時，我認為是非常嚴重的事，他竟然懵懂不知。

我們一中是男校，學生都是和尚，沒有一個女生，不像小學時，是男女合班。男校的好處是，不會有戀愛的事發生，不好處是，少了少年時代的女伴。其實，我在小學同學裡，也有很好的女同學，交往了一生，到了老年，都是好朋友。

學校都是平房，沒有高大的西式建築，緊挨著學校的教師宿舍，也是平房，不過原是美國兵的監獄，我曾去找過老師，看到牆都有兩尺厚。後來，一中在天津市出了名，新建了高樓大廈的校舍，而且改成了男女合校。

那時，一中的校長叫韋立，身材不高，可說是短小精幹。此人很有魄力，在他的領導下，一中是蒸蒸日上。副校長有一位叫邊書揚，是位數學家，我們考大學前，他給我們上過大課，記得好像是講幾何，他的解題方式非常靈活，令我們眼界大開。他告訴我們，考試時，你不會解題，把解此題的公式寫出來，也給分數。邊校長後來到大學去教書。

一中的老師都很好，有一位語文老師，給我們講古文，那時又開始念一點古文，什麼論語，詩經，等等。我很多都能背，很多古典詩詞我也能背，例如，李白，杜甫，白居易等，可以背誦很多。這位語文老師，姓什麼我都忘了，個子不高，冬天，穿一身棉褲棉襖，還戴一頂棉帽子。有一次上課，他在黑板上寫了兩個字「大手」，問我們這是什麼意思？我們說，「大手大腳」，可能是浪費的意思，他說不對，最後，他揭開了謎底，竟然是「解大便」，就是拉屎，我們笑得喘不上氣來。大手是大便，小手是小便。去年到山西旅遊，訪問洪桐縣大槐樹村，才知道，原來，明朝官府讓山西人移民到外地，因為都不願意去，是綑綁著走的。要方便了，大便就解開大寮銬，叫解大手。小便，大概解小寮銬，叫解小手。老師講得還真有出處。我也才知道，我家裡，原籍竟然是山西，明朝時候，移民到了山東。在我家的族譜上有記載，移民山東十六代。當然，移民的過程中，少不了解大、小手。

除了讀書，沒有什麼課餘活動，娛樂很少。我就喜歡看書，中國的四大名著我在初中就都看過了。《水滸傳》中我最不喜歡宋江，他一門心思就是要招安，甚至不惜走名妓的路子。被招安後，朝廷派他去打方臘，同是農民起義軍，卻被朝廷利用，互相殘殺。《三國演義》中最初一段是，「話說天下大事，分久必合，合久必分」，我姥爺教我念的是，「話說天下大事分，久必合合久必分」，他是在開玩笑。三國裡，我最喜歡諸葛亮，他是有大智慧的，特別是，他是我的老鄉。我不喜歡劉備，假麼假事的。一部《西遊記》，我最喜歡孫悟空，最討厭唐僧，他經常善惡不分，上豬頭的當。《女蜘蛛》一章也很好看。我看《紅樓夢》大概年齡太小了，我四舅看到我看《紅樓夢》，就說，看這個不合適吧。有一次，我們高中同學議論《紅樓夢》中的詩，我順口說「女兒樂，一根雞巴往裡戳」，很多人都說我胡說八道，但我立刻就在書中找了出來，是薛潘這個棒錘說的。

後來看了評論《紅樓夢》的書，才知道，賈寶玉第一個是和秦可卿通姦，第二個才是把襲人從姑娘變成了女人。說他和襲人是「初試雲雨情」是小看他了。但我對賈寶玉並不討厭，反而同情他不能和林黛玉結婚。不過林黛玉已經患了三期肺癆，結了婚也是麻煩。

除了中國的四大名著，外國翻譯小說也看了不少。蘇聯小說有：《鋼鐵是怎樣煉成的》，《卓婭與舒拉的故事》，《戰爭與和平》，《安娜・卡列尼娜》等等。其他外國小說中，法國的巴爾札克、雨果、左拉，英國的狄更斯等等，都有涉獵。圖書館的館長知道我喜歡看書，記得住我的名字。

從初中升高中，我因為成績好，不需要考試，直接保送上高中。考試那天，我待在家裡，哥哥的同學問我：「今天不是考試嗎，你怎麼沒去學校呢？我裝傻說，「不是明天嗎？」他們也知道我被保送，就說，「別裝了，你是保送，根本不用考試」。我在中學的學習成績非常好，但我也付出了相當的努力，每逢期末考，我念書要念到深夜三、四點鐘。舅母就常說我，「念書念得那麼累，這個學不要上了。」可是這沒妨礙我繼續用功。

08｜煉鋼

中學到了1958年，發生了很多的事，印象最深刻的，一是捉麻雀，二是煉鋼。那時候說，麻雀是害蟲，吃很多的糧食，還有看似科學的統計數字，說全國一年被麻雀吃掉的糧食共有多少萬斤，非常驚人的數字，所以，麻雀一定要全殲。科學家還出招兒，說麻雀不擅長途飛行，只要不停地轟牠，牠就會累死。那天，全市人民轟麻雀，我們早早地到了天津五大道其中的一條道，好像是雲南路，有一家挺漂亮的小洋房，尖尖的屋頂，像在書中見過童話中的房子。主人是位留學生，他去過歐美許多國家，他談起自己的房子來，如數家珍，什麼，門是莎士比亞房子的門，窗是拜倫式的窗…，整棟房子，都與文學有關。我們要上到他的屋頂，他說他的屋頂是鐵絲掛瓦，一踩要壞的。可是，不上不行啊。最後，上到他房子屋頂的平台，反正坡屋頂也上不去。我們帶了長長的竹竿，上面綁了紅布條，還有鑼鼓等響器。

全市人民總動員，一聲令下，全市一起鼓譟起來，只見鑼鼓聲喧天，人聲鼎沸，竹竿高舉，紅旗招展，麻雀如驚弓之鳥，飛飛停停，到了傍晚，實在飛不動了，一頭扎了下來，被人們逮個正著。次日的報紙上，很多形容麻雀如何狼狽就擒的情景，還出了許多麻雀食譜，介紹如何烹飪麻雀，也是共產黨治國的一大奇聞。據說是老人家默許的，或是他說過有關麻雀的「最高指示」，所以，全國人民對麻雀痛下殺手。

我們那天的轟麻雀，基本順利，我們不停地搖旗吶喊，不准麻雀停在我們的屋頂。我們出去，爬樹，上房，基本上都是我的事，因為我是「全活人兒」，我上有父母，下有兄弟姊妹，老師說，我是「全活人兒」，出了事，家裡還有別人，不同於獨生子女，出了事就麻煩了。我們的活兒是一天的活兒，從早上七點到晚上七點。中午就吃自己帶的乾糧。那房子的主人，留學生老頭，拿了一暖瓶開水叫我們喝，還算招待我們，不好的是，臨結束時，同時轟麻雀的一個工人，一激動，跳起來轟麻雀，把老頭兒的暖壺給踢翻了，碎了一地，老頭兒連聲說，

「沒關係，沒關係。」

那天是全國轟麻雀，在北京，我哥哥他們在頤和園轟麻雀，也是很精采，而且湖光山色，更增加了轟麻雀的情趣。後來，生物學家出來說話了，說麻雀是益鳥，牠吃害蟲，麻雀都死光了，害蟲氾濫了。早幹什麼去了，老人家一發話，你們就禁聲，鬧了國際大笑話，多年後，你們才敢出聲。

全民大煉鋼鐵，是另一個國際大笑話。老人家說，「一個糧食，一個鋼鐵，有了這兩樣，就什麼都不怕了。」（不是最高指示原話）。那時要趕英超美，鋼鐵要達到年產量1070萬噸。於是全民大煉鋼鐵。我們學校也不例外。先叫學生們去找廢鋼廢鐵，哪裡有啊，就要求全體同學捐獻，每人從家裡拿來廢鋼鐵，有的拿把菜刀，有的拿個破鐵鍋，有的拿些舊釘子，有人拿了電線，被告知，那是銅，不是鐵。我母親把攤煎餅的鏊子也捐獻了，從此我們家再也沒有煎餅吃了。除了廢鐵，還要有柴火，我們到處去撿，又不是在深山老林裡，城市裡哪有樹枝？不得已，我們就爬上樹去砍樹枝，被警察抓住了，先送到派出所，後又轉送到區政府。大概還是一位區長，副區長的和我們談話，因為有人叫他某某區長。他嚴肅地批評了我們，說不能打著大煉鋼鐵的幌子，損害樹木，破壞公共財物。本來理直氣壯的，被區長一批評，每個人都像洩了氣的皮球，搭拉著腦袋，後來還是學校來了人，把我們領了回去。

一些廢鐵，要把它砸碎了，我們外出參觀，有一種機器，一個木製齒輪，它半邊有齒，半邊無齒。被一根也有齒的木頭提高，齒輪轉到一定位置，齒沒有，木頭就掉了下來，重重地衝擊，把東西砸碎。我們覺得這機器不錯，齒輪是木製的，也好製造，就要造一台，但我們不會製圖，我就畫了一張透視圖，量了尺寸，回到學校，木工根據我的圖紙，還真把機器造出來了，效率提高了不少。我們因此受到老師的表揚。

用一個爐子燒火，用鼓風機吹，把廢鋼鐵加上，鋼鐵熔化了，變成了一砣，我們就煉出了鋼鐵，還要用沙輪打，證明真的是鋼。把許多有用的鋼鐵器具，燒煉成一堆無用的鐵疙瘩，就算煉成了鋼，要敲鑼打鼓地向教育局或區政府去報喜。那時，全民大煉鋼鐵，都與我們的做法大同小異。那可是全國的狂熱呀，到年底，還真慶祝1070萬噸鋼煉出來了，胡弄誰呢？學校煉出了不少的「鋼鐵」，那些形狀不規則的鐵疙瘩放在學校裡，也沒有用，上級也不收，煉了幹什麼呢？最後不知道如何處理了。

不止如此，還提出：「人有多大膽，地有多大產。」經常有放衛星的，說一畝地產水稻幾萬斤，產棉花多少多少，反正都是不可思議的數字。多年後，哲學家說，「人有多大膽，地有多大產」是錯誤的， 是違心的。可當時，如果有人提出異議，那是要被砸爛狗頭的。報紙上經常有放衛星的，還有照片，一些小孩在成熟的水稻或小麥田上面跳舞，還要當地的頭頭親自去驗收，細緻到幾斤幾兩。後來聽說，是把要熟的莊稼堆到一起，大概幾十畝的莊稼都堆到一畝地上，要通風管道通風，否則莊稼會爛掉，還要解決灌溉問題，總之，是弄虛作假，但那時就時興這樣做，自己騙自己。

不念書了，一天到晚地大煉鋼鐵，而且分兩班倒，一班十二個小時。我們忙得甚至沒有功夫睡覺，人民群眾極大的熱情被調動起來了，卻是在幹一件蠢事，一個人糊塗，怎麼全國十億人都糊塗呢，就沒有一個人清醒嗎？說是狂熱，並不為過。

人民公社食堂吃飯不要錢，大概在城市裡行不通，沒記得有吃飯不要錢的時候。

有一次，我煉鋼煉得渴了，旁邊一杯不知是什麼水，端起來就喝了，就此大病一場，不僅發燒，還嘔吐，腹瀉，折騰了一個星期。最後，我母親從醫院請來一位老中醫，他給我號了脈，說我是「水熱」，是那杯髒水在作怪。他給我開了兩劑「小藥」，吃了就好了。還有一次，飛出來的木炭掉我脖領子裡了，我連忙脫衣服，衣服被燒了個洞，我背上也被燙起了泡。

09｜美術

從小學開始，我就喜歡美術，上中學後，有了美術課外小組，我參加了，每週有活動，是大家一起畫畫，有時畫石膏像，有時出去寫生，有美術老師輔導。那時，用著迷來形容，並不為過。我畫的也很不錯。我們美術組很多成員都考上了中央美術學院，例如，劉驥林，王秉復，白蘭生，張揚…，早些時候還有人，我不認識了。劉驥林學了雕塑，畢業後分配到貴州省，後來又考上了美院的研究生。王秉復考上了中國畫系，他的國畫畫得很好，字寫得也好，我有不少他的字畫。張揚是版畫系，他因家庭原因，中途輟學了，很是可惜。我與白蘭生最熟，因為年齡相近，他只比我高一、兩班。他也考上了美院雕塑系，他的畢業創作是方志敏塑像。他的泥塑快要完成時，我到美院去看他，他還要求我裸露上半身，為他做模特兒，解決肌肉、骨骼等身體結構問題。他畢業後，分配到北京建築藝術雕塑工廠，文革時，他也雕塑了很多毛主席像，毛主席紀念堂室內毛主席坐像，他也曾參加。後來我回北京，每次他們雕塑家都請我吃飯。雕塑家們輪流請客，好像有四、五人，他是唯一當年未參加過韶山毛主席像工作的人。前幾年，他突然去世，才不到七十歲，可惜了。

那時，有一份《天津青年報》，在學生中發行很廣泛，我也有投稿，畫一些氣壯山河的宣傳畫，居然還刊登了幾次，在同學中引起轟動。我清楚地記得一大群學生圍著一份報紙看著，評論著，議論著的情景。我很得意。

為了畫著方便，我自己買了一尊石膏像，是希臘的一個大鬍子老頭，記得是母親給我錢買的，好像是賣石膏像的店要關門，賣得便宜。有了這尊石膏像，我經常在家裡就可以畫素描。至今，我還保留著一張我畫的老頭石膏像素描。

有一位版畫家叫李平凡，他是日本留學的，他有一次到天津講演，講述水印套色版畫的製作方法，還當場表演，我去聽了，也學會了，以後自己刻了三、四幅水印套色版畫，可惜一張也沒留下。但是在清華大學上學時，我刻了幾幅小型木刻，倒還有保留。

四舅從國民黨軍官也變成了解放軍軍官，後來考上了天津人民藝術劇院當演員，我們沒少沾他的光，免費看話劇，這是後話。他介紹我認識他們人藝的一位舞台美術工作者，叫我跟他學畫，他叫高喆民，畫得很好，在天津市很有名，但是他考美院考不上，因為他有色盲。他叫我看了他畫的很多畫，速寫和素描都很好，畫人物很準確，也很生動，他也評論了我的畫，但我也沒跟他學什麼，還是在中學美術組學得多。

有一次我去北寧公園寫生，一位少女看我畫畫，對我嫣然一笑，我很感動。後來，看了一則外國的短文，說微笑值多少錢？一位百萬富翁有一次走在路上，見到一位少女，對他微微一笑，這個富翁很感動，此事一直藏在心裡。他死前，立遺囑，把他所有的錢財都送給了那位少女，因為他是孤零零的一個人。一甲子前，偶然的機會，一位少女對我微微一笑，那少女的樣貌我早不記得了，但那個微笑卻永遠留在我心裡。這也是畫畫的意外收穫吧。看來，對他人微笑，是一種美德呢。但前幾年我到北京，住在五星級酒店，在大堂裡，一位少女對著我微笑，且一直追著我笑，我知道這是從事「特種職業」的女人，慌忙躲開。

我中學時，有機會去青島玩，因為二叔一家在青島。在青島時，我每天出去畫畫，自己一人「歪在石頭旮旯裡」(我奶奶的話)，一畫一個上午，也不覺得累。僅有的日子與奶奶相處，奶奶是小腳女人，也沒有什麼文化，一頭白髮，很慈祥的老人。但是覺得她好愛我，這就是親情。她把自己珍藏的銀元送給我，後來我為了看芭蕾舞，把銀元賣了買芭蕾舞的票。在叔叔家，看到一張堂弟小時侯的畫像，是彩色粉筆畫在布上，很生動。我問，這是誰畫的？二叔說是黃永玉，他們在贛州時的朋友。他說，他們出去玩，要帶點錢，黃永玉說，「不必」。他們到了鎮上，黃永玉找一家舖子借了兩個凳子，就招攬畫人像，他用彩色粉筆畫，畫得又快又像，一塊錢一張。找他畫的人排成了隊，他賺夠了錢，就說，「不畫了，不畫了。」他們就玩去了。我對二叔說，我最喜歡黃永玉的畫了，他的木刻《阿詩瑪》組畫，我喜歡得不得了。二叔告訴我說，抗戰時，他流落到了江西省，登記找工作，他想，寫「生物」太狹隘，他就寫「博物」為自己的專業，政府把他分配到一所中學當校長，黃永玉在當地的報館做事，在中學兼教美術。他結婚時，是二叔，二嬸幫忙主辦的，所以很有交情。

後來二叔到北京開全國生物教材會議，我到北京找我爸，我爸帶我到海澱區看我二叔，二叔又帶我去王府井附近的美院宿舍看黃永玉，從此，我認識了這位大畫家。我三十五歲生日時，黃永玉送我一幅畫，上書，「魯冀弟三十五歲，相識二十矣。」我和黃永玉一家的交往，將有另章記載。

10 | 高考

中學快畢業了，要考大學，我很糾結，若考美院，要提前去北京考專業課，考素描及創作，白蘭生竭力鼓吹我考美院，要給我造造輿論，說歷屆天津一中的人都有考上美院的，現在又來了一個。但我考慮再三，覺得大煉鋼鐵，我沒畫素描，筆生疏了，怕素描這關就過不去，還是不考為妙。且考美院要提前去北京，也會耽誤複習其他的功課。我聽說，學建築的也要學美術，就決定考建築系。我想報考天津大學建築系，因為離家也近。但母親一定要我報考清華大學，她反覆勸說我，她說，「你報個名試試看，我覺得你有實力考清華。」聽從母親的勸告，我第一志願填的是清華建築系。我考上清華大學，完全是母親的功勞。

高考前大約一年，上高二，放暑假時，整團，是青年團要整頓。我也不是團員，但邀請我作為「團外人士」參加，不知為什麼。整的對象是我們胡同的一位同學，姓王，說他父親是天津國民黨市黨部委員，他有反動言行等等，整得那位王同學死去活來的，我看著很不忍，但也沒有辦法幫助他。整團時，要住在學校，不能回家，我是度日如年。叫我揭發他，我沒有什麼好說的，大約組織認為我不積極要求進步，對我也沒什麼興趣了。那位王同學很聰明，功課數一數二的好，但是最後政審不合格，沒有考上大學。我才知道，參加了黨、團組織，開會時要撕破臉的，從此我對黨、團組織敬而遠之，不再「要求進步」。上大學時，都沒能入團，更甭說入黨了。一方面我沒有要求，另外，我出身不好，有海外關係，都有影響．但畢業前，班上僅有的三個白牌，流落到社會上不大好，我們三人即被拉入團內，突擊入團。

高考前的複習很緊張，先要確定你是考文科或理工科，我考建築系，肯定是理工科，要考數理化，我擅長的是文科，對數理化不喜歡，但也要應付。不僅自己複習，學校還開大課，請頂尖的老師給我們上課，記得有一位女老師，長得很難看，但是她的教課卻是一流，我們聽了課後，都感到深受啟發。

高中畢業時，我除了有畢業證書，還有三好學生的獎狀，說明我是好學生。三好是：身體好，學習好，工作好。

快高考時，我在家裡複習，誰都不能出聲，有外人到我家，就很奇怪，怎麼這麼安靜？弟妹們說，「小哥哥要複習，不能吵著他。」家人們為我創造了條件。母親從外面回來，有時僅給我帶來某些好吃的，別人也不「攀伴子」，也不計較，知道我是「重點保護對象」。

高考好像考了三天，我自認為發揮得的不錯，我到底考了多少分，　到現在也不知道，大概很高分，不然不會考上清華大學。我記得考作文，我寫的是勤工檢學的一件事，好像是製作照相底片的事，雖未製造成功，但得到很多的經驗和教訓。自認為作文寫得不錯。

高考發榜時，要到學校去拿錄取通知書，我們去了學校，出乎意料之外，我竟然考上了清華大學，那可是全國最高學府呀。那是1959年，有人說，那年的高考太寬鬆，考上的人太多。我們學校竟然考上25個清華。全校都向我們祝賀。

我回到家裡，每個人都說我好，考上了清華大學。哥哥說，「弟弟真不錯！」他很少誇獎我的。中午，母親回來了，她說，走在路上，腿都軟了，到家裡以後，我騙她，說「我沒考上」，不等我說完，大家就七嘴八舌地說，「他騙人，他考上了清華大學。」母親高興極了，她的孩子考上好大學，她心裡高興啊。後來，我用清華大學的信封給母親的醫院寄信，她收到信，別人問她，誰從清華大學給你寄信？她自豪地說，「我兒子呀」，她說，她心裡感到很榮耀。

清華大學的錄取通知書，上來就祝賀我們——中國未來的工程師，寫了一堆恭維的話，令人看了，有如騰雲駕霧一樣。還有清華大學的標籤，要你貼在行李上，到達北京時，有人接我們，直接拉到學校。那些日子，真的很高興，積極地整理行裝，準備去北京上大學。後來到了學校，才知道，清華的學生有兩個特點：一是聰明，智商高，二是驕傲。這兩個標籤也追隨了我一生。

第三章

大學生涯

「我所作的，你如今不知道，後來必明白。」
（約翰福音十三章七節）

11 入學

1959年秋天，我去到北京上大學。一下火車，就有清華大學的接待人員接車，拉著行李一起，到了學校。到學校報到時，一個青天霹靂，把我打暈了，竟把我分到了土木系！同時分去的有一個班，也就是說，一個班二、三十人從建築系壓縮到了土木系。我當時就哭鬧著不要報到了，要回家。同時，很多其他被壓縮的同學也鼓躁起來，要集體到學校去請願。但是剛剛入學，校領導在哪裡辦公都不知道，沒請願成。加上父親勸我，先註冊了再說，我就只有先註冊了。後來，我一看見建築系的學生在外面寫生，我就哭。我要求考素描，學校不答應， 知道我要求考美術，美術一定不錯，牽扯到一個班呢，又不是我一個人。我們班的團支部書記郭振華曾在房五班的網上說，高魯冀到了三年級還在鬧專業問題，我們也太死板，沒能幫他，反而批評他，如果當年把他轉到建築系，今天中國可能多了一個建築大師呢。從另一個角度想， 我既然是上帝揀選的人，那我的一生全在祂的掌控之中，我的專業變換，也是祂計畫的一部分。

我學的專業叫「工業與民用建築專業」，簡稱「工民建」，也叫「房」。我們是59年入學，65年畢業，簡稱房五班。我們班分三個小班，一共大約有七、八十人。這個專業主要是以力學為主，也叫「結構專業」，要學很多的力學，什麼理論力學、材料力學、結構力學、土力學、水力學、彈性力學、塑性理論，甚至原子能專業的量子力學等，都有涉獵。也有說，此專業培養的是總工程師，因為所有的建築設計，建築施工，建築機械，暖氣通風，給水排水，建築材料等課程都要學習。第一年基礎課，要學很深的高等數學和物理、化學，到了三、四年級還要學電工學、熱工學，專業課還有鋼筋混凝土結構、鋼結構、木結構、工程地質地基及基礎、施工組織規劃、結構檢驗等等。

培養一個建築師和一個土木工程師，是完全不同的。建築師有藝術上的要求，要有豐富的想像力，要浪漫；而培養一個土木工程師，要有嚴密的思維及組織能力，要嚴謹。我上了六年的課，使我成為一個條理清晰，思維嚴謹的工程技術人員。加上我懂藝術，在以後建造毛主席塑像時，工程和藝術完美的結合，成就了大事。所以說，當年的專業改變，並不是隨意之舉，是上帝有完美的計畫。

上學是很苦的一件事，那時候，清華大學都是六年制，別的學校多是四年、五年的，只有清華是六年制，好像年制越長便越高級。畢業後，才知道吃了虧，因為四年、五年、六年畢業的人，工資都是一樣的，我們毫無優勢，且工作年限比別人少。在校時，每天不停地上課，讀書，自習，做作業，一學期兩次的考試。有時候父親週末來學校找我，看到在圖書館，各個教室，都有學生在自習，他感嘆地說，清華的學生真用功。每逢期末考試，考完了，能掉好幾斤肉。晚自習還要到圖書館去佔位子，去晚了，沒有位子了，要到其他的教室去找位子。

65屆有一個知名的校友，就是胡錦濤，他也是59年入學，65年畢業的。我們班一位女同學白鳳說，大一的時候，要一班出一個人去學跳舞蹈，班上叫她去了，教舞蹈的人正是胡錦濤。胡錦濤後來在學校文工團的舞蹈隊，他善舞。以後他作了舞蹈隊的政治輔導員。

12｜軍樂隊

大一的時候，剛剛入學，一切都新鮮，我和同學在校園裡逛，走到了最西北邊的音樂室，裡面正在考試，只見一個人在彈鋼琴，一個人在試唱，唱的人每個音都唱錯，我看不過去，就替他唱，我每個音唱得都準確，主考官對我發生了興趣，說，「來，來，來，你來試試。」我反問，「這考什麼呢？」回答，「考軍樂隊」，我說，「不考，不考。」他說，「你來試試嘛。」我無可無不可地說，「試試就試試。」結果我成績非常好，主考官說，「咱們學校的軍樂隊是有名的，出了很多音樂家，像黃自，應尚能，張肖虎等等，你也來加入吧，咱們的老師叫周乃森，是很有名的管樂專家，你聽音準確，嘴唇厚，吹長號最合適，你來參加吧。」架不住他一通說和，我就真加入了軍樂隊，也叫管樂隊，分銅管樂和木管樂。我在大學裡吹了六年長號。

我們的軍樂隊是很正規的，分一隊，二隊，三隊和一個學習班，我先在學習班，然後一路升到一隊。還有一段時間被借調到了管弦樂隊，但他們總嫌我吹的聲音太響。我們在軍樂隊，吹的聲音是很響的。吹長號引以自豪的是：一支長號，可以壓倒整個樂隊。

清華大學雖是理工科大學，但是還設有一個音樂室，一位陸教授教小提琴等弦樂，教管樂的周乃森先生是副教授。後來又來了一位姓鄭的，好像叫鄭野。原先是一個中央單位合唱團團長兼指揮，他說後半生要與青年人在一起，就到了清華大學。他還開過作曲課，我曾去學過，還作了幾首曲子。在軍樂隊，我們要學習五線譜，每週一次上課，與正規的音樂教學並無二致。周老師很有耐心，他經常說，清華的學生都聰明，學音樂沒有問題，特別是和絃、配器等樂理部分，很快就能掌握。

軍樂隊有白卡琪布的制服，一有活動，軍樂隊拉出去，前面紅色校旗引導，全白的制服，行軍一樣的步伐，有時行進中吹奏一曲，很神氣的。軍樂隊出動的機會很多，每年的高校運動會，我們必到場，因為沒有任何一所高校的軍樂隊，有我們如此強大的陣容。我們三個隊加上學習班，一共有二百多人呢。有重要的外賓來訪，有什麼大型活動或音樂會，我們都會出場。

我在校時，高校運動會有一次在清華舉行。清華的體育是很棒的。有馬約翰、夏翔兩位體育界前輩領軍，學校的體育活動如火如荼。每年高校運動會，清華一定是男子總分第一，女子總分第一，團體總分當然也第一。北大不行，男子總分「第三十五」，女子總分「第二十八」……，有一次高校運動會在北大舉行，我們樂隊前去助陣。我們集合好了，整隊出發，前面校旗引導，一支小鼓鏗鏘地打著鼓點，我們步伐整齊地踏著鼓點，刷，刷，刷地走著，真希望就這樣一直走下去。演奏完畢，我們離開時，北大樂隊的二十幾個人，奏樂歡送，場面很感人。

學校發給我一把長號，很舊了，但我很珍惜，用擦銅油擦得笨兒亮，有一次放假回家，我還帶了回去。家人們看了，都很稀奇，我一吹，他們就不喜歡了，說太吵，也不如小號或圓號好聽。

學校文工團有很多組織，軍樂，民樂，管絃樂，合唱，舞蹈，曲藝，京劇，話劇…，優秀的人才都集中住，他們也有自己的食堂，每月伙食費還有補助。我沒能享受集中的待遇。學生中人才濟濟，每次校文工團演出，都是爆滿。技術上也許不如專業團體，但絕對有生活、有朝氣。

有一年，學校拿了一大筆錢，請周先生去買樂器，好像是在大連買的，是不是那裡出產銅管樂器？很新的樂器，我也分配到一把新的長號。在一生的歲月裡，只要聽銅管樂，交響樂，我都聽得出長號的聲音，並且很為「一把長號可以壓倒整個樂隊」而自豪。有一次，學校來了一大批黑管，也叫單簧管，我請周老師替我挑一個，他替我挑了一個。我們去請教一位軍樂隊吹黑管的人，他給我們吹了一曲，我們佩服得五體投地，看似不精心地，他的手指飛舞的那叫好看。但我始終未練好黑管。

最值得紀念的事，是有一年，緬甸總理吳努來學校訪問，是周恩來總理陪同。我們軍樂隊站在最前面，長號又在整個樂隊的前排，因為長號太長，有伸縮，在後面要杵著別人。那次我離周總理很近，看得很清楚，連他的濃眉，他臉上的表情，都看得一清二楚。周總理很活躍，經常大聲插話，最後他大聲地祝吳努總理「健康，長壽」。學校送給吳努總理一本畫冊，第一頁是吳努總理訪問清華的照片，是幾十分鐘前的事。清華人有腦子，有效率。周總理走後，我們大家興奮地議論了半天。據說，事後周總理說，清華學生的精神面貌很好，但是面有菜色。總理的觀察是相當準確的，由於吃不飽，營養跟不上，不少學生精神不濟，面帶菜色。

13｜困難時期

三年困難時期，是指1960年到1962年，也叫三年自然災害。百年不遇的自然災害，加上蘇聯逼債，要中國還抗美援朝蘇聯支援軍事裝備的錢，據說原來說好的是，中國出人，蘇聯出錢，現在翻臉不認人，要中國還錢。不過當然，造成困難的除了天災，還有人禍。

困難真的很大，全國人民餓肚子，從我生下來，這還是第一次。我們59年入學，僅僅半年不到的時間，困難時期就到來了。先是要在全國城市裡搞定量，每人每月吃多少斤糧食，要定下來。在學校裡，還算寬鬆，我的定量好像是36斤。同學中最多的是45斤，要很高很壯的人，才有如此高的定量。

我原來在天津時，參加天津市拳擊隊，練習打西洋拳，經常被打得鼻青臉腫的。但我學會了出拳快，出拳準。生平僅有的一次，我和太太從北京到天津，在火車上和人發生了衝突，對方先動手打我，我一拳出去，打得他滿臉開花。一位乘客說，「這小夥子看著挺文雅，戴個眼鏡，打人那麼狠，一拳就把人打到鼻子出血」。他不知道，我是練家子。那次，把我太太氣得夠嗆，回家向我母親告狀，我在火車上和人打架。到了清華大學，我參加了摔跤隊，學習西洋式摔跤。到困難時期，這種太消耗體力的體育運動都停止了，因為沒得吃。

沒東西吃，很餓呀，三十幾斤糧食按說不少了，主要原因是副食太少，肚子裡沒有油水。我在想，那個時候，要是有「地溝油」有多好。可惜了，地溝油的發明者，晚生了三、四十年。有一次，大概已經到了困難時期尾聲，我在城裡買到一罐鴨油，寶貝似地捧回家，受到熱烈歡迎。現在想想，不就是烤鴨滴下來的油嗎，也是「地溝油」。我們沒東西吃，就到小賣部去買鹹菜，一邊喝水，一邊吃鹹菜。不得了，每個人都發生了水腫，在腦門兒上一按一個坑，很久也不消失。到了校醫院，醫生說，「沒有糧食吃，營養不夠，不能大量喝水，否則會水腫。你們倒好，一邊吃鹹菜，一邊喝水，不得水腫才怪。」

那時候，食堂裡要按定量吃飯，早上喝粥，一兩糧票一碗，我就喝三碗，有飽足感。父親給我買了一個超大的碗，三兩粥也裝得下。在西大飯廳吃了飯，到東區去上課，開始還要過鐵道，火車來了，要等半天。後來學校想法子，把鐵路搬出了學校。上了兩堂課，兩泡尿一撒，前肚皮貼後肚皮了。上了四堂課，下課後，再走半個小時到西大飯廳，腳都軟了。一人一個月才半斤肉，買肉菜，要肉票的。食堂吃一種包了肉餡兒的長卷子，美其名叫肉龍。學生們仿照「生命誠可貴，愛情價更高，若為自由故，二者全可拋」，改為「窩頭誠可貴，饅頭價更高，若為肉龍故，二者皆可拋。」。吃燉肉吃不起，把肉切成小丁，美其名為「櫻桃肉」，詩曰：「包子誠可貴，肉龍價更高，若為櫻桃肉，二者全可拋。」還有什麼雙蒸飯，是飯蒸熟了，灑上水，再蒸，體積比原來多一倍，但吃上去水查查的。後來又興起「小球藻」，摻在麵裡蒸饅頭，據說吃了不餓。父親是學生物的，在單位裡也培養小球藻，據說是太空人的食品之一。

有一次，我和尤立剛等同學，發現了一隻刺蝟，如獲至寶。我們把牠解剖了，尤立剛還認識：這是心，這是肝…，快上課了，我們趕緊把刺蝟用樹葉包起來，去上課，想下了課，烤來吃。但下課後再去看，刺蝟竟然臭了，不得已，把牠埋了。尤立剛後來因病休學一年，他到了房六，比我們晚一年畢業，文革時，他和我一起，為建造毛主席塑像，出了很大的力。

大概第二年，學校叫我們種地，每班都種了一些白薯，也叫山芋或地瓜。收白薯時，我們用臉盆去裝。收完後，我與另外一個同學曹奇雄不死心，我們想，一定還有剩下，沒刨出來的白薯。我們倆又返回去刨，結果大失所望，同學們刨得很仔細，一個白薯毛都沒有。我倆不甘失敗，抱了一捆白薯秧子回到宿舍，在宿舍的陽台上，用臉盆煮白薯秧子，可真難吃，但是省了一頓飯的糧票。還挺高興。

吃不飽，有人就出歪門斜道，有人塗改糧票，有人偷饅頭。最精采的是，班上的團支部書記，晚上，剛剛給別人做完思想工作，自己揹著書包去食堂偷窩頭，叫人抓住了。此事後來也沒處理，不了了之。這也沒有影響他日後當了某城市的市委書記。

學校為了叫學生吃飽，想盡了法子。記得曾向北京市政府要了些糧食，分給全體學生，每人幾斤糧票。高沂副書記曾在東北人民政府工作過，1962年，學校派他去東北，在北大荒要了三千畝退荒地，學校有汽車拖拉機系，開去很多機器開荒，然後種下了大豆。到了秋天，一車車的大豆拉到學校，一共30萬斤呢。次年就收了50萬斤。農場1964年停辦。每個食堂都大量吃豆腐，解決了大問題。記得有一次，我去高沂家，他問我，豆腐吃得夠不夠？我說，不太夠。他馬上給系裡打電話，說有學生反應，豆腐吃得還不夠。在北大荒的農場完全是機械化作業，當地的老百姓看得眼紅，說，「咱們合了吧！」要跟我們合併。

學校在八達嶺有一棟別墅，曾經叫我們幾個同學去測量。我們住在別墅裡，每天滿山遍野地跑，扛著測量儀器，水平儀，經緯儀等等，都有高倍望遠鏡，長城，詹天佑銅像等一通飽看，看得我們直叫好。山上多的是野山楂，酸棗兒和杜梨兒，每天採上一大包，吃得拉肚子。住在那裡的一位大夫說，「每天掃地，給你們掃出一大簸箕酸棗核，怎麼不拉肚子。」有機會，托同學給天津家裡帶了一大包野果，家裡來信說，看到一大包紅的黃的野果，全家人都歡呼起來。

1960年過年我回家，吃飯時沒按定量，我生氣了，說我自己的定量吃不到，我回學校去了。說著，揹起包就去了火車站，母親趕緊叫兄妹去追我，追上了，死活叫我回家，母親說，一定叫我吃得飽。當晚，就給我吃了飽飽的一頓，其中還有人的胎盤，是母親從醫院拿回來的。他們婦產科醫院有這東西，味道有點像豬肝。後來，家裡做飯，都用秤約。不但叫我吃自己的定量，還多給我吃，是母親和妹妹們省下的。

多年後，有一次，母親說，最困難的那年過年，發了很多的票證，什麼肉票，魚票，豆腐票，菜票⋯，我哥哥去買東西，一把把所有的票都丟光了，他很難過，什麼都沒買到，回來告訴母親，母親說，「這事別說了，免得大家不高興。」但是母親想什麼法子讓我們過了年，她卻沒有說，一定是費盡了心思。那年，我弟弟走在路上，突然撿到一條大魚，凍得硬邦邦。他得費勁地抱著走，他一下子就把魚交給了警察，我們笑他，「你給警察叔叔送年貨去了」。那年頭，流行一首歌：「我在馬路邊揀到一分錢，把它交在警察叔叔手裡邊，叔叔拿到錢，對我把頭點，我高興地說了聲，叔叔再見。」我說，那首歌可以改成：「我在馬路邊揀到一條魚，把它交到警察叔叔手裡邊，叔叔拿到魚，對我把頭點，我高興地說了聲：吃魚過年。」那年頭，人們的思想覺悟大概比現今社會，高出許多。今天若教孩子們唱這樣的歌，會被人稱為「神經病」。一是，一分錢今天已不是財富，而是負擔了，就是100倍的一塊錢，有的叫花子還拒收呢；二是，今天的警察叔叔個別是貪污腐敗之輩，你把揀到的錢交給他，他就私自吞了，如是鉅款，也許⋯。

困難時期家裡還有一件事，除了養雞外，父親去唐山地區買回來一頭剛剛生了小羊的母羊，是頭奶羊，每天可以擠奶，後來奶多了，自己吃不了，還賣，很濃的羊奶，絕對不攙水。後來又買了一頭小母羊，我還像牽狗一樣牽著牠，不過牠並不馴服。此羊後來不知所終，大概給了人了。困難時期過去了，城市裡實在不適於養小動物。

大約1961年寒假，班上一位在農村的同學郭振華，他也是團幹部，邀請我去他們家，我還真去了。他們家在河北省農村，他已經結婚了，農村有老婆。我父親給我買的酒和其他禮品，我們就出發了，先乘火車，下了車天黑了，只能先住店，住的是大車店，大通舖，衣服也不脫，被子全是油膩，我噁心死了。次日，我們走了幾十里路，到了他們家。在他家住的時候，他每天不陪老婆睡，而陪我睡，不知為什麼？大概是客氣。快過年了，我們還為村子裡寫了很多對聯，我字寫得不是太好，但村裡人認為很好了，我們臨時編的對聯，多是一些吉祥話，收到對聯的人都很高興，說是喜慶。住的日子稍久，我居然認為，我也可以在農村生活下去。快到春節，我要走了，他們家特地從地窖裡取出白薯送給我，我揹著包就上路了。坐的是慢車。除夕夜，大概是優待我們，乘客每人可以買一個燒餅，不要糧票，我高興極了。回到家，除了白薯，還有不要糧票的火燒，大家都很興奮。

1962年秋天，困難緩和多了。有一次，高沂的太太張林一給我兩張人民大會堂的招待票，我和同學去了，有吃有喝。招待會後，我回學校，路過鋼鐵學院，就去找我哥哥，告訴他我剛從人民大會堂回來，兩張用過的票也留下了，結果，他和同學去了人大會堂，招待會已經結束了，白跑一趟。又有一次，團中央在北京飯店開舞會，請我們軍樂隊與合唱隊去伴舞。我們去後，接待人員說，「飽吹餓唱，飽吹餓唱，軍樂隊要吃飽了再吹，合唱隊等唱完了再吃。」我們吃足喝足，再去吹奏樂器伴舞。結束了，還叫我們吃，各種好吃的點心，從未吃過的美味，實在吃得很辛苦。我知道，困難時期算過去了。

14｜清河跳井

我們班有一位同學叫宋允森，他和我有許多相似之處：我們都是天津人，過去家裡還認識；我們都是從建築系被壓縮到土木系的；我們都是畢業前被拉入團內的，我們是好朋友。他在房五班畢業四十週年紀念冊上寫到：宋允森(學名——大馬棒)我在清華園的六年生活：最難忘的一件事：高魯冀清河「跳井」；……，此位宋同學，在校時經常給人起外號，他也被人起了外號，叫「大馬棒」。例如，他給袁斌起名「大夥子」袁斌在紀念冊上認可這個外號，他寫道：袁斌，外號「大夥子」（某高人取本人方言賜之）。他管「大夥兒」，叫「大夥子」，由此得名。還有一位劉竹青，平常說話總是「要得，要得」，就被取名叫「要得」，還有很多，不容贅述。宋允森最令人垢病的是，他替班上的女同學打分，他說她們加起來都不夠三分，那時評分是五分制，不夠三分就是不及格，惹得全班女同學一致反對他。

剛入學時，大一，夏天，每晚睡覺前，我都走到西校門處的露天游泳池游一千米，才回宿舍睡覺。可見，我的游泳技術還是不錯的。有一年，我們到清河鄉下去勞動，幹什麼活兒記不清楚了，反正是農活兒。我們到井裡打水，那鉤子是活的，鉤在桶把上，到井裡，要一抖繩子，桶口側著，下到水裡，才能把水打上來。很多人不會抖，桶一下就掉到井裡了。要用很長的桿子撈。有一次，我和「要得」去打水，「要得」還是班長或團幹部。我打水時，運氣不好，水桶掉井裡了。「要得」在一旁發話了，「不會打水就不要打。」我馬上就「火」了，「你說誰不會打水?」他說，「我說你不會打水，就不要打。」我更是火冒三丈，說，「好，我一人做事一人當，我下去撈桶！」話還沒說完，我人已經「撲通」一聲跳下井了。「要得」嚇傻了，趕緊跑去叫人，說，「有人跳井了!有人跳井了!」村裡人聽到，不知發生了什麼事，緊急敲鐘叫救人，全村轟動，事情鬧大了。很快，井邊上圍了一大群人。帶隊的老師向我喊話，「高魯冀，你先上來，什麼都好說」，我說：「我不上去，我要撈桶，我一人做事一人當。」實際上，井裡很狹窄，不容我頭朝下地潛水撈桶。我一直在踩水保持著不沉下去。老師急了，叫我馬上上來，並垂下一根粗繩子，我一時也撈不到桶，就攀著繩子被拉上來。

回到宿舍，我換了衣服，包著被子還打哆嗦，帶隊的裘老師就叫宋允森去買酒。宋允森事後說，「裘先生叫我買酒，也不說誰給錢，買酒還是我掏的錢。」宋允森買了半斤白酒，拿給我，從未喝過酒的我，一口氣，把白酒喝光了。喝了以後，我喘不上氣來了，就像快要死的人倒氣一樣，周圍的同學都嚇壞了。趕緊叫了校醫來，給我打了一針，大概是鎮定劑，才算好轉。事後，村裡的老鄉說，有人跳下去的井，水不能喝，不乾淨。學校為此，把井裡的水抽光，才算解決。「要得」不承認他說過那話，但他如果什麼也沒說，我為什麼要跳井呢？再說了，就是他說了什麼話，我不堪刺激，做出了激烈出格的反應，責任也在我呀。後來，郭振華對我說，「要得」，承認了，叫我也不要再糾纏，莫名其妙，我糾纏什麼呢？學校對我做出嚴重警告處分，不僅在全校大會上宣布此決定，還把處分決定寄到家裡，我母親嚇壞了。有一位黨委副書記艾知生事後說我是「個人英雄主義」。其實，我就是山東人的脾氣：耿直，誠實，敢作敢當，忌惡如仇。後來，在芝加哥，我住在一位神父家，他家裡對學生們開放，神父是山東人，對我喜愛有加，把我當兒子一樣。他曾說過，「魯冀，山東孩子的脾氣你都有：倔，犟，槓，臧。」神父說的對。

15｜雜事一束

在清華大學學習很緊張，老師們告訴我們，舊清華流傳著一種說法：「一年級買眼鏡，二年級買痰盂，三年級買拐杖，四年級買棺材。」是說，清華的學生太辛苦，課業重，身體越來越差，最後肺癆而死。

我們一入學，體育教授馬約翰就在大禮堂給我們做報告，他穿一條燈籠短褲，一雙高筒襪子，白襯衫，領結，一派英國紳士打扮。他捨棄了麥克風說，「我最不喜歡用這個東西」，他不用麥克風，叉著腰，大聲地說，「後面的聽見聽不見？」我們大聲回答：「聽得見！」他給我們講：「要動！」他說，任何時候都要動，動，才能保持身體健康，才能保證心臟強大。他說：「聽你們的心臟，噗，噗，噗，聽我的心臟，咚，咚，咚。」他要求我們，每天下午四點半，一定要停止學習，上操場。以前，每天四點鐘，他要到圖書館去關門。清華這點好，四點半準時鍛鍊，每天晚上十點鐘，全校統一息燈，不可以再唸書。有時為了做某件事情加班，就要到廁所，藉著燈亮加班。

馬約翰教授是中華全國體育總會的主席，夏翔教授是副主席，我們很自豪，全國組織的主席，是我們學校的教授。後來，蔣南翔校長當了教育部部長，仍然兼任清華大學校長，我們就更得意了。馬約翰教授還教我們如何洗澡，他說，「先用溫水洗去汗，再用熱水洗去油，最後用冷水一沖，然後用乾毛巾擦得皮膚發紅，就算好了。」他說，這樣洗澡，不僅洗得乾淨，而且對心臟還好。

2012年5月，我和太太去廈門對面的鼓浪嶼，竟然發現有馬約翰先生的雕塑像，我像發現新大陸一樣，很高興地與馬老的頭像合影。

我們每天到體育館去鍛鍊，拿著啞鈴，有人問我們練什麼，同去的人回答，「練健美」。剛入學時，要測驗體能，每個人要做負重蹲起，結果測驗下來，同學們都不會走路了，一走就摔交。每個人都要人架著走，持續了好幾天呢。

除了學習功課，我最喜歡到圖書館借書看，清華圖書館夠大，我六年中讀了不少文學書，尤其是翻譯的外國文學。

有一度，我當了年級裡的文娛委員，負責分配一周的電影票，我最愛看電影了，但我從未以權謀私，為自己留下電影票。同學們也很認可我的工作，因為有好看的演出或電影時，我往往沒有票而去等退票，幾乎每次都等得到。我還多次向同學們傳授「等退票心理學」。有時，我們幾個人一起去等退票，等到的一定是我，有時還替別人等到，可謂絕技。後來，同學中傳說我等退票的絕技，說我，一看對方，就知道他手裡的退票是幾排幾號的——也神了吧。

我等退票最值得自豪的是，等退票等到陳毅頭上。有一次，週末，我騎自行車進城，快天黑時，路過首都劇場，正有什麼非洲舞蹈團演出，快開演了，等退票的人都散光了，我走上首都劇場的台階。正在這時，一輛黑色的大轎車停在台階下，一個人匆匆地小跑上來，手搭在眼眉上，等他走近，我剛要上去問「有退票嗎？」話還沒出口，那人把手放下來，我一看：陳毅！後面的保鏢一把把我扒拉開，陳毅匆匆地進去了。我也識趣地蹬上自行車，往清華園騎過去。

清華有許多口號，例如，聽黨的話，包括畢業要服從組織分配。健康地為祖國工作50年，這可是很高的要求，畢業時是25歲左右，50

年，是75歲，可謂高標準。還有一些規定，例如，在校期間不能談戀愛，所以我很聽話，在校期間沒有談戀愛。當然，也曾向某位女同學表白，遭到拒絕，因她已有男友。其實，我是績優股，當年，學業中等，政治上下等，被很多人看不上，但在公平競爭的社會條件下，我絕對是上上等。

清華舉行過很多報告會，講演會，請一些社會上的名人來講演，作報告。我最喜歡聽，往往千方百計地搞到票，或不要票就早早地去佔坐位。記得有華君武講漫畫，他還提到我們學校一位畫漫畫的張欽哲，張也是我的好朋友。有電影導演陳懷愷，他是電影大導演陳凱歌的父親。有一年，在美國遇到陳凱歌，我提起他父親陳懷愷，說聽過他的講座，陳凱歌說，「老頭兒有貨。」還有很多各方面的精英，不一一列舉了。 聽這些講座，開闊了我的眼界。

母親原來有一塊瑞士英納格手錶，後來丟掉了，她還說感謝主。為了工作需要，她又買了一塊國產手錶，我上大學時，放假回家，母親把自己的手錶給了我，我很珍惜，還去換了一塊錶盤，看上去新得很。那時候，買一塊手錶，要一、兩個月，甚至一年的工資呢。我工作後，有一次北京賣瑞士錶，我太太還特意從天津到北京來給我送錢買錶。我到了美國後，才知道手錶不算什麼的，一個月的工錢，可以買好多手錶。當然，名牌的除外。後來我回國，給我母親買了手錶，可惜她已臥病在床，手錶對她沒有任何意義了。但她還是表示很高興，因為是兒子送的手錶。

我父親有一件西裝外套，是很老式的，純毛，但是為了挺括，裡面加了豬鬃，不小心，豬鬃會鑽出來。我把它帶到學校，曾穿著到城裡照相館照了像，同學看了都說好，於是，很多人都借穿，到照相館去照像。後來，團支部批評說，那是資產階級生活作風，我借出西裝也成了罪過。

16| 包頭實習

我們上學期間有很多實習，最重要的是畢業前的工長實習，是1964年，到內蒙古的包頭鋼鐵公司。那次實習時間很長，好像有兩個月。包頭在黃河邊上，大青山腳下，一片大草原，真是天高雲淡。包鋼正在蓋廠房，我們到工地上實習，勞動，與工人相結合。我被分配在鋼筋工組，我還寫了一首「鋼筋工之歌」現在居然還記著：「鋼筋飛舞，電光閃耀，我們戰鬥在工地上，頂著烈日，冒著寒霜，我們戰鬥在最前方。鋼筋再硬，聽我們調動，鋼筋再艱，任我們呼喚，千萬噸鋼材經我們手，變成座座骨架聳雲端。穿過高山越過大江，四海為家轉戰八方，嗨，嗨，我們要為共產主義大廈，建成那鋼骨鐵牆。」這首詩我還譜了曲，在告別演出會上，我們學生和鋼筋工老師傅，共同唱起來，居然受到熱烈歡迎。因為這是鋼筋工自己的歌，從未有人會為鋼筋工寫歌。我教老師傅們唱，他們都很興奮，唱得很帶勁。那些老師傅都是東北鞍山鋼鐵公司轉過來的，有很高的素養，真正的大公無私，堅強的組織性，紀律性，性格直爽，待人真誠，我好喜歡他們。

我還寫了一首詞，是模仿毛主席詩詞填寫的，寫內蒙古那人跡罕至的荒漠，廣袤無垠的草原，可是怎麼也想不起來了。記得有一次，我和宋允森一起騎車出去，他突然用低沉的聲音朗誦起我那首詞，我好興奮，也好感動。大概有曲調的詩詞，容易記住，沒有曲調的不容易記。不過，想想，1964年到現在，都快50年了，能記住，不簡單。

我們休息的時候，有一次去爬大青山，我一個人去的，爬到半山腰，突然看到一條蛇，飛快地在草上竄，我看得人都傻了，站在那裡一動不敢動，腿都軟了。我突然體會到一句話：「腿肚子朝前」是怎麼回事。爬到山頂，看到兩個年輕人，帶了兩個大西瓜坐在山頂上，談起來，他們兩個是當地的小學教員。我說道我看見蛇的事，他們司空見慣，輕描淡寫地說，「那是草蛇，不咬人的，沒毒。」又說，「山上多得很，你看 ！」他隨手一指，果然看見有蛇在飛竄，我也放下心來。他們邀請我吃瓜，我說，沒有刀，怎麼切呀，他們哈哈一笑，把瓜放在地上，一掌下去，瓜裂成幾半。我很懷疑：「這麼個大瓜，你們倆怎麼吃得了呢？」他們也很幽默：「咱們不是三個人嗎？」我突然想逗逗他們，就問：「用刀切瓜，一刀下去，切十大塊，五小塊，怎麼切？」他們想了半天，不得其解，我揭開謎底了：「一刀切下去，大的一塊掉地下了，趕緊去拾大塊，捣著小塊，這就叫拾大塊，捂小塊。」引起一陣大笑。我們談得很高興，兩個大瓜也吃光了。他們說，不喜歡大城市，感到彆得慌，一個人說，到了北京，說天安門廣場大，就那麼小一點，你看看這大草原，他伸手一揮，可不是，一望無際，看著望不到頭的草原，像大海一樣，真是遼闊。

包頭的西瓜真是好，快到10月了，還有很多西瓜賣，據說是放在地窖裡的。那些瓜，個個是沙瓤的，切開，瓜肉一粒粒的，沒有水，吃起來是沙瓤，又甜，好吃得不得了。每天晚上，有賣瓜的點著燈來賣，我們買了吃。艾知生等校領導來視察，我們猜想，他們一定也會買了吃。艾知生看見我，並不認識，但他們告訴他，我就是高魯冀，他一下子想起來了，「跳井的那位！」我還托他把我創作的「鋼筋工之歌」帶給作曲的鄭老師，他真的帶到了，鄭老師還認真做了修改，寄還給我，不過已經晚了，我們已演出完了。

在實習工地，我的作業是蒐集所有的樓梯式樣及尺寸。經過學習工程製圖，我會很準確地畫出那些樓梯，有木製，鋼製，混凝土製等等，有斜樓梯，直樓梯，螺旋樓梯，防火樓梯……，我畫了幾十張圖，還都標注了尺寸，可惜自己沒有留下一份，不然，現在看看也很好玩。

實習快結束時，突然收到通知，我們要提前回學校。我們緊張地收拾行李，此時，鋼筋工老師傅突然找我來了，他們給我買了鋼筆，上面還刻了我的名字，還有日記本，我感到很突然，但也很高興。我也馬上跑出去，給他們也買了禮物，是什麼，記不得了。我們順利地回到學校。當天晚上，周恩來總理在人民大會堂好像是音樂舞蹈史詩「東方紅」的排演現場宣布，中國第一顆原子彈實驗成功，我們歡呼雀躍，同時也體會到學校要我們提前回北京的苦心。接下來是畢業設計，我們好像是設計一處小區的居民樓，真刀真槍的設計，完了，建築公司要按此施工的。小組長是馬紳，他是很好的領導，我們小組好像還得了獎。奇怪的是，畢業設計反倒沒有工長實習印象深刻。

17| 畢業分配

我們畢業了，要分配到各個用人單位。此時，我寫了一篇文章，「我愛北京」，好像發表在「新清華」校刊上。文中歷數北京的好處，記得是分春，夏，秋，冬寫的，似乎是春天，去春遊，見到鴨子在池塘中嬉戲，「春江水暖鴨先知」。夏天，到頤和園游泳，暢遊昆明湖，魚躍入水。夜晚，在清華園欣賞「荷塘月色」。秋天，到西山看紅葉，「層林盡染」，去爬香山的鬼見愁。冬天，下雪後的銀裝素裹，我們奮力打雪仗……，我寫得還要好，用了很多典故，寫得都是排比句。透出我對北京的熱愛。其實，北京最好的是秋天，不但氣候好，秋高氣爽，而且，水果都下來了，琳瑯滿目，五色繽紛。但是結尾，我話題一轉，說為了我熱愛的北京，我願服從分配到祖國任何偏遠地方，要把那裡建設得和北京一樣美好。現在看看，我一生最長的時間是住在舊金山，我在天津生活19年，北京生活21年，美國生活32年。這裡只有兩季：雨季，冬天下雨；旱季，夏天不下雨，而且四季常青，年平均溫度大約是60華氏度，合攝氏16度。感謝主，我們全家都在舊金山灣區居住，氣候是全世界最好的，冬天不冷，夏天不熱。最近，全美國都高溫天氣，溫度破攝氏40度，但是舊金山卻要穿厚衣服，晚上要蓋床被。

畢業服從分配，是清華強調的聽黨的話的重要指標，所以，對每個人來說，都是重要的關口。分配方案出來了，我被分配在北京市。相對於大多數人被分配到中央各部委，北京市是太土了，但也沒辦法，必須服從組織分配。有留校的幾位，他們業務上都不是尖子，但大約都是黨員。最多的是分配到一機部到七機部的同學，我們原不知道這些部是幹什麼的，經了解，才知道各部的功能。

畢業前，除了互道珍重，告別外，有的還互贈禮物，我一時性起，把原是外祖父送我的一套厚厚的線裝書「說文句讀」送給了一位軍樂隊吹短號的人，因為他喜歡刻圖章，而那本書有所有的篆字，非常有用，也是我刻圖章時的參考。他也是我們系，好像是給排水專業的，被分配到了邊疆。

畢業前，要照集體照片，必選的景點是二校門。二校門原是清華的大門，後來清華大學擴展了，二校門被包裹在裡面，但它建築造型太美了，不捨得拆，就保留下來，稱之為二校門。畢業時，一定要在此照集體像。我們有一張集體像，是房五班的，多年後，有同學把各位的人名都寫在背後，不但有同學，還有老師。要不然，四、五十年後，可不都忘光了。

我到北京市報到後，被分配到了建築工程局，留局待分配，先下到基層搞四清，我開始了新的生活。

1961年6月在清華學堂前，水磨石隊合影。

1961年4月大學同學在頤和園。

第四章

步入社會

「你從水中經過，我必與你同在，你趟過江河，水必不漫過你。」

（以賽亞書四十三章二）

18｜四清

我們被分配到建築工程局，馬上下到基層去搞四清，四清是毛主席錯誤地估計了政治形勢，認為中國社會出現了嚴重的階級鬥爭，提出在農村和城市都搞四清。也叫「社會主義教育運動」，城市的四清內容是清政治，清經濟，清組織，清思想。要「以階級鬥爭為綱」，對幹部的政治思想，工作作風，生活作風和經濟問題進行清理，整頓，把「四清」視為轉變幹部作風，反修防修，挖修正主義根子的重大措施，甚至錯誤地認為「全國三分之一的基層單位領導權不在我們手中」。提出運動的重點是整「黨內走資本主義道路的當權派」。

我們四清分隊的隊長姓薛，老薛身材消瘦，面部有稜有角，濃眉大眼，頭髮還有些自然彎曲，雖然黑了一點，但仍不失是個美男子。從他身上，我真正認識到，一個共產黨員應有的品質。老薛絕對是個好黨員，吃苦在先，享受在後，嚴於律己，團結群眾，作風正派，不搞任何歪門邪道，對我們這些小年輕的，總是耐心呵護，笑臉相迎。還有一位老陳，是他的好搭檔，老陳比老薛還要穩重，如果說老薛是衝鋒陷陣的，那老陳就是搖羽毛扇的。我們分隊還有些幹部，就沒有這兩位領導有水平了。小組長是老潘，也是個好人，當然，沒有兩位分隊長能幹。僅有的兩位女生，都是中專生，記得一個叫小紀，是滿族人，另一個是小周，笨得很，我不喜歡她。後來想想，我也是運氣好，剛入社會，遇到的都是好榜樣，對我今後的成長有正面作用。也可能那個時代比較好，人們都比較正派。我們對第六建築公司的一個工區進行整頓，黨組織是黨總支一級。

四清不但是對領導幹部，也對一般幹部。記憶中，一位後勤幹部主動承認貪污，他說貪污的錢，都買了毛毯，次日，他居然用自行車帶來四條高級毛毯，退賠給公家。我們幫忙整理書面材料，組織上對我們沒有任何避諱，所以也看到了一些帶「色」的材料。黨總支書記亂搞男女關係，自己承認的有三、四起，都落實了，因為對方也有交代材料。工區的一位女醫生揭發總支副書記對她「性騷擾」，這是現代的名詞，當初稱什麼，忘記了。她的材料說，有一次，中午休息時，她穿著白大褂，副書記到醫務室，問她，「白大褂裡穿不穿內褲?」並要解開她的衣服釦子，說要看一看，她嚇得趕緊跑了出去，也不敢回醫務室。但是，那位副書記矢口否認，說絕無此事。老薛評論這事說，「一個女同志，如果不是確有其事，怎麼會編得這麼真實呢？」他傾向相信那女醫生的話。但這事沒有第三者證人，且中國當時對「性騷擾」也不甚重視，就不了了之。令我奇怪的是，那些有作風問題的黨員幹部，以後都升了官。後來，我在參加毛主席紀念堂工程時，發現那位當年有作風問題的總支書記竟然成了公司的黨委書記。

還有一個工會幹部交待，有一個晚上，他去一個工人家裡，男的不在，和女的聊了幾句，那女的就拉滅了燈，跟他發生了關係。我就奇怪，怎麼那女的就那麼賤，和不認識的人都可以隨便發生關係。

後來不知為什麼把我調到了清河的一個工地，也沒什麼事幹，一個人很彆扭，我就到了清河縣醫院，要求做闌尾切除手術，我有慢性闌尾炎。主刀的醫生是醫學院剛畢業的學生，他問我，「在這小醫院做這個手術，怕不怕？」我說，「不怕，這是小手術」，他說，「你別看這是小手術，搞得不好，還要再開兩、三次刀呢。」我開了刀，切除了闌尾，第二天我就下地走了，外人評論道，「走路腰都不彎」，是說我好樣的，不怕疼。老陳來看我，帶來了同志們的問候，也是對我的關心。

公司系統搞出一個大貪污犯，貪污幾千元，說當時他去前門商店買東西，都不要找錢的，人家就告到單位。那時候，幾千元就是大數目，因為大學畢業生才只有56元一個月，我們在企業單位的還要少兩塊錢，是54元。和當今社會動輒幾十億美元的大貪污犯，真是不可同日而語。

搞四清，節假日也不能回家，我一人無聊，就自己改善一下伙食。食堂都是大鍋菜，但是過節，可以點菜，我要一盤炒雞絲，覺得真是人間美味，好吃死了。冬天，晚上睡覺，我一人睡在庫房裡，我就墊了10床被子，睡得那叫美。

四清搞了快一年，到了1966年，北京大學的聶元梓貼出了第一張大字報，文化大革命就此開始了。北京市的彭真，劉仁都是走資派，被揪了出來，中央派了李雪峰接任北京市委書記。北京市還揪出了三家村，鄧拓，吳晗，廖末沙，是一棵藤上的三個黑瓜。我們四清工作隊是舊市委派的，也成了黑幫份子，被關在一起整頓揭發，我們全體城建口的大批四清工作隊員，大概有幾百人，都被關在第六建築公司總部，人人過關，開始了無盡無休的自我檢查。

19｜造反有理

我們被關在一處平房，原先是豬圈，後改建成平房，住的房子窗戶，玻璃都破了，晚上蚊子咬得根本睡不著。國家建委一位副主任謝北一調到北京市當副市長，領導城建口，他帶了一批國家建委的幹部，其中兩位司局長負責整我們建築口的四清工作隊，他們也住在六建公司總部。我們從整人的，突然變成被整的，這種身份調整，還真不容易。政治上受壓迫，生活上受歧視，我們真是滿腹牢騷。那時候，社會上，文化大革命已經轟轟烈烈地展開了，口號是「造反有理」

有一天，我們正在發牢騷，隔壁房間一位設計院的知識份子，原來也是清華的畢業生，對我說，「高魯冀，你不要光在屋裡發牢騷，有本事你站出來造反，寫出大字報。」我還真不服氣了，說：「寫就寫，你過來一起商量商量。」他真過來了，我們一起商量了，說我們不是黑幫，我們是祖國的未來，這樣不分清紅皂白的整我們，完全不符合毛主席的革命路線，等等。大字報署名中，我是第一個，其他人也簽了名。

大字報次日就貼在了食堂門口，後來聽說，整我們的隊長，副隊長馬上調了我們的檔案，看能不能找出問題來。此事也被揭發出來，因為他們也要通過下屬去查。雖然這是正常程序，若是我們，也要這樣做的。但此時被揭發，大家就說，是在整我們的黑材料，引起了公憤。在食堂裡，我還與工作隊隊長展開了辯論，他辯不過我，就說要通過組織解決。我們不幹了，起來造反，和建築設計院的造反派們聯合起來，到新市委去告狀，搞得轟轟烈烈。主要是些知識份子，也有幹部，但是沒有工人，因為四清隊中全是幹部。我們的聲勢造得很大，矛頭直指謝北一。因為太會吵了，又都能說能寫，新市委不得不由市委書記處書記高揚文來接待我們，大約一千多人參加了接見的辯論會，我是大會主席。我記得大會開了快三、四個鐘頭，高揚文書記沒有吃晚飯，他的秘書給他搞了點什麼東西，他一邊吃，一邊聽。我倒是一點也不憷頭，會場掌控得非常得宜。最後我的總結發言，還不忘批評謝北一「實用主義」，為什麼事忘記了，但我批的那一下，打得謝北一一愣，不等他反應過來，我就結束了辯論，把會場交給高揚文。

高揚文的發言有點出乎意料之外，他先肯定了我們的革命熱情，正式宣布我們不是黑幫份子，最後說，因為我們的革命精神，吸收我們中的骨幹份子參加新市委的工作。我們好像大獲全勝，興奮得不得了，就結束了這次造反，打道回府——該幹什麼幹什麼去了。

但是，高揚文的指示沒能得到貫徹執行，因為參加新市委工作的人選，一直未能定下來。我們多次向市委反應，都不得要領。最後，竟然只吸收了三個人，我和另外兩名幹部，其他人一律不用。而且我們三人，竟然在整我們的人下面工作，我們的頂頭上司，就是整我們的工作隊副隊長老張。我們三人當了市委聯絡員，但出於組織原則，不能聯絡本身所在的單位，也就是，我們不能聯絡建工局，只能聯絡建材局、規劃局和園林局。

20 保佛派

我們三人上班了，記得辦公室在北京市建委的樓裡。要到各局去檢查工作，到園林局去，他們下轄北京各大公園。到頤和園檢查工作，同時享受湖光山色。聽園方介紹了簡況，回來，我還得整理成文， 因為那兩位過去都是動嘴的，寫材料是秘書的事。到頤和園，首先遇到的問題是，園外面有一個大的牌樓，很高大，好像是三層，清代所建，紅衛兵小將說是四舊，要拆除。頤和園方面問我們怎麼辦？我們也沒輒，要不讓拆，得找出夠硬的理由。最後說，要不然問問公安局交通警吧，一問交通警，他們說，最好留著，因為節假日到頤和園的人多， 車多，一經過牌樓，必然減速，也減少了交通事故的發生。我們大喜過望，以此理由保住了這個大牌樓。過了幾十年後，我回到北京，去頤和園，怎麼也找不到那座大牌樓了，是不是後來又拆了？頤和園當年是慈禧太后用建造海軍的錢建造的，為了自己的享受，不顧國家的安危， 但建得真是好。尤其借景玉泉山的白塔，可畏神來之筆，令人心曠神宜。園裡反應，紅衛兵認為長廊上的彩繪也是四舊，要把它們塗掉。 但園裡說，那些彩繪是59年十年大慶時才畫上去的，當然內容都是些風景及中國文學中的插畫。我們就說，那就告訴紅衛兵，那些畫是現代人畫的，不是古董，不是四舊，內容上有點問題，尚能接受，不必塗掉。

隨著形勢的發展，破四舊的事越來越多，我們上班就是處理這些事，可以說是「疲於奔命」。也許是我受到的教育，使我對中國文化有一種由衷的熱愛，是深入到骨髓裡的，不是一次運動，哪怕像文化大革命那樣疾風暴雨式的運動，所能改變的。所以，我對破四舊有很大的成見。正好，領導老張和那兩位與我一起來的幹部，大家英雄所見略同，心裡都是要保護中國文化，只是我經常衝在前面，他們延遲一步，以便可以隨時轉換方向。我卻沒有任何退路，不過這是我自己的選擇，我絕不後悔。有一次，香山公園的領導來了電話，說體育學院的紅衛兵去造反，破四舊，把一座廟裡的哼哈二將拉倒了，問我們怎麼辦？我們與建委的一個副主任一起，乘車直奔香山，到達後，被帶到那座廟，進去一看，兩邊的哼哈二將已經被拉歪了，還沒倒。大概當年建得太結實了，體育學院的紅衛兵都沒能拉倒。同去的建委副主任說，他兒子有神經病，有一次到香山玩，進到這座廟，一看哼哈二將，扭頭就跑，嘴上喊著「有鬼，有鬼！」他說這兩個塑像太恐怖，拉倒了算。我們也沒有辦法，已經歪在地上了，總不能再恢復吧，就決議，拉倒了算了，這是我們批准拉倒的唯一一座神像。實際上，不是我們批准拉倒，而是造反派拉倒的，我們要求清理乾淨。

我們保的佛像越來越多，同事們管我們叫「保佛派」。那時，有造反派，有「保皇派」，是指保那些領導幹部的人，但是「保佛派」，我們是唯一的。我也很為此自豪，在文化大革命的風雨飄搖之中，我們為保存祖國文化盡了自己的綿薄之力。

最重要的一件文物，是北海團城裡的白玉佛，北海團城有城牆，上面有建築，被稱為「世界上最小的城」應該當之無愧。白玉佛原先是緬甸進貢的，大概是明清盛世時期，緬甸進貢的寶貝，是用整塊白玉雕成的，彌足珍貴。當年緬甸總理吳努訪華，周恩來總理特別陪他去看過那尊白玉佛，是國寶級的文物。紅衛兵小將說要破最大的四舊，要砸爛白玉佛。我們聞訊，大為緊張。我的上司，就是當初整我們的工作隊副隊長老張，他叫我問問出口部門，可否把它出口，也比砸爛了強。但是出口部門說，這東西無價，你若賣了，會被人指責你出賣祖宗。我原話向領導匯報，他聽了也沉吟起來。我忽然想到，我們做個四面的語錄牌，把它包裹起來，應該可以起到保護作用。因為誰也不敢砸爛毛主席語錄。領導說，「這個主意好，趕快打電話，叫他們馬上辦。」北海公園依此辦理，保住了白玉佛。如果沒有此種「偷樑換柱」的保護措施，後果還真難以想像。

那時候，時興傳播首長講話和交換小型刊物，叫小報。其中，首長講話大約都是中央文革的首長，某年某月某日講的話，由造反派整理出來，印出單張，到處發行，受到熱烈歡迎。因為，文化大革命是新生事務，都不知道要怎麼革，所以，中央首長的講話，具有指導意義。首長講話積攢多了，有的單位就出一本書，收成本費，每個人都買。我後來來美國，還帶了幾本，也是文革期間的出版物。小報則很多是定期出版的，如週刊，月刊，不定期刊等等。小報不是賣的，而是交換的。我為了取得這些刊物，自己也辦了一份週刊，純是為了和別人交換，以取得盡可能多的消息。此事當然要取得領導的同意，我就跟老張打了個招呼，他也不置可否，因為那些小報 他要看的，否則還真沒底，文化大革命要怎樣開展。我自己辦的刊物，儘量不發給自己人看，以免誤會，純粹是為了交換用的。每次，都是我一腳踢，自己撰稿，自己刻鋼板，自己印刷，自己發行。此招甚靈，我每次印幾十份，一百份，記得是以「北京市委生產辦公室」的名義發行，都能交換光，也就是說，我掌握了大量的小報，也就是大量的信息。文革時，一切不正常，一會兒貼大字報，一會兒破四舊，一會兒毛主席在天安門接見紅衛兵，一會兒又是紅衛兵全國大串聯，到哪裡都是乘車不要錢，吃飯不要錢，很多中學生因此全國大旅行，不花一分錢，走遍全中國。但我一個朋友的孩子，出去串聯，就沒有回來，肯定是死了，但怎麼死的，在何處死的，都不知道。同行的人說，走散了，沒在一起，你也無從追究了。還有的人，去了東南亞，到緬甸，越南，柬埔寨等國家，有的參加了當地共產黨的游擊隊，也有的成了大毒梟的爪牙。

有一次交換小報，我去了清華大學，清華大學在文革中可是走在全國的前列，蒯大富造反，受到中央文革小組的支持，成為北京高校四大學生領袖之一。一天到晚受到中央文革小組的接見，紅透了半邊天。他的造反組織叫「清華井岡山兵團」，在學校是掌權的，他們的反對派叫「四一四」。這兩個組織分別稱為：「老團」和「老四」。蒯大富派發行的《清華井岡山報》，一紙難求。我在學校居然看見了由立剛，他因病休學一年，成了房六班，正好在校參加文化大革命，他還參加了井岡山兵團，並且是領導成員，好像是對外聯絡部的主管。他看到我，也很高興，問了我的現況，突然提出，叫我「回校鬧革命」。當時已經有這種提法，很多已經畢業的學生，又返回學校鬧革命。實際上，文革期間，一切都不正常，學校不上課，工廠不生產，機關不辦公，個別人要回校鬧革命，也沒人理會。我因當時還是市委的聯絡員，不能說走就走，一時沒答應他。只說，看看再說。由立剛知道我能寫會畫，活動能力極強，便極力邀請我回去，助他一臂之力，我答應好好考慮一下。

回校鬧革命很快就實現了，因為北京新市委也被奪了權，我們這些小嘍囉也就樹倒猢猻散，各回各的單位了。我又回到建工局，住在局裡，但下屬單位也很亂，一時分配不下去，我留局待分配，又沒有事情做，我就要求回校鬧革命。局裡人事部門的一位女負責人和我一起到了清華大學，是由立剛接待的。他們談好以後，那位人事幹部提出要一些

「材料」，由立剛充分滿足了她，她高興得眉開眼笑，我的回校鬧革命就算解決了。

21 被抄家

此時，我的後院著火了，家裡傳來消息，我們家被抄了。我聞訊，連夜趕回家，到家已經是深夜一點了，我存心重重地敲門，也不答話。就聽到母親顫抖的聲音：「來了，來了。」又說，「誰開開燈呀。」母親打開門，一看是我，母子抱頭痛哭。後來聽說，抄家的是街道上和派出所共同行動的，理由一是我父親是反動軍官，二是我家裡有海外關係。據說，困難時期，三姨從美國給我們寄過食品，後來托香港的一位牧師給我們寄過豬油和奶粉等等，而那位牧師是個特務。他是特務，跟我們有什麼關係？哥哥說，「我們這種家庭，任何社會都不應當被打擊，清算的。」但是，文化大革命，是革一切人的命，很多對革命有大功的人都被整死了，何況我們這些小老百姓。

帶領街道上來抄家的是胡同裡住一號楊家的老婆，老楊是個木匠，他和他老婆都沒什麼文化，一家六口擠在一間暗無天日的小房裡。大約因為窮，又是工人出身，所以成了被依靠對象。她後來對別人說，高家很窮，沒有任何財物。抄家後，她還多次到我家，拉著我母親的手痛哭流涕，以此表示自己的清白，她是被迫跟著來抄家的。母親曾說，「老楊家的可真沒立場，還拉著我哭。」

文革初期，老爺的古董、字畫已經處理了，燒了兩樟木箱的字畫，沒來得及燒的一捲紙，叫我帶到了北京，原來是珍貴的拓片，後來我賣給了芝加哥大學圖書館。家裡已沒有任何「四舊」及值錢的東西。據說，當時找到一本銀行的存摺，他們看了，如獲至寶，以為是兩千塊錢，仔細一看，是二十塊錢。任何有用的文件，他們一件也沒有找到，連一張紙片都沒有。抄家隊有些老羞成怒，就把房子給壓縮了。把我父親捉去勞改，後來得了半身不遂，才被放回來。

我們胡同是兩排房子，西邊的有六家，每個院子裡都有兩間北房，一間南房和一間廚房，院裡還有一間廁所。東邊的也有六家，但有三間北房，比西邊的房子大。院裡都是舖水泥磚，屋裡都是舖木地板，是很舒服的住家房。

抄家那天晚上，家裡住了17口人，大部分戶口都不在我們家。抄家隊足一通審查，但都是我們的親戚。抄家後，房子被壓縮，只給了一間北房（12平方米），一間南房（6平方米），兩間大北房搬來另一戶人家。文革期間沒有道理可講，也不容許你有任何異見，更沒有任何法律依據。我父母親和弟兄姊妹在那裡，住了十多年，一間半房子，還娶了媳婦（就是我太太），添了一個外孫子，兩個孫女（我的兩個女兒），和一個外孫女。我父親也在此過世，如果不被捉去勞改，也不至於中風，他可能還多活幾年。這十幾年，十幾口子人，既有患病老人又有待哺嬰兒，只有一間半房子，是怎麼住的？怎麼過來的。我母親真是偉大，她在如此惡劣的生存環境下能處理好各種關係。對我的女兒，是慈祥的老奶奶，對我父親，是賢慧的妻子。對我們兒女們，是親愛的媽媽。對我妻子，是善良的婆婆。她跟我妻子從來是有說有笑，彼此欣賞，絕沒紅過臉，婆媳關係那叫好。我父親半身不遂多年，屎尿都拉在床上，但我母親精心護理，至死，父親連褥瘡都沒有，連給他看病的大夫都驚奇，可謂奇蹟。過年，過節，我們還願意回家，因為那裡有溫暖，有親情，有平安，有喜樂。但那些年的日子可是怎麼熬過的呀，想想都可怕。

而且，抄家並無統一的組織，誰都可以抄，不僅抄自己單位的家，還抄外單位，或有親友關係的家，有的如著名的大壞蛋，大走資派，大黑幫的家，誰都可以去抄，有的名文化人例如吳晗的家，被抄了上百次，已經沒有任何東西了。我的熟朋友黃永玉的家也被抄了，但黃永玉還沾沾自喜地說，造反派說，黃永玉家的東西，質量真高。

抄家的單位不確定，任誰都可以抄。抄走的東西沒有帳，也沒有任何紀錄，雜亂地堆在某處，被人拿走的，丟失的，貪污的，損壞的，不計其數。最後，退賠的寥寥無幾。被抄的人只能自認倒楣。還有專門以抄家的名義盜竊的團伙，他們打著造反派的名義抄家，抄到的貴重物品，都自己要了，很發了一筆財。抄什麼東西，沒有定論，造反派喜歡什麼，抄什麼，有的只抄「反動的」，貴重的，四舊的東西，有的卻沒有定規，甚至連家具都抄。因為中國歷史上就有抄家一說，造反派是拿來就用，難道抄家不是四舊嗎？文化大革命，可說是中國歷史上，最反動的一次運動，這是由毛澤東發起的，由他的追隨者們實行的一次慘絕人寰的，造成極大危害的，造成歷史大倒退的一次運動。是革文化的命。

22 回校鬧革命

我終於可以回校鬧革命了。我住在第一教室樓的二樓，在拐角的一間房子裡，房子還很大，大約有二十多平米，搭了一張床，有書桌，椅子，還有電話，不知道原來是幹什麼用的房子。反正是由立剛給我安排的。吃飯就在員工食堂，有時候太忙了，就隨便湊和一下。我的工資，由建工局發，每月發54元。我沒在清華領過一分錢，也沒報銷過一分錢，甚至差旅費也沒報銷過，都是自己出。

第一件事，是有一個展覽會，大約是述說造反有理的展覽會，總部說要改造一下，要擴大影響。我先去看了那個展覽會，發現毫無章法，美術方面不但不及格，而且非常拙劣。政治上的事我不用管，只是把它好好包裝一下，我心中有了打算。我先到美術教研組去摸底，發現有六、七位畫家，我和他們商量了給展覽會畫畫的事，他們都願意。那時候，團派掌了權，大家當然聽團派的。本來也沒事可做，現在有事做了，不用去政治學習，不用去打派仗，何樂不為。

我向由立剛說了我的想法：我一週之內，可以把這事完成。由立剛好像不大相信，他說：「一週？」我肯定地回答：「一週。」我發動了美術教研組的老師和建築系的學生，寫的寫，畫的畫。我把任務分配下去，分配得很具體，那裡要一幅什麼圖畫，那裡是整塊版面美化一下，然後寫什麼樣的美術字，落實到每一塊版面。很快，大家都完成了自己份內的工作，加起來，就是整個工作的完成。其中有一位建築系的同學，他用細的油畫筆，寫出的美術字，像印的一樣，很受大家的欣賞，後來，我還把他帶去了韶山，參加建造毛主席塑像。這件事，受到總部的表揚，認為幹得漂亮。

第二件事，是要做一個清華井岡山兵團的徽章。文革期間，造毛主席像章成了熱潮，用掉了大量的鋁金屬。到後來一發不可收拾，毛老爺子不得不親自出來講話，他不讓再用鋁金屬了，因為造飛機都沒有材料了。老爺子的最高指示是：「還我飛機」。但是，造毛主席像章的運動仍然方興未艾。文革期間，黃永玉的女兒曾給我寫過一封信，還叫我給收集一些紀念章。我們要做一枚團徽，大約也是像章熱潮的一部分。

我先請北京建築設計院一位姓陳的建築師幫忙，他原先也是清華畢業的，我們是四清造反時的戰友。後來我也帶他去了韶山。他很會設計，我請他畫出了幾十個方案圖，大小，形狀，顏色，等等，各不相同的方案。畫在一張大紙上。那些天，我就回到建工局，設計院就在馬路對面，方便我去找老陳。我們一起商量，我提出一些構想，他把它們畫出來。我把方案圖拿給由立剛，再由他拿到總部，由他們挑。最後，挑中了一款長方形，上面是紅旗招展，旗上有毛主席像，下方是井岡山的圖案，有五個字：清華井岡山。這是最後的定稿，我請老陳畫了最後放大的完成圖，又畫了原大的效果圖，一併叫由立剛拿去總部匯報。以後，我們工作都是此種模式，我提出方案，由立剛拿到總部匯報，批准了，我就去辦，我與總部的人從來沒有接觸。僅在建造毛主席塑像時，總部宣傳部的潘劍紅部長來過工地，我與她有過接觸，她長一張鵝蛋臉，人長得還漂亮，一副女強人的姿態。但後來聽說，她被清洗掉了。四十多年後，一位拍攝毛主席塑像的攝影家成文軍，找到我，也找到蒯大富，成文軍對我說，蒯大富說，「對高魯冀印象最深刻！」。我可從未與他接觸過，連見面，握個手都沒有。

最後定案後，我先與在北京的幾個工廠聯絡，他們都能製造紀念章，但都是任務滿滿的，根本沒有時間給我們加工。我打聽到，天津也有工廠可以加工，向由立剛報告後，我就去了天津，因我家在天津，住在家裡，也不用花錢。如前所述，我都是自費，從未報銷過任何差旅費。

我到了廠裡，找到主管的負責人，當時大概廠長也被打倒了。那位負責人說，「本著我對蒯大富的崇拜，我也想接這個活兒」，但是他說，關鍵在於刻鋼模的師父忙不過來。我就去找刻鋼模的老師傅商量，老師傅說，「一枚紀念章，關鍵是鋼模，刻好了，一沖壓，就成了，再噴上不同顏色的漆，就齊活了。但是，刻鋼模太慢，不出活兒。」我說了清華井岡山，他們都知道，也願意接這件差使，但是刻不出鋼模，沒辦法。我拿出帶來的材料送給他們，老師傅說，「這東西好，我兒子，女兒都要看」，我答應再給他們寄一些來。他高興了，主動說，「就沖這個，我也給你加加班，你就頃好吧！」沒想到問題就這樣解決了。我以後還真給老師傅和廠裡寄過材料，我這人說話算話，這是我的優點之一。

紀念章加工好以後，我帶回北京，又受到總部的表揚，我並沒有真聽到，是由立剛轉達的。但是，這個紀念章，我自己沒有留下一枚，現在找都找不到了。還做了很多事，記不清楚了，反正那時很忙，我說忙，一定是忙，因為我脾氣急，做事講究效率。但有些是臨時性的工作，譬如，寫個大標語什麼的。就這樣，我得到了「清華園裡能量最大的人之一」的稱號。什麼人叫出來的，我不清楚，也許是美術教研組的老師？因為，有一位美術老師曾善慶，有一次我們一起騎車到什麼地方，他說，「你這麼大的能量，留在學校算了。」曾老師和他的妻子楊燕萍後來也來了美國，還在紐約買了房子，他們到舊金山來開展覽會，我找到過他們，和他們聊過天，這是後話。

黃永玉妻子張梅溪與我大女兒。

媽媽與女兒，我的三寶。

第五章
建造毛主席塑像

「我也將萬事當作有損的，因我以認識我主基督耶穌為至寶」

（腓立比書三章八節）

23｜清華大學毛主席塑像

緣起

清華大學的二校門絕對是地標性的建築，它建築造型華美，始建於1911年，是對襯形式，青磚基座，漢白玉砌成三拱石門，大門洞兩邊各有兩根圓柱，中間門洞門楣上，鐫刻有清末大學士那桐所題「清華園」三字。1930年代，清華校園擴建有了新的大門，這座最早的校門從此被稱為二校門。它的後面路兩旁有兩棵清代遺留高大的松樹，襯托之下，二校門顯得格外豐姿卓婉，像一個貴婦人。畢業時，如不在二校門前合影，就好像沒有畢業。平時有朋友來，也要在二校門前留影，這是清華大學的象徵。這樣一座與世無爭的建築物，礙著誰的事了？但在文革中，也未能倖免被拆毀的命運。記得是清華附中的紅衛兵來拆毀的。為什麼，不知道，它是四舊？它是封，資，修的代表？都說不上。清華附中的紅衛兵是出了名極左的，幹了很多令人髮指的壞事。

二校門被拆毀了，巨大的石塊等殘跡散落一地，我們每天路過時，都要痛罵這些極左份子。有一天傍晚，我和由立剛等人在什麼地方辦完事，回我住的第一教室樓，路過二校門遺址，那些殘垣斷壁還在，沒有人清理。我們一通大罵，說二校門礙他們什麼事了，非得要拆了，拆了也不清理，這麼大堆石塊橫在那裡，不僅不好看，還影響交通。一邊罵著，一邊路過二校門。我突然不走了，停下來，由立剛等不知什麼事，也隨我停了下來。我突發奇想，「咱們要是在這裡建造一座毛主席塑像，那誰也不敢拆了。」我剛剛提出這個想法，由立剛馬上響應，他說，「這個好！可是……，誰來建呢？」我說，「我呀，我們學的是結構，我又懂藝術，我有好幾個中學同學是美院雕塑系的呢。」說著，我們就走到了我的住處。在房子裡，我們進行了熱烈的討論，我列舉此事的可行性，也說明我是最恰當的人選。由立剛很興奮，他覺得這個點子太好了，他又完全相信我的能力與能量。他說，「這事我馬上去總部匯報，看他們怎麼說。」總部好像在主樓，反正我沒去過。

由立剛匯報的結果，總部完全贊成這個主意，認為是個大好的建議。那時，正是「升溫階段」，對毛主席的態度，成為檢驗一切人或事的唯一標準。凡反對毛主席的，一定要被砸爛狗頭。凡提升毛主席形象的，都堅決執行並推廣。像全國到處畫毛主席肖像；製造毛主席像章熱潮；早請示，晚匯報，唸毛主席語錄；全國的「紅海洋」等等，都是如此。盡管我不是井崗山兵團的成員，但總部從我辦的幾件大事，大約也認為我是個人才，完全信任我的能力與能量，尤其是我在藝術和工程上的完美結合，使他們願意放手叫我負責任去辦。

我先找了美術教研組的宋泊先生，整個美術教研組就是他和郭德庵是搞雕塑的，而他的經驗豐富，且桃李滿天下，很多他的學生都是獨當一面的大師。例如，據我所知，軍事博物館的程允賢就是其中之一。宋先生在整個塑像建造過程中，對我幫助極大，我對他也非常敬重，有關塑像的事，都要找他商議。後來一位機械系姓吳的老師，自願來參加勞動，時間久了，開始指手畫腳，似乎他是領導。他和郭德庵還有美術老師程國英等一起做泥塑時，吳某與郭德庵沆瀣一氣，兩個人看不慣我依靠宋老師，有意說宋老師的壞話。姓吳的有一次對我說，「宋某不但歷史有問題，還有現行反動言論」。他說，宋老師指著塑像說：「手不能那樣舉，那樣舉像法西斯…」，我聽了，覺得這可不得了，這會有礙宋先生的繼續參加，便沒理他。宋老師的意思是，手不能伸得太直，太高，否則，向納粹行禮一樣。但這事若上綱上線，可糟了。我有意壓了下來，並不讓吳某擴散此話。後來，姓吳的還起了很多破壞作用，容後再述。

宋先生告訴我，先要捏一個30公分左右的小稿子，再塑造一個一米的定稿，然後再按比例放大。但這一切先得有膠泥。雕塑要有黏性好的膠泥，宋先生說，他知道有一處地方可以挖到，我們就先開了小車，去取了樣品，回家試用的結果，好用。我們後來派了大卡車，去了很多學生並帶著鐵揪，挖了足夠用於巨大泥塑用的膠泥回來。回來還要把膠泥摔打成可適合雕塑用的熟膠泥，我們有大量志願工作者，這事好辦。

第一步確定小樣，我們傾向於毛主席在北戴河的一張照片，穿軍大衣，戴軍帽，右手伸出的形象。確定以後，開始做一米的定稿。定稿階段已經請外援了，因為僅我們學校的兩位，不可能完成那樣重要的任務。宋老師雖經驗豐富，但很少雕塑毛主席像；郭德庵，更不能擔此重任。我記憶中，是有美院的司徒杰，他是美院的造反派「燎原公社」的，可能還是著名美術家司徒喬的弟弟。美術公司的張松鶴，是位老幹部，一生都在作毛主席像。北京建築藝術雕塑工廠（簡稱北雕）的葉如章和白蘭生，他們都是美院雕塑系畢業的，白蘭生還是我中學同學，都是一時之選。（後來，毛主席紀念堂的毛主席漢白玉坐像，白蘭生和葉如章都參加了。）定稿做得很成功，受到總部及廣大群眾的一致好評。緊接著，要放大了。這之前，我們要確定塑像的最佳高度。

我和很多人豎了長長的桿子，在原二校門遺址目測。有同學在支撐著木桿，我和其他人在遠遠地觀看。正在這時候，我們的系主任，著名建築學家梁思成先生慢慢地走過來了。梁先生在我們剛入學時，曾給我們上過「建築學概論」的課。他曾在美國留學，學貫中西，學識淵博。對中國古代建築尤有透徹的研究，特別是發現了很多被埋沒的中國唐、宋年代古建築。影響非常深遠。梁先生可能剛剛被批鬥了，在回家的路上，表情落寞，原先消瘦的身形，更顯單薄。我看到他，就請他給我們看一看。他問，「這裡要做什麼？」我告訴他：「這裡要建造一尊毛主席塑像。」我請他給看看高度，看何等高度合適？他看了看，又想了一會兒，才慢悠悠地說：「寧高勿低」。他說了這話，我也不好再麻煩他，就請他走了。實際上，這裡環境並不開闊，周圍都是建築物，並不是越高越好。但是，從政治上來說，當然是「寧高勿低」。你仔細想想，此話又有些許諷刺的意味。梁先生在當時的大環境下，說的是違心的話。但我怎麼好責怪他呢？在當時他被無理批判的情形下，他為了表示自己不是右傾的，只有表明最「左」的看法，全國都是如此，堅持極左路線，沒有人敢表示不同的意見。當時，一些常識性的嚴重錯誤，在我們這麼大的國家能夠暢通無阻，我怎麼能對梁先生求全責備呢。

宋泊先生曾對我說過，塑像與台座的比例應當是一比一，台座太矮，不好看，就像踩在小板凳上。所以我們確定的是整體高度，後來可能是八米一左右，塑像本身就是一半，四米多。往後，我經手的所有塑像和台座的比例，都是一比一，沒有任何例外。以後到了美國，八九「六四」的時候，北京中央美院的學生做了一尊民主女神像，此像後來在舊金山複製了一尊銅像，是我熟悉的一位美國雕塑家塑造的。我還提供了照片，特別是塑像背部的照片，正好當時我收到北京來信，其中有很多民主女神像照片，是我太太在北京天安門廣場親自拍攝的。奇怪的是，她拍了那麼多塑像背部的照片，可能她當時所處位置的關係。這些背部照片，在雕塑過程中，起了極大作用，因為沒有人拍背部的照片，而做雕塑，沒有背部當然不行。但是那座雕塑的台座太低，就如踩在小板凳上，在中國城的花園角，很難被人發現。如是一比一的高度，那民主女神像將雄偉壯觀得多。

要放大泥塑了，先要找一處場地，我們看了幾處，最後選在水利館，因為高度夠高，場地夠大，可以施展得開。先要搭骨架，按照大約四米的高度，先豎了立柱，然後確定塑像不同的橫斷面。用三合板按一米定稿的不同橫斷面，放大四倍，鋸出橫斷面的形狀，再在兩個橫斷面之間釘上板條，一個巨大的骨架就做好了。在此階段，我充分運用了自己在畫法幾何與工程畫方面的知識，畫的橫斷面又快，又準確，又好。在骨架上糊上泥，就等雕塑家們開始大顯身手了。泥塑階段，不僅是藝術活兒，還有些力氣活兒，在非重要部份加上些泥，刮掉些泥，都是很重的體力勞動。我脾氣急，總想快點完成。當時總部問我大約什麼時候能完工，我說，「可能一個月」，我是太自信了。

我們日夜加班，前來參加的志願工作者很多，晚上大家餓了，怎麼辦？後來我們買了許多餅乾，一過十一點，就每人發一包餅乾。那時候做事，一呼百應。我說，「我們要錢有錢，要人有人，要材料有材料，要汽車有汽車，要餅乾有餅乾……」我的夥伴們聽了都大笑。我確實體會到了權力的作用，但我絕對沒有濫用權力，而是用在正道上，也絕對沒有以權謀私。我負責任，我說了算，很多事情上，帶著我性格的痕跡，像我脾氣急，我們承包的任務，就總是趕工。所以，我也認識到，領導人的重要性，工作一定帶著他性格的特徵。就像毛主席所說，政治路線確定之後，幹部就是決定性的因素。（大意）。那時，總有五、六個人經常跟我在一起，他們都是好哥們兒，可惜，時間久遠，都忘記他們叫什麼名字了。但是，之後，餅乾吃得我要吐，後來很長時間，我都不吃餅乾。那時候，還沒有方便麵。

值得提出的是清華大學修繕隊，隊長叫郝文芳，還有一位副隊長，忘了叫什麼了，不愛講話，但工作非常認真，他還跟我一起去跑過白水泥，因為是緊缺物資。他們總是有求必應，因為建造塑像，在室外施工，要大量的技術工人和設備，他們做到了隨叫隨到，保證了塑像的準時完工。

我也總在想：當時是誰給我的權力？井岡山總部是叫我負責這件事，既沒有正式任命，也沒有發布通告（當時是「革命」時期，也沒有那麼多繁文縟節），為什麼大家都聽我的呢？因為我順應了民意，當然這個「民意」也不一定就是正確的。但大多數人都要這樣做，你正好又登高一呼，可不就一呼百應了。當時，我不接觸錢，從不花任何錢，要什麼，通知後勤組去買。我從來沒報銷過，因為覺得自己不是清華大學的人，沒有資格報銷。我從小受母親影響，又剛剛搞過四清，所以對自己要求非常嚴格，廉潔到了透明的程度。我要車，打電話到司機班，一聽說是塑像組高魯冀，很痛快地就答應，他並不管我是誰。當然，時間久了，很多人聽過我的名字，也認同我了，主要是認同我的工作，並不一定認識我的人，不過，越到後來，知道我的人越多。

在泥塑階段，要用到大量的雕塑專業人才，因為工作量很大。我給各雕塑單位打了電話，他們都支持。約好了時間，從學校要了一輛大巴士，從清華大學出發，一路走中央美院，美院雕塑創作室，北京美術公司，北京建築藝術雕塑工廠等，把北京市的雕塑家，一網打盡。我帶著大巴士在北京城裡轉了一圈，拉回來二、三十位雕塑家。不是我有本事，而是在當時特定的環境下，你願意不願意參加塑造毛主席像，是你本人政治上忠不忠於毛主席的問題，所以藝術家們都願意為建造毛主席塑像出力。也有的在單位是要被批鬥的，來做毛主席塑像，誰也不會批鬥他了。

泥塑在緊鑼密鼓地進行，在幾層腳手架（鷹架）上，立體開工。張松鶴等有經驗的藝術家負責頭部，其他人各有分工，負責哪個部位，做一段，然後大家一起評論，看何處需要再改進，何處已經完成了等等。我在泥塑部分不參與，因為，宋泊老師又叫我準備澆灌混凝土的事。他叫我先找一些花崗岩樣本，確定喜歡那一種，我們選定了一種米黃色的。就按這種花崗岩設計混凝土的配合比。用白水泥，加紅色，黃色的礦物質顏料，加上模仿長石，雲母，石英的彩色石米，加上水，這種混凝土，就有了我們要求的色澤及質感。但是，混凝土還有強度，流動性，和易性及耐久性等要求，這正是我的專業。我先把配合好的混凝土製成成品，然後斧打出石頭的紋理，再拿給雕塑家們看，他們一致肯定我們的勞動成果，認為太像真的花崗岩石了。剩下工程上的要求，我與建築材料實驗室的老師們一起，一項一項地解決。像強度要求，耐久性要求，和易性要求，就是在澆灌的時候，流動性好等等，都經過科學實驗解決。清華大學是工科大學，各種實驗設備齊全，幹什麼事，都是得心應手。而且，是為毛主席塑像出力，材料實驗室的老師們都非常賣力氣。科學問題似乎比藝術問題好解決一點，因為嚴格，且有很強的規律性可循。而藝術講究個性，浪漫性。

在原二校門的遺址，要豎立起塑像的台座，是用混凝土築起大約四米多高的高台，還要有鋼筋直通地下基礎和預留為連接塑像中的鋼筋。這些事，比較簡單，純工程問題，我很多同學都可以做。我們班的「要得」劉竹青負責配的鋼筋，包括塑像裡的鋼筋。台座外面要包裹花崗岩片，我們又去到北京大理石廠跑了多次，選擇我們中意的樣品，並且定下來要加工的尺寸，交貨日期等等。因為不能讓台座拖了工期。台座的花崗岩上要題什麼字呢？我突然想到：我們請林副統帥題詞，就題四個偉大：「偉大的導師，偉大的領袖，偉大的統帥，偉大的舵手，毛主席萬歲，萬歲，萬萬歲！」我把此想法告訴由立剛，他一聽，眼睛都發亮了，笑著說，「這個想法太棒了！」他馬上向老蒯匯報了。

估計老蒯也向中央文革匯報了，要求林副統帥題詞。不久，我們收到了題詞，大家高興得不得了，一直歡呼雀躍。當時時間太緊，來不及鑄銅字，是先剪了金紙貼上去的。我的記憶中，此事是我們先提出來的。1967年5月1日在人民日報上也發表了林副統帥四個偉大的題詞。

塑像台座後面要寫些字，記得有人拿了建築系一位老師寫的「魏碑」體的字來問我，我一看，寫得不錯，當場就定下來，「就用它！」這種小事，不用跟誰商量，因為也沒有時間開會，我定了就算了。我當時的原則就是，小事，我說了就算。大事，才去匯報請示，或與大家商量。也怪，在我的記憶裡，我們沒有為塑像的事開過什麼會。就是開會，也是找到有關人員，三言兩語，就解決了，乾脆得很。

泥塑進行得很順利，完成後，大家都認為很棒，不僅雕塑家們自己滿意，就是一般群眾也都很滿意，當然，總部的人也很滿意。說很像毛主席，而且氣勢磅礡，有一股衝勁。接下來是翻模子了。當時翻的是死模，也就是，把石膏完全糊上去，當然，模子為了堅固，還加了麻繩及棕片。在模子外框，還要加木方，以使其堅固，在倒入混凝土時，不至於被崩開。模子翻製過程中，要插鐵片，以分成幾段。把泥巴全掏出來，這模子就算成功了。裡面還要刷上隔離劑，以便將來拆模子的時候，拆得下來。由於石膏外模吸水性強，容易造成表層混凝土的失水，所以在石膏外模上，塗刷五道以上的清漆，到表面起亮為止。最後再刷上一道凡士林。

模子穩妥地放到了台座上，就要澆灌混凝土了，此時卻被暫停。甚麼事能叫建造毛主席塑像暫時停工？原來是鬥爭王光美。這也算建造塑像過程中的小插曲吧。

24｜鬥爭王光美

文化大革命的開始，是以反對文化革命工作隊為契機的。據說，「文化革命工作隊」是劉少奇趁毛主席不在北京之際，「擅自」決定派出的。沒想到，竟然引火燒身，導致了自己很悲慘地死去。

當時派到清華大學的工作隊，是以國家經委副主任葉林帶隊，王光美也在其中，大概是副隊長。工作隊採取壓服政策，實在是壓而不服，壓出了一個響噹噹的造反派蒯大富。老蒯的矛頭原先是對準了工作隊，但事情演變下去，卻使得王光美代人受過了。她不僅代劉少奇受過，多少也代工作隊各位領導受過。因為一切「劣績」都被指責為由她主使。劉少奇倒了，王光美當然也受牽連，「打狗要看主人面」，主人倒了，狗是一定要被打的。

文革開始初期，老百姓們兩眼一抹黑，不曉得矛頭所向。在「横掃一切牛鬼蛇神」的人民日報社論出籠後，紅衛兵等造反派開始在社會上横行，横掃，造成了一派「紅色恐怖」。當時，「首長講話」成了最熱門的東西。只要能搞到最新，最權威，最完整的炙手可熱的「首長講話」，可以不吃飯，不睡覺，也要把它看完，或傳抄，翻印完。

我曾親身經歷過幾次「首長講話」的場面。一次，台下高呼「打倒劉少奇！」在台上的周恩來總理便背過身去，再喊，再背身。他並且發表聲明：劉少奇同志現在還是黨和國家的領導人，你們這樣做，使我很被動，如果再喊此類口號，我就要退出會場，以示抗議」。但是到了後來，事情愈演愈烈，最後，周恩來也身不由己地喊起「打倒劉少奇」來了。文革後，鄧小平復出，他曾對義大利女記者奧蘭娜•菲拉西說過：周恩來當時發現自己處於最困難的位置，他常要說那些他最不希望說的話，做那些他最不希望做的事。例如，當劉少奇被開除黨籍，被關起來，是周恩來宣讀劉少奇的所謂罪狀。

記得劉少奇被正式揪出來之前，發生過一起震驚全國的「智擒王光美」事件。清華紅衛兵「說服」了劉少奇的兩個女兒，叫其中一個給王光美打電話，說另一個被撞傷了，住進了「友誼醫院」，叫她快來看她。王光美愛女心切，不及分辨真偽，馬上答應來醫院。

一輛掛著黑帘的紅旗大轎車開進了「友誼醫院」（那時已改名為「反修醫院」了， 因為此醫院當年是蘇聯幫助建造的）。車停以後，門開了，「啊 ！ 劉少奇 ！」埋伏在一旁的紅衛兵驚叫了起來。這位在白區地下工作多年，有豐富秘密工作經驗的大人物，竟然也上了一群毛頭小子們的當。劉少奇、王光美雙雙被扣。當時，隨行的劉少奇侍衛長很不以為然，堅決不允許紅衛兵扣留劉少奇，加上周恩來立即打來電話，堅持馬上放人，所以事態沒有進一步擴大。

但事後，蒯大富派人馬興高采烈，發表了一篇長長的特寫〈智擒王光美〉，刊登在發行不久的《清華井岡山報》上。此文寫得很是精采，文筆流暢，淋漓盡致，絕少共產黨流行的八股文風，立刻大受歡迎。《清華井岡山報》的發行量一下子猛增到千萬份，而且陸續出了不少「航空版」，寄至各地，仍供不應求。但因當時時機還不成熟，王光美還不至於馬上遭到劫難。

「打狗要看主人面」，江青深諳此道，在劉少奇沒被揪出之前，江青只是指桑罵槐，在多次的「首長講話」裡，她大罵王光美，說她是資產階級份子，出國訪問時穿旗袍，戴項鍊，把中國人的臉都丟盡了。江青大罵王光美，除政治上的原因外，恐怕個人的嫉妒心也起了相當的作用。毛澤東平生很少出國，僅去過兩次蘇聯，又沒帶夫人。他辭去國家主席後，王光美成了第一夫人，劉少奇到處出國訪問，她都同行，享盡了榮華富貴，出盡了風頭，江青當然不甘心。到劉少奇被戴上「叛徒，內奸，工賊」的帽子以後，江青可有機會整王光美了，她要往死裡整。

有人說，江青如果受過正統的高等教育，有一定的學識，大概比當時的她，要更壞。江青才疏學淺，罵人也罵不到要害，反顯得自己淺薄。她說王光美的穿戴丟盡了中國人的臉，那麼，怎樣的穿戴才給中國人爭光呢？我曾看過紀錄片中江青的穿戴，實在不敢恭維：她去機場接什麼人，冬天，戴一頂放下耳朵的棉帽子，外面又扎了一塊頭巾，那搔首弄姿的酸相，我幾乎嘔了出來。

劉少奇倒台了，由於蒯司令的「強烈要求」及中央文革的鼎力支持，鬥爭王光美已勢在必行。此時，周恩來再也不能裝聾作啞，只好點頭。但他與蒯大富等有約法三章，大約是：不能危及人身安全，不能行人身侮辱，不能武鬥，不能體罰，不准分區遊鬥，並且由北京衛戍區部隊負責接送。

造反派有一點可愛之處，無論做好事、壞事，倒都是雷厲風行，絕少拖拖拉拉，官僚主義。鬥爭王光美大會成定局後，蒯派人馬立即進行總動員，組織大會和進行宣傳。這批人馬還真能辦事，居然熱火朝天而又井然有序。一時間，搞得上下烏煙瘴氣，沒有人不曉得了。大會不僅印刷了各處招貼，散發的宣傳品，就是連主席台座位的安排和各種佩帶標誌的印刷，也都考慮得極為細緻。

因為鬥爭大會的主會場設在清華主樓前的廣場，估計只能容納十萬人左右，所以又在鄰近清華的高校設立分會場，轉播鬥爭會實況。那些日子，清華是日夜忙亂，到處是架設電線，安裝擴音器的。中央人民廣播電台特別前來支援，據說，總功率已超過四九年前中央電台功率的數倍。

周總理指示不准體罰，不准掛牌等，造反派雖陽奉陰違，但也不敢過於囂張。便想出了絕招：讓王光美戴超級項鍊！從與清華毗鄰的北京體育學院要來了大批報廢的乒乓球，串製成巨大的項鍊。鬥爭王光美的準備工作一切就緒，就等好戲開場了。

鬥爭會前夕，造反派到王光美住處帶人。去時，硬叫她穿上旗袍，王光美聲言時令不對，造反派沒有時間與她多囉唆，把旗袍捲吧捲吧就塞上車。王光美到清華後，北京衛戍區戰士不離其左右，我估計，名為監視，實則保護。這些大兵可能得到過真傳，對造反派一律笑臉相迎，造反派倒也無可奈何。

王光美帶到後，有人報蒯司令，司令吩咐，給她一張床對她已經夠客氣了。問及餵她吃點什麼？司令說，只准給她吃窩窩頭。但是，命令好下，執行實難，因為清華十幾個食堂竟搜不出半點棒子麵(玉米粉)來。好在附近有農民，不知從哪裡搞來點棒子麵，廚師連夜加工，特意蒸了幾個窩窩頭兒，據說，還加了幾枚小棗。這樣辛苦趕製出來的飯食，王光美竟一點也沒有享用。她一人悶坐在床上，根本也不想入睡，因為周圍觀眾甚為踴躍。當然，能在彼時一睹其風采的，必是造反派的嫡系。聽說，她一直要鎮定劑，由衛戍區的大兵們親手拿給她。

我住的地方在二校門附近，去主樓一定要經過。那晚，我和王光美一樣，根本無法入睡。因為從下午開始，就有人陸續走到會場，搶佔好位置，可憐要坐等一夜。所以，王光美也別覺得太委屈，這晚上，有許多人陪她受罪呢。到了深夜，人們更是從四面八方絡繹不絕地擁來，一晚上都是刷拉刷拉的腳步聲和喧鬧聲匯成了一股洪流，一直沒有停過。幾十年後，那晚上氣勢磅礴，刷拉刷拉的聲音，我仍記憶猶新。

清晨四、五點鐘，會場裡已經坐滿了人，我們也趕緊起身，顧不得好好梳洗，就趕到主樓，我們有主席台的通行證，一路順利地到達主席台上。聽說，此時造反派與王光美正在僵持，造反派要王光美穿上旗袍，王光美抵死不肯。造反派倒也不急，問她，「你到底穿不穿？」回答：「不穿。」造反派自有法子叫她穿，所以竟如貓戲老鼠，搞到最後，王光美不得不乖乖的就範。不僅穿旗袍，還化了裝。這倒不用再三請示她了，造反派自己動手，給她擦了厚厚的脂粉，又包上頭巾，掛上項鍊，一切準備就緒。

開會前夕，蒯司令到，他在主樓後庭親切招呼來賓。來賓中，一位穿軍大衣的，此人就是當年整過蒯大富，而現時已被結合的「革命幹部」葉林。他與老蒯見面後，熱烈握手，老蒯也樂得作個人情，不僅握手，還擁抱了半天，他大概在等記者拍照，可惜此時尚早，竟無一個記者搶下這個「具有歷史意義的」珍貴鏡頭。

宣佈開會，照例是先奏「東方紅」，陪鬥人員魚貫被帶到台前一側，一個個耷拉著腦袋。滋味不好受倒在其次，他們之中哪一位原先都比王光美顯赫得多。想不到今天竟成了「副職」。陪鬥人之中有誰，記不大清楚了。大約有彭真、羅瑞卿、陸定一、楊尚昆，「彭、羅、陸、楊」中的幾位。副總理薄一波，高教部長兼清華校長蔣南翔等等。當時一位造反派頭面人物曾給我指出薄一波的兩位千金，說「怎麼長得這麼蠢。」又說「不知道誰讓她們上來的？」倒是沒看到薄一波的公子薄熙來。官方有哪位，記不清了，有葉群，她是林彪夫人，記得她鐵青著臉，比王光美塗了厚厚脂粉的臉還難看。

大會開始發言，主要發言者當然是蒯大富，他講得真是慷慨激昂，講到氣憤之處，重重地一拍講台，大喝一聲：「把王光美帶上來!」王光美於是被押解上場。她站在台前，面部絕對木然，沒有一點表情。昔日第一夫人竟成了階下之囚！一時，萬頭攢動，都伸長了脖子，打算看看王光美是什麼模樣。

大會開得是有聲有色，可惜我對發言一點興趣都沒有，竟在太陽底下打起瞌睡來，大約是連日工作太辛苦了，藉此機會休息一下。發言人中，除了中國人，還有外國人，蒯司令喜歡排場，喜歡洋人來捧場。發言的外國人是李敦白，他是美國人，當時是中央人民廣播電台的造反派。

鬥爭會結束後，王光美首先被押了下去，然後陪鬥者也魚貫被押下檢閱台，台上的人自動地組成「夾道歡迎」隊伍，大家都想看看這些昔日權貴的面貌。記得蔣南翔走過時，一位造反派口中唸唸有詞：「一定是剝削階級出身——你看，長得這麼胖！」說著，「砰」的一拳，打在蔣南翔頭上。蔣南翔本能地回了一下頭，「你還想階級報復！」「砰！」的又是一拳，蔣南翔只得乖乖地跟著走了下去。

鬥爭大會轟動了全國，蒯司令出盡了風頭。《清華井岡山報》大肆吹噓，什麼來自全國二十多個省市近百萬人到會(也許有可能)，大漲了無產階級的志氣，大滅了資產階級的威風等等。最精采的花絮是，光是鞋子就撿了好幾大籮筐。

鬥爭會上，我得到一些珍貴照片，是設計院陳建築師和我分別照的，他設計過清華井岡山的紀念章，我也請他來了。我對幫過忙的人，一定給予回報，這是我的性格。我把照片貼在一個本子上，逢人就端出來，觀者也是看得興趣昂然。可是後來，卻不對了，大會發言人中，相繼出事，什麼「5・16」份子，外國間諜——這當然是指美國人李敦白，以及蒯大富本人等。我不得不把它們一一取下，焚毀，以免受到株連。還有幾張，我帶到美國，八〇年，在紐約的一本中文雜誌《新土》刊出了我的文章〈打狗要看主人面〉，並配上了這些照片。著名作家白先勇曾親口對我說過，他看了那些照片，感到很震驚。

鬥爭王光美大會後，緊接著又開了一次大會，那就是毛主席塑像落成大會。

25｜毛主席塑像落成

鬥爭王光美大會過後，我們又緊張地開工了，因為工期很緊。塑像澆灌混凝土前，還要開氣孔。凡石膏模向上部位，如肩部及鞋尖，或向上收分（就是收縮）部位，如舉起的手臂或胸部，都容易窩氣，都要開氣孔。如果氣窩在裡面，混凝土到不了，就缺少一塊，很難修補的。塑像還要加避雷器，在頭部和舉起的右手上部加兩個接閃器，是銅棒鍍鋅處理，然後接在主鋼筋上，一直通到地基。這些都要考慮到，否則，後患無窮。在澆灌混凝土的過程中，還要拋毛石，也就是在混凝土中加入大石頭。因為塑像的混凝土，基本上是「砂漿」，缺少大石頭。為了減少收縮，減少混凝土的用量，一定要在混凝土中加入毛石。摻加量一般不超過混凝土的25%。我們在清華大約加了20%。我如果只是藝術家，大概不會注意這些技術上的細節，我也不會懂。但我是個工程師，要考慮一切技術問題，否則會鑄成大錯。

順利澆灌了混凝土，拆下了石膏模。因為是死模，打碎了，拆下來就行了。但在剁斧前，北京建築藝術雕塑工廠要在塑像上翻一個活模子，就是一塊一塊可以拆下來的模子。這個活模可很要緊，因為以後，由此模子翻出了幾十座的毛主席塑像。那時也沒有版權法，翻製毛主席塑像完全合理。但是，作為室外，大型，硬質材料，永久性的雕塑建築，應當每一座都是獨一無二的，絕不能重複。在文革期間，一切社會上合理的規則、制度都被破壞殆盡，哪能去要求造反派遵守規矩呢？！

北雕的工人翻完模子，我們就開始剁斧了，用專用的剁斧工具，在塑像上打出石頭的紋路來。要把澆灌時外面的一層水泥皮打掉，露出裡面彩色石子等，像石頭一樣。塑像的頭部，手部非常關鍵，是由雕塑家們親自動手，要非常小心，不能對形象造成任何損壞。身上和台座，還要打出不同的紋理來。清華有一位石匠，本身就姓石，石師傅技術很好， 他在腳下踩的小台座上打出深深的斜紋，非常好看。石師傅有氣喘的毛病，打一會就要休息，否則，喘得不行。在晚些時候，在韶山的塑像上，有我剁斧的照片，那是新華社記者拍的，是做樣子的。

塑像快完工了，我忙得腳鴨子朝了天，因為事情太多，事無巨細，都要我決定或發表意見，有些問題，我還要想在前頭，不能出半點差錯。我連吃飯、睡覺都顧不上。經常是一個饅頭加白開水就是一頓飯，連鹹菜都沒有。一天睡三、四個小時。清華井岡山又要開大會，這次是毛主席塑像落成大會。有了前不久鬥爭王光美大會的經驗，這次再籌備起來，駕輕就熟。他們在籌備，我在忙活最後完工及清理的各種事項。此時給我派了一位秘書，這是我生平第一次，也是唯一的一次有「私人秘書」。他貼身對我進行採訪，我只要有一點空檔，他就見縫插針。我忙的時候，他絕不麻煩我，我有一點空兒，他馬上說兩句，一點也不耽誤我的事。此人真是個好秘書，大概是由立剛找的，人很整齊乾淨，文筆也不錯，是清華的學生。他把我陸陸續續給他講的事情，很多感人的小故事，幫我整理，完全串聯在一起，還提升到一定的高度，寫出了一篇精采的發言稿。後來他跟我說，他看我實在太忙，就自己編了一些內容。像有一位同學，從志願工作者，變成了我們的基本成員。他寫道，「我們請他幫我們推了一車土，他就此常駐工地，隨時待命，成了我們的骨幹。」其實不是推土，因為我們無土可推，而是幹別的什麼事，但這都無關緊要。這麼多年過去了，我根本想不起來秘書的名字，記憶中是姓張。但他的音容笑貌，我還有印象。特別是發言稿的主題「人的因素第一」，那是我反覆強調的，他處理得非常好，我記憶深刻。塑像最後完成了，台座也完成了，林副主席的題詞還沒鑄好，剪金紙臨時代替的。台座後面，是清華井岡山兵團建立及年、月、日等字。周圍環境也清理完畢，並擺上了鮮花，就等正式揭幕了。

塑像落成是在1967年5月4日，那天是中國的「五四青年節」。5月6日的井岡山報有報導，事隔近半個世紀，我竟然還保留有此份剪報。前一段寫得詩情畫意：「五月的天空格外晴朗，五月的陽光格外明亮，鮮紅的井岡山大旗在晨風中飄揚，清華園到處是一片節日景象。人們擎著毛主席畫像，揮舞著五彩繽紛的花環，成群結隊地匯集到毛主席塑像身旁。今天，在革命的「五四」節裡，我們慶祝偉大領袖毛主席塑像落成，全校革命師生員工多年來的強烈願望終於實現了！」。

北京市革命委員會副主任聶元梓出席了大會。九點半，總部委員鮑長康致開幕詞，然後是「工程負責同志高魯冀」發言，「他」說，「當我們決定修建毛主席塑像時，我們兩手空空，沒有技術，沒有經驗，沒有原材料，沒有工具……但是，幹革命靠的是毛澤東思想，靠的是毛澤東思想武裝起來的人！靠的是我們井岡山人對偉大領袖毛主席的無限熱愛！毛主席說，『人民群眾中有無限的創造力』，『群眾中蘊藏了一種極大的社會主義積極性』。在整個塑造過程中，革命群眾寫下了無數可歌可泣的動人篇章。塑像工程的每一個工作，都滲透著我們井崗山人對偉大領袖毛主席的無比深厚感情。就是這樣，我們井岡山人自力更生在一個月的時間內，高速度，高質量，低造價地完成了過去的專業隊半年也完不成的艱巨任務，這就是我們井岡山人的脾氣。」我在這個長篇發言中，極盡蠱惑之能事，強調「人的因素第一」，有很多感人的例子，聽的人往往熱血沸騰，極受感動。發言很長，約有半個多小時，而且不斷地被「持久、熱烈的掌聲」所打斷。我這個塑像的「工程負責同志」由此，更落實了「清華大學能量最大的人」之一的頭銜。

發言的還有，外協單位代表，美院的司徒杰，工人代表郝文芳，國際友人，南非一位自由戰士，革命幹部代表及兄弟院校的代表等等。十點半，遊行開始，先是紅領巾，後是井岡山紅衛兵隨著樂聲，載歌載舞。浩浩蕩蕩的遊行隊伍，高呼著「毛主席萬歲！」，高唱著革命歌曲，經過毛主席塑像身旁，個個精神煥發地接受毛主席的檢閱。記得，還請外來的來賓吃了一餐，就送他們走了。我也累趴了。

次日，人民日報發表了清華大學毛主席塑像落成的消息，中央人民廣播電台也播出了這條新聞。這是一個明確的信號，象徵著毛主席塑像熱潮開始在全國興起。因為，這是文革以來，全國第一座室外，大型，硬質材料，永久性的毛主席塑像。據攝影家成文軍的考證，新中國成立以來，僅1952年在新疆烏魯木齊的新疆十月汽車修配廠建造了全國第一座毛主席塑像，是室外的。那座塑像地處偏僻，年代久遠，在全國幾乎沒有什麼影響，很多人都不知道。但清華大學的塑像不同，是處於文化革命的核心地位，且有《人民日報》這個第一黨報的加持，在全國造成巨大的影響。自清華大學之後，全國各地的造像熱潮滾滾升起，方興未艾，很快形成了燎原之勢。在運動中，甚至有立不立毛主席塑像，是忠不忠於毛主席的表現的說法。儘管中央一再三令五申，毛主席本人也說，他「不願意在外面站崗」，但是，此熱潮並未停止。嗣後，有條件的大廠子及更多單位也加入了這個行列，工廠有著技術，設備，原料。由此，石材（包括花崗岩，漢白玉等），不銹鋼，鑄銅，鑄鋁，玻璃鋼等材料的毛主席塑像相繼出現。

我們又忙了起來，因為要求我們協助建造毛主席塑像的單位，絡繹不絕。都是些大單位，例如，北京軍區，各軍種，兵種司令部，北京各高校，中央一些單位，如中央各部，各部委等等。我們一般是去人，先到場地看看，是否適合建造毛主席塑像，因為，塑像前方，一定要開闊，如是很狹小的空間，我們就建議他們或改地，或不建。考慮完規劃，再考慮塑像本身。有的單位要自己做全新形象的毛主席塑像，我們就介紹他們去找有關雕塑單位，雕塑家是有數的，很多根本排不上隊。但也有的就真正辦成了，像北京大學，他們塑了一個毛主席穿普通大衣，且是沒帶帽子的，塑像似乎還是白顏色的。如果要求與清華大學一樣的，就很簡單，請北雕給他們翻造一個就行了，像北京軍區司令部門前的塑像，和清華的一模一樣。也有的單位較小，就向我們請教一些技術問題，我們不厭其煩地給他們講解。後來，我為了節省時間和精力，就想，如果寫一本書，說明怎樣建造毛主席塑像，就可以少費許多口舌，我想到就開始做。不記得寫了多久，大概是一、兩個星期，我都是白天工作，晚上寫書，一個人，靜靜地，寫作的效率很高。我不但寫出了書，而且裡面的插圖，都是我畫的。此書經過宋泊先生校對，提出意見，我再修改後，就交付清華印刷廠印刷了。書出版以後，大受歡迎，來人就發給一本，也不收費，很快就發光了。我自己居然一本也沒留，真是荒唐。四十多年後，攝影家成文軍告訴我，網上有賣這本書的，要一千元人民幣一本呢。2011年與北京畫院美術館館長吳洪亮見面時，他對我說，「文革時，出了一本書，教人怎樣建造塑像，好像按照那本書，馬上就能建造起一座雕塑來。」我說，「那本書是我寫的，裡面的插圖都是我畫的，可惜，我自己都沒留有一本。」

當時，我們不斷地外出幫助外單位建造毛主席塑像，有的看過場地，規劃，就由他們自己再找專業單位。有的介入較深，在建造的幾個關鍵階段，都要去進行指導，而且還幫助人家解決一些設備，材料及技術工人等問題，通常都是對兄弟單位，駁不開面子的才這樣做。但大部分塑像都是混凝土製的，因為快，造價低，我們有豐富的經驗，質量也不錯。在北京地區，大概有十幾家我們深入介入幫忙的。

很快，外地的人來找了。記得有秦皇島的一個中學，來人很會辦事，他已經為我們買好了來回車票，拿給我們看，並且許了很多願，我不為所動，沒去。不過聽說，後來那位機械系姓吳的代表清華去了。塑像落成後，那些支援工作者都各回各家，只有吳某還泡在我們這兒，我們也無所謂。但他什麼事都要插一腳，越來越討厭了。由立剛叫我把他轟走，我拉不下臉來。但我無原則的好心，很快就遭到報應。我們要去韶山前，電話聯絡的事非常多，但是我的電話突然斷掉了。由立剛和我檢查的結果，發現電話線被人剪斷了，不僅是剪斷，而且把長長的電線都扯掉，若修，要接很長的線。儘管沒有人看見，但推斷是吳某人幹的，只有他才能幹出如此下作的事情。別人若幹這種事，從政治上說是反動行為，而且我個人也沒有仇人，除了吳某。因為吳某不是專業人員，去韶山也無事可幹，我們不能帶他去，所以他懷恨在心，為了發洩情緒，做了下三濫的事情。這位吳某人，後來據說被公安機關抓起來了。

說起與由立剛的關係，可用「互相信任，互相支持，互相幫助」來形容。他信任我，對我的意見雖不是「言聽計從」，可也差不多。他欣賞我的創意，我辦事的能力，我的雷厲風行，我的決斷，我的公平公正和大公無私，我對藝術的理解等等，他都很欣賞。我也離不開他，每當我提出新想法，都是他去總部溝通，他怎麼做的我不知道，但每次都有正面的結果。大概我也為他立下了汗馬功勞，使他在總部的地位愈加鞏固。關鍵時候支持你，容易。但在榮譽面前不搶功，很多人都做不到。但由立剛做到了。毛主席塑像落成了，他把我推到最前面，他隱身到幕後，而且以後我們要去韶山了，他全力支持，但自己選擇退出。後來井岡山兵團與老四打派仗，他不知做什麼了？但他畢業分配時，未受任何影響，說明他沒參加武鬥。塑像建成後，有一次他跟我回天津我家，我母親對他很感激，說他幫我很多，由立剛說，「那都是魯冀的功勞，我是敲邊鼓的。」其實，他遠不止敲邊鼓，他是擂大鼓的將軍。說我們是革命友誼，並不為過。

我們去韶山後，與由立剛完全失去了聯絡，多年後，大概是廿一世紀初，我應廣州市政府邀請，從美國去廣州採訪，才又見到由立剛，他已是航天工業部總字輩的人物，我們很多房五班老同學聚會，是他請的客，可見他有相當的實力。

大約也是廿一世紀初，我女婿跟我說，「爸，網上說，清華毛主席塑像是郭德庵建造的。」我上網一看，還真是他，他說，想法是他提出來的，似乎也是他負責任建的。韶山毛主席塑像他也負很大責任，好像北京的雕塑家們都是他帶去的等等。他倒還提了我一句，說我從韶山出來，是坐了拉死屍的車云云。2010年我與陳淑光老師見面，由我做東，是成文軍促成的，他也作陪。陳老師是著名雕塑家張松鶴的太太，我們自韶山建造毛主席塑像分手後，再也沒見過面。她剛到了餐館，還沒入座，就說：「清華大學說，清華的毛主席塑像是郭德庵主持的，怎麼就沒有人反駁呢？我們都知道，那是高魯冀幹的。」其實也不是清華大學說的，而是郭德庵自己說的。郭德庵在清華塑像建造過程中，充其量就是參加者。後來郭德庵又說，這想法是一位程國英老師提出來的。郭德庵在接受記者侯藝兵的訪問時說，程國英提出建立一座毛主席像的建議，被「學校革委會」採納並很快成立了「籌備組」。他講得不對。

程老師據說有歷史問題，文革中自殺了。郭德庵抬出一個死人來說事，死無對證。且1967年還是團派掌權，那時，根本沒有什麼「學校革委會」，有「學校革委會」大概是1970年後的事了。也更沒有什麼「籌備組」。那時參加清華塑像的人中，宋泊先生自己有些問題，大概不會講話，我又出國了，就剩下郭德庵一個人，可以用兩句歇後語來形容他，一是「賣筐的出身——盡會編」。另一個是「賣布不帶尺——存心不良（量）」，另一解是「胡扯」。他隨便說自己是負責人，想法是他提出的等等，任他海說一氣，也沒有人反駁。那一陣子，郭德庵成了明星，記者一提清華的全國第一座毛主席塑像，郭德庵就是唯一的代表。所有談到毛主席塑像的問題，都要訪問郭德庵，他成了頭號的權威，也很風光了一陣子。當年，無論郭德庵或是程老師，都沒有直通總部的管道，他說清華的塑像是他們先提出來的，是痴人說夢。

後來又有遵義的人來訪，要求到遵義建一座毛主席塑像。遵義是遵義會議的所在地，遵義會議上，確定了毛主席的領導地位，對後來的長征起了關鍵的作用。所以是很重要的地方。他們還送了一大包紀念章，我有些心動。但此時，韶山也來人邀請了。湖南省的韶山，是毛主席的家鄉，是「紅太陽升起的地方」，當然很重要。來人是廣州鐵路局的，他們負責修建從長沙到韶山的鐵路，廣鐵成立了韶山鐵路工程指揮部。他們介紹了情況，我有極大的興趣，詳細了解了情況，我決定帶人前去。

我想帶宋泊先生去，機械系的吳某人知道後，大加阻攔，他到處散播宋老師有嚴重的歷史問題，又是右派份子，還有現行反動言論等政治問題，他還找人與我談話，堅決不能叫宋先生去，否則就怎樣，怎樣……，搞得滿城風雨，最後壓力太大，我不得不放棄。這也是我終生的遺憾，沒能再次堅決頂住壓力，帶宋先生一起去韶山。宋先生原說石師傅技術很全面，要帶他去，後來也沒成行。

清華去的雕塑人員，只有郭德庵，但我帶了其他一些人，例如建築系兩位學生，我的鐵哥們兒高鐵民等。建築設計院陳建築師，我一直與他有合作關係，也請他前往。美術學院有盛楊，劉小芩，曹春生等，雕塑創作室有兩位女將，美術公司有陳德宏，張松鶴，陳淑光等。北雕則因為翻造毛主席像任務太多，抽不出雕塑家，只派了兩位打石雕的小師傅，也沒起什麼作用。我帶著這十多個人，出發了，我是組織者，也是總負責人。到了韶山，安頓下來後，我們開始了另外一次航程。

1968年1月在佛山游泳池畔，左一為我，右一為陳德宏，他是毛主席像頭部雕塑家。

1967年冬天，在毛主席青年時代未完成塑像前，左第一人是我。

第六章

韶山毛主席塑像

「使我們勝了世界的，就是我們的信心。」
（約翰一書五章四節）

26 | 奔赴韶山

到了韶山，先安頓下來，住在招待所，吃在食堂，不習慣的是，一天三頓米飯。米飯是用缽子蒸的，很硬，且有砂，但因為是新米，並不難吃。飯桌上，醬油和醋是沒有的，但有一大碗乾辣椒。韶山是「肉米之鄉」，不是「魚米之鄉」，雖是文革期間，但肉和米的供應相當充足，就是後來武鬥時期都是如此。

我們在韶山的工作，首先是塑像選址問題。到了火車站的位置，當時火車站還沒有建好，向前方看，是一座小山崗，但那裡已經規劃為一家旅店，且地基已經打好了。他們設計的毛主席塑像位置，在一處窪地，從火車站看過去，根本找不到的。我們很生氣，就與廣州建築設計院的設計人員理論：「你們說，革命旅客下了火車，是首先看到毛主席塑像好呢，還是先看到旅館好呢？」他們說了些什麼，大概是說，地基已經打好了，也不能拆呀等等，還說了一句什麼錯話，叫我抓住了，馬上就扣了一頂大帽子：「毛澤東思想過時論可以休矣。」這個大帽子可不輕，廣州設計院的人馬上就軟下來了，後來，那位原先堅持的人還主動來和我說點什麼，套套近乎。我們是從北京來的清華井岡山的造反派，他們惹不起。廣州鐵路局基建處處長老白，是個三八式的老革命（指他是1938年參加革命的），他支持我們的建議，在他親自坐陣監督下，我們在小山崗上，打下了毛主席塑像的基礎及台座。這樣一來，旅館方面派人來，悄悄地把房屋的基礎拆除了。

塑像的高度，我們也經過了精心的考慮，從火車站看去，需十米以上的高度，才合適。我們定的高度是十二米二六，正好是毛主席的生日，12月26日。塑像本身是六米。我們是定好了尺寸後，才在小山崗上施工的。用鋼筋混凝土打起了六米多高的台座。

初到韶山，少不得先參觀一下。毛主席舊居，我們看後一致意見是，「這裡的風水太好了」，依山面水；舊居後面是個小山包，上面長滿了竹林，前面是個池塘，風景非常秀麗。畫家黃永玉曾刻了一幅毛主席舊居的木刻，是木口木刻，非常精采，可看出毛主席舊居是多麼美麗。後來接待方給了我們幾株毛主席舊居後面的竹子，雕塑家們用它製作了雕刻刀，幾十年後，他們還有保留。還有一個毛主席舊居陳列館，是個高水準的陳列館，館長姓金，是北京人，和我們多了點親切感。老金也負責毛主席塑像的事。後來老金在我們修好了塑像後，突然死掉了，他一人住一間房，大約死後過了幾天才發現的，是急性胰腺炎，那是後話。

韶峰，是當地的最高峰，我們不只一次地爬過韶峰，很高，很險要，春天時候，滿山遍野開滿了鮮花，那叫好看！山頂上有一間房子，可惜屋頂倒塌了。當時我就想，若是把這間房子修好，那爬到韶峰頂上後，還有個歇腳的地方。有關方面還可以賣點飲料或小吃。

韶山水庫，是我們的至愛，我們經常在工作之餘，到這裡游泳，後來發展到，每次都是「裸泳」，因為附近根本沒有人。我們曾經拍了些照片，我自己一張也沒有，但同去的人很多都有。我們對韶山很熟悉了，但只有一處沒有去過，那就是「滴水洞」，是毛主席提到過的「西方的一座山洞」，是專門為毛主席修建的，我們當然沒有眼福。

到真正要做雕塑了，先是草稿，由來的雕塑家每人做一至兩個，各人有不同的理解，各有自己的考慮。有九個小稿子。30公分高，只能看出動態、衣著、比例、髮式，看不出相貌。跟陳列館的金館長打了招呼，在陳列館二樓走廊上，開闢出一個區域，專門陳列這些小稿子，而且寫了說明，告訴觀眾，這些是草稿，看不出面部的，但卻是雕塑的最關鍵一步，今後雕塑的大形，就是這個樣子，希望大家認真選擇。我們在現場桌子上放了一些筆記本，觀眾非常踴躍，本子上寫得滿滿的，不但有選擇，還充分表達了自己的看法，對塑像草稿提出大量十分寶貴的建議和意見，表示出對毛主席的熱愛。幾天之中，參觀的群眾達兩萬多人。我們每天都要讀這些留言，越讀越激動，這些觀眾太可愛了。這些本子我原先有保留，有時看看，引起很多回憶，但是來美國時，都丟掉了。當時，大家一致選擇七號方案，就是現在這個樣子。毛主席青年時代的塑像，他身著長衫，左手叉腰，右手有力地推向前方，年齡大約在30歲左右。這也是我們在做毛主席塑像時，走的群眾路線。這個小稿子，大概是陳德宏設計的。

根據草稿，由幾位雕塑家開始做定稿，定稿做得很精緻，可說是一絲不苟。人物的動態，相貌，表情，衣著，手勢等等，都表現得淋漓盡致。包括金館長在內的許多觀眾看後，無不驚嘆這些藝術家們竟然有這麼高的水準，把毛主席青年時代的塑像做得這樣精采。一米的定稿做出後，好像有先見之明，我們把它翻製成水泥的塑像，這樣便於保存，這尊定稿，存放在陳列館。後來，這尊塑像定稿起了大的作用。

開始要放大了，問題來了：韶山找不出這樣高大的房子，可以在室內進行泥塑，怎麼辦？經過思考，我提出，可以在室外，在已經打好混凝土的六米高台座上，直接做泥塑。那麼高的地方，風很大，膠泥乾得很快，怎麼辦？廣州鐵路局的阮能禮工程師說，可以叫棚架工搭起高高的棚架，周圍再圍上塑料布，就可以擋風了，而且，每天泥塑完工後，都用塑料布包裹起來，在施工時，要多噴水，防止乾裂。經過認真的研究，大家認為此法可行，就按此施工了。膠泥問題是在當地解決的，我們有了經驗，先挖了些樣品，由雕塑家們試用，認為可行了，才派人大量挖掘。

從廣州來的棚架工人，每人揹一捆竹篾，他們用竹竿，搭起了高高的棚架，還有步行道，可以自由上下的。在北方，我們搭腳手架（鷹架），用的是杉篙，是細而長的杉木，用鐵絲綁的，但南方的竹腳手架，更輕盈，也很堅固，只是在北方大概派不上用場。但是，在室外，那麼高的高台上，做那樣大的泥塑，雕塑家明顯不夠，怎麼辦？我決定，馬上回北京去找人，等大批人馬來後，大家一起幹。

27｜去京求助

在鐵路局工作的人，坐火車都不用錢，他們都有免票。我要到北京請人，也要帶上一些免票。辦公室主任王胖說，我不能拿那麼多的免票，我問他怎麼辦？他說，要有鐵路局的人跟著。我沒有意見，問他要不要跟著，他的頭搖得像波浪鼓一樣。時間緊，又不是去玩，沒人願意去。最後，沒有辦法，王胖給了我一疊免票，並且左囑咐，右囑咐，好像是他們家的票一樣。王胖在辦公室是說了算的人，可我們並不買他的帳，所以在可以顯示一下他權威的時候，他絕不放過。在回北京的一路上，沒有臥舖，我躺在地板上，在兩個位子中間，頭在一個位子下，腳在另一個位子下，我睡得還蠻舒服，周圍的乘客也高興，因為我省出了一個座位。我也是不得已而為之，為了到北京能馬上開展工作。

我回到北京。這時候我已經被分配到了北京第一建築工程公司，還下分到了二工區，我沒在公司做幾天，都是在外面跑。但是，我回到北京，有了落腳處。二工區在崇文門外，好像叫火神廟的地方，離北京體育館和國家體委不遠。我住在一間小平房裡，同住的人姓熊，是熊光權工程師。第二天，我就到了中央美術學院。那時候，美院還在王府井附近的帥府園。我到了美院，院內正打派仗，分成兩派，各不相讓。我找的那派人頭頭叫閻明魁，我向他報告了韶山毛主席像的進展情況，他很願意支援，但是他說，北京正要下鄉收麥子，他們走不開。我靈機一動，說，「韶山雖沒有麥子，但是有稻子，可以去收稻子」，他一聽，有道理，就說，「那就去收稻子吧。」正與他說著，有同學進來，問：「這個高魯冀是誰呀?」他手裡還拿著一張報紙，好像有我消息的。屋裡的人都哈哈大笑起來，說，「就是他呀！」他們指著我，笑得更厲害了。後來，我的好朋友，畫家黃永玉向別人介紹我時，說我是「美術界的名票友」，還真一點也不假。

我盯著他們，想叫他們盡快定下來，好跟我走，但是總有些情況，而且不能叫對立派的知道。臨走的那天，已經到了晚上，人員是定下來了，但大喇叭還在廣播，「閻明魁，閻明魁，馬上到會議室來。」閻明魁對我說了聲「走！北京站見面。」說著，他先走了。我事先交代過，只帶洗漱用具和洗換的衣服就行了，不用帶鋪蓋。我先一步到了北京站附近我的好友畫家黃永玉家裡，他住在京新巷，就在車站前面，是我經常落腳的地方。我坐在他們家開火車票，填上每個人的名字，還要登記存底。等一切搞好了，與黃先生和他的夫人張梅溪道了別，就去了北京站。美院的同學已經在等我了，有十幾個人呢，記得有雕塑權威劉開渠先生的三女兒劉莎萍，有後來成為好友的嚴世俊，帶隊的當然是閻明魁，還有很多人，記不得他們的名字了。我帶了這批人，浩浩蕩蕩地到了韶山，他們在那裡也有許多熟人，因為都是搞雕塑的。大家見了面，都好高興，互相問候著。並交談各方的情況，尤其是北京運動的情況。

在竹子搭的棚架上，分幾層立體施工。頭部是美術公司的才子陳德宏為主，他做的頭像很逼真，很像，但有人說，太像外國人，我倒沒有那種感覺。手是什麼人，身子是什麼人，鞋子是什麼人……，總之，都有明確的分工。工作進展得很順利，6米高巨大的泥塑，在7月1日前完工了。

我遵守諾言，我們在韶山還真的收了稻子。韶山是二季稻，那時正好要收割稻子。只記得，我們給農民們幫忙，他們端了一碗碗的米酒硬灌我們，放到你的嘴邊，真正的灌下去，不喝也不行。雖然是米酒，也醉人的。有時候因為工作安排，有一天空閒，我們就走去湘鄉，那裡是劉少奇的故鄉，但他被打倒了，他的舊居也沒人去了。我們並沒有真正走到湘鄉，而是在路邊上，有一位中醫，據說很有名，是「沒病找病」，你去看他，他也不問診，就給你把脈，然後他就告訴你，你有什麼病，非常靈驗。我們每個人都叫他把了脈。也都找出了病，還真準，大家都很佩服，說中國民間真有高人。

毛主席舊居陳列館前，有許多印背心的，他們有一些圖案，你選好了，他們就用一塊模板，上面刻好了字和圖案的，放到你的背心或T袖上，把顏料刷上去，就好了。他們知道我們是北京來的畫家，就請我們幫他們設計一些圖案，來的藝術家、建築師們還真設計了一些，他們很高興，刻好了版後，還拿到我們住的旅館，為我們免費印刷。

七月一日，毛主席塑像的泥塑完成了，我們把腳手架前的桿子拆掉一些，老百姓可以看得清楚。當地組織了遊行，很多人敲鑼打鼓，熱熱鬧鬧地遊行到毛主席塑像前，他們看著，歡呼著，情況非常熱烈。但是有的農民說，將來毛主席待在露天裡，站在那麼高的台子上，刮風下雨，會很辛苦。他們要求我們，要給毛主席蓋一座八角亭，毛主席就不會淋雨了。我們只好給他們解釋，這是塑像，就是露天擺放的，不是廟裡的菩薩，不需要八角亭。

泥塑完成後，閻明魁要帶同學們回北京了，我勸一些人不要走，因為回去也是打派仗，還不如在這裡，有事可做。我當時的信念就是：建設總好過破壞。尤其是對劉莎萍，我反覆勸她，但是她執意要回去，我也不好再說什麼。誰料到，他們回北京不久，在玉淵潭游泳時，劉莎萍竟然被淹死了。同時死的有美院的三個人，還另有一男一女。劉莎萍是劉開渠先生的三女兒，他的大女兒，在十三陵水庫勞動時死去了。二女兒有舞蹈症，後來嫁了個農民。三女兒長得很好，高高大大，身材苗條，瓜子臉，明目浩齒，見人微微一笑，人見人愛。尤其是，她繼承了她父親的衣缽，也學雕塑，而且頗有靈性。她的死，使我們很悲痛。我找到一張大家合影的照片，請陳德宏給劉莎萍畫一張像，看著米粒大小的頭像，陳德宏還真畫得很好，大概認識她，熟悉她也有關係。我們掛上她的畫像，前面擺放了採來的鮮花，給她開了追悼會。這也是遵照毛主席的指示，他在「為人民服務」裡曾說，人死了，我們要開追悼會，寄託我們的哀思等等。會上，一位和劉莎萍同房間的女生說，劉莎萍沒帶足夠的換洗內衣褲，她每天都要洗內衣褲，有時不完全乾就得穿上身，很辛苦。我深深地自責，對她關心不夠，如果有足夠換的內衣，她也許不會走了，但是，我不可能對女生的需要那麼了解。

28| 塑像停工

泥塑不可能長期豎在台座上，我們翻了石膏模。暫時停了工，泥塑長時間保存不可能，但是石膏模子可以相對保存一定時間。此時湖南省兩派打得很厲害了。據說，湖南省被搶了一個正規師的裝備，民間的武器彈藥多得很。到處打槍打炮，有的還有重武器，死了很多人。湘潭和長沙不是一派的，韶山等於被圍困起來了。我們不得已停了工，郭德庵等要回北京，我聯絡了卡車，送他們離開了，指揮部僅剩下我一個人，是北京來的。那時，不僅我們停了工，火車站也停了工，因為沒有圖紙了。圖紙是武漢的鐵道部設計院設計的，但沒有人願意通過封鎖線去武漢取圖紙，因為太危險。韶山是肉米之鄉，吃飯不成問題，王胖他們白天就吃飯，打牌，晚上就睡覺，沒有圖紙，開不了工，他們不管，他們還樂得舒服呢。我實在看不下去了，主動提出，我去取圖紙。其實，這事跟我一點關係也沒有，純粹是「狗拿耗子——多管閒事」。還有一個小傅，是鐵道學院造反派的，他願意跟我一起去，我們什麼也沒帶，就上路了。我還穿了一雙夾腳的拖鞋。

記得先到了湘潭，然後坐船到長沙。因為走陸路太危險，有可能被造反派抓起來，他們可不管你們是何方神聖，只要不是他們一派的，就是敵人。而且，你也可能中流彈，就更不值得了。後來聽說，走水路比較安全，我們就坐船去長沙。船在湘江裡走，船老大告訴我，江中的水是甜的，說著，遞給我一個搪瓷茶缸子，我舀了一缸子水，一嚐，還真是甜的。這也是生平第一次直接喝沒消毒的江水。半躺在船上，看著一個大長辮子的年輕湘妹子一下一下地划著船，我享受了半日難得的清閒。

到了長沙，坐火車到武漢，一路倒很順利。到了武漢，住在鐵路局招待所，就去設計院催圖紙。設計院的人看到我們來了，還是穿過「封鎖線」來的，都很感動，連說「想不到，想不到」。他們原來已經停止了此項設計，因為知道湖南武鬥得厲害，不會派人去取圖紙。我們去了，他們馬上趕工。武漢的夏天真熱呀，那時沒有冷氣，設計院的工作人員都是腳泡在涼水盆裡，頭上搭塊濕毛巾在工作。我們晚上睡覺也很遭罪，天太熱，沒有冷氣，蚊帳裡待不住，但睡在外面，蚊子咬得不行，沒辦法，只能學當地老百姓，睡到馬路上。當地的老百姓，傍晚時，就把竹床擺在馬路上佔位，晚上就睡在馬路上。有人說，武漢真不好，大姑娘，小媳婦，晚上都睡在大街上。我們沒有竹床，只能拿一張竹蓆湊合一下。好不容易等到了圖紙，我和小傅背了圖紙就往回趕。因為圖紙早到一天，就可以早一天開工。這時候，湖南省的派仗打得更厲害了。我們只想著開工，根本沒考慮打仗的事。乘火車到了長沙，先在鐵路局招待所住下來，準備次日回韶山。

第二天一大早，不到六點鐘，突然有槍聲響起，由遠而近，竟然到了招待所，一邊開槍，一邊大聲嚷嚷：「出來！出來！」槍好像就在我頭上開，聲音特響，覺得在我頭頂上炸開了花，嚇得我直哆嗦。我當時睡在一張行軍床上，趴在床上，一動不敢動，我真希望，行軍床能裂開，把我掉在地上才安全。我使勁趴在床上，希望床能馬上裂開，當然這是不可能的。當時，我連翻身及自己爬起來，鑽到床底下的勇氣都沒有。我生平有兩次受到過度的驚嚇：一次是在包頭大青山上看到蛇，嚇得我「腿肚子朝前」。第二次就是這次，在我的頭頂上開槍，我嚇得一動不敢動，後來，槍聲停了，有人大喊：「誤會，誤會！」，我還是趴在床上不敢動，出了一身的冷汗，過了好久，才敢慢慢地爬起來。我想，幸虧是「誤會」，否則真打了起來，我們不都要做冤死鬼了嗎？

圖紙帶到了韶山，王胖等連句感謝的話都沒有，就像是我們應該做的。報銷住宿等費用，他一項一項地審查，他那付公事公辦的嘴臉，真叫人噁心。我也無所謂，我又不是衝著他去取圖紙的，火車站能開工就好了。但是，塑像卻不能繼續施工，據說中央不讓建了，有一些傳聞，誰也說不清。為了得到確切的消息，我借了輛自行車，騎著到毛主席舊居陳列館找軍代表，此人不做事，架子卻很大。有一次我們參加什麼招待會，那次還有外賓參加，好像是民歌比賽。開會前，大家都坐在院子裡等待，此位軍代表竟然拿起掃帚掃起地來，其實地上本無垃圾，他是在作樣子，令人感到很做作。我找到此人後，詢問塑像是否還繼續做下去，他不回答我的問題，卻橫挑鼻子豎挑眼，說我講話時不要用手指著他，說我應該尊重他，他女兒都和我一樣大等等。我耐著性子請他告訴我實情，他說，他也不知道中央的決定，建議我自己去北京問問，並說，「正如你所說的，恐怕是『凶多吉少』呀！」然後，他一通批評，說我們不走群眾路線，不接受群眾的批評，毛主席塑像在露天裡風吹日曬實在對毛主席不尊敬，應當聽聽群眾的意見，建一個八角亭，把毛主席像保護起來等等，我當然不會接受，這就更印證了我的「狂妄自大」。他還以譏諷的口吻對我說：「你們就能代表國家水平？」我據理力爭，兩人吵得不亦樂乎，不歡而散。我騎一個小時的車回駐地，天黑，路上沒有燈，我的自行車也沒有燈。況且，路上都是泥濘，一不小心，我跌倒在路邊的稻田裡，渾身都濕透了，還沾了不少泥。回去換了衣服，跟阮工他們商量，他們說，軍代表可能聽了些風言風語，而且他太沒水準，不值得和他爭辯，還是到北京聽聽中央的意見才對。

我想，只有先回北京再說了。但此時派仗打得正激烈，我恐怕走不了。聽說有一個拉死人的車要去長沙，我步行去陳列館那邊打聽。從韶山火車站到陳列館，正好是十華里，要走整整一個小時。原來是個造反派開玩笑，一個睡在床上，一個叫他起來，他不聽，繼續睡他的大頭覺。另一個人拿起步槍，說，「起來，要不老子斃了你。」說著，拉了槍栓，一扣板機，槍裡有子彈的，一槍打在頭上，睡著的人永遠睡下去了。死者家裡不幹，要求把屍體送回長沙，才有了運死屍的車，是武裝押送，不走不行。若不是特殊情況，誰也不會在這兩派火拼，到處是槍戰的時候冒險上路。我說明要跟車走，他們倒沒有意見，說，「只要你不怕，我們不在乎多一個人。」

第二天，我起個大早，一人揹著行李出發了。後來阮工告訴我，他看到我一人孤零零地走，肩上搭著個包包，很是沮喪，他心中也真的很難過。阮工真是個好人，以後我出國了，他還照顧我的家人，從廣州運桔子樹到北京，送給鐵道部裡的人，順便給我家裡也送了一棵。還有很多次給我家送荔枝等廣州的土特產。這是後話。

我到了造反派的駐地，看見一個大卡車上，已經裝好了棺材，棺材是新造的，油漆得很新，很亮。造反派個個長短兩枝槍，身上還掛著手榴彈，那位打死人的，滿身重孝，哭得很厲害，如喪考妣，因為兩人曾是最好的朋友，這樣就上路了。我們都靠著棺材坐著，向長沙出發。一路上，造反派還要鳴槍示威，說是給死者送行。但他們剛一打槍，就有什麼地方的槍打過來。眼看著要打起來，急得車上一位年長的人聲撕力竭地大喊，「莫打槍，莫打槍！」，一邊還用雙手撲愣著，讓他們停止射擊，造反派才停止射擊。幸好對方沒再打槍還擊。一路上走走停停，為了躲過封鎖線，走了許多彎曲小路，路況太差，車子上下翻滾，棺材一路顛簸，死人也不得安生。我們也被顛得七葷八素，個個灰頭土臉。若再開下去，沒在武鬥中死掉，也要被顛騰死了。謝天謝地，七拐八繞，躲過了武裝封鎖，總算沒遇上危險，一路上心提到嗓子眼兒，到達了長沙。臨別時，造反派還送我一個彈夾，上面有五顆子彈，叫我拿著玩，這是對我表示好感，認為我這個人還不錯，臨危不懼。我收下了，謝謝他們的好意。但我不敢「拿著玩」，到什麼地方就丟掉了。

到北京後，對幾度穿越封鎖線，想想真是後怕，在那個時候，若是被打死了，也不會有人追究，死了白死，那真是沒有任何意義。向同事和朋友們講述我的經歷，聽的人都嚇死了，說，「那麼危險，下次可別去了。」但是，當我得到確切的消息，韶山的毛主席塑像還要繼續建下去，我馬上又出發了，絲毫沒有猶疑。曾經問過郭德庵，他聽到我的危險經歷，再也不願去了。

29｜恢復施工

我又回到韶山，因為可以繼續未竟的工作，心中好高興，走路都唱著歌。和阮工及葉工商量好，告知他們施工的注意事項，討論了施工中可能出現的問題及一切細節，我們又開工了。在六米多高的台座上澆灌混凝土，有一定的難度。因為沒有現代化的設備，例如沒有起重機和砂漿輸送泵等，靠人力把一桶桶的混凝土提上去，把一塊塊的毛石搬上去，拋到像身裡，活兒不是太好幹。總之，不太順，有一定的難度。當然，也可以等調來設備再開工，但當時武鬥正激烈，大型設備不好運送。鐵路局的工人幹這種細緻活兒，還是第一次，邊學邊幹，我看到，質量不是太好。他們為了方便施工，在拋了毛石後，又插一圈鐵片，圍成一個圈，在圈外與模子之間打混凝土。我覺得這樣做不好，但礙於工人是鐵路局的，我也不便過於指手畫腳。結果，由於質量問題，出了大紕漏，混凝土的中間有蜂窩和狗洞，這又導致我們以後忙了好多年。

那些棚工老師傅，在搭好了棚子後，就是維護，小修小補，事情不太多了。他們就發揮所長，去捉田雞，捉蛇，甚至捉「野」狗。有一位老師傅，據說是捉狗專家，狗們一看到他，就會渾身打哆嗦。有一次，老師傅們捉到一條一米多長的大蛇，阮工叫我晚上去跟他們一起吃蛇肉。我很害怕，到了晚上，去到工人宿舍，他們已經做好了，一大鍋白湯，上面漂著一粒粒蠶豆大的油珠，蛇肉已經切成一段段的，我試著吃了一塊，肉質細嫩，像雞肉似的。但是吃到一塊胸骨，我噁心了，再也不吃了。看那些老師傅，吃得興高采烈的，一邊還喝著酒。後來，到廣州，我又吃過一次「蛇王滿」，此後，再也沒吃蛇肉。

期間還出了一件事，葉工程師有一條褲子要改短，就交給了當地一位老鄉，是位大嫂，她有縫紉機，攬一些活兒。褲子交出去，才想到，他帶的所有的錢，大概有兩百多元，都縫在褲子口袋裡。這些錢，當時相當我四個月的工資。再去找那位大嫂，她回娘家了。此事我們也報了警，告訴派出所的民警，但沒有用。那位大嫂回來以後，民警找她談話，她矢口否認，說沒有這事。沒有辦法，我提出一個方案：我們有人去引開她，另外的人去她家，把她的縫紉機端走，然後跟她談判，叫她還錢。但葉工不同意這樣幹，說這是知法犯法，此事就沒有解決。事後想想，我出的確實是餿主意。

台座上貼面的花崗岩，我們到長沙的大理石加工廠確定好了品種及尺寸，敲定了工期，就等他們加工好了送來。台座上也鑲嵌林副主席的題詞：「四個偉大」，由株州的一家工廠用銅鑄造。考慮到銅要生鏽，表面是否要鍍金呢？經過多方打聽，知道全國只有西安儀表廠可以做鍍金的工藝。我決定親自去西安一趟，看可否在銅字上鍍金。

有人質疑我，「你是幹大事的人，怎麼總是在小事上用心？」首先，我不是什麼「幹大事」的人，我能有想法，在特定的歷史條件下，還能得以實現，已經感恩不盡。我並不在乎過程中個人的榮辱，只求結局的完滿。而且，一件一件小事的成功，才能保證大事的最後成功。我之所以要自己去，因為，一來，我相信自己的能力；二來，也沒有合適的人選。能懂技術，又有辦事能力而你又信得過的人，不是隨手可得。親自去辦，可以放心，可以用加倍的努力，以求完美的結局。後來，指揮部給我寫鑑定書，他們說我能力超強，但是太自信，自信也成為缺點了。想當年，以二十五、六歲的年紀，指揮千軍萬馬，我是夠意氣風發的了，但期間所受的打擊和委屈，也不是平常人所經受過的。是清華大學六年的訓練，使我有自信，有條理，有組織能力。我有工程師的嚴謹，而非藝術家的浪漫。

我出差到了西安，住在鐵路局招待所，雖然是大通鋪，可是那個年代，有地方可以棲身，可以吃飯，已經是謝天謝地了。當時，我與西安沒有半點牽連，可說毫無關係。但是1969年2月以後，卻多了層深深的牽掛，因為我太太和後來的大女兒在西安，那是後話。

西安儀表廠是德國援建的大廠，設備精密，齊全。知道是韶山的任務，他們欣然從命，願意接這個活兒。在接受任務時，不忘加上一句：「除了我們廠，全國沒有第二家可以接受這項任務。」我把帶來的銅字搬到廠裡，他們看了，秤了重，算了表面積，就得出了結論：這些銅字要鍍金，首先要鍍銀，然後再鍍金，總共需要多少黃金，多少白銀。我將此要求電告韶山，經他們請示，叫我直接從湖南省中國人民銀行調撥。我請省銀行直接把黃金，白銀發往西安儀表廠，我不要經手，他們照辦。但當時各級政府都癱瘓了，辦這件事困難重重，我才知道為什麼指揮部不聯繫而叫我直接聯繫，原來太難辦了！我在招待所等湖南省銀行的消息，遙遙無期。我住得不耐煩，就想到附近處走走。聽同住的人建議，何不到華山去看看？離得很近，坐火車又不花錢，我認為這是個好主意，就有了華山之行。

30｜華山之旅

平時一提旅遊，首先要有目的地，然後是買機票或火車票，定旅館，一系列的事情，行李也要帶足。但那次我去華山，拔腳就走，只知道乘火車到華蔭縣車站下車，什麼準備也沒有。

到了華蔭站，我一下車，就傻了眼，華山怎麼去我也不知道，只好問人。老鄉倒都很熱情，說這已經是華山腳下了，你順著大路往山裡走，不會走岔路的——自古華山一條路。剛剛上路，突然淅淅瀝瀝下起雨來了，我沒有雨具，幸好穿了皮夾克，擋雨，頭淋濕，就沒法子了。雨中，迎面遇到一位老鄉，他有土產的防雨裝備，手裡還提溜一個籃子。他問：「上山？」回答：「上山。」「山上有土匪吧。」「不怕，碰上土匪就幹掉他！」其實我是在講大話，老鄉一定以為我身上揣了傢伙，實際上我是手無寸鐵。老鄉還囑咐我：「你一個人可要多加小心啊。」我大大咧咧地說：「沒事。」他看我只揹了個跨包，不像有多少東西，就說：「你買上我幾個饃吧，上了山沒吃的。」我想想也對，就買了足夠的饃，大概夠我吃兩天的了。老鄉又好心送我一盒火柴，那時候，物資缺乏，買火柴也要票呢，老鄉完全知道我的處境，算準了我用得著。

據說以前，和尚廟，尼姑庵，實際上就是小小的接待站，遊客可以在此打尖或用素齋，喝口水休息休息。但文革期間，造反派把和尚，尼姑通通趕跑了。一個叫「五湖四海」的組織佔山王，他們打著造反派的旗幟，打家劫舍，姦淫婦女，無惡不作，怪不得老鄉管他們叫土匪。

想想我這次旅遊真叫盲目，只知道去華山，要去幾天，到了山上吃什麼？喝什麼？住在哪兒？一概沒有考慮。抱著車到山前必有路的心情，一人雨中闖蕩華山。走到了華山腳下，岩石上刻著蒼勁的七個大字「奇險天下第一山」，我心中大聲讚好，真有氣勢。走了很久，到達了千尺幢，這是一處石梯，窄到只容一人，直上直下，約成七十度角，原來設了雕堡，加上鐵蓋，真是一夫當關，萬夫莫開。手攀鐵鍊，一步步地攀登。雨天路滑，更增攀登難度。爬得我渾身成了水人，不知汗水或雨水，狼狽不堪。

到了上邊，正要休息，忽見山上下來二人，身著皮襖，腰扎草繩，草繩上別一枝竹笛，眉宇間透著一股豪邁之氣。我向他們討教，到山頂還有多遠？他們說，是昨天爬的山，在山上住了一晚，現在才下山。「住哪兒？」我問。「隨便哪個廟都可以住」他們答。他們說，「等你上了山，再回頭看千尺幢，就像走平地了。」啊？！我以為千尺幢已是華山的極至，沒想到竟是小菜一碟。

記得走過一處石壁，你可以想像成一個極大倒扣的半圓形貝殼，頂上是一條小石階路，兩邊皆懸崖峭壁，我一面爬，一面讚嘆大自然的鬼斧神工；這塊石壁是怎樣生成的？真是天然屏障。抬頭一看，前面山崖上雕著巨大的字「西北屏障」，古人題詞真有道理，不僅畫龍點睛，還叫你心服口服。

到了一處山頂，雨停了，我找到一處乾淨所在，索興躺臥下來，歇歇腳。正是「千峰雲起，驟雨一霎兒價。更遠樹斜陽，風景怎生圖畫。」又道是「醉失桃源，夢回蓬島，滿身風露」。山頂漂浮在彩雲間，落日照，萬紫千紅。雲彩在風吹動下，不斷變換圖案。一人靜臥彩雲中，似醉非醉，似迷非迷，心中想到：仙境也不過如此。正思念間，嘩啦啦一聲響，雲朵被撕下一大塊，不僅露出湛藍的天，也露出上方山巔鐫刻的兩個大字「仙境」。雲浩蕩千崖秋色，真說出我心中所思。

休整過後，帶著陶醉於大自然而產生的豪邁之氣，繼續攀登。想不到，山下下雨，山上竟漂起鵝毛大雪。爬在階梯上，手中握著鐵鍊，天毫無警示地突然黑了下來，黑到極至，伸手不見五指。我走在石階上，懸在半空中，怎麼辦？此時真在考驗我的應變能力。我只有兩條路：一是向上，一是向下。向上，一定能到某個處所，但走多久，到何處，有無居所，一概不知。向下，記得半小時前路過半山腰一座古廟，或可棲身。決定退回去，與其選未知，不如選已知。回到那座古廟，走近了細端詳，竟依山而建，廟雖小，頗有格局。進山門　是一處小院，古木參天，正中有一水井，旁邊一木樓梯，通向一小閣樓。院中堆滿破家具。評估環境，我決定住在閣樓上，因居高臨下，比較安全。巡梭四周，發現一鐵棍，一人多高，核桃粗細，沉甸甸，有如魯智深的禪仗。找了些破木頭，用鐵棍一通猛砸，又找到一口大鐵鍋，通通抬到樓上。院中井上，居然有繩及水桶，試打上一桶水，一股惡臭撲鼻，只好放棄。　好在正漂大雪，可以吃雪解渴。

我人上了閣樓，又用破爛家具堵上樓梯，主要怕有野獸，若來野狼，豈不麻煩？幸好老鄉送我火柴，我在鐵鍋裡生起了火。不得了！我馬上被濃煙嗆得咳嗽不止，只好打開了唯一的窗戶，窗外一片漆黑，像宇宙中的黑洞。坐在火盆前，胸前烤著，背後冰著，不是滋味，但不能關窗。雖受罪，別有一番滋味。烤的饅頭焦了，剝了一塊吃，真香甜。此時念著賣給我饅頭的老鄉好，他不光是作生意，他更想到了我的實際需要，沒多收我一分錢，甚至還送我當時奇缺的火柴，一定算準了我當晚的處境。

火勢漸小，朦朧中，突然聽到有人在拆我設置的障礙物。人一激靈，頓時醒了。抄起鐵棍，躲到門後。當門吱呀一聲被推開時，我搶先一步，大喝一聲「什麼人！」對方被嚇得魂不附體，忙說：「我們是外調的，不是壞人」。來的是兩個年輕人，南開大學的學生，出來調查某教授的歷史問題，順便到華山一遊。他們和我一樣，盲目上山，天突然黑下，寸步難行。幸好他們遠遠地看到我的火光，就直奔火光而來，沒想到，我也是光棍一條。

他們還不如我，上山沒帶任何食物，一直餓著肚子。把烤饅頭與他們分享，其感激之情，溢於言表。待他們吃好了，大家擠在唯一的土炕上歇息。他們小心翼翼地說：「你一個人好大膽子，不怕土匪嗎?」我依舊大大咧咧地回答：「不怕，有土匪就幹掉他!」他們以為我有槍，心中很是忐忑，雖同是天涯淪落人，但彼此卻懷有戒心。

天亮了，太陽出來了，好像把我們之間的冰凌也曬化了，大家變得熱絡起來。離開我們住宿過的八星級賓館時，我撿了一塊剩下的木炭，在門楣上寫道：某年某月某日，南開兩小鬼，清華一大仙在此留蹤。他們雖嘴上嚷嚷著表示抗議，但並沒有修改我的題詞。

我們三人再奮力攀登，到了山頂。山頂上幾棵烏蓬蓬的參天大松樹，狂風一過，樹木發出嘩嘩的聲響，有如大海波濤。風真強勁，像要把我們吹跑，我們每人都抱緊了大樹，生怕被風吹跑，心中徒生幾分恐懼。驚恐中，突聞篤，篤，篤，砍木頭的聲音，循聲望去，對面山頂上有人在劈柴，仔細看望，只見一些氣象儀器，啊，這是華山氣象站。久違了，據說這是西北地區海拔最高的氣象站，工作人員久住山巔，難得下山。看看人家的坦然無懼，再想想自己剛才被松濤驚嚇的狼狽，臉上微微發燒。

經歷了昨晚的一切，我們也對在千尺幢正往上爬的旅客們說，「你若到了西峰頂，這裡不過是平地罷了。」唬得他們一愣一愣的。下了山， 友好地與兩位小鬼分手，我乘火車直奔臨潼車站，在那裡，浸泡在貴妃池天然溫泉中，想想千年前，楊貴妃就在此地「水泉冷澀洗凝脂」， 不免懷古一番。溫泉一泡，疲勞全消。

一面對大自然的美景，我學的辭彙就不夠用了，必搜索枯腸，想著兒時所背唐詩宋詞中的某些詞句，以解自己的窘迫。毫無章法，克難歷險的華山之行，是特定環境下的產物，今天絕不作此想。但這次旅行卻縈繞我心頭達幾十年之久。

31｜鎏金傳奇

湖南省銀行調撥的黃金，白銀終於到位，西安儀表廠開始電鍍的工作。就是在電解溶液中一個電極接上銅字，另一個電極接上貴金屬，先是銀，後是金，就開始電鍍了。因為有貴金屬，不能離開人，所以我也加入了值班的行列。總算電鍍完成，看上去金光燦燦的，很好看，我就托運鍍金銅字回到韶山。沒想到，銅字經過一路的運輸，可能是摩擦的緣故，鍍的金竟然變「啞」了，也就是銅字變黑了，這真是始料未及的。怎麼辦？西安儀表廠說他們願意重新加工，但我對他們沒有信心了。此時，阮工提出，可以從廣州請來老師傅，他會做「火鎏金」，那可是中國的傳統工藝。經討論，大家同意了這個意見。我們從廣州請來了師傅，一個老師傅，兩個老徒弟。

我問廣州來的老師傅，火鎏金可以管幾年？他說，他可以保證十年不壞。有此保證，我們也放心了。實際上，從歷史上看，我國的鎏金技術，可追朔到春秋戰國時代，歷經三、四千年而不壞，仍舊金碧輝煌。

這位老師傅有兩個絕招：一是，配製金汞齊，就是把水銀和金溶解在一起，要在坩鍋中熬製。以下寫的工藝流程，不是老師傅告訴我的，而是我從文獻中查出來的。用水銀溶解黃金行話稱之為「殺金」，也叫「煞金」。將黃金鍛成金箔，剪成碎片，放入加熱到400度左右的坩鍋中，純金箔在坩鍋中有微小白煙時，將坩鍋取下，倒入水銀。按一黃金七水銀比例。亦有3：7，3：8的，俗稱七煞八煞。這個過程中，要以無煙木炭棒（或竹棒、玻璃棒）不停地攪拌，不能離開人。此時，水銀蒸發，冒出濃白煙。待白煙下沉，坩鍋中水銀冒泡，黃金即全部被水銀溶解。將坩鍋中的溶液倒入盛清水的瓷盆中，使其急冷，金汞齊冷卻後呈白色濃稠泥狀，用手撈起來可捏成團。但是，汞蒸汽是有巨毒的，搞不好要汞中毒。那位老師傅總是自己煉製，也不帶任何防毒設備，兩位徒弟躲得遠遠的，奇怪的是，兩個徒弟都汞中毒，而老師傅卻沒事。這是一個絕招。另一個絕招是，準備鎏金的銅表面要進行表面處理，鎏金的沾附能力才好。老師傅配一種藥水，他不告訴任何人他的配方。我曾經問過他藥水的成份，他回答：「毋雞」就是廣東話的「不知」。再問緊了，他就說是「師父水」是他師父傳下來的水。後來廠裡想出辦法，派他的閨女給他當學徒，你總不能把閨女也毒死吧。但是，他的閨女沒有汞中毒，可也沒得到師父水的秘方。其實，熬製金汞齊時，完全可以帶防毒面具來解決汞中毒的問題。文獻記載，口含酒精或可防止汞中毒。

老師傅的火鎏金是比電鍍的好，看上去就很厚重，不是那種輕飄飄的，而且他保證十年不壞，夠了。十年後就再說了。看到中國民間真有高人，我想對鎏金有進一步的研究，經過十年的努力，我終於寫出一篇論文：「中國古建築中的鎏金與貼金」，發表在1980年的清華大學《建築史論文集》及1980年4月號的《考古與文物》雜誌上。這是一篇「不務正業」的論文，但我若不寫，還真沒有多少人研究與探討。我從中外文獻中查出了鎏金的歷史，所用材料，主要工序，並探討了它的耐久性等等。為了寫這篇論文，我請教了我國的許多大師及學者，其中有：古文物專家沈從文，中國考古研究所所長王天木，中國最有名的玩家和雜家王世襄等等，參考的書有《漢書》、《營造法式》、《天工開物》、日本的《油事類苑》、《宋史・神宗本記》、清代《工程作法則例》等古籍。

32｜塑像落成

經過大家的共同努力，塑像終於落成了，之前，我們要求有中央首長題詞，塑像落成前，毛主席親自有批示，我記得開頭是「我們都不要題詞了」等等。塑像快落成了，很多記者來訪，有新華通訊社及湖南日報等單位，我們每天接待很多人。我曾經給我的老朋友黃永玉講述新華社記者訪問我們的事，黃先生說，「他們也不會寫文章。」我奇怪了:「您怎麼知道的？」黃先生笑著說，「大部分都是如此」，黃先生說得還真對，他們訪問我們，最後寫出的文章讀給我們聽，真的不敢恭維。想起清華大學毛主席塑像落成時，我的秘書給我寫的發言稿，真是「不可以道里計」。新華社的攝影記者要給我拍一張照片，我們兩人爬上了尚未拆除的腳手架上，他給我拍了一張剁斧時的照片，我至今保留，那是作樣子的。我還保留有一張合影照片，前排中間是廣州鐵路局基建處的白處長和我，最右邊是陳德宏。

記得還有一件小事，腳手架拆除以後，突然發現有一件工具落在台座上了。阮工拿了一根粗粗的毛竹，一頭搭在台座上，一頭由他們三個人撐著，他對我說，「你上。」我還真的攀援而上，爬這根傾斜的毛竹到台座頂，拿到了那件工具，這麼一件小事，居然四、五十年不忘。阮工對我說「你上」，是他對我的了解。其實還有比我年輕的人，但他相信我一定可以上得去。

塑像落成及韶山鐵路通車是在1967年12月28日。我還保留12月29日的湖南日報，由於時間太長，約快半個世紀，報紙已殘破不堪。上面第一版整版都是這條消息，通欄大標題是「十萬軍民滿懷激動心情在韶山隆重集會，歡慶毛主席巨型塑像落成韶山鐵路通車」小標題有一句「省革籌小組組長，六九〇〇部隊負責人黎原到會剪彩並講了話」後來成為中國第一把手的華國鋒也作為省革籌小組的代表參加了大會。

報紙上說：上午十一點，滿載著來自全國各地代表的火車，發出響徹雲霄的汽笛聲，徐徐穿過紅旗招展的彩門進入車站。鐵路兩旁的人們立刻歡呼起來，鑼鼓聲，鞭炮聲響成了一片。黎原為火車站剪了彩，乘坐火車的代表們迫不及待地跳下車來。接著，黎原同志為塑像落成剪彩，剪彩後，慶祝大會在雄壯的「東方紅」樂曲聲中，全場高聲朗誦最高指示。

報上還報導，大會的前一天晚上，省革籌小組負責人黎原同志等，接見了參加修建毛主席塑像和韶山鐵路的革命工人，貧下中農，紅衛兵小將和技術人員代表。我們是從報上得知這個消息的，我們沒有一人參加這個「被接見」。不僅如此，我們沒有一人是大會主席團成員，甚至我們沒有一人參加了那天的大會。我們那天一整天無所事事地在指揮部待著，連門也不讓我們出。問為什麼不讓我們參加，回答是：「為了首長的安全！」參加的人都是些頭頭腦腦，我們這些真正的建設者，倒是一概被排除在外。這大概是體制內的一貫做法。

倒是在湖南日報上，可以看出一些端倪：在第三版上，有我的兩篇文章：版頭是我寫的一首詩，「一輪紅日升起在東方」，署名是「韶山鐵路指揮部塑像組高魯冀」，另一篇是「毛澤東思想威力無窮」，署名是 「韶山鐵路工程指揮部塑像組」，那也是我寫的，我在文中還打了那位軍代表一巴掌。我說，在塑像的過程中，曾經有人以譏諷的口吻對我們說：「你們就能代表國家水平？」我們說：儘管我們都很年輕，在政治水平和藝術水平上都是微不足道的；但是我們有一顆熱愛毛主席的紅心，我們堅持政治掛帥，照毛主席的指示辦事，走群眾路線，我們可以達到的水平，就能使那些資產階級「專家」、「權威」，望塵莫及。

韶山的毛主席塑像，從建築材料上講，不是太理想，混凝土的耐久性當然沒有天然花崗岩高，但是這座塑像從藝術上看，還是相當不錯的，特別是經過十位雕塑家在混凝土像上修改後，藝術上更上層樓。

我的中學同學，也是好友白蘭生曾說過，他1963年從中央美院雕塑系畢業分配到北雕廠，主要做室內人像，做室外像的機會少，通過雕毛主席像，他說：「實事求是講，培養鍛鍊了我室外大型雕像的經驗，從人物比例，光線處理，工程結構設計上都學到很多東西，對我30年後在深圳雕塑鄧小平全身像打下基礎，我們這一代人都是從做毛主席雕像開始積累經驗成長起來的」。

我何嘗不是如此呢，從做毛主席室外大型雕像，我也積累了相當豐富的經驗，不只是技術上的，生活上，工作上，做人上，我都是大有收穫。

塑像完工了，我們受到廣州鐵路局白處長的邀請，請我們到廣州去休整一番。我們拿著行李，到了株洲，根本找不到去廣州的車。我們在火車站轉啊轉啊，已經很晚了，我說，「咱們找一輛空車上去睡覺吧。」我們找了一輛停在軌道上的車，不料路基極高，得找人爬上去，陳德宏對我說：「你上。」他們在下面兩個人托著我的腳，我奮力地爬上去，打開車廂的窗戶，我先爬上車，再把他們一個一個地拽上來，所有的人和行李都上了車，我們倒頭便睡，因為太疲勞了。睡著睡著，突然車動了起來，一會兒，列車員過來了，她嚷嚷著，「你們怎麼上來的?」我向她解釋了情況，我們都有票，這車還正好是去廣州的，歪打正著。一路順利地到了廣州，住在鐵路局招待所。一住下來，就是天天宴會，那時候沒有公款吃喝，都是私人宴請。白處長，阮工，葉工，還有些其他人，都在家裡宴請我們，好像我們立了多大的功。

我們住在招待所，到處走走，有一天，到了越秀山，爬到山上，看到有一處別墅非常秀美，別墅鎖著大門，我們叫了半天，沒有人應，我們就爬圍牆進入別墅，一通參觀遊覽，就是不能進入室內，然後再翻牆出來。後來聽說，這是陶鑄建的別墅，是修正主義的樣板，別人都進不去的，倒叫我們趕上了。

33｜肇慶之行

有一天，我們遇到幾個北京老鄉，是北京國際關係學院的學生，三男一女，大家聊得高興，我們就決定一起玩。走到江邊，看到有船，在那裡招攬生意，是到肇慶和七星岩的，我久聞肇慶的大名，當機立斷，「咱們去！」，大家都贊成，我們就買了票，乘船去肇慶，那是沿著西江往西走，坐江輪很舒服的。船夜間走，白天停，不影響我們玩，大家玩得好高興。國際關係學院的學生管我叫「機會主義」，說我見「機會」就起「主意」。

一路上，每人一張帆布躺椅，大家躺著聊天。學生中一位姓劉，是學西班牙語的，他爸爸是老幹部，原來從事地下工作。據說，當年大家交的黨費打了一個金鞋拔子，後來上交組織了。但文革中，硬說他貪污了，還說貪污的錢買了一件皮袍子。在文革期間，老幹部都背負了許多莫須有的罪名。

在七星岩和肇慶，大家玩得都很盡興。七星岩上還有古人的題記，大意說，遊了七星岩，天下的名川大山都不在話下了。這也有點太狂了，中國名山這麼多，七星岩還屬不上。但此山確實小巧玲瓏，有點像蘇州園林中假山的放大版，夠料。

回程更加精彩，夜航西江，我們在船上大唱「長征組歌」，很多段落我都唱得很出彩，我嗓子不錯，在清華大學又受過嚴格的音樂訓練，大家都唱得酣暢淋漓，現今的卡拉OK也沒有我們當年在江中唱得過癮。後來，江上起了大霧，船上要時時敲鐘，以免被過往的船撞上，船家不讓我們唱了，我們才停下來。

不唱歌了，我們把躺椅擺成一個圈，大家玩遊戲，很多乘客自願加入我們，我們那裡很快成了遊客的中心。其中一位中年人，看不出路數，人很海派，有文化。他給我們玩一種數字遊戲，你設定一組數字，只要告訴他是幾位數，他叫你如何如何，你按照他的方法運算，最後，他能把正確的答案告訴你，我們試了幾次，是百發百中，令我們驚嘆不已。最後，他揭出謎底，我們才恍然大悟。他教的方法我至今仍牢記，有時為大家表演，引起一片讚嘆。

你寫出一組數字，只要告訴他是幾位數，例如1234，然後一位一位相加，那四位數相加得數是10。他叫你在得數後面再寫一個一或二，例如，101，再一位一位相加，得2。經過幾次運算，目的是得到個位數，這是第一個關鍵。然後，此個位數再乘以九，任何個位數乘九，其得數的和，一定是九。例如前述的2，乘9等於18，1加8得9。三九是二十七，2加7也得9。四九是三十六，3加6也是9。……這樣，原來的未知數變成了已知數九，你再用九反覆運算，答案早在你的掌握之中。在船上，我們那個圈子，作為全船的中心，一個個的遊戲層出不窮，但我覺得，那個數字遊戲是最好的。後來我到了美國，還給一位史坦福大學的數學博士表演過，唬得他一愣一愣的。

　　幾天後，回到廣州，才知阮工為這事生氣呀，他說，他天天到招待所來看，我們也沒回來，招待所也沒退，床上都擺著我們的東西，人去哪兒了，也不打個招呼。我只好向他道歉，賠不是，說了些好話，阮工才氣消了。休整夠了，我們回到北京。各自該幹嘛幹嘛。

第七章

敬修寶像

「弟兄們，我不是以為自己已經得著了；我只有一件事，就是忘記背後努力面前的，向著標竿直跑。」

（腓利比書三・13-14）

34| 區委報告

「敬修寶像」這四個字，是文革期間的語言，管毛主席塑像叫「寶像」，而且不光是修，是「敬修」。我手頭居然還保留有1970年5月2日，7月7日，和11月3日三份韶山區革命委員會上報給湖南省核心小組和省革委會首長的報告。報告都是我起草，由大家共同討論修改後，上報給省裡的，是正式文件，因為有紅色的公章。為什麼我會保留一份，記不得了。

文件中有這樣一段：「毛主席寶像自一九六七年十二月二十八日落成以來，人民日報分別以頭版的篇幅發了消息和照片。每天有大批國內外觀眾前來瞻仰，政治影響十分巨大。由於當時時間緊迫，選用建築材料為鋼筋混凝土，不夠理想，更因施工質量等問題，致使寶像開始風化。我們曾於一九六八年十月和一九六九年八，九兩月，兩次組織敬修，在寶像上噴塗有機防護膜，但效果並不滿意。為此，一九六九年十一月派出工作人員，進行調查，以找出更好的方案，在今年夏秋季再次組織敬修。」

從這段文字可看出，塑像建成後不久就出了毛病，因為不到一年的時間，就要進行維修了。主要問題是胸口處有白漿流出。原因是混凝土中有蜂窩和狗洞，一般工程上對此稱為蜂窩麻面，這是指表面，但是內部有大的孔洞，就叫狗洞了。此事不能細琢磨，否則會上綱上線。且說，混凝土內有孔洞，下了雨，雨水集聚在其中，將水泥中的氧化鈣溶解，流出來，在大氣中形成碳酸鈣，呈白色，掛在胸口醒目處，很不好看。我記得第一次是噴塗有機硅塗料，效果並不好。第二次噴塗的是由中國科學院廣州化學研究所噴塗的有機玻璃，效果也不理想。我回單位後不久，就又被叫了回來。

六八年上半年，我在公司，但也沒幹什麼工程上的事，一直在畫毛主席的油畫像。我們都是畫很大的油畫，用的顏料是附近造幣廠用來印鈔票的油墨。畫那麼大的油畫，我還有兩位助手，一位是普通中學的學生，　一位是美院附中的學生。後來那位美院附中的學生還把他的老師請來。老師說，這兩位學生畫得都挺好，看來文化大革命還真的鍛鍊人。那位附中的學生姓韓，後來成為解放軍中有名的畫家。

文革時，工廠還遵照毛主席指示，向大學派出了工宣隊，由他們領導知識份子。他們派到清華大學的工宣隊，鬧了不少笑話。同去的幹部回來告訴我們，一位仁兄在大禮堂作報告，他說，「你們都是青年人，你們的前途——渺茫。」底下聽的人也不敢笑。下一句更離譜了，他說：「階級敵人是王八吃秤砣——鐵了心了。」他還反問一句：「咱們怎麼辦？」下一句頗出乎意料之外，他說：「他吃咱也吃！」引起哄堂大笑。

有外國友人送給毛主席幾個芒果，好像是巴基斯坦人送的，毛主席說：「我們都不要吃了，送給工宣隊吧。」我們公司的工宣隊也分到一個。芒果在那個年頭可是稀罕物，我們當然也不能吃，把它製成標本，泡在福馬林溶液中，轉送給西北的一個部隊單位。同時還送去一幅工藝畫，一幅毛主席畫像，那是我設計的。我們在玉器廠撿了一些玉石及寶石的碎料，把它再破碎，經過篩分，公司試驗室有這些設備，寶石碎料成為很小的石米，按不同顏色沾成一幅毛主席畫像，外面再噴上清漆，就成為珍貴的畫像。和芒果一道送給了蘭州的某個部隊。我還特地照了相，洗了照片給西安的女朋友寄去。

六八年下半年，我又為韶山的事忙活起來，是阮工他們點的將，叫我前去協助。為韶山的事，我經常去廣州，自己記得，從1967年5月底到1970年年底，共去了四十餘次。廣州鐵路局當然在廣州，有事就去請示匯報，也有些科研單位在廣州，所以跑得多了一些。

另一個主要去的城市是上海，去上海，還引出一段姻緣。

35｜ 戀愛結婚

我二十五歲大學畢業，一直在外面奔波，沒有時間交女朋友，雖然有機會認識一些女孩子，也有看著順眼的，但多是萍水相逢，沒有什麼深交。

直到我1967年在韶山工作，有事要到上海出差，住在姊夫家裡。大姊嫁了她的同事，是上海人。我母親曾經跟我說過，說姊夫有個小妹，個子長得很高，愛打籃球，是上海高校隊的中鋒。她回到家裡，一頭扎在廚房裡，喜歡做飯，做家務，她母親說，小妹是她的左右手。我心裡對她有了好印象。

那次到上海，第一次見到她，只見她個子高高的，扎條大辮子，不多講話，能幹得很，一直在廚房裡忙東忙西。她很會照顧人，例如，飯後，她會洗了水果，削了皮，再端給客人。給我留下很深的印象，覺得這個女孩不錯，可以當終生伴侶。

我以後回到韶山，就藉故給他們家寫信，還真有回信，是她的弟弟回的。有回信就好，我繼續寫信。我大姊說，他們家的規矩，有信，必須回，所以才叫小弟回，寫什麼就不管了，由他發揮。1967年底，韶山鐵路通車，毛主席塑像落成，《湖南日報》上有消息報導，還有一些其他報紙也有報導，其中還有一些我寫的文章等等，我一股腦兒地都寄到上海，展開「政治攻勢」。還真收到小弟的回信，對我大加稱讚，並說自己不行，我心裡很高興。

後來，我通過大姊之口，提出要求與小妹做朋友，據說她父親說：「魯冀人不錯，清華大學畢業的，就是矮了點。」其實我算中等身材，有一米七高，人不算矮，但女方太高了，就顯得我矮了。大姊回信說，小妹同意交朋友試試看。我聽後，欣喜若狂，就寫了一封信，直接寄給小妹，她叫丁蕾萍，很美的名字。信一扔進信筒裡，我心裡就在說，「此事成了！」果然，不久，我在廣州收到了回信，打開一看，又是小弟寫的，我多少有些失望，因為他的字我太熟悉了。但看到後來，我也笑了，原來她頂著小弟的名義，給我寫回信，我們實際上已通信一年多了。我於是更熱切地寫信，展開熾熱的追求。我們通了很多信，還都留著，準備結婚後再看看，但是婚後，有很多其他事忙，信就再也沒看。

再次到上海，他們家叫我們單獨見面了，她是六六屆的大學畢業生，入黨申請已批准，研究生也考上了，但由於文革，兩件事都耽誤了，　她還沒有分配。我每天都在她家裡與她見面，我很想握握她的手，每根手指都肉嘟嘟的，但是沒有膽量，未敢造次。我太太雖是上海人，但有上海人的優點，而沒有上海人的缺點或噱頭。例如，她精明而不小器：能吃苦，能幹活兒，手特別快，這倒合我的脾氣。她還接受新事物快，什麼新東西，她都喜歡學習。以後到了美國，她學打字，我心裡想，英文都不會，學什麼打字？但她就是要學，以後還真有用，她還學電腦，一直是我的電腦顧問。她對人真誠，完全不算計，對人大方，做人大器。她是南人北相，我洽好是北人南相，按魯迅的說法，我們倆人都是有福之人。信了主以後，才知道我們基督徒才是有福之人。聖經撒母耳記上七章12節說，「到如今耶和華都幫助我們。」無論在貧乏中，在豐裕中；在疾病中，在康健中；在家，在外；在陸地，在海洋；在羞辱中，在光榮中；在疑難中，在歡樂中；在試煉中，在勝利中，在禱告中，在試探中——「耶和華都幫助我們。」這是多大的福分！

我離開上海時，她還買了些上海的小點心送我。以後她畢業分配，北京沒有名額，她被分配到西安的西北國棉五廠。她從上海到西安，路過北京，我帶她遊了頤和園，看了北京的名勝古蹟，帶她見了我多年的老朋友黃永玉，並借住在黃家。北京是我心中的聖殿，也是我所熟悉的，在北京我是「接交皆鴻儒，往來無白丁」。我帶她領略了我的至愛。

那時，黃永玉被批判，每月只有生活費30元，那可是四口之家啊，而且，經常有朋友在他家吃飯，高朋滿座。我一人在北京，每月五、六十元收入，決定幫助他們。我每次去看他們都不會空手，總要買點肉啊什麼的。有一次買了豬扒，梅溪不在，黃先生自己煎，我怕不熟，黃先生說，放在鐵鍋裡，對著火，怎麼會不熟！他是對的。

蕾萍到了，我買了很多東西，特別是一隻老母雞，黃先生認為太老了，梅溪卻認為很好。母雞做了紅燒雞塊，雞油還做了雞油卷。我們出去玩，回來時，黑妮有些等不及了，因為梅溪做了很多菜。飯後，蕾萍還在黃家的天然浴室洗了澡，是屋子與圍牆之間的小夾道，是黃家夏天的浴室。

蕾萍到了西安後，我們只好通信，那時沒有電話，有也太貴，打不起。蕾萍再次來北京，是1969年2月，那年我們結婚。在我們公司附近的宣武區白紙坊街道革委會登記，一人領了一張大紅色，上面有毛主席像和毛主席語錄的結婚證，就算結婚了。那次在北京，借住在表叔家一天，表叔是留蘇的，是水利電力部設計院的工程師，表嬸是一位牙醫。第二天借住在黃永玉先生家，然後我們就回天津了。

天津只有一間半房，沒有我們住的地方，幸好姑姑下鄉，房子可以借給我們用。說來也可憐，結婚，既沒有婚紗，也沒有鑽戒，我經年出差在外，手裡也沒有什麼錢，只有15元人民幣，給蕾萍做了一件絲棉襖，是我在王府井百貨大樓自己挑的織錦緞，找妻要了尺寸，我給她做的絲棉襖。婚宴竟是我和妻兩人操辦的。大冷的天，妻不怕苦，宰活雞，宰活鴨，都是她親力親為，她也很會做。我負責掌勺，她還做了幾道上海的熱抄，大家吃得挺美。萍手很巧，例如自己會織毛衣，還是些很複雜的花樣，自己會刺繡，繡的枕頭套那叫好看。目前，她有個接班人——我們摯愛的外孫女韓娜，她把織毛衣、刺繡的本事都傳授給韓娜。

婚假連探親假也不過半個多月，很快就過去了，蕾萍一人回到西安上班，我則回到北京，到公司上班，那時還在二工區，記得在光華木材廠勞動，蓋廠房。

36 | 秦城監獄

1969年初，我被調到秦城監獄勞動。文化大革命中揪出太多的叛徒，特務，走資本主義的當權派，和形形色色的牛鬼蛇神，監獄很快不敷使用，要加蓋更多的牢房。秦城監獄是中國級別最高的監獄，都關押一些重要犯人，例如前朝元老，軍旅將領，政治要犯等等。中國末代皇帝溥儀據說也在此關押過。聽監獄的警衛說，文革前，北京市委書記彭真曾多次來秦城監獄，看望那些重要犯人，還宴請他們，秦城監獄有很好的廚師，大約就是為了這種用途。誰曾想到，彭真自己也有機會嚐試秦城監獄的滋味，可惜作為階下囚，嚐不到監獄高級廚師的手藝了。

老監獄有高高的圍牆，上有真正通電的電網，監獄依山而建，後面是大山峭壁，劫獄不容易。大門前一條大路直通，四周都是開闊地，從前面也不容易攻進來。大門很厚重，人力很難攻破。監獄原是蘇聯專家設計的，新牢房也照此辦理。房間都是長方形，室內有一蹲坑，一個洗手盆，門上約1.5米高的距離，有一窺視孔，外面是半圓形，中間一個小孔，從外面看裡面，一目了然。裡面卻看不到外面。門下方有一方洞，上面擋一塊軟板，是送飯用的。屋子層高很高，有三米多，窗戶很高，是一窄條，犯人根本夠不著，只能看見天空，當然，上面有粗粗的鐵條。我們建的全是單人房間，大約是關押要犯的，但很多要犯，出獄後，又成為高官。負責做家具的木工告訴我們，他們做的審訊室的椅子，裡面都有幾十斤重的石子，為的是，犯人不能舉起來砍人，可謂考慮周全。

我們在新建牢房，可以看到老牢房放風的情景，一人一個小院，互不干擾，小院上還有一通長的天橋，警衛在上面走來走去。放風時，犯人們待在小院裡，有人採摘地上少有的小花，有的在原地跑步，有的只是默默地踱著方步。那些犯人，有男有女，但大都是上了歲數的，總有六、七十歲。臉色都不太好，大約長期關押，見不到陽光所致。有時我們看得久了，在天橋上的警衛就歪著頭盯著看我們，我們知道他不樂意了，就趕快撤下來，不要引起對方的誤會或不滿。

工地上每兩週休息一次，叫休大禮拜。回到城裡，也不過自己洗洗衣服，看看朋友。有時休息時，不回城裡，到山上去刨痲櫟疙瘩。那時，北京時興自己做煙斗。尤其是痲櫟疙瘩的煙斗，由於稀少，又有特殊花紋，是煙槍們的最愛。但是這裡的山不是人煙稀少的深山老林，該刨的痲櫟疙瘩樹根，早就叫人刨走了，收穫甚微。

在秦城監獄待著，竟然像自己也被關在監獄裡，心情很是鬱悶。時間一分一秒地過著，日子很難熬。突然，公司來了命令，叫我立即去韶山，因為韶山毛主席塑像出了問題，廣州軍區通過北京軍區，又通過北京市革委會找到我，叫我立即去韶山。我聽了心中竊喜，但不露聲色，默默地整理行李。一起勞動的老師傅說，「不佩服還真不行，人家從廣州軍區來的調令，誰擋得住？還不立馬放行，說走就走了。咱們這輩子也沒有這樣的機會呀。」

其實，毛主席塑像1968年10月就修了一次，1969年8、9月兩次組織敬修，噴塗有機防護膜，效果不理想。因為內部的積水未完全排除，加上防護膜，外面的水進不去了，但裡面的水還得出來，問題沒解決。

37｜邁開雙腳

問題得不到解決，六九年我去了韶山，除了噴塗有機塗層，仍然沒有別的辦法。我向韶山區革委會主任毛澤普匯報，他原是湖南省科學技術委員會的主任，還是毛主席的遠親。我說，混凝土的塑像壞了，推倒重來，建立一座永久性的，花崗岩的塑像，可以一勞永逸。但毛主任不同意，他說，「這座塑像剛剛建成兩年，當時還得到毛主席的親自批示，　萬萬不可推倒重來，只能想法子修。」我說：「沒有法子。」毛主任倒也不著急，他說：「邁開你的雙腳，到全國各地跑一跑，也許就有辦法呢？」

遵照他的指示，我決定先到全國各地跑一跑，調查研究一番。但我得找幾個夥伴呀，我就想到廣州鐵路局的阮工和葉工。從韶山區革委會開了介紹信，直奔廣州，仍然住在鐵路局招待所。我每天到鐵路局人事處去報到，希望他們放行阮工和葉工，但每天都失望而歸。私底下當然每天與兩位工程師見面，商討對策，但似乎只有等待一途。真夠煩的。

每天像上班一樣到鐵路局報到，但都得到「正在研究」、「耐心等待」這些回應，心中這個急呀，人不定下來，工作就開展不了。大約等了一個多月，最後的答覆是：「阮工程師不能去，葉工程師也不能去，一個都不能去。」他們還假惺惺地問我，是否馬上就要回北京了，氣得我要命。

我得知此結果後，拿上我的介紹信，轉頭就闖進了鐵路局軍管會辦公室。正好一位身材高大魁梧，威嚴中又不失和藹的軍人在場，此人神情坦然自若，但別人對他都畢恭畢敬，我一眼就認準了他就是我要找的人，上前去向他申訴，並給他看我的介紹信，證明我不是等閒之輩。有秘書模樣的人正要阻攔我，他並不打話，一個手勢就制止了他，他示意叫我繼續說。我就把這座塑像的重要意義，阮工，葉工和我與這座塑像的緊密關係及我們的行動計畫等等，簡要向他做了說明。他聽得仔細，沒有打斷我。我口才便給，一下就把事情的重點全講清楚了，甚至把叫我回來是廣州軍區通過北京軍區，又通過北京市革委會等情況都講了。

他聽我說完後，立刻很慎重地下達指示，他說：「姓阮的也得去，姓葉的也得去，兩個都得去！」他說著，秘書一邊記錄著，我聽後，大喜過望，手緊握著他厚重的雙手，上下晃動著，表示我的興奮。他也高興地笑著，還不忘問清楚我的姓名，指示秘書說：「通知人事部門，兩位工程師馬上跟高同志出發。」我再次謝謝他，飛奔出去，把這個大好消息告訴了阮工和葉工，他們也很高興。阮工說：「你本事還真大，你知道他是誰嗎？他是廣州軍區砲兵司令員。」兩位工程師立刻得到通知，他們準備了一下，次日就跟我一道出發了。我多年在中國辦事，深知中國官場上是官大壓死人，要找，就從最大的找起，所謂「閻王好見，小鬼難纏」。對於見各級領導，我從來也不怵頭，到了有關單位，是「直搗黃龍」，總是找第一把手，才能徹底解決問題，屢試不爽。

韶山區革委會報給省裡的報告中說：「我們曾調查了六個省市的四十餘個單位，最後確定在上海的三個研究所進行實驗研究。」這六個省市，四十幾個單位，都是在確定了方向以後，一個一個摸索著找到的。在找之前，根本也不確定，都是試探性地找到一個單位，先述說我們要解決的問題，當然，不忘「政治掛帥」。例如說，塑像所處地域是毛主席的家鄉，我們還有明信片，上面有毛主席塑像照片，可供佐證。塑像落成時，毛主席親自有批示。塑像出了問題，很多國際友人都提出尖銳的批評。有一個坦桑尼亞政府代表團說：「毛主席是你們的領袖，也是我們的領袖，塑像出了這樣的問題，是對毛主席極大的不尊重。」我們並不是親自聽到這些話，而是聽毛主席舊居陳列館的工作人員轉述的。每次，都是我先講述一遍，然後看那個單位有什麼解決辦法，有什麼絕招。

其實，六省市，四十餘個單位，是廣泛撒網，因為我們心裡也沒底。但從中國國情看，最強的科研力量，大都集中在沿海大城市。主要在上海，北京，天津，廣州這些重點城市，我們找的大部分單位，都有極大的偶然性。

例如，我們找到中國科學院上海硅酸鹽研究所，當時看到是「硅酸鹽」，就想到，硅酸鹽工業是陶瓷，玻璃，耐火材料，水泥，搪瓷等的總稱，和我們有點關係。但根本不知道，陶瓷還能熔化了噴在混凝土上，形成保護層。真是瞎貓碰到死耗子。在硅酸鹽所，先是與所方談，然後，所方介紹到等離子組，我們也不知道他們是幹什麼的。坐下來，就由我開口介紹。那次講完出來，阮工說，「你今天講的真是精采極了。」

沒想到，等離子組在聽了我的介紹後，大家心裡都很感動，願意用等離子噴塗氧化鋁來試一試。當時，該所稱為南字837部隊。他們屬於中國科學院，一切實驗經費全部自行解決，包括最後的施工階段，人力，物力，設備，材料等全是自費，我們不需要花一分錢。

他們確定了要協助解決的問題後，就定下了詳細的計畫，到底是搞科研的，腦子很精密，辦什麼事，都是光著屁股坐板凳——有板有眼。要在混凝土表面用等離子噴塗氧化鋁，涉及很多問題，如，萬把度的高溫等離子噴塗，會不會把混凝土燒壞？氧化鋁與混凝土的結合強度怎麼樣？氧化鋁塗層的孔隙率較大，應如何解決？等等，一大堆問題需要解決。科研單位就是這點好，確定了問題後，一項一項各個突破。按照韶山區革委會報告的說法：「氧化鋁是一種性能較好的特殊陶瓷，其單晶體就是寶石，在大氣中不會被腐蝕及風化。噴塗該塗層需用等離子工藝，是一項新技術，我國58年以後開始研究，目前主要在軍工及尖端科學上應用。這種塗層本身性能雖好，但噴塗後孔隙率較高，達20%左右，可能抗滲性較差，需進一步改進。」等離子噴塗氧化鋁的技術，還應用在火箭表面的燒失材料上，是尖端技術。能應用在混凝土上，也是一大奇蹟，是文化大革命的產物。這種做法，可說是空前絕後的，在世界建築史上，恐怕也是絕無僅有的。當時修改這個報告時，有人提出，「氧化鋁的單晶體就是寶石」，可不要寫上，因為兩者有巨大差異。但為了加深印象，還是寫上了。研究等離子工藝的老丁，是他們的組長，後來成為中國科學院的院士。當時在他們組下放勞動的原所長嚴東生，後來成為中國科學院黨組書記，第一副院長，也成了我終生的好友。

我知道混凝土表面是可以噴銅的，因為廣州中山紀念堂的孫中山先生像，就是混凝土表面噴銅的。但是，在文化大革命期間，用於毛主席塑像上的銅，是不能生鏽的。為此，我們找了上海有色金屬研究所，他們在上海的郊區，松江縣，我們需要乘長途汽車前往。韶山區的報告上說：「這種銅合金經上海有色金屬研究所從試製的40個配方經800小時的人工加速腐蝕試驗後選出的，其耐腐蝕程度已超過海軍特殊黃銅，772特殊黃銅（在海水中可工作三年以上）及日本KK牌燙金材料。該銅合金噴塗到寶像上，孔隙率較小，為10%左右，抗滲透性好。」當時的心態不正確，真的很片面，毛主席像用銅就不能生鏽，其實是永遠達不到的。

上海染料塗料研究所也是我們的協作單位，因為無論噴銅或等離子噴塗氧化鋁，最後表面一定都得噴塗有機塗料。還有一個單位，我記得是中國科學院廣州化學研究所，但韶山的報告中寫的是化工部廣州合成材料老化研究所。

我們是1969年11月開始「邁開雙腳」的，大約半年後，就有了結果，不可謂不神速。我們調查研究的結果，得到三點結論，仍然引用韶山區的報告：「我們希望找到一種材料，噴塗在寶像表面，使寶像較長期不致風化。

（1）凡有機材料耐老化性都較差，有機塗層只能作為輔助措施；

（2）金屬材料都要生鏽，從色澤考慮，塗層可採用銅合金，但要大大提高其耐腐蝕性;

（3）特種無機非金屬材料一般不存在腐蝕問題，是一種很有希望的材料，但噴塗工藝比較複雜。」

韶山區的報告還說：「試驗初步取得成果，分別確定了兩種方案，噴塗了兩尊一米寶像，其中一尊寶像表面噴塗銅合金，顏色為金黃色，呈鑄銅效果。另一尊寶像表面噴塗氧化鋁，顏色為潔白色，呈漢白玉效果。」

報告就是泛泛地一提，其實，製作兩尊建築材料和原塑像一模一樣的一米塑像，先要找出原來的定稿，然後翻模子，再灌混凝土，再運輸到上海，塑像右手臂是伸出的，運輸過程中不能折斷，等等很多問題，都要考慮，都是我們的工作。但比起整體工作，這些就是小菜一碟。許多小菜加起來，就成了滿漢全席。噴銅的一座，記得是先噴鉛，再噴銅。兩尊塑像完成後，我分別到兩個單位去取，在有色金屬研究所遇到了問題，該單位有關方面不讓拉走，說先要付了錢才行。跟兩個單位談時，根本沒牽扯到錢的問題。後來好像是我承諾，一到韶山，就把錢給他們匯上，才叫我們帶了塑像走。

兩個單位都要去韶山匯報，硅酸鹽所又出了問題；原所長嚴東生，幹活兒有他，匯報沒有他，我就打抱不平，問所裡，為什麼不讓他去，我說的也很婉轉，我說：「這是去韶山，又不是出國，到毛主席的家鄉，更有利於他的思想革命化。」所裡回答，他是市革委會直接管的幹部，所裡無權決定。我問明了，他是市革委會三辦管，表示我願到三辦去要求。後來，所裡也同意他跟我們一起去韶山匯報。帶著兩個單位十幾個人，我們就出發了。

到了韶山，大家都蹲在區革委會的門外，我一人進去找人。我當然是找最大的，找毛澤普，他正拿著一份文件要辦什麼事，我向他簡單介紹了情況，並說，來人中有原來硅酸鹽研究所的所長，毛主任原來是湖南省科學技術委員會的主任，他知道科學院一個所長的份量，他連忙問，「人呢？」我說：「在外面蹲著呢！」他說：「快請！」就把人都請進來了。那次的匯報之旅是一次輕鬆快樂的行程。我們在陳列館的貴賓室坐著討論我寫的韶山區給湖南省的報告，我唸一句，大家討論一句，有時為一個字的爭論，引起轟然大笑，最後定稿後，交給區委會，打字，蓋章，上報。

匯報的結果，省裡同意噴塗氧化鋁的方案，有色金屬研究所的有些氣餒，我趕忙安慰他們，「你們研究的不鏽銅絕對有用，我們可以用在上山道路旁的詩詞牌上面。」說得他們又轉憂為喜。凡參加試驗的單位，都有事幹，這也是我們考慮周到的地方，也是皆大歡喜的結局。

38｜調人記

技術問題解決了，還打算在塑像的藝術形象上也有所提高。當時，做泥塑的時候，領導就叫七月一日完工，要「政治掛帥，革命加拼命」，所以整體形象上不夠精雕細琢，有些需要改進之處。韶山區革委會給我開了介紹信，叫我到省城長沙去換省裡的介紹信，以便去北京調人。

我到了長沙，找到省革委會的軍代表，把區裡的介紹信給他看，向他匯報了整個事情的來龍去脈，他說，領導還要研究，叫我先回招待所等候通知。這一等，就沒有下文了。時值仲夏，長沙熱得像個蒸籠，我心裡更熱，簡直是熱鍋上的螞蟻。和我同屋的是年輕人小林，他是廣州美術學院畢業，分配到韶山火車站畫油畫。有一天，他從省革委會回來，忽然說起他在省革委會聽到的消息，他說，文化口那位軍代表說，這座塑像建成才不過兩年多，當時很轟動，為什麼要修？如果是形象不好，應當遵照毛主席的批示，堅決拆除，因為毛主席他老人家不喜歡老在外頭風吹日曬給人家站崗。他一共提了四個問題。說者無心，聽者有意，我才知道為什麼領導研究了這麼久。

我一聽有門兒，也不告訴小林，自己就挑燈夜戰，寫了一份報告，針對省革委領導的四個問號，我畫了四個句號。大意說，此塑像落成時，毛主席親自有批示，《人民日報》等宣傳機構分別發了消息，每天有大批國內外觀眾前來瞻仰，政治影響十分巨大。塑像面部形象刻畫生動，整體形象也很雄偉剛健，體現了毛主席青年時代「指點江山，激揚文字」的廣闊胸懷和「欲與天公試比高」的豪邁氣魄。但由於塑像修建時間較短，缺乏推敲，局部存在一些缺點，例如腿、臂過粗，手腳過大，褲腿缺乏變化，身材比例稍欠適中等等。針對他們的疑慮，我對症下藥，經我這麼一講，省革委會立刻同意開介紹信，但是必須有省革委會常委之一簽字才行，委屈我再多等幾天。我因為太忙，馬上要到上海安排30噸貨車發送之事，硅酸鹽所的全部設備都要經由鐵路運送到韶山。我請他們把介紹信寄到北京，就出發到上海去了。我給北京的同屋同事熊工程師發了電報，告訴他，省裡的介紹信一到，馬上急電通知我，我趕快回京，因為區裡的領導給我的任務是，八月一日前把藝術家們帶到。我到上海辦完了事，北京的電報也到了，我連夜乘火車返京，到達北京是7月29日。

湖南省的介紹信是開給北京市革委會的，我一早就直奔市革委會。市革委會倒也沒耽擱，他們說，既是到中央美術學院調人，那還是直接去美院吧。好在市革委會離美院不遠，都在王府井附近，我一路小跑地到了美院。只見美院的大門緊閉，我只好從旁門進去，到傳達室一打聽，仍是不得要領。傳達室的看門人據說是位教授，原先是義大利的一位畫家，文革期間他回國，想為祖國的美術事業貢獻餘生，但是時間不對，貢獻不了。他說，學院現在沒有人，全體人員都下放到河北農村，叫我到文化部軍管會去聯繫。

文化部原先在東四，我又奔了東四，打聽了半天，找到一位軍人。他說，文化部已全部下放了，目前只剩下一個留守處，他這個軍代表也就成了光杆司令。而且，美術學院的事，他們也不管。「那到底誰管呢？」我有點急了。「是北京軍區代管。」他回答。「北京軍區大著呢，我找誰呢？」「好像是政治部代管，你到軍區再打聽吧。」他看我還是不得要領，便發了善心，他說：「我給你開個便條，你拿到軍區政治部，再給他們看看湖南省的介紹信，興許管事。嗨，文化部撤銷了，連個章子都沒有！」說著，他給我寫了張便條。大陸上，辦公事是只認章子不認人。「章子」的重要，非同小可。我對這張白條的作用，發生了嚴重的懷疑，決定先不去北京軍區，先跑跑其他單位。

於是，所有有雕塑家的單位我都跑遍了，但毫無結果。例如，到美術公司，他們屬文化局，到了文化局，有批示，但美術公司的軍代表硬說抽不出人來。我認識的幾個雕塑家都成了「5・16」嫌疑份子，見我面連招呼都不敢打，低著頭匆匆地走開。我像個無頭的蒼蠅，四處碰壁，我決定還是去北京軍區吧。

次日一早，我從北京動物園出發，乘專線公共汽車去八大處，那是軍區所在地。到杏石口車站下車，軍區門口戒備森嚴。我到傳達室說明來意，並出示便條，但因無公章，對方並不買帳，我趕緊又拿出有湖南省革命委員會的介紹信，雖不是開給軍區的，但那湖南省的巨大章子，似乎有一定的權威性，他們終於允許我填寫了會客單，然後放行。

軍區的大院真大，走到政治部大約要十幾分鐘，好容易走到政治部，門口又是兩個大兵。這兩個大兵問我要找政治部的什麼人，可把我問住了。我只好據實以告，說是要調幾個雕塑家，去韶山修毛主席塑像。但這些美術家目前在河北省下放勞動，由部隊代管，這個部隊就是北京部隊，就是政治部管，但究竟哪位首長管，我就不知道了。請同志幫忙「參謀」一下。我這套政治工作還真管用「政治工作是一切工作的生命線。」兩位兵哥電話一通打，找了秘書處的管理科，信訪科，……最後竟然找到了主管人，他們高興地告訴我，群眾工作部的王副政委要見我。

填了又一張會客單，一位裡面出來的兵哥帶我上了樓，到了群工部的會客室。等了一會兒，王副政委匆匆進來。這位副政委個頭挺大，面部表情嚴肅。他看了文化部那位老總寫的便條，並不問我有何貴幹，便開始挑剔：「就憑這樣一張條子，警衛室不應當放你進來。」「我還有另一張介紹信。」我知道毛病出在沒有「章子」上，趕忙把省裡的介紹信拿了出來，他撇了一眼有湖南省大印的介紹信，又挑出毛病來：「這信是開給地方上的，不是給我們部隊的。」我耐著性子把全部過程又講了一遍。可能是省裡的公函有一定權威，也可能建設毛主席家鄉的事非同小可，他也耐著性子聽完了我的申訴。

「美術學院的師生，目前是由我們部隊代管，搞運動，抓『5・16』份子，我們無權調動一個人。」王副政委聽完了我的申訴後，講了「結論性」的意見。「那麼，誰有權利呢？」我有點沉不住氣了。「國務院，最近有些全國性的展覽、會議，需要一些美工人員，他們找到我們，我們叫他們直接去找國務院。」「找到國務院，能解決問題嗎？」想不到問題越來越複雜。「地方上的事，我們就不清楚嘍……」王副政委管部隊以外的一切單位都稱地方，依我這個小民的見解，國務院應當稱「中央」。「不過，江青同志最近對文藝界有一個講話，說運動要搞深，搞透，不獲全勝，絕不收兵。文藝界人員一律不許動，每調動一個人，都要周恩來總理親自批准。」王副政委不愧是作政治工作的，首長指示背誦得熟練得很。「那我怎麼辦呢？」想到要周恩來總理親自批准，我自覺沒有希望了。「你去找國務院。」王副政委給我指出了方向。「可是，我沒有給國務院的介紹信。」「你可以請省裡再寄一份。」「省裡叫我八月一日前把人帶到，時間上來不及了。」「你可以就用這封介紹信去試試嘛。」剛才還挑剔我的介紹信不合格，現在又慫恿我用這封不合格的介紹信。他似乎急欲要擺脫我。我覺得找國務院好比進天國，所以死命抓住王副政委不放，他好像是我最後的救命稻草。「國務院大門朝哪邊開我都不知道。」我找到一條絕佳的理由。「國務院大門朝北開——在中南海北門」，不料，王副政委對國務院大門的朝向，有深入的研究。

我一時語塞，心灰意冷，只好告辭。國務院不是咱們小民隨便去的。而且，即使找到國務院，還要周恩來總理親自批，我徹底失望了。憂憂愁愁，機械地走出北京軍區，又排隊等公共汽車。那時，辦事沒有小汽車，沒有手機，全靠自己的兩隻腳。汽車進了城，又轉乘無軌電車回家。車子路過北海時，我偶然往車外一望，正巧看到中南海北門，我心中一個機伶，想：何不試它一試？於是，趕忙跳下車，往回走到中南海北門。這個大門開得很大，一邊一個大兵，院內還有一些大兵在巡邏，不時，有一隊荷槍實彈的大兵排隊出來巡行一周，可謂戒備森嚴。

我朝大門走去，突然——「站住！別動！」一個大兵命令我。「我不動，我不動。你過來。」我乖乖地站著不動，招呼那位兵哥過來。他看我真的不動了，才從站崗的地方下來。「你是幹什麼的？」「我有公事，找國務院，我這兒有介紹信，是湖南省的。」說著，我把介紹信抖開，拿在手裡。「找國務院什麼事？」大兵問。「調人去毛主席家鄉參加建設。」我的理由官冕堂皇。「這兒不是國務院，國務院在對面。」兵哥給我指了一條明路，我於是向對面走去。

在大陸，凡大機關，皆不掛牌子，有些神秘兮兮的大院子，都有編號，一般是XX路一號。如果已經有了一號，它就自編一個甲一號。馬路對面的大院子，門口也有兩個大兵。看見我走過來，一個大兵把手背過去，往牆上的暗鈴一模，隨後，一位軍官從門裡走了出來。他是有四個口袋的，所以是軍官，大兵只有兩個口袋。文革期間，軍隊取消軍銜，只能從衣服的口袋判斷是兵，是官。這位四個口袋的軍官問我何事，我又從頭講一遍。他聽後告訴我，「國務院在對面，不是我們這兒。」我覺得奇怪，但又不能不信，因為王副政委明明告訴我，國務院的大門朝北開，但這個單位的大門是朝南開的。當我再回到中南海北門，大兵仍然告訴我，國務院在對面。不得已，又回到對面，四個口袋的又應聲而出，他看我又回來了，不無詫異，聽我講了情況後，他說：「國務院確實在那邊，在中南海裡面，我們這兒是接待站——國務院接待站，專門處理一些上訪的事，你的事我們不管，是國務院管，你快點回去辦事要緊。」我見他說得誠懇，便又回到中南海北門。這次，還是那個大兵，他不理我了，我也不理他，就站在大門口，希望有個明白人出來說說。一會兒，裡面出來一個四個口袋的。我向他講述了我的事情，並且問他：「對建設毛主席家鄉，對毛主席寶像的態度，是不是『忠不忠』的問題？」我這一上綱，還真管用，他馬上顯示出他是最忠於偉大領袖毛主席的。他說：「我找個人商量商量。」

他進去找人商量，我有點得意，斜眼瞅著那個大兵，他倒一點也不在意，繼續站他的崗，他的唯一職責就是不許任何閒雜人等進去。一會兒，那位四個口袋的明白人出來了，他說：「同志，你請到接待室休息一會兒，一會兒國務院值班室有人來跟你談。」我終於平步青雲，進了中南海的大門。一會兒，國務院值班室的同志出來了，他進門就問：「你是湖南省來的同志嗎？」「我是。」我於是簡短捷說，把韶山毛主席寶像的偉大意義，這次調人的重要性以及我這兩天在北京市的遭遇都匯報了一下，最後我說：「你看，這麼簡單的事搞得這麼複雜，為了借調幾個藝術家，我跑遍了北京市所有的大單位。」「這座寶像我們知道，落成時毛主席親自有批示，在國內外都有影響，是應當支持……」他停頓了一下，話題一轉：「但是，這麼重要的事，得請示領導，而且江青同志最近有指示，藝術院校的人一個也不能動，調一個人都得經過周總理親自批准。」「那我怎麼辦?」我有些急了。「我看你先回去，等我們請示好了，直接通知你。」國務院的同志說。「我被借調出來敬修這座寶像已經一年多了，我目前連具體單位都沒有，也沒有電話，再說，省裡給我的任務是八月一號前把人帶回去，後天就八月一號了……」我還要說下去，國務院的同志截住了我：「這事不請示不行啊，你還是回去等通知吧。」「那我就在這兒等了，你們請示需要幾天，我就等幾天。我不能回去，我得完成省裡交付給我的任務。」我的態度很堅決，似乎有點撒賴，我也是接受在湖南省開介紹信時頗費周折的教訓。「那——好吧，我進去找個人商量一下，這事要請示周總理呀，不那麼簡單。」「您進去找人商量，甭管我，我就在這兒等了。」我更逮著理了，並且作出「長期抗戰」的姿態。「好吧，那你就在這兒等一會兒，不知道能不能找到人呢？」國務院的同志說著，就進去了。

我一邊等，一邊想，國務院的同志就是不一樣，你看人家，不過四十來歲，文質彬彬的，知道這件工作的重要意義，真當成一件事辦。而且也不挑剔我的介紹信不是開給他們的。我心裡又有點打鼓：這請示周總理可不是鬧著玩兒的，總理每天這麼忙，哪兒就趕巧了現在有空，可以考慮這件事呢？萬一要等個兩、三天，我還能湊合，真要請示個十天半個月，我真能在這兒泡著嗎？我吃什麼？晚上睡在哪兒？

正在我胡思亂想的時候，國務院的同志拿著我那張介紹信回來了。

我心裡一愣：糟了，看來沒希望了，才一個多鐘頭就回來了。「你的事兒解決了！還真巧，正好有一個空檔，我們請示了一下，解決了——同意調人。」國務院的同志也沒細說，到底是什麼空檔，究竟請示了誰？反正我的問題解決了，我也不去管那麼多了。「你是指名要某些人呢，還是由部隊選調？」輪到他徵求我的意見了。「其中有三個人，是建造寶像時參加了的，這次希望他們能去，其他的人，就由部隊選調吧。」說著，我在介紹信上寫上了原先去過的三個雕塑家的名字：盛揚，劉小岑，曹春生，並且寫了3—5人。國務院的同志一看，說：「三個加五個那是八個」他算數算得還蠻好，我寫的是三至五人，不知他怎麼看成三加五人了。「我要十個！」我一聽他的話，覺得有門兒，我明明寫的三至五人，他非說成是三個加五個，那我就要十個——不要十五個已經是客氣了。如果當時我寫成三乘五，他是不是會給我派十五人呢？其實他也沒錯，我說的三個人必須去，又寫了三——五人，他以為是三個加五個呢。「好，你再等一會兒，我再進去商量一下。」他說。「好，您儘管去商量，甭管我。」我怕他再生什麼變故，叫他趕快趁熱打鐵去商量。過了一會兒，他拿著那封介紹信又回來了。「你就到北京軍區去帶人吧。」他說著，把介紹信還給我。「幾個人？」我問。「你不是要十個嗎？批准了，你快去軍區調人吧！」「您也不給我開個介紹信，他們要是不承認呢？」我長了個心眼兒。「哪會呢？我們電話已經打過去了。」「王副政委還說我的介紹信不合規格呢，……」我還要說，「這次沒有問題，國務院都批准了，你快去吧，別耽誤了八月一號。」這位同志還真體貼我。「同志，那就謝謝您了！我代表韶山區謝謝您了！」在我的一連串感謝聲中，我和國務院的同志握手告別。出了中南海北門，我像個出籠的小鳥，興高采烈地直飛西山八大處。

到了北京軍區，這次沒有留難，順利地通過兩個崗哨，我又到了群工部王副政委的辦公室。雖然已經下班了，顯然，他接到了國務院的電話，專門在等我。「不簡單，不簡單！這麼多單位要調人，沒有一個辦成的。你這事不但辦成了，還這麼快。不簡單，不簡單。」「我上哪兒去調人呢？」我開門見山地問。「你先得到石家莊，到一五八四部隊，到軍部辦好手續，就能調人了。不簡單。」「是不是請您給我開個介紹信呢？」我把他教我的一套又還給他。「嗯，是得開個介紹信。」說著，他吩咐秘書進來，給我開了一張介紹信。上書：「經國務院批准，北京軍區政治部同意，特派高魯冀同志到你部緊急抽調十人支援韶山建設云云。信開好了，還蓋了個大大的北京軍區政治部的圖章，這下子全齊了，「章子」也有了。「那封省裡的介紹信你留在這兒吧。」王副政委下了命令。看來他的信不能白開，還得一換一。「那封信是開給地方的，又不是開給你們部隊的。」我把他講的話又重複一遍。「我還要用這封介紹信買車票，住旅店……」我不願把信給他，便又找出一些理由。不過，這也是實情，在大陸，離開了介紹信，寸步難行。何況我拿的是王牌介紹信，不單是「湖南省革命委員會」開的，而且還注明了是為了敬修韶山毛主席寶像。文革期間，一提韶山——紅太陽升起的地方，真是千萬顆紅心齊嚮往呢。「好吧，你留著吧——不簡單。」我不等他說第二個「不簡單」，抓起兩封介紹信，和他握了手，轉身就走。幸虧介紹信沒給他，我保留至今，成為文物。

晚上很晚回到宿舍，我每天出去十幾個小時，真的很辛苦。我發現同住的熊工把我換下來的衣服都洗了，我謝謝他，並講述了我一天的輝煌經歷，他也很為我高興，認為我幹了一件大事。我趕緊睡覺，明天還要早起，去石家莊。但是想想，我今天辦的事，既有偶然性，也有必然性。說偶然性，王副政委若不告訴我國務院大門朝北開，在中南海北門，我也不會去國務院，在國務院我若不撒賴一樣的堅持，那位同志也不會馬上找人商量商量，此事也不一定馬上辦成。說必然性，是這一切的完成，都在於我的堅持，在於我一定要辦成此事的頑強信念。

次日，已是七月三十一號了，一早我就乘火車向石家莊進發。一路上盼著：快一點，快一點，火車哐噹噹，哐噹噹的聲音，似乎在配合著我唸的經：快一點，快一點！車子好不容易到了石家莊，出站就向軍人打聽1584部隊的駐地，還挺順利，一下就打聽到了，離車站不遠。我到了部隊駐地，一個大兵在門口站崗，我上去請教：「同志，我找政治部的首長。」「你是幹什麼的，有介紹信嗎？」他用眼角斜了我一眼，一邊來回巡行。「有介紹信。」我大大咧咧地把介紹信遞過去，心想，北京軍區，你頂頭上司的介紹信，看你怎麼辦？他怎麼辦？涼拌！他卡的一下子，把介紹信咬在嘴裡了，理都不理我，叼著我的介紹信，照踱他的方步。「同志，我有要緊的事，把介紹信還給我！」我真的急了，大風大浪都闖過來了，竟在這小河溝裡翻了船。實際上，我忽略了一個事實：北京是首都，大單位比比皆是，誰也不能太神氣了；但石家莊是「小地方」，一個軍的軍部，可是非同小可。我不是軍人，居然大大咧咧地要找「政治部的首長」，怪不得「栽」在這位兵哥的手裡。不要緊，我找人管你。我攔住一位四個口袋的，說：「同志，我有重要的事要找政治部，這位小同志既不給我通報，也不還我介紹信。」「把介紹信給我。」那四個口袋的對哨兵下了命令。四個口袋的一看介紹信，眼睛都直了，這有北京軍區政治部大印的介紹信，竟被哨兵叼在嘴裡。他二話沒說，馬上到傳達室打電話。他從傳達室出來，連聲對我說：「同志，真對不起，這些新戰士不懂事！好，政治部馬上有人下來接你。」過了一會兒，有人匆匆從樓上走下來，到門口看見那位四個口袋的和我，便問「哪位同志是北京軍區政治部的？」「我就是。」我自報了身份，我怎麼又變成北京軍區的了？在國務院，我是「湖南省」的同志，在軍部，我又是「北京軍區」的，好玩。「同志，快請上樓，看我們能協助你搞些什麼？」不說「辦」，說「搞」，也是大陸的習慣。

邊說著，我們上了樓，到了一間會客室，帶我進來的軍人把我的介紹信給幾位軍人一傳閱，一剎那，大家全沉默了：這天大的事，居然找到了他們。「同志，你有什麼要求嗎？」「沒有別的要求，就是要快，省裡給我的指示是八月一日前把人帶到。」沉默的氣氛，使我也沾染上一些莫名其妙的「事態嚴重」感。聽我講完這話後，幾位仁兄也不打話，馬上分頭行動，有的寫介紹信，有的打電話——軍用電話很多都是手柄搖的，不知什麼道理，這種老古董早就應當進博物館了。緊張而嚴肅地忙了好一會兒，下樓帶我的同志發話了：「同志，事情全辦妥了，你不必去邯鄲了——師部在邯鄲——師部已正式下達了命令。你直接去團部帶人吧，團部在磁縣。您還有什麼要求嗎？」「沒有，沒有，我這就動身去磁縣。」我接過他給我開好的軍部的介紹信，就上路了。

到石家莊車站買票時，其實我不用買票，只是簽票，出了點小差錯，我心情一輕鬆，就跟賣票的開了點小玩笑。他說「為人民服務！」「紀念白求恩」我回答的驢唇不對馬嘴。其實，我也有我的道理：你說了一個老三篇的名稱，我為什麼不能說另一個老三篇的名稱？這位仁兄倒還算客氣，他說：「同志，我說『為人民服務』，你就得回答『完全，徹底』。你再試一遍，你這是碰上了我，要是碰上別人，非拉你進學習班不行。」我時間金貴，沒功夫陪他們玩「學習班」的把戲，趕緊按規定重複一遍「完全，徹底」，才安全過關，拿到去磁縣的車票。

磁縣是河北省最南邊的一個縣，後來據那些美院的教授們說，他們經常揹著糞筐撿糞，撿著撿著，就撿到河南省了。我乘坐的火車是直通快車，磁縣是河北省最後一個站。當我到達磁縣車站時，已經是深夜11點半了，一下火車，我傻了眼，據說團部離車站四十里，這黑燈瞎火的，我上哪兒找去？團部的編號是1591部隊，我就問一位剛下車的兵哥，他也不得要領。

不能在車站泡著，我便把我的兩個手提袋用手帕一紮，兩個手提袋一前一後搭在了肩上。臨出站時，看到兩位兵哥站在門口，專找兵哥問話，他們耳語一陣，對方總是搖搖頭。輪到我出站了，我靈機一動，想，何不問問他們？「同志，1591部隊怎麼走？」「同志，你是從哪兒來的？」兵哥不回答，卻反問我。「我是1584部隊來的。」我說。「是石家莊嗎？」他還有點不放心。「是石家莊。」我回答得很肯定。「同志，您貴姓？」他突然冒出這樣一句話來，我猛然覺得黑暗中有了希望，便連忙說：「我姓高。」「首長，我們接你來了！」說著，兩個人啪地一聲，給我行了個禮。「我不是首長，不是首長……」我忙亂地嘟囔著。「首長，請上路吧。」看來，我這個首長是當定了。說著，其中一個高個子把手一伸，示意讓我上路。我剛要去揹行李，他已搶先把我的行李揹起來了。於是，一位兵哥在前面開路，我走在中間，另一位兵哥扛著我的行李殿後。長這麼大，我還沒有如此榮耀過。「你們怎麼知道我是乘這趟車來的呢？」我發出了疑問。據兵哥說，團部下午四點半就接到了師部的命令，說軍部有一位首長要來，但也沒說明是軍人還是老百姓，也沒說明乘哪趟車。所以團部立刻命令他們二人來接車，他們在車站已經等了五、六個小時了。「這是今天到達磁縣的最後一班車，如果接不到首長，我們沒完成任務，只好回去了。」高個子兵解釋道。

我聽了後，心中非常感動，一路走著，便給他們講述全世界人民熱愛毛主席的小故事。這些小故事，是我在韶山聽來的，我幾乎都能背誦，因為這是我到各單位去聯繫工作的法寶。走在路上，突然下起雨來，我正慌張，突然背後被披上了雨衣，兵哥們是有備而來。四十里路不知不覺就走完了。

到了團部，已經是八月一號拂曉了，值班參謀叫我站在一塊大石頭上，親自給我打水沖沾滿了泥的雙腳，然後安排我睡下。我在朦朧中，被人推醒，說是團政治部主任來看我。主任是位很和氣的胖子，沒穿軍服，只穿了件白襯衫，綠軍褲。他向我道歉，說師部的電話沒講清楚來的首長是軍人還是老百姓，又說，因為下雨，道路泥濘，小車開不出去，害我走了這麼久。最後問我有什麼要求，我沒有別的要求，只有兩個字：「要快！」我說，韶山區革委會給我的任務是八月一號要把人帶到，今天已經是八月一號了，刻不容緩。主任說，部隊代管這些美術學院的教師在搞運動，抓「5・16」份子，不過他可以馬上下命令審查檔案，今天就把人帶走。

主任走後，我一人在村子裡漫步，那些美術學院的教師們剛下早工，有人在洗漱，有人在休息。我走到一片大麻田旁，恰好看見我的好朋友黃永玉先生坐在那裡，手裡捧個煙斗，正在抽煙。我也不講話，挨著他蹲了下來。「你看，這些大麻的葉子多好看！」他頭也不抬地對我說。是啊，那些大麻的葉子都有幾個尖尖的角，在陽光下，似乎半透明的，綠茵茵地，充滿了生機。聽了這話，我鼻子突然一酸，幾乎滴下淚來。黃先生真是不可救藥了！在農村，物質這麼匱乏，精神這麼苦悶，他竟然還有心情欣賞這些大麻葉子。「是啊，這些大麻葉子真好看！」我隨聲附和道。「嗯？……哈，小高，你怎麼來了？！」黃先生聽出聲音不對，抬頭一看竟是我，不禁驚喜交加。我簡單地告訴他事情的來龍去脈。我們聊了一會兒，他們的休息結束了，我趕緊與他告辭，勸他多多保重，好自為之。

這幫藝術家們，在農村勞動，被大兵們管得好不悽慘。事後聽說，他們的苦吃得多了。例如，下工後，累了一天，正在洗洗身子，突然一聲哨子響——緊急集合，大家不得不穿戴整齊，連風紀扣都要扣好，齊步走，直走了二十多里，到了農村一處場院裡，就地——坐下！原來是看電影。文革期間的電影，除了紀錄片，就是「地雷戰」、「地道戰」，可能都看了八百遍了，但這是命令。看電影不是享受，而成了負擔。因為看完電影，還得步行二十多里路回去，第二天早上照舊得五點鐘起床下田。

黃先生還告訴我，他們睡的屋裡，沒有後窗戶，人挨人地躺在一起，從傍晚起，溫度就一直上升，熱到人不能忍受，出來涼快後，甚至沒有勇氣回去睡覺。而回去，也找不到自己睡的地方了，因為人都擠上了。他又說，每逢起身，被單上就有一個濕淋淋的身影，甚至可以看出是某人的影像。更重要的是思想上的壓力，誰也不知道何時會被當作「5・16」份子揪出來。實際上，「5・16」份子根本就不存在，但如果領導需要你當「5・16」份子，你無論如何也跑不掉。他們在農村三年多，黃先生在他的一篇文章裡曾寫到：「到第三年後半期有些鬆動了，說可以畫點畫，但畫老鄉，要在五十米以外。我這個人不嚴肅，聽到什麼有趣的話總想笑它一下，於是排長找我去了。『你昨天說了什麼怪話？』你說過：『毛主席教我們接近勞動人民，而連部要我們和勞動人民距離五十米』——說過沒有？』我連忙回答：『這哪是我說的？是毛主席說的。後頭的話是連領導說的，也不是我說的。」黃先生還曾親口給我講述過這一段，真笑死人。

這天正是「八一建軍節」，美院的教師們奉命慶祝，殺了一口豬，中午會餐，我當然順理成章地參加了會餐。我要交錢，部隊同志說，「算了吧！」我說：「解放軍不拿群眾一針一線，我怎麼可以不交飯錢？」部隊同志看我如此「古板」，只好把司務長找來，交了半斤糧票，一角五分錢。所謂會餐，也不過炒了大鍋的肉片，很多大肥肉，每人拿一個搪磁茶缸子去盛，由分菜的給你舀上一大勺。我在部隊同志陪同下去領菜時，很多熟人看到我來了，都很詫異。膽子大一點的，跟我打一聲招呼，膽子小一點的，或自覺政治上有問題的，只用眼色示意，算是打招呼。因為我曾被稱為「美術界的名票友」，在美院的朋友相當多，但在此種場合，我僅禮節性地與熟人點點頭，打打招呼，至於我為什麼來此，則閉口不談——天機不可洩漏。

飯後，美院的一些教師得到通知，到連部開會，他們也不知是凶是吉，反正是福不是禍，是禍躲不過。有些人到連部一看到我在，心裡就有數了。也有不太認識我的，或想像力沒那麼豐富的，心裡不免揣了個悶葫蘆。開會了，先唸最高指示，然後由團部領導宣布命令：據國務院批准，北京軍區政治部同意，特緊急抽調美院十位教師，到紅太陽升起的地方，去敬修毛主席寶像。這個命令一宣佈，到場的十個美院的同志都傻了，他們不相信自己竟有這樣的好運，但也不敢喜形於色，只好以感激的目光瞟我一眼。這次韶山之行，不僅僅是出了牢籠，而且政治上是脫了嫌疑了，所以這十個人的喜悅不是筆墨可以形容的。然後宣布散會，各人回去整理行李，一小時後再在團部集合，隨我出發。我一看那十個人，便問：「怎麼沒有劉煥章？」他是黃永玉的親戚，我也認識他。團部的人說，「我問你要不要翻石膏的，你說不要。」這真是誤會了，他把劉煥章認為是「翻石膏」的了。

這個消息猶如一枚春雷，在美院下放的教職員工中引起極大的震動。據說雕塑界元老劉開渠先生當時曾傷心地說：「我們這些人老了，不中用了。」因為派出的十個人都是中青年。事後，我曾深深地感到後悔，因為我完全可以用「首長」的身份，發號施令，點名要某某人去，這樣，我就可以把劉開渠、黃永玉等我所敬重的朋友帶到韶山去，起碼他們可以獲得暫時的解脫。唉！都怪我太老實，怎麼在這個關鍵的時候成了七竅通了六竅——一竅不通。

十個人的隊伍很快地集合好了，我曾經宣布，只帶生活用品和洗換的衣服，鋪蓋臉盆等一律不帶，因為到了韶山要住招待所，什麼都有。團部的同志送我們到村口，我們步行到了車站。在等火車時，由領隊的盛陽同志唸了我帶去的全部文件，其中當然包括那封湖南省革命委員會的介紹信，大家了解了此行的重大意義，心裡就更高興了。上了火車後，我要去找車長要臥舖，被同志們勸阻：坐上火車已經很好了，臥舖就太奢侈了。我倒來勁兒了，把手一舉，說了聲「臥舖！」，就去與車長交涉，講明我們一行去韶山的偉大意義，列車長也特別開恩，馬上給我們開了臥舖。車到河南安陽車站時，我利用車子停靠的短暫時間，衝出車站，到郵電局給韶山區革委會發了一通電報，告知我帶的人將何時抵達韶山。當我們的火車抵達韶山車站時，韶山區革委會的代表，韶山毛主席舊居陳列館的金館長已經在車站等候我們了。

我1980年到美國後，與作家江南有過一段頗為密切的交往，有一次，我對他講述了文革期間這段相當奇特的經歷，他聽後大笑不止，囑我一定把它寫出來，他並且思索良久，為我的文章起了名字「調人記」。文章寫出來了，江南兄卻被國民黨殘酷地槍殺。不過，幸好我寫了出來，二十五年後，我寫我的回憶錄時，才有本可依。

39｜修整塑像

從河北省磁縣調去的十個美院的雕塑家，發揮了很大的作用。我可引述區革委會給省裡的報告說明此點。報告說：「大家一致認為：塑像所處地域及環境規劃都很理想，塑像面部形象刻畫生動，整體也很雄偉，剛健。但是，由於塑像敬建的時間比較短促，缺乏推敲，局部存在著一些缺點。例如，腿、臂過粗；手、腳過大，身材比例稍欠適中等等……。主要修該方面是：（1）降低了塑像的腳面和腳底台座，提高了塑像的絕對高度；（2）把過於粗大的手，腳，兩臂和兩腿修改適當，如原先伸出的右手超過了頭部大小，而正常比例為手相當於面部。經過修改，調整了比例關係，相應地使塑像身材更趨高大。（3）修改了兩腳的內，外側輪廓。糾正了大腿與小腿的連結關係，使兩腿更加挺拔，堅定。（4）適當降低了挺得過高的胸部，明確了胸部與腹部的關係，解決了原先缺乏運動變化的問題。（5）重做了叉腰的左手，使之符合手的結構關係，和叉腰的運動關係。（6）在後腰上加了一條衣紋，以克服腰細而平扁的缺點。（7）整理了袖子，褲子和胸前的衣紋，加強了運動感，使之更加生動，自然。」

「所有這些修改，都是在原塑像的基礎上和工程允許的範圍內進行的。除右膝，左手及後腰衣紋為添加塑造以外，其餘部位一律以斧鑿，削減為主。因工程質量及原塑像基礎條件所限制，有些缺點只能相應的解決，而不能根本克服，如右臂過長，衣袍不夠寬大等。」

「在修正藝術形象的過程中，對原塑像工程中存在的問題也進行了相應處理。原塑像施工時，左胸，腹部有較多的蜂窩，麻面，這些部分最容易積水，是塑像容易風化的內因。這次敬修中，凡遇到蜂窩部分，都進行了鑿除，並採取壓力灌漿，及水泥補強的辦法進行處理，消除了隱患。」

「因氧化鋁塗層有較大的空隙率，滲透性可能較差，硅酸鹽所的同志們經過大量的試驗工作，最後提出先用等離子噴塗純鋁粉，再噴氧化鋁的辦法，因為純鋁粉的孔隙率很低，所以鋁——氧化鋁塗層比單純的氧化鋁塗層的孔隙率大大降低，從原先的25%左右降至2. 3%。且該塗層與混凝土的結合也很好，強度值為58. 7公斤／平方厘米」

在塑像表面成功地噴塗氧化鋁後，又噴塗了有機防護膜306F塗料，塑像的敬修就得以完成。此次敬修，上海硅酸鹽所的設備裝滿了30噸車皮整整一車。但此車在運輸過程中消失了，最後我一站一站地打鐵路電話，終於在一個小站找到，通知他們緊急運到韶山。為了施工，從湖南的大廠子借了132個壓縮氣的鋼瓶。有一天下午，我和嚴東升在塑像工地，有一個大卡車來拉空鋼瓶，我問他拉去哪兒，他說拉到衡陽，問我們要不要去，我們兩人都要去，居然去了趟衡陽。其實我在建塑像期間，也來過衡陽，因為有一所大學邀我來指導建立毛主席塑像，我這是第二次到衡陽。在衡陽住了一晚，次日回到韶山，對於我們的夜不歸，倒也沒引起多少注意。老嚴雖還沒「解放」但他的群眾關係好，大家對他都很寬容。

科學家們和藝術家們合作得很協調，也很愉快。大家一起工作，一起玩耍，游泳，打牌，畫像，走路……記得有一次出去到什麼地方，看到有殺豬的，血淋淋的豬肉掛在那裡賣，我們叫他切了一塊豬肝，當場炒了，那叫鮮，那叫好吃。後來回到各自單位，這些人彼此還有聯繫，成為一生的好朋友。

美術學院的教師們修完了塑像，他們真做了不少工作。回磁縣前，我們大家到了南嶽衡山去玩，那時也沒開展旅遊，大卡車開到了半山腰，什麼也沒看到。我還爭取他們回去前，繞道去了井岡山，既是看看紅色根據地，也是旅遊。他們都很滿意。

塑像敬修完了，效果如何，不知道，上海硅酸鹽所甚至有人自己說，硅酸鹽所在韶山「拆了一個大爛污」。多年過去了，我一直打聽不到塑像的消息，甚至湖南的新聞記者都不知道。後來，攝影家成文軍提供了確切的消息，歷經四十年，塑像完好如初。2010年5月8日，我們當年敬修寶像的一幫人在北京聚會，慶祝四十年前的工作卓有成效。參加人有嚴東升，他曾是中國科學院的黨組書記，第一副院長；盛陽，原中央美術學院黨委書記；美院的錢紹武，是位大藝術家，雕塑家，書法家，畫家；美院還有史超雄，曹春生。以及我和上海硅酸鹽所的倪祥龍。另外還有成文軍，他還為我們特製了大型紀念卡，上面有我當年的介紹信，我提供的塑像的明信片，他拍攝的兩張塑像的照片。

上海有色金屬研究所加工的毛主席詩詞牌，也花費了很多心血，如期完工了。等把所有的人都送走後，我也要離開了。我跟韶山領導說了，先去井岡山，然後經過上海回北京，他們欣然同意。我到上海，要看我的女兒，她是1970年7月18日在上海出生的。

我設計芒果盒及彩色石子黏貼的毛主席像。

在韶山毛主席舊居前。

第八章

鑽研進修

「那美好的仗我已經打過了。」

（提摩太後書四章七節）

世界原是一個極大的戰場，其中充滿了各種不同的戰爭。人們都是戰士：有的為功名爭戰，有的為金錢爭戰，有的為生計爭戰，有的為美色爭戰，有的為主義爭戰，有的為幸福爭戰……保羅也是戰士之一，他說，「那美好的仗我已打過了。」打仗還有美好的嗎？是的。保羅的戰爭不是為自己，是為著天主之榮耀，為著人們的靈魂。保羅的戰爭是絕對勝利的戰爭，因為他不憑自己的力量，乃憑基督得勝。戰爭過後，神賜他應得的獎賞，而且這賞賜是永存的。

我在韶山修完塑像後，回到北京，最後請我做毛主席像的是懷柔縣革命委員會，那時我太太正帶著女兒來北京探親，他們連我太太一起接到懷柔縣。那次做塑像，是從頭做起，有一個石膏像，先要翻模子，然後再灌水泥，我請了美院的劉小岑老師等幫忙，我們一起把塑像做好了。有一張照片留念，背後寫著懷柔縣革委會，還蓋了公章。那是最後一次幫人家做毛主席塑像。後來總結了一下，我參與建造的塑像，共有38座之多。曾經有一次還列出都在某地某時做的，為了請公司開具證明。後來這張紙丟掉了。

40｜兩個女兒

我的兩個女兒，一個是1970年7月18日出生，一個是1973年5月30日出生，兩人相差3歲。後來妻又懷孕了，因為沒有出生指標，硬是人工流產流掉了，妄殺了一個小生命。我們家的生日很有意思，妻是3月18日，我是5月18日，大女兒是7月18日。都是18，而且相差兩個月，只有小女兒的生日是5月30日。在她兩歲時，畫家黃永玉用普通的鋼筆給她畫了幅肖像，因文革期間，上面不敢簽名，只寫了日期，是1975年1月18日，二女兒說，我終於也有了18了。還不止如此，2011年我去北京看黃永玉先生，我二女兒叫我把那張畫像帶去，請黃伯伯簽個名。我帶到了北京，黃先生不僅簽了名，還寫了很長一段話，也寫了那天的日期，也真奇怪，竟然是9月18日！所以，二女兒的畫像上，有1月18和9月18，兩個18。

大女兒的名字叫高潔，是二姊夫起的，他說，這是駱賓王的詩：「無人信高潔，為誰表予心。」我認為很好，就叫高潔。二女兒的名字，是黃永玉先生起的，他說，楚辭賦的第一句是：「帝高陽之苗裔兮」小時候叫陽陽，大了叫高陽，名字也很響亮。

大女兒生下後，妻把她帶到了西安。妻下放當工人，要三班倒，早班，中班，晚班，分別是：早班早上6點到2點；中班2點到10點，晚班10點到6點。每班八小時，每星期一換。但是大人三班倒，孩子不能跟著三班倒，所以，不僅妻休息不好，女兒也發育不好。那時，西安物資匱乏，我每次去西安探親，都要揹很重的東西，大部分是食品。我的背包請人幫我上肩，揹上就不能放下，否則還得請人幫忙。但是到西安後，我發現，女兒一歲多了，也不長牙。那時候，我二姊第一個生孩子，生的男孩子全家人都喜歡。但母親發話了，說以後，誰的孩子她也不帶了，因為家裡沒地方，她精力也不足。妻的同事都說，妻臉上的肉都跑到女兒臉上了。但我看到，女兒身體也不好，就不聽母親的話，執意要把女兒抱回天津，由父母親養育。女兒那時還不會講話，但我去後，一天之內，她竟然學會了走路。我帶她去動物園，正好看到一個小孩靠猴子的鐵籠太近了，猴子竟伸出手來，抓住小孩的衣服，家長很緊張，費了很大的勁，才叫猴子放手。女兒因此印象深刻，會表演猴子捉小孩。我一問，「猴子怎麼捉小孩？」她就用雙手揪起自己的小衣服，很好笑。女兒從小眼睛大大的，長得很漂亮，是我們的寶貝。

妻為了我們父女倆上路，做了很多精心的準備，給我們帶了孩子吃的東西和牛奶，帶了尿布，給孩子織了一件花色繁複的大紅毛衣，還織了一頂新疆式的小帽子。我抱著寶貝，又揹了背包，就上路了，我坐上了去車站的公車，看著妻落漠地一個人走回去，頭也沒回。離開自己從小帶的孩子，妻心裡一定很不是滋味。在火車上，女兒穿著大紅毛衣，戴新疆小帽兒，像個外國娃娃，很招人喜愛。女兒成了明星，誰看見都說「這小姑娘真叫人疼愛，這麼好看！」車到天津，很晚了，公共汽車也沒有了，我只好抱著女兒，揹著包，走回家。一位同車的旅客，硬是要幫忙，我抱著孩子，他替我揹著行李，走到了家。我把女兒往我媽懷裡一送，她緊緊地抱著自己的孫女，說：「不走了，到家了。」親得很。次日，請鄰居兒童醫院的周主任給檢查了一下，周主任說，孩子肝大，脾大，軟骨，要加強營養，多曬太陽。從此，我父親每天推著小車，帶我女兒去小花園曬太陽，祖孫倆都曬得像黑炭似的，為了治病，還把她的頭髮都剃光了。在爺爺，奶奶精心調養下，女兒很快恢復了健康，長得很好。有一次我從北京回來，走到胡同口，我媽正抱著女兒，那時女兒還不會講話，她看見我，一直盯著看，還不停地笑，把我媽喜歡的，說：「倒是自己的親人，對她爸不停地笑，真是奇了怪了！」

大女兒從小就聰慧可人，可以說是人見人愛，很多人誇她：「這小孩長這麼大的眼睛」。那時，我們想把妻的工作換到天津，正好天津第二毛紡織廠（二毛）有人要回西安。是我們在街上的電線桿子上張貼了小廣告，說工作調換，有人看見，居然與我們聯絡，願意換，但此事也辦了很多年。二毛離我家很近，走去也就五分鐘。有一天，我母親，我妻子還有女兒等路過二毛，母親對我女兒說，「將來你媽媽就來這個廠子，你能來嗎？」出乎意料，女兒回答：「不能，因為我沒有戶口。」母親再問：「那你的戶口呢？」我女兒答：「在我媽的口袋裡。」大人們都驚奇不已，誰教她的呢？才兩歲多的孩子，就是平日大人說話，她聽進去了。那時，只有工人可以一換一，但小孩不包括， 戶口放在媽媽的口袋裡，稱之為「口袋戶口」。

後來，二女兒出生了，我印象最深的是，她穿一件中式小棉襖，頭戴一頂毛線帽子，衣服，帽子都是妻親手所製，小得像個球，在地上滾來滾去，真好玩。大女兒從小跟著奶奶，奶奶好疼她，捧在手心裡養著。後來，妻調到北京，二女兒跟著，大女兒還在天津。二女兒從小也聰明，功課很好。只記得有一次我教她數學，她答不出，我打了她，腦袋上打一下，頭撞到了櫃門上，她哭了，我心裡好難過，第二天還難過，打孩子，自己比孩子還難過，從此，我再也沒打過孩子。奇怪的是，打了女兒，她還找你，真是親情啊。

後來我出了國，二女兒要考中學，她要報重點中學，老師說，重點中學考不上，就大撥兒轟了，意思是重點考不上，一般的學校也上不了好一點的了。她執意要考，還考上了。她到美國後，開始英文都不行，在市立大學唸了兩年，竟被柏克萊加州大學錄取，這是加州乃至全國最好的公立大學，當時的校長是中國人田長霖，真令人高興。

二女兒高陽在10歲時，寫了一篇作文，那時我已經出國四年了。她是這樣寫的，題目是「當我和爸爸在一起的時候」，文章說：「媽媽，快來看，你快來看呀！」我像發現了新大陸似的興奮地叫著。在我家日曆最後一篇彩畫上，有花花綠綠各種兒童書籍的封面，我一眼看到了印在最左邊的「青銅寶劍」的封皮。啊！那是我爸爸寫的小人書呀！還被評為全國二等獎呢！我樂得手舞足蹈，當即拿著日曆指著爸爸的作品，照了張相，給遠在太平洋彼岸的爸爸寄去。我爸爸是搞工程專業的，但他興趣廣泛，業餘時間不僅要寫論文，還要進行文學創作。提起寫作，我和爸爸還有一段小小的經歷哩。那是在我剛上小學的時候，媽媽到外地出差去了。臨走前，她千叮嚀，萬囑咐，讓我好好聽爸爸的話，多幫他幹些家務，讓爸爸多照顧我點兒……，嘮嘮叨叨沒個完。我和爸爸都不耐煩地說：「哎呀！行啦，你就放心地走吧！」

媽媽終於走了。當天晚上，爸爸說，今天的晚飯他要給我露一手。好不容易待到開晚飯，一看，是醬油麵。我從沒吃過這玩意兒，一時覺得新鮮，呼呼吃了兩大碗。「怎麼樣，味道不錯吧？」「是不錯。」打這以後，晚飯除了麵條還是麵條。天天和醬油麵打交道，面面呼呼，清清淡淡。就好像在吃水和麵一樣，一點味道都沒有。真叫人煩死了，吃一頓飯簡直像吃藥一樣難，硬吞下去。

吃完飯，爸爸也不跟我玩，總打發我自己到一邊看早已翻爛了的小人書，玩玩舊玩具。他則總是坐在桌前皺著眉，自己悶頭刷刷寫個不停。這種生活真沒意思，我深為不滿，於是我多次要求爸爸給我改善改善生活，譬如，食品變點花樣，陪我有空玩玩等。爸爸不理我，總是說：「我沒空，自己好好玩啊！」最後氣得我捂住他寫的東西或把他的鋼筆抽掉，叫他無法工作。爸爸無可奈何，說：「哎，你這孩子真能磨人，真拿你沒有辦法。」他終於經不住我的軟磨硬泡，被征服了。我高興地蹦跳著，拍著小手嚷嚷說：「我勝利嘍，我勝利嘍。」第二天，爸爸帶我來到隆福寺，給我買了三塊豆沙年糕。我覺得此時的爸爸就是和平時的爸爸不同，就是比平時的爸爸好。

從那以後，爸爸注意到自己在生活問題上的不足，就經常幫我復習功課，教我畫畫。我們的伙食也有改善。我被從枯燥乏味的生活中解脫出來。然而，由於媽媽外出，生活上的變動，爸爸顯得更忙了。好幾次，當我半夜醒來時，總看到檯燈還在放射著一絲柔和的光。爸爸在燈下孜孜不倦地寫著，工作著。每當這時候，我只覺得眼睛發澀，不忍再看下去，趕緊躺下，重新進入夢鄉。爸爸每天如此，工作到半夜三點多才熄燈休息。我想，如果我當時不給他搗亂，多體諒他，他會寫出更多的東西來的。

這些美好的往事真使我留戀啊！和親人分別整整四年了，相距這麼遙遠，只能長年累月靠魚雁傳書來聯繫。這時，我才感到了童年和爸爸度過的歲月是何等的寶貴。

今天看這篇童言童語的作文，我深深感到慚愧，我當時應當把孩子的需要當成第一位的，其次才是自己的工作。因為孩子只有一個童年，而工作是永遠做不完的。而且我出國十一年後，家庭才團聚，在孩子最需要父愛的時候，我都不在她們身邊，真是感到慚愧。也是我對孩子的愧疚。

41｜下放勞動

我回到公司，一直下放勞動，當時的大氣候如此，知識份子不受重用，尤其我又不服管，間或頂撞領導，更使我被加重了刑罰。我在公司，從未講過我曾經有過的輝煌，我自己也不認為這是什麼了不起的大事，不過叫我趕上了。我在建國門外工地下放勞動，當時叫我管打試塊，就是在澆灌混凝土時，要同時做一些試塊，到一個月後，把試塊送到公司的試驗室去做強度實驗，以便知道混凝土的強度。這工作本是工人的工作，我做實在是大材小用。那時的建外工地包括友誼商店，外交公寓和國際俱樂部，由北京市副市長萬里親自主持。我每次把試塊送到公司，都是自己蹬著三輪車送去，從建國門外騎到右安門，大約要一個多小時。有一次公司的經理騎車去公司，剛好我也蹬三輪車去公司，他問我，「怎麼還在下放?」我說，「我也不清楚，沒人調我幹本行，我只好蹬三輪。」後來過了好久，才把我調到公司技術科，但科長是個不懂技術的大老粗，日子也不好過。公司黨委徐書記很看重我，有一次在建外工地調研，他吩咐技術科長寫一份調查報告，我寫一份。在黨委擴大會上，先唸科長的一份，我寫的幾乎沒有機會讀，在最後時刻，說這裡還有一份，大家聽聽吧，結果大家一聽，我的一份有事實，有分析，有問題，有解決辦法，大家一致同意我寫的，最後作為上報市裡的報告。科長很沒面子，對我懷恨在心。後來，黨委書記因為文化大革命，鬥走資派，被整，患憂鬱症，上吊自殺了。我不但不避嫌，還高調地悼念他，買了鮮花送到他家裡，引起很多人的嫉恨，所以我的日子不好過。

我又被下放到一個煤氣罐工地勞動，為期三個月。由一位公司黨委常委帶隊。當時罐裝煤氣是緊缺物資，經過談判，凡參加建設的工人和幹部，每人可分到一套煤氣罐，這可是天大的好事，因為煤氣罐可以換到任何奇缺商品。我們興高采烈地登了記，但第一批煤氣罐發下來，多數百姓都沒拿到，反倒是沒在工地勞動的公司官員們，為自己的親屬搞到多套。工地上的工人，幹部非常氣憤，可用群情激昂來形容。工地領導開始鎮壓，說是「階級鬥爭新動向」。我忍不住了，氣憤地說：「什麼階級鬥爭新動向，明明是只許州官放火，不許百姓點燈！」此話被匯報上去，帶隊的常委找我談話，並說我是單身職工，無權得到煤氣罐。我問他，分到煤氣罐要什麼條件？他說，要北京有家，有正式戶口的。我雖在京是單身，住在公司集體宿舍，但我有一間10平米的小房子，我的戶口遷了過去，我有自己的戶口本，糧食本，副食本等等。次日，我把這些証件往那位常委面前一放，說：「我是不是夠條件？」他又強詞奪理，說：「這煤氣罐是照顧雙職工的。」我說：「當初明明說好的，凡在工地勞動的工人，幹部人人有份，現在你又不講道理，那些沒在工地勞動的主任，副主任的三姑六婆，二姨小舅子，你都調查過沒有？」這位常委腦羞成怒，但當著大家的面，也不好發作。

剛巧此時北京市需要各企業派出一部分幹部，下放農村領導下鄉知識青年。公司領導宣布我被下放農村。剛剛結束三個月的工地勞動，又被光榮下放農村，這不是誠心整我嗎！那位常委還特意與我談話，說這是領導對我的培養，我與他大吵一通，雖然大家心裡同情我，知道那位常委給我穿小鞋，但是都敢怒而不敢言。有好心人勸我：「小高，你這事大家都有看法，但是胳膊扭不過大腿，你還得去。」我反問：「我要是不去呢？」他說：「這堂堂萬人大公司，想整你這個小幹部還不容易？」我還天真地問：「有什麼方法？」「方法太多了，怕你招架不了：「記過，停職，停薪，開除，送交公安機關勞改……」「天啊，我沒活路了！」

我去老朋友畫家黃永玉家裡，正好他有些朋友在，我述說了我的委屈，其中一位朋友表示意見：「你是技術幹部，為什麼要到農村去，你就是不去，看他們怎麼辦？」黃先生只叫我好好考慮一下，不要感情用事，因為於事無補。他建議，如果我對中國農村不了解，這倒正是好機會。我認真考慮的結果，覺得我對農村毫無了解，正好下鄉去補補課，再者，我們下去的一項重要任務是領導知識青年，我弟弟曾下放內蒙古多年，受的苦不是筆墨可形容的，我暗懷希望：我們下去後，如果能為像我弟弟，妹妹一樣的知青們做一點事，也就不枉此行了。主意打定，我馬上到幹部科報到，我願乖乖地去農村。

42 | 下放農村

我們下放到了北京市朝陽區的十八里店公社，我和老王，老周被分配在「新生大隊」，是當地最窮的一個大隊。叫我們住原來工作隊住的房。是一棟獨立的土房，茅草屋頂，面臨一片水窪，地勢很低，房子是一明兩暗。據原來工作隊的講，冬天還好，一到夏天，水窪漲水，房基都泡在水裡，潮濕得要命。這樣的房子怎麼住呢？我靈機一動，想，我們是蓋房子的，何不自己想辦法改善呢？我向老王提出來，可以在搬家前，把房間的地面打上水泥，老王是黨員，也是我們的組長。他聽了一愣，說：「你乾脆把公司大樓搬來不好嗎？」我耐心地向他解釋，我們在附近就有工地，要上幾包水泥，從大隊要上幾車沙子，問題就解決了。屋裡原先有一個土炕，我們把它拆掉，完全抹成水泥地面，又乾淨，夏天還不潮濕。老王心動了，問我這事該怎麼辦？我說，「你給我寫個條子，我拿到公司幹部科叫他們批一下，然後到工地要水泥就成了」。老王果然給我寫了條子，我拿到公司一批，然後到附近的工地找主任，正好，主任是我的老上級，很給面子，他大方得很，說，「只要是工地上有的，你願意要什麼，只管拿吧。」我高興地給老王打電話，請他們二位快到工地上來，我們三個人用自行車把水泥馱回去。在我的技術指導下，房間的水泥地面很快打好了。

有了成功的經驗，我得寸進尺，向老王提出，我們何不蓋個小廚房？老王這次沒有先反對，但他說，「蓋一間房子，問題就大了，需要多少磚，屋頂用什麼材料，門窗怎麼解決？」他最後的結論是「土木不可輕動。」我竄騰他說，「你就管寫條子，我去碰碰運氣，試試看。」他願意叫我一試。我又拿著雞毛當令箭，如此這般地找到工地主任，他看到有幹部科的批示，樂得做個順水人情，叫我要什麼，自己挑。

我也不難為他，找了些舊的磚瓦，現成的舊門窗，木料和油氈，不僅請他派車給我們送去，還得搭上兩個工人。因為我們幹活兒是二把刀，指導別人行，自己幹「勿來賽」，所以請主任好事做到底。反正當時的生產就是那麼回事，沒有定額，少兩個工人對一個工地根本無所謂。他當即抽調了兩個工人，隨我回去，說是幹部科有批示，去支援下鄉幹部。

我們盡自己的可能，好好招待了那兩個工人，又是煙，又是茶，請食堂的大嫂包的餃子，這間小廚房當天就竣工了，說來也可憐，裡邊只有放一只爐子的地方，太小了。但此事卻在當地引起轟動，不斷有人前來參觀，說還是建築公司的有辦法，那幾位老工作隊員都是教書的，他們只能忍著。其實，光是建築公司的不行，還得你能動腦筋，想辦法，自己去爭取才行。

安頓下來後，對當地的情況有了些了解，這裡是菜農，應當是很富裕的，但卻窮得滴浬嗗朗的，原因很清楚，錢都被貪污了。大隊的生產隊長們走馬燈似的換，但生產總搞不好。每位隊長一上台，便開始向建設銀行借錢，因為利息是由生產隊支付的，他們借了錢，就擁為己有，自己蓋房，置物。於是上行下效，普通社員也紛紛借錢。到年終，大筆錢要還給銀行，所剩供分配的寥寥無幾。蔬菜是講究節令的，例如番茄（北京人叫西紅柿），黃瓜，剛上市時可賣到幾毛錢一斤，但是到大量上市時，一毛錢可以買一大堆，足有十幾斤。因為當時缺乏冷藏設備，蔬菜上市後，立即得銷售掉，否則就會腐爛變質。比較富裕的大隊，可以設塑料大棚育秧，蔬菜成熟期就提前，上市早，收益就高很多。新生大隊沒錢，往往蔬菜都大批上市了，他們生產的蔬菜才下來，根本賣不上好價錢。富裕大隊有錢可以打機井，購汽車，生產越搞越好。新生大隊沒錢，只好乾瞪眼兒。並不是國家不支持他們，全大隊欠銀行的錢達好幾十萬，但是並沒有用來發展生產，所以越來越窮。他們一天的工分才一毛三分錢。三天的工分，才夠買一盒前門煙。

農村的活兒計，沒有什麼太輕省的，露天作業，時間很長，有時要彎腰幹一天。為了打發時光，在繁重的勞動中可得片刻的歡娛，他們開很粗俗的玩笑。有一次我們蹲在地上移植菜秧，蹲久了，腿很疼。一位娘們兒感嘆地說：「嗨，真想找地方坐會兒。」一個小夥子接上了話喳兒，「往哪兒坐？」娘們兒也不示弱，說：「往哪兒坐？你把卵子挺直了，我也敢往上坐。」社員們開懷大笑。小輩兒的還經常把長輩兒的娘們兒，拉出去驗一驗，一邊還評論，說的話令人臉紅，都學不出。當地的風俗，夏天，男人，女人都光著膀子，女人只要結了婚，都可以光膀子，女人兩個大奶子嘟嚕著，一點也不避人，不知此風俗從何而出？

43｜運磚記

新生大隊第四生產隊分配的知青都是些女孩子。其中幾位不僅品行端正，而且容貌出眾。據大隊幹部形容，四隊的男青年社員自從這些女孩子分到他們隊後，便都瘋魔了，很多做著吃天鵝肉的美夢。十幾個女孩住一個小院，但是圍牆已經殘破了，是不及一米高的土牆。當孩子們累了一天，回家用臉盆打水洗洗，雖然穿著不算暴露，但也有本隊的痞子前來偷窺。有的還公開倚在破牆上，講些穢言穢語。女孩子氣不過，就向我們告狀。我們再反映到大隊，根本不解決問題。我們反覆研究，又向生產隊提出，請他們給女孩子們修圍牆，被一口拒絕。孩子們真是可憐，被攪擾得日夜不安。我又開始動腦筋，不知能否從我們公司想想辦法？但這次要困難得多。一是，不是我們自用，二是，用磚砌圍牆，數量太大，但我還想一試。我先說服老王，由我先到工地模模底。

在附近的工地，我找到一位相熟的工長，他聽我講述了情況之後，很動了一番腦筋。他說，最好是一些要拆除的臨時建築，這些材料在作預算時已經打進去了，屬於已消耗的，所以送給我們沒有問題。但這不是想要就有的，是可遇不可求的。但他終於想起來，他負責的某工地，已經撤點，但那兒還有一個臨時廁所，我們可以拆除取料。我聽後，高興極了，回來就和老王一起向生產隊請求派車，同時讓這些知青們一起和我們去運磚。但在運磚的前一天，突然又發生了變故。那天我們正在開會，突然有人通知，有電話找我。事後老王取笑我，說：「小高接了電話回來，滿頭大汗，連說，老王，不好了，出事了！」確實是出事了。那個臨時廁所，已經由一位支部書記送給了一位家在農村的職工，他聞訊我們要拆，急得趕緊到書記那裡告狀。書記怪罪下來，那位工長陪著小心道歉，但他給我打電話時，卻叫我去一趟，他幫我另想辦法。

我立刻騎車到了工地，據這位工長說，在建築小型使館的工地，有兩個很大的淋灰池，就是在地上挖一個四方的大坑，周圍和底部都用磚碼好，把生石灰放進去，加水，硝解成熟石灰膏。使館已蓋成，淋灰池沒用了，其四壁和底部的磚挖出來，夠我們用的了。但那個工地不歸他管，叫我們直接找主管人商量。得到這個線索後，我立刻跟蹤追擊，找到了主管人，承他的善意，答應把磚送給我們。我這次留了個心眼兒，叫他打電話到上級備案，打好招呼，不要又節外生枝。我們連夜又聯繫車子，生產隊對此倒很上心，他們知道知青是「飛鴿牌」的，將來知青走了，房子是搬不走的，他們何樂不為？

次日一早，我們和那些女孩子們興高采烈地坐著拖拉機去挖磚。到了工地，看到兩個極大的淋灰池，我初步估算，按單皮磚算，也有一萬多塊磚。當我把這情況告訴老王和女孩子們後，大家都很高興。工地雖撤攤兒了，但還派了兩個人看攤兒，防止人來偷東西。其中一位看守原是理髮員，因手顫抖，不能理髮了，只能當看守。我們說明原委，並拿出工地主管的批示給他看，但他說，工地已撤銷，目前歸材料處管，有材料處的批示，他才能放行。但他又說，今天會有一位材料處的幹部來辦事，可以問問他。我們正說著，那位材料處的幹部來了，還是我的熟人老張，有點交情。我向他講述了事情的原委，他搔了搔腦袋，反問我：「小高，你說這灰池子裡有多少塊磚？」我面不改色地說：「一千塊頂多了。」他笑了笑說：「你這個技術幹部呀！」我說：「我不能昧著良心說話，一千塊！」他說：「我只問你磚數，誰問你良心來著？」我說：「凡人做事都憑良心，你有沒有孩子在內蒙，山西插隊？你現在幫助這些孩子，就跟幫助你自己的孩子一樣。」他不打話，又搔了搔頭。北京人講話，「這事撓頭得很。」表示事情不好辦。老王在一旁不好插嘴，女孩子們也都失望極了，一個個噘起了嘴。一時，事情似乎有點涼了。我連忙招呼那些女孩子：「你們還站在那裡幹什麼？還不快來求求你們大叔，叫他做做好事。」說著，把自己的香煙掏了出來，遞給一位女孩子。她們真是善解人意，立刻把那位大叔圍了起來，敬煙的，點火的，同時一口一個「大叔」地叫著。這些女孩儘管穿得很破爛，但一張張蘋果似的臉蛋，都在「大叔」面前晃來晃去，「大叔」有點飄飄然了。我看到時機已經成熟，便單刀直入地說：「老張，這事全在你手裡，你看怎麼辦吧？」老張為難地說：「這事也得容我向處裡請示一下呀!」我怕夜長夢多，就說：「你就勞駕現在打電話請示吧，你看，我們人都來了，從隊裡要拖拉機也不容易，總不能叫我們白跑一趟呀！」老張還真拿起了電話，他把事情的原委講了一遍，並且強調以前有過先例，把這些材料送給私人。何況這次不是送給私人，而是下放幹部，我們還有公司幹部科的批示。但當對方問他有多少塊磚時，他又結巴起來。但他最後咬了咬牙回：「大概五百多塊吧。」這一說，大家都鬆了口氣。只有那個理髮員在一旁嘀咕：「這麼大的灰池子，十個五百也不止呀。」我怕洩露天機，狠狠地瞪了他一眼。他也知道自己失言，連忙低頭哈腰地說：「五百，五百，這跟我有什麼關係！」老張得到上級的批准，如釋重負地放下電話。這時候，女孩子們已不需要我的導演，又團團圍住老張，口口聲聲地「謝謝大叔！」。

得到批准後，我們趕緊下手，因怕再生波折。五月的天氣，北京還不算很熱，但驕陽也夠灼人的，加上白灰的反射，在一人多高的灰池子裡又悶不透風，磚都被灰凝在一起，一塊塊地挖起來，運上去，很是辛苦，但大家毫無怨言。都在那裡埋頭幹活，因為是為自己幹的。中午，孩子們吃了自己帶的乾糧，我請理髮員給大家燒了一壺開水，我和老王等也到附近的小館子吃了飯。回來後，那位理髮員覺得有點內疚，主動提出給我理理髮。按照大陸的標準，我已經長成長毛賊了，我也樂得輕鬆一下，就請他給我理了髮。磚由於吃飽了水，一塊塊都變得很重，拖拉機每次只能拉四百塊到六百塊，這樣下去怎麼得了！於是我跟老王商量，我們兩人得回去一個，叫隊裡再派車來支援。因為今天若不運完，明天不可能再運了。農村的三夏已經來臨，知青們和農民們一起，都得苦幹了。老王自告奮勇，說他願意回去，說服隊裡派車。一小時後，老王帶了三輛小型載重汽車回來了，他說服了生產隊，這是為生產隊積累財富。另外，出工的汽車也都回來了，所以派了三輛車。大家拼命地幹呀，爭取盡可能多運一點。但到深夜一點，返回來的司機帶來了口信，說這是最後一次了，我們心有不甘，但也沒有辦法，不得不停止了。我估算了一下，運走的大約有七千多塊磚，夠派用場的了。我安慰女孩子們：「大家幹了一天了，也夠累的了，磚也夠用的了。」裝完最後一車磚，大家便上了車，也不顧白灰粘在褲子上，一屁股都坐在磚上。剛上車，老王突然說，他的小煙袋找不到了，這真有點掃興，因為他的小煙袋是不離手的。大家雖然苦幹了一天，但都非常高興，一路上說啊，啊，少女們的笑聲像銀鈴。聽到那麼開懷的笑聲，一天的疲勞，緊張都拋到九霄雲外去了。連平時不苟言笑的老王也被感染了。他突然發現，他的小煙袋就在他腳下，便高高地舉起來，大聲地說：「哈！我的小煙袋找到了！」引起一片歡呼。

次日，我找到生產隊隊長，問他為什麼不再派車把磚拉完了？他說：「實在可惜，多好的機會呀，可是三夏馬上就到了，車都安排了很緊的日程，真的不能再拉了。」但他的解釋終不能令我滿意。所謂三夏，是夏收，夏種，夏管，這些天是一年的關鍵期，要幾天幾夜不睡覺的連軸轉。

後來，偶然有機會路過那個工地，我心想，何不去看看那位理髮員？便推著車去找他。他見到我，很高興，因為他這兒很少有人來。據他告訴我，那天我們走後，又來了很多人，把磚和白灰膏足拉，幹了整整一晚上。我聽了，很生氣，回到生產隊，就展開調查。原來隊長家正在蓋房，他藉機足撈了一票。我向老王講述了原委，老王也很氣憤，說：「真可惡，咱們得到大隊告他們一狀。」但他們官官相護，又都有親屬關係，我們是外來人，鬥不過這些地頭蛇。

磚運回來後，就開始了三夏，我們也顧不上給四隊的女孩子砌圍牆了。三夏過後，女孩子們告訴我們，她們的磚不斷被偷，或公然被借走，有時某某人打著隊長的旗號，說借一車磚去修豬圈等，女孩子們也不敢得罪他們，只好眼睜睜地看著磚被拉走。我們認為不能再等了，便抽了一天時間，叫了其他生產隊的下放幹部，把圍牆砌了起來。剩餘的磚，我們又在院子裡砌了桌子和小小的磚礅，孩子們吃飯用。還從她們院子舖了一條磚甬道，直通馬路，下雨天，她們也不用踩泥了。這雖是不值一提的小事，但多年來，一直存在我的心中，我連女孩子們的樣子都完全忘記了，但心中總是在默默地祝福她們。

44｜小白鞋

剛到大隊不久，老工作隊向我們介紹情況時，特別提到一個老知青，幾次招工，她都沒被選上。她有一個出名的外號，叫「小白鞋」，因為她喜歡穿一雙回力球鞋，而且總是刷得很白。她又叫「猴兒」，因為長得尖嘴猴腮，也叫「公共汽車」，據說，她是個破鞋，誰都可以玩兒她，她的真正名字叫蔣鳳瑛。

第一次見到她，是老工作隊員帶我們去認門兒。她住在四隊，一人住一間，因為新來的知青知道她名聲不好，都不願意和她同住，她屋裡原來有個孤寡老太婆，不久前死去了。那天去認門兒，別的知青都下地了，唯有她一人在家。她看到我們來，連忙讓進屋，沏了茶，一杯杯地遞到我們面前，然後才一言不發地站在門邊，好像我們是主人，她是客人。她個子不高，身材適中，紮一對細細的小辮子。圓臉，但下巴很尖，如果只看她的下半臉，確實可稱為「尖嘴猴腮」。但她長了一個出色的鼻子，端端正正，輪廓分明。一雙大眼睛，雙眼皮，長睫毛，水汪汪的。她的眼睛經常會迅速地對某人一瞥，如果說這雙眼睛會勾人魂魄，似乎並不誇張。但是，眼睛裡充滿了哀怨，似乎用她的眼睛在訴說對人生的怨恨。

她動作輕快，麻利地做了一切事情，然後就默默地站在門邊，似乎在接受審判。老工作隊隊長大大咧咧地坐在床上，一邊用帽子搧風，一邊漫不經心地問她：「蔣鳳瑛，你怎麼沒下地啊？」「我有點不舒服，經常頭暈，今天就歇了，已經跟隊長告了假。」說話細聲細氣，說完，又是一陣沉默，話不投機半句多，我們就走了出來。第一次印象，　看不出這位女孩子怎麼會成為千人指，萬人罵的女流氓？

知識青年都很年輕，在性的方面毫無任何經驗和知識，下鄉後，很容易受到壞人引誘而失身。這也是所有女青年的家長最為擔心的事。很多農村，雖然閉塞而且落後，但是性觀念倒很開放。我的老友，老作家蕭乾曾告訴我，他兒子下放到江西某地，該地竟盛行「野雞婆」，一個男人往往有一個或幾個情婦。我也曾和一些農村幹部談及此事，他們有的竟輕描淡寫地說，「這事在農村真無所謂，一個村子如果沒有破鞋，就不成其為村子了。姊夫玩小姨子，根本就不算問題。」

一旦一個女孩子失了身，就像是腐爛的食物，招來許多蒼蠅，她的人格變得如此下濺，即使她沒有錯，別人也不把她往好裡想。「新生」大隊的隊長對蔣鳳瑛的評價是：「那個騷X，淨勾引男社員和她睡覺，完事給她點錢和糧票。」因為她有這個名聲，所以成了濫女人，幾次招工，隊裡既不推薦，招工單位也不接受，所以她在隊裡時間最長。

我們來了不久，老工作隊要撤了，臨走前，他們突然說，有事要找我們交代。老王叫我去聽聽是怎麼回事。我如約前往，發覺只有一位教德文的女老師在，她說，他們隊長有事進城了，由她跟我談，談的是蔣鳳瑛的事。說他們對蔣，和當地幹部有不同的看法。蔣鳳瑛小時候，她母親就帶著她改嫁了，後父是個工人，黨員，出身和成分都好，但卻不保證他現實生活中也是個好人。蔣鳳瑛從小就沒有家庭溫暖，母親嫌她累贅，後父不把她當人。下鄉後，她結識了一位本地青年，父母雙亡，孜身一人。他過去當過兵，見過世面，但因為成分不好，是富農出身，被部隊清洗了出來，回鄉當了農民，在當地受到歧視，生活中沒有多少歡樂與希望。兩人相識後，由於有相同的遭遇，便由相互同情而發生愛情。他們愛得很熾烈，由於雙方都是單身，蔣經常到男友家裡，很自然地發生了肉體關係。他們的行蹤太不隱密了，很快就被好事之徒發現，報告了公社。隊幹部和警察共同來捉姦，最後，男方竟被逮捕，判了三年徒刑，罪名是「富農子弟破壞上山下鄉。」自男方被捕後，蔣一直小心地保存著他的照片，矢志等他回來，兩人團圓。但這事不曉得怎麼又被人知道了，照片被抄了出來，她又揹上「與壞份子劃不清界線」的罪名，從此，她再也抬不起頭來。

她努力勞動，默默地幹一切分配給她最重，最髒的活兒，例如清理豬圈，倒糞，企圖洗刷自己，但她的一切努力都白費了。隊上有個孤老婆子，沒有任何親人，得了半身不遂，沒有人願意伺候她，隊裡把她抬到了蔣鳳瑛的房間。雖然老婆婆已經不會講話了，屎，尿都拉在床上，但蔣鳳瑛卻像伺候自己親生母親一樣伺候她，餵她吃，喝，給她洗，換，使老婆子臨終前，得到了妥善的照顧。老婆子死後，蔣鳳瑛親手給她做了壽衣，替她穿上，並且大哭一場，因為從此，她又是一個人了。

她住在四隊的知青宿舍，前已講過，沒有什麼圍牆，在新知青下來之前，只有她一個人。附近的男色鬼們經常前來騷擾她，她告到隊上，隊上不僅不管，還罵她不要臉，因為來人中有一人是大隊長的弟弟。他們反咬一口，說她腐蝕青年。有一次，當地一個無賴跳牆到她房間裡，要強姦她，她奮起反抗，並大聲呼喊救命，最後來了一夥人，不問三七二十一，把她綁了起來，扭送到大隊部，扔在地上。大隊長進來後，不問青紅皂白，狠狠地往她小肚子上踢了幾腳，嘴裡還不乾不淨的罵著。

老工作隊對此不是不知情，當地正直的社員們不是分不清好歹，大家對她幹起活兒來拼上性命，對她伺候孤老婆子善終，都有很好的印象。但是，老工作隊也向上級匯報過，沒有什麼結果，因為生產隊黨組織的結論更有力，他們自認地頭蛇難鬥，只好作罷。但臨走前，不交代一聲，良心上又過不去。正式作為一個問題向我們提出來，他們又不敢，怕與當地的土皇上們結了怨。最後他們想出一個辦法，隊長開溜，由他們一個工作隊員以個人意見的方式，向我們交代，也算矛盾下放吧。

我聽了那位德文老師的敘述，真是義憤填膺，但我克制住了，沒有責怪他們。我飛快地把她講的一切都詳細地記錄下來。事後，我把詳細情況向老王作了匯報，他只是吧噠吧噠地抽著小煙袋聽著，一言不發，最後，他說：「這事咱們得調查，如果真是這樣，那不是沒王法了嗎？」

「三夏」過後不久，好事者又開始活動。有一天，四隊的隊長突然告訴我們，蔣鳳瑛不好好勞動，躲在家裡裝病，還有人看見她一碗一碗地吃肉，可能又是賣X的錢。老王和我商量了一下，決定找她談話。我們下來時，有規定，找女知青談話，一定要兩人以上。第一次找她談話，也沒問出什麼來，因為我們太性急，希望她一下子把真話都講出來，所以是盤問式的。她與我們生疏，也沒有什麼信心。因為明擺著，上屆工作隊沒把她解救出來，工作隊一走，她還得受當地幹部的管轄，她只是個弱女子。這些，是我們事後分析出的。但我們又找她談了幾次話，而且她親眼看到我們給她們砌好了圍牆。雖然我們跟其他女孩子談話，都是有說有笑的，與她談話總是嚴肅地繃著臉。但她終於了解到，我們的心是向著知青的。她終於鼓起勇氣，向我們講了她的真實情況。

原來，隊裡雖然總是分配她幹最髒，最累的活兒，但是工分和糧食卻是最少的，每天只給她六分工分和五兩糧食，這只有正常分配一半還不到的量。她為了能度過三夏這一關，只好省了又省，好多留一些糧食到三夏期間吃。三夏一過，她沒有飯吃了，只好到附近一家醫院賣了血，聽人家講，抽了血要補充營養，所以她買了肉，吃肉也是事實。

新知青下來前，她和老婆子住這兒，晚上經常有男社員來找她，她把門倒插上，那些人卻打破玻璃拔出插銷進來。她只好不脫衣服睡，並且把褲帶打了死結。來人解不開她的褲帶，就伸手進去摸她……她不是沒有報告，但得到的是一頓臭罵。於是那些人更有持無恐，到處散風，洋洋得意地到處宣揚從她身上佔了什麼便宜。

我們經過充分的調查，掌握了大量確鑿的事實，證明她是無辜的，是受害者。但是生產隊卻固執己見，硬說她是濫貨，腐蝕貧下中農社員，根本是本末倒置。我們想：她唯一的出路是脫離農村，脫離這個環境，最好是招工去工廠。當工人，每月有固定的收入和不低的糧食標準，有公費醫療，有老年退休制度，有各種福利，是鐵飯碗。而且一般國家企業或工廠的領導，多有一定的文化，不會像農村幹部一樣以他本人的意願為準，定一些土政策。

主意打定後，我們四處活動，去說服生產隊和大隊的領導，但是出乎意料之外，得到的反應是一致的——她不能走！她要能走，所有的知青都能走了。他們的理由很冠冕堂皇：貧下中農不答應！這是騙人的鬼話。什麼貧下中農，解放二十多年了，哪還有貧下中農？明明是他們不放她走，藉故推到貧下中農身上。我們展開說服工作：留她在農村有什麼好處？不會有人要她，跟她結婚。即便她僥倖成了家，她有這壞名聲，對村子也不光彩。她也不能當一輩子知青，倒不如積積德，放她一馬算了。但隊裡幹部說，他們同意了，公社也不會同意，公社同意了，招工單位也不會同意。我們要求不高，要求他們先同意。他們說，研究研究吧。我和老王決定層層進攻，一定要把她保上去。

我們直接找到公社黨委李書記，他是個老大學生，飽經滄桑，對問題的看法極敏銳，他不隨便地隨聲附和或盲目地搖旗吶喊，正因為如此，他才在文革中被逼自殺，幸被搶救過來。我們把了解到的蔣鳳瑛的情況和盤托出，他恍然大悟——沒想到事情竟是這樣！他原先印象主要來源於農村幹部的說法，說她如何不要臉，如何勾引社員。他是公社一把手，當不會多花心思去關心一個女知青。但現在他了解到了事態的嚴重性，便堅決站到了我們這邊。倒是他反問我們，如果招工招她，有什麼問題或阻力沒有？我們便提出，怕招工單位不接受。李書記倒頂乾脆，說：「我們多介紹她的優點，一個女孩子在男女關係上犯了錯誤，只要改正就好了，我們沒必要宣揚出去。」我說：「就怕檔案上有紀錄。」李書記倒是一不做二不休，馬上把蔣鳳瑛的檔案調來，一查之下，並沒有什麼不好的紀錄。反倒是，出身，成分都不錯，學生的檔案一般都比較簡單。

蔣鳳瑛最後終於被一家大的化工廠招收為正式學徒工。臨走前，我們找她談話，她眼淚汪汪地說：「我知道各位師傅為我費的心，我要不好好幹，不爭一口氣，就太對不起師傅們了。」我們的這次成功，引起了連鎖反應，其他大隊也把一些有某些毛病或缺點的知青，紛紛保送招了工。

45｜一件懸案

知識青年下鄉時間一長，男女關係問題就變得突出起來。初時我們還留意提防，但慢慢地有些防不勝防了。主要是農村的男青年對女知青下手。受騙上當的，初中生比高中生多。家庭教育好的女孩子，受到中國傳統的道德觀念約束，知道潔身自愛，上當受騙的不多。那些無知的，而又自以為是的女孩子，往往受騙上當。

男社員主要利用城市女孩子的無知進行引誘，欺騙。例如有兄弟倆，招了兩個女知青到他們家打撲克，一直打到深夜，說天太晚了回去不安全，留兩位女知青睡在他們家。半夜，兄弟倆雙雙鑽進女孩子的被窩，成其好事。像此類例子還有很多。搞得知青家長們怨聲載道，怨來怨去，怨到上山下鄉來了。為了不破壞上山下鄉的形象，政府曾狠狠地鎮壓過一批姦淫女知青的罪犯。經過我們的研究，並請示上級領導批准，特別規定了一條紀律，嚴禁女知青到農民家串門，尤其在晚間，更不可以。有的女知青不知好歹地問：「不到農民家串門，怎麼與貧下中農結合？」我明白地告訴她說：「不需要結合。」今天可能有人罵我們是封建主義衛道士，但我至今不悔，因女孩子一旦失身，是終生悔恨的事。

有一次，發生了一件事，令我們很被動。一位農村男青年和一位女知青談戀愛，男青年的哥哥是個有婦之夫，便給弟弟出主意，說，「你跟她談戀愛，要下真傢伙。」這個壞小子聽了他哥哥的話，對女孩子下了真傢伙。女孩子不敢聲張，只好任其玩弄。哥哥看時機成熟，便找到那個女孩子，對她進行威脅說：「你跟我弟弟搞破鞋，我知道，你腐蝕貧下中農子弟，你想想罪過有多大！你要我不告訴別人也好辦，你得跟我玩兒。」女孩子被嚇得哭哭啼啼，這哥哥便趁機上去動手動腳一番。這沒經驗的女孩子不得不依了他。這樣，哥倆輪流地姦淫她，這女孩子天生性慾很強，一旦嚐到了滋味，竟然變得主動起來。

事情終於張揚開來，不同的人有不同的看法，有人認為，既然女方主動，一定是個「騷貨」，不必管她。但也有人認為應當打擊那個教唆犯，否則，公理得不到彰顯，女知青得不到安全。我本人傾向後者。經過多次辯論，最終達成了一致意見，把那個哥哥押起來辦學習班，於是哥哥便被扣押到了大隊。這也是大陸缺乏法制的一個例證。各基層單位都有權給犯罪或犯錯誤的人辦學習班，實際上成了變相拘留。在文革期間的學習班就更邪虎，有的學習班比監獄還利害。內有各項體罰或精神折磨。不過在文革後期，已有所收斂。但無論如何，這不能說是一種正常現象，在一個民主法治的國家是絕不能允許的。

那個混帳哥哥被辦學習班以後，我們及時向公社黨委做了匯報。公社黨委也很重視，把整理好的材料上報到了朝陽區公安分局。我們以為出了一口氣，狠狠地打擊了引誘女知青的壞蛋。但是，大隊的學習班辦了兩個月了，仍舊沒有下文，到底要辦多久呢？如此拖下去總不是辦法，必須給群眾和當事人一個交代。我們便向公社黨委請示，但請示的結果令我們大失所望。據公安分局的人講，分局很重視這個案子，因為此風不煞，今後女知青就更會受到別人的欺負，因此他們總結了材料，上報市公安局，但被市局駁回了。批示是：不予處理。上報材料要求將教唆犯逮捕法辦，但市局卻明確表態「不允許」，這樣一來，我們的工作就十分被動了。若宣布學習班結束，那就沒法交代。事情如果就這樣算了，那個壞蛋說不定還會挾怨報復。而且今後再遇到這種情況， 我們也沒辦法管了。我們可以用毛澤東思想武裝她們的頭腦，使她們免受資產階級糖衣砲彈的腐蝕，但面對某些「貧下中農」的強大攻勢， 我們的努力只是徒勞。

此事我們反覆協商，終無良策。不得已，又找到公社黨委書記，向他匯報了事件的來龍去脈，他也認識到事態的嚴重性，思考了一陣子，終於抓起電話來，直接給公安分局的黨委書記打，分局當然不能不有所表示，於是，分局派下一個調查組，好在人證及材料齊備，調查組需要的材料，我們很快便搞好了，交給他們，他們回去後，再次向市局匯報。

匯報的結果是，遭到市公安局狠狠的訓斥。市局的幹部說，「上次已有明確批示——不予處理，為什麼還要報上來，下次再這樣，一定要紀律處分！」分局幹部嚇得再也不敢出聲。我們聽到消息後，心裡都很不高興，一個個耷拉著腦袋，只好商量如何收場，善後了。

正在此時，不知趕上了什麼節日，上級領導來看我們，表示慰問。其中一位是我們的總領隊，是我們建工局的局長，這次下放農村，他坐鎮區委，難得下來一趟。他這次下來，除表示慰問外，還問我們有沒有什麼問題，家裡有沒有困難？我們一一回答沒有問題。我突然靈機一動，想：何不把我們棘手的難題向他講講，看他有什麼高招兒。便說：「我們自己沒什麼問題，但有一件女知青被侮辱的案子，希望領導過問一下。」我概括地介紹了整個事件的經過。這位局長聽我講述完後，馬上說：「你給我寫一個材料，我到市裡開會時，可直接交給市農林組的組長。」局長走後，我並沒把他的話當真。我想：這事歸公安局管，就是報了農林組，又怎麼能解決呢？所以材料始終沒寫

沒想到，這次我估計錯誤了。一次，我們到區裡開會，碰到了那位局長，他記性還頂好，見了面就問我，「小高，你上次說給我寫的材料怎麼還沒寫呢？這禮拜我到市裡開會，正好交上去。」我聽了很高興，因為局長居然還記得這事。我說寫就寫，就在開會的地方寫成了此材料，告了市公安局一狀，並且及時把材料交給了局長。

還真有效果，據說局長把材料交給了農林組組長，組長又交給了市公安局局長，局長馬上過問這事，了解事情真相後，批評了原經辦人，說市裡正在打擊破壞知青上山下鄉的情況，怎麼能「不予處理」呢？沒多久，那位教唆犯便被逮捕了，這真是大快人心的事，打擊了那些妄想圖佔女知青們便宜的壞蛋們的氣焰。

但這事也有點奇怪，明明有理的事，公事公辦卻解決不了，必得通過大人物互相通了氣，問題才得到合理的解決。此事若不是我不依不饒，鍥而不捨地到處告狀，怕那位女青年一定冤沉海底了。我不是說我有多了不起，而是暴露了大陸的法制不健全，如能訴諸法律，按法律條文公正審判，該判刑就判刑，該無罪就無罪，不也省了不少的囉唆。

我們在農村一年了，年底總結時，我竟被評為公司年度優秀幹部，還發了獎狀，我母親看了很高興，說我成熟多了，到底是有了家，自己也長大了。本來準備回公司了，但突然叫我們到區裡開會，說形勢需要，我們從下鄉帶領知識青年轉變為普及大寨縣工作隊，要延長一年。那在農村要待兩年了！但可以休假一週，還可以去大寨參觀，雖不願意，但還可以接受，不接受也不行啊。普及大寨縣工作隊要與農民結合，要到農民家裡吃派飯，工作會更艱苦。但仍需要有些人在公社或大

隊管理知識青年。我們公司的領隊把自己與他挑選的幾個人放在公社，帶領知識青年，並說這是公社黨委的決定。他的這一招兒，引起了極大的民憤，大家群情激昂地反對他，黨員們立刻到區裡告他的狀。我們的總領隊，就是那位局長，一看事態嚴重，馬上與我們公社的黨員們回到公社，開全體黨員大會，會上是吵翻了天。我是事後才知道的，因為本人不是黨員。領隊抬出公社黨委的決議，這招兒不靈了，因為有更大的官兒在場。局長大人輕描淡寫地說：「公社黨委方面由我負責，由區委出面跟他們談。」領隊灰溜溜地繳械投降，但還嘴硬，說：「我一切聽黨的，服從組織決定。」領隊一定要下去，要重新物色留在公社，管理知識青年的人，一共需要六個人。經過大家一致推選，本人居然高票中選，原因很簡單，「小高對知識青年有感情，知青們也熱愛他，相信他一定可以作好這項工作。」

其實，我對知青的感情，只有一個字，那就是：愛。聖經「哥林多前書」十三章四節到八節，是對愛的定義，我還沒看過任何其他的書，講得比聖經完全。聖經說「愛是恆久忍耐又有恩慈，愛是不忌妒。愛是不自誇不張狂，不作害羞的事。不求自己的益處，不輕易發怒。不計算人的惡。不喜歡不義，只喜歡真理。凡事包容，凡事相信，凡事盼望，凡事忍耐。愛是永不止息。」

第九章

重新出發

「祂知道我所行的路。」信徒啊，你的路不管是曲是直，是寬是窄，是崎嶇是平坦——祂都知道。祂是全能的神，指導我們的腳步，有時向瑪拉，有時向以琳。

（約伯記二十三章十節）

46｜參觀大寨

我們變成普及大寨縣工作隊，當然要到大寨去參觀。我臨行前，到我的三爺爺高沂家去辭行。那時，他已經被解放，任北京師範大學黨委書記。他的太太，我得叫三奶奶，是張林一，原北京市朝陽區區委書記，忽然若有所思地說：「蔣南翔同志也在大寨。」蔣南翔是我上清華大學時的高教部部長兼清華大學校長。文革期間飽嚐辛酸。據張林一介紹，75年他已經被解放，尚未參加工作，在大寨搞調查研究，參加力所能及的勞動。張林一忽然用虛擬語氣說：「你如果在大寨能見到南翔同志，請你把這些話轉告給他……」。那時，北京又開始烏煙瘴氣了，清華大學黨委副書記劉冰等四人聯名上書毛主席，告了當時清華黨委書記遲群一狀。遲群是江青的紅人，這一下，不啻捅了馬蜂窩。據說毛主席有批示，說劉冰等人表面上是告遲群，實際上矛頭是對準他的。如果這個批示不錯的話，老頭兒一定是神志不清了。可即使是囈人說夢，也是最高指示。大字報，大批判在北京高校又開始如火如荼，劉冰等人的狗頭隨時有被砸爛的可能。運動越來越深入，大叫什麼順藤摸瓜，實際上大家都很明白，這個瓜，就是剛剛才復出的鄧小平。

蔣南翔當時窩在窮山溝兒裡，這些事情當然不盡清楚，如果不及時通知他，萬一他撞到人家的槍口上，可就全完了。可是通知他這些事的人，腦袋一定得別在褲腰帶上，如被四人幫之類的曉得，中國雖無法律，卻有的是刑法！

我臨上火車前，到車附近黃永玉先生家中小坐。他家裡還有幾位客人，正在談論劉冰的事。黃永玉說：「歷史上一定會對劉冰等人給予正確的評價的。」我當時是坐立不寧，心中像是揣了個小兔兒。臨開車了，幾位朋友還在低談闊論（當時不可能高聲），毫無要走的跡象。我不得已，只好把黃永玉叫了出來，小聲嘀咕把我的疑慮講給他聽，問他的意見，這口信是否要帶到？黃永玉聽完了事情的原委，突然低聲但堅決地說：「當然要帶到！我並不認識蔣南翔，但聽說他是一條硬漢子，他正在倒霉，最需要幫助。一定要把這重要的口訊帶到！」一邊說著，還用手勢來加強語氣。

在大寨參觀，路線都是擬定好的，各處都有專人講解，而且用一口純正的山西話，還很有些鄉土風味。講解內容都背得滾瓜爛熟。無非是毛主席思想的偉大與大寨人的幹勁等等。各處佈置得很好，玉米棒子都整整齊齊地碼在場院裡，好像這些玉米不是為吃的，專門是為看的。

一天參觀下來，我心中產生了許多疑問。例如，大寨講究在山溝裡砌石圍堰，填土造田，然後在這些田裡種起了莊稼。他們講解的總是要強調：這些田被洪水沖垮了多少次，又重建了多少次。我心中就打了問號：山谷本來是洩洪的，禿山綠化不好，大雨一來，當然會把山谷裡的人造田沖垮，這樣違背自然，反科學的事竟讓他們解釋為沖天的幹勁，豈不荒唐可笑。

另一件想不通的是，很多工程都極為浩大，但在介紹時，卻講只有幾個或幾十人，用了不長的時間，就修好了。我是學土木工程的，雖然不懂農業上的事，但是土木或水利工程上的事，我還知道一些。例如，其中很大的一項工程，是經過改進後的大寨田。即先在山谷下用石頭砌出很長的洩洪溝，再在上面填土造田，這樣，再有山洪爆發時，水就從溝裡流走了。那條溝又寬又長，我們在裡面鑽了足足一個多小時，其土方，石方工程之浩大，絕不是小小的大寨大隊可以承擔的。據說，陳永貴副總理還對此發表了「次高指示」：上種田，下流水，打起仗來好備戰。聽起來就沒有最高指示那麼氣勢磅礡，不帶勁。

像這樣的例子，比比皆是，大寨的樣板其實全是花錢栽出來的。原先可能陳永貴帶領農民苦幹，創出點成績後，被神化了。各種人力，物力，財力的支援就源源不斷了。什麼科學院力學研究所協助搞定向爆破，叫山頂的土石方落到山谷，平整土地。某單位協助搞電纜車，進行運輸。國家調撥了大量的拖拉機，推土機前來作業。部隊派出大兵前來義務勞動等等。但即使這樣幹，也不過每人每年生產一千斤左右的糧食，與美國等其他先進國家比，會令人笑掉大牙。農業學大寨是一場災難，幸虧被制止了，否則，中國永遠也不會達到農業現代化。

在大寨，參觀過後，集體乘大巴回到縣城，我托故留了下來，到大寨的中國旅行社去找蔣南翔，一位五大三粗保鏢模樣的彪形大漢，把我反覆盤問了很久，看到我是學生模樣，料我也成不了什麼氣候，便輕描淡寫地說：「他早回北京了。」便把我打發了。我不得不步行兩個小時回到縣城，還要應付領隊的盤問。

從大寨取了經，要走了，我跑到街上去買什麼東西，突然迎面碰到一個人，後面還跟了一個保鏢，原來是蔣南翔。我喜出望外，大叫一聲：「校長！我可找到您了。」那位保鏢倒還識相，有意多走開幾步，方便我們說話。我得以把北京的形勢概括地告訴了蔣校長，並說是高沂同志叫我帶的口信，勸他好自為之。他說：「我今後要走與工農兵結合的道路。」他還問了我與高沂的關係，我們就告別了。因為站在街上，不方便講話。

我當時聽到張林一讓我帶話，我就下決心：一定會帶到。我這個人是不要腦袋的，為朋友兩肋插刀，何況是帶口信給我們的老校長。我所以問問黃永玉，因為他是我最信任的人，他的意見對我來說，非同小可。他當時正蒙受不白之冤，在批他的黑畫——貓頭鷹，睜一眼，閉一眼。但他在這種時候，還能主持正義，顯出了英雄本色。我問他之前，實際已經知道答案，因為對他的了解。但他的回答，仍然讓我激動不已，真是「英雄所見略同」。我們的作為，沒有一點功利主義的影子，完全不是看在教育部長的份兒上，就是對一個人的幫助——還是在他最落魄，最需要的時候。事後，我們再也沒提這件事，當然更不會找蔣南翔走後門。若不是寫回憶錄，幾乎就忘記了。

47｜1976禍亂交興

1976年，真是多災多難，先是年初，周恩來總理去世，全國人民齊哀悼。周總理去世那天，畫家黃永玉深夜畫了一幅紅荷圖，表達他的哀思。四月五日，由於群眾悼念周總理，遭到四人幫的鎮壓，是「四五事件」。在那期間，黃永玉和太太張梅溪經常出入天安門廣場，我就遇到過好幾次，我們見了面，相視一笑，並且互相告訴哪一張悼念的文章或詩篇好看。有一次，他還指給我看電線桿子上有一瓶酒，我們都認為這是個好點子。我們公社的知識青年也有到天安門廣場的，後來上級追查，我說，一個也沒有。實際上，我本人就去過多次。

七月初，開國元勳朱德辭世，又聽了一次哀樂。廣播中不斷地放送哀樂，彷彿預示著種種不祥。果然，僅僅二十多天，1976年7月28日凌晨三點多，河北省唐山市發生了強烈的地震，據說死亡人數有二十多萬。那次地震，對天津北京都有波及，影響很大。我那天晚上睡在公社，半夜，突然房子劇烈地搖晃起來，像老牛叫，又像拖拉機在經過，我被驚醒，知道地震了。我急忙跑到院子裡，我們住的是平房，再也不敢去睡覺。一大早，我們下放幹部全騎車到朝陽區委，聽從指示。後來，區裡通知我們各自回家，照顧自己的家裡，我覺得這個指示還真有點人情味。

我家在天津，我就騎車到了北京站，但是火車全部停駛。我把自行車放在黃永玉家裡，就出外尋找機會。我突然看到一輛掛著天津車牌的載重汽車，就不管不顧地爬上去，後來，也有人以同樣心理，爬上車，很快，一車人上滿了。但開車的人說，他們是來北京辦事的，我們告訴他們，今天北京都不辦公，叫各人回家照顧家裡。那人不信，我們也不下來，就賴在車上。無論是出太陽或是下雨，我們都不下車，開車的人倒還講人道，允許我們上廁所，我們愣在車上站了一整天。最後開車的人看看沒辦法了，說：「走嘍，天津了！」引起一陣歡呼。車子開了大約六個多小時，到達天津時天已經黑了。一到市裡，看到有被震壞的建築，感到天津的地震比北京嚴重得多。在某處下了車，我們不忘謝謝開車的人，就步行回家，到家一看，我們胡同裡地上裂了大口子，房子也有開裂，屋裡不敢睡了，在馬路上搭的床，睡在馬路上。我兩個孩子還小，但看到我回家，也很高興。母親聽說我們一天站在車上，很是心疼，但全家能團聚就好。記得最初幾天，晚上經常還響警報，說有餘震。而且人多，都住在街道上，拉屎拉尿，丟垃圾，衛生條件很差。

不僅我家，天津很多的老百姓在自搭的地震棚裡住了一年多，那是什麼樣的日子啊！我在稍微穩定些後，回到北京，到了單位，才知道我們不必下鄉了。但是到單位不久，我又被借調到北京軍區。軍區政治部下屬有一個文工團，是著名的「戰友文工團」，裡面有許多著名的演員，例如：說山東快書的高元均，著名的歌唱家馬玉濤，馬國光，賈世俊，耿蓮鳳，……為了請我去，「戰友文工團」特別還給我們公司演出一場。而且之前我們公司也到軍區的電影隊借了一些影片放映。公司黨委書記要一件軍大衣，我也給他買到。

「戰友文工團」要將一個過去體工隊的體育館改建成排演場，我負責設計。那個活兒不大好幹，因為改建總不如新建，而且剛剛地震過後，要多考慮抗震強度。改建要把局部升高，建立一個舞台，舞台口要加承重的大樑。舞台下面還要挖深，要能上天入地。這等於在原有基礎上，加一個帽子，這可能引起不均勻沉降。為了解決這個問題，我用加柱子支撐，加圈樑的辦法解決，好像給原建築加上鋼箍，箍得緊緊的，再也不會不均勻沉降。這牽扯結構問題，我到北京建築設計院請教了專家，最後把設計完成了。施工時，有一次要大量的抹灰工，那時不許收錢的，我就發動了很多老工人，我們公司有許多上海老工人家不在北京，在休息日義務到軍區去幫忙。星期天一大早，軍區的大巴士就到了我們工區門口，工人們帶著自己幹活兒的傢伙，到軍區去幫忙，中午和晚上，軍區好好地招待了工人們，按現在的說法，是「雙贏」的局面。

在軍區工作時，還發生了一件事，我寫了一篇科學小說「青銅寶劍」，寄給了少年兒童出版社，他們收到，閱後，四位編輯乘一輛吉普車，到軍區來找我，問了一些問題，主要驗證這篇東西是不是我寫的？以前發表過類似文章沒有等等。這篇小說，主要在我研究中得知，古代秦始皇陵出土的青銅器，竟能歷經兩千多年而不鏽蝕，因為表面含2%的鉻，這種技術，西方國家在二十世紀才發明，因此我構思了一篇小說，就是「青銅寶劍」，後來還改寫成為小人書，得了全國獎。

在軍區，我也很有名了，上上下下認識很多人。有一次，一位政治部的政委看到我，說：「老高，你是搞建築的，應當去唐山看看那裡的情況。」那時離唐山大地震還不到一個月，我說：「我當然願意去，可怎麼去呢？」那位政委說，「這好辦，我來安排。」他安排的結果，我隨一輛軍車去了唐山。如果不是軍車，是不能開進唐山的。當時唐山是戒嚴的。

那時候，天還很熱，我們快到唐山時，聞到一股奇臭，聽說是「屍臭」。地震後，中國自豪地宣布：不接受任何外國援助。很多壓在廢墟下的人，沒能第一時間救出，屍體時間長了，腐爛了，發出奇臭，真令人噁心。市裡沒有一棟完整的房子，地上撒滿了白灰和消毒水，為了防止瘟疫的發生。那時，只有軍車和救援車可以進入，那裡的臨時加油站都不要錢，加了油就走。中國的警察本來都不帶槍的，但是唐山的警察都帶槍。據說，地震過後，初期，只要發現有搶劫和強姦等罪行的，不用審判，當場槍斃。我們去時，見街上貼了許多告示，是某人犯了某種罪行，槍斃，以示警告。據說，大地震過後，要防止瘟疫的發生，火災的發生，犯罪的發生等等。

唐山的建築大多是混合結構，磚牆，上面搭上水泥板，可蓋到五、六層。但是那些水泥板，後來被叫成了「棺材板」，因為地震時，震動頻率不一樣，磚牆倒塌了，水泥板整塊砸下來，造成大量人員的傷亡。我們還到地震中心看了，因為在鄉下，沒有高層建築，損失不大。還到一座山包上看了，那上面原來有一座紀念碑，是鋼筋混凝土製的，不僅倒塌，裡面的鋼筋都扭曲了，因為集中的能量非常巨大，大自然的力量真令人驚歎！唐山之行只可用「觸目驚心」來形容。當時不接受任何外國援助的理由很冠冕堂皇：中國人民有能力自己解決問題。但是，中國那時根本沒有先進的生命探測儀，沒有救援犬，沒有的東西太多了。很多壓在廢墟下的人，得不到及時的救援，悲慘地死去了。另一個原因據說是為了保密，真不知天災有什麼可保密的？當我在天津時，我用照相機拍攝了一些房屋裂縫和地面沉陷的照片，也被說成是竊取國家機密，街道上要來沒收我的照相機，我聞訊趕緊逃回北京。

1976年最大的事是毛澤東的去世，記得是9月9日，此人生、死都很會挑日子，不是他自己挑，他沒那本事，是上帝幫他選的。他生於1893年12月26日，只比耶穌晚生一天，耶穌是公元1年12月25日——聖誕節。公元是由耶穌誕生所開始的。他死也會挑日子，是9月9日，據說，那天吉林還下了隕石雨。他死後，我們曾在天安門廣場排隊，等候進人民大會堂瞻仰遺容。那天，公司一位黨委書記也在場，他不久前和公司的一位女幹部在北京某地小樹林裡幹些什麼事，被工人民兵當場抓獲，他說：「我是她舅舅。」傳為妙談。他看上那位女幹部後，立即發展她入黨，提拔為財務科副科長。一位愛說怪話的大林說，他要去變性了，否則沒有那個器官，永遠「進步」不了。大約等了四、五個小時才得以瞻仰遺容，還不許不嚴肅，所以每個人都哭喪著臉，但看到有外單位的領導很誇張地和那位「舅舅」握手，大家都會心的一笑。

48｜毛主席紀念堂

中央決定要在天安門廣場建造毛主席紀念堂。室內有毛主席的漢白玉雕座像，室外有四組工農兵群雕，是鋼筋混凝土製的。無論是紀念堂或毛主席座像，都太像美國首都華盛頓的林肯紀念堂。但雕像還是林肯的好，林肯坐在有扶手的椅子上，低著頭，手好像還在敲打扶手，坐像能刻畫得如此生動，我後來在美國看到時，相當感動。我當時正在上海，突然，毛主席紀念堂電召我速返京，參加紀念堂的工程。

我回到北京後，到紀念堂工地報到，根本就沒有我的名字，公司一位沈工程師還幸災樂禍地說，「你怎麼能來？保衛科又沒有審查批准。」後來才知道，是雕塑組調我來的。中央美術學院的盛楊是雕塑組的組長，他知道我對混凝土製雕塑經驗豐富，特別點名讓我來的。

群雕共分四組，在紀念堂南北兩側的廣場上。北邊兩組是歌頌毛主席在新民主主義革命時期和社會主義革命建設時期的豐功偉績。南邊兩組是表現全國各族人民繼承毛主席遺志，把文化大革命進行到底的決心。四組雕塑共有62個高3. 5米的人物，此外有松牆，旗幟，農作物和各種器械等，造型很複雜。是用混凝土製剁斧石，仿花崗岩雕刻效果。

承擔澆築混凝土的是北京市房管局住宅建築公司，由北京建築藝術雕塑工廠和各地的翻模工人，雕塑藝術工作者配合施工。我是他們的技術總顧問。李瑞環親自抓這項工程，記得很清楚，連混凝土的配合比，都是由他主導開會訂下來的。李瑞環後來當了全國政協的主席。當然，配合比是由我設計的，因為是天字第一號工程，所以考慮得很細緻。事先我做了很多不同的配合比，主要從藝術角度出發，而且找來當樣板的花崗岩塊，經過了藝術家的認可，我的任務就是仿造出一模一樣的。水泥是用400號蘇州光華水泥廠的產品。討論混凝土配合比的那天，由李瑞環主持，他先講了建造毛主席紀念堂的光榮意義，然後具體談到我們的工作，他雖然是工人出身，但受過一定的教育，口才便給，很能鼓舞士氣。大家首先傳看了真正的花崗岩樣本和我用混凝土模仿的試樣，一致認為很像，都表示認可。然後一項一項地逐項討論，例如，混凝土的強度定為300號是否足夠，是否合理？我耐心地給予解釋。對於和易性的要求，就是對混凝土的流動性和工作度，我們採用沙漿沉入度來衡量其和易性，最後確定沉入度為4-6厘米。對於耐久性要求，就是對混凝土的抗滲性、抗凍性及密實性等要求，都有充分的考慮。在清華大學建築材料試驗室的協助下，作了多組試配，才最終確定了混凝土的配合比。李瑞環掌握會場很有一套，讓大家充分發表意見，同時，很耐心地聽我的解釋或說明。為了說得更加清晰，我特別提出在全國各地施工時失敗的經驗，以此為反證。這次開會，更像是我的答辯會，我因為有近十年的經驗和充分的準備，自己感覺答辯得很好，如果要打分，可以打A。但是在最後確定了配合比後，我又做了幾點說明。例如水灰比，在滿足強度，和易性的要求下，水灰比愈小愈好。但小石子和砂子本身是含水的，所以不能機械地執行，要按晴雨變化和砂石含水率相應調整加水量，還有些其他問題，因為太專業，不容贅述。總之，因為工程的重要性，所以一切以保證最高質量為宗旨。

紀念堂的群雕，採用了預製與現澆相結合的辦法。一些關鍵部位，例如頭部、手部或器械部分大部分採取預製。方法是先將預製部分的石膏摸拼好，綁好鋼筋，加混凝土拍搗，然後隔紗布加砂重壓。待兩個小時混凝土初凝後，將石膏模板連同初凝的混凝土整體翻轉120度，再澆搗第二部分，最後製成空腔或實體的部分雕塑。雕塑預製，由於複雜的形狀可以平面施工，再加人工拍搗和加砂重壓，製造出的成品容易保證質量，表面光滑無氣泡。但預製部分因為分段澆搗，有施工縫，且預製與現澆混凝土的結合部，也有施工縫，影響藝術效果。為使預製和現澆部分結縫不至太突兀，凡頭像的接縫都留在脖子或衣領交接處。這樣看上去不明顯。頭部製成空心的，預製後，連外模整體組裝好，再從中空處整體澆灌混凝土。紀念堂的群雕不是太大，怕整體澆注會有氣泡或蜂窩、麻面，所以部分預製，但有條件時，一次性整體澆灌更容易保證質量。我在韶山和其他地方建造毛主席塑像的經驗，在紀念堂工程中得到了充分的發揮，甚至紀念堂室外四組群雕最後的防護塗料也是我們在韶山曾經用過的306氟塗料，是由上海染料塗料研究所研製的。

紀念堂的群雕，不考慮藝術問題，僅從工程上看，製作嚴謹，精細，考慮的問題很周到。完成後，我自己獨立寫了一份技術總結。正好《建築技術》雜誌要出一本紀念堂專刊，向我約稿，我把那篇技術總結給他們看，他們非常滿意，便要採用。但認為，必須用毛主席紀念堂雕塑組的名義才能發表。我不同意，說，明明是我一個人寫的，為什麼要用集體的名義發表？他們說，這是突出集體的力量，不能突出個人。我也很堅持：那就不發表。雙方僵持不下。最後的妥協辦法是：以毛主席紀念堂雕塑組的名義發表，但底下有個小注腳，「本文由北京市第一建築工程公司高魯冀執筆。」整本雜誌35篇文章，僅此篇例外。

紀念堂基本完工後，我去廣州辦什麼事，高沂說，他有個老戰友姓劉，是廣東省建委主任，遂給我寫了封介紹信，請他關照一下。到了廣州，見到建委劉主任，他很熱情，說，正好，你們紀念堂有個代表團在此，你就參加他們的活動吧。我到了代表團駐地，發現很多都是我們公司的人，代表團有點酬佣性質，意思是紀念堂工程辛苦了，犒勞犒勞，到廣東省參觀休閒一下。沈工程師也在代表團中，他不同意我的加入，說從北京出發時並沒有我，現在加入不合適等等。接待人說，是建委劉主任的意見，沈工才無話可說。

二十年後，我和妻參加一個旅行團去中國，在北京天安門廣場，看到紀念堂周圍的四組群雕，雖然是文革中工農兵雄糾糾的形象，但我還是很興奮，向妻談起了當年的往事，我們還在雕塑前合影留念。

49｜蕭乾先生建議

那個時期，蕭乾先生剛從幹校回京，有一次在黃永玉家中看到他，同時還有寫《南行記》的艾蕪。黃永玉鄭重地把我介紹給蕭乾，說請我多多幫助蕭先生，他剛回來，有很多需要幫忙的地方。我滿口承應。黃先生向我介紹蕭乾兩口子時說，他們都很緊張，什麼事都緊張，叫我不必介意。我還聽說，幹校撤離時，從領導的抽屜裡發現了一些小報告，是蕭某人給領導打的，告很多人的狀，領導根本不重視，任其流傳出來，引起極大的公憤。後來，我去蕭乾先生的住處看他，幫他解決了很多生活上的問題，但是他也真的給我很大的幫助。

我們經常聊天，我講述了自己在文革中建造毛主席像的一些經歷，蕭乾聽得很認真，很投入，他還問了很多問題。他認為，以十年的時間，從事一項如此重要的工作，又積累了這樣多的經驗，是很大的一筆財富。他一再勸我，要把這些經驗總結出來，但我總認為這些沒有用。蕭乾到底是經多識廣，知道一個國家的發展，離不開知識，離不開科學技術。雖然目前的氣候不對，但一定會有大改變的。他看我如此不上心，很是著急，為了督促我，他老先生竟然親自為我寫了論文的提綱。我現在手裡還有一份他寫的提綱：「關於雕塑的設計、修建和維護工作的幾點建議」下面有具體的要求：「全文控制在五千字左右，可以略加些數字圖表，但數據不宜過多。如有圖片，可以附一些。全文可大致分為三部分，第一部分務虛，第二部分要拿出切實的憑據，第三部分技術性較強，應設法寫得活潑生動些。在文章的最後部份，他寫道：最好強調互懂，號召建築界培養專門人才要懂造型藝術；號召美術界培養專門人才要懂得一些建築方面的知識。」其實，我就是典型的互懂的一位專門人才。

蕭乾是一位偉大的文學家、翻譯家，而不是科學家，不是工程師。但是他寫的那份關於雕塑的幾點建議，還很有些參考價值，我後來去清華大學念研究生時，真的把那篇蕭乾要我寫的論文寫了出來。雖然不完全是他的路子，但有他的影子。

那時候，文革後期，百廢待興，整體的氣氛對知識和知識份子都不重視，我也不求上進，對自己的業務不上心，不鑽研。因為失望，我自認為幹了那麼多事情，卻得不到重視。從小處講，給公司爭取了那麼大的榮耀，韶山區每次的報告，上報省革委，抄報國務院值班室，以及各研究單位，還一定加上北京第一建築工程公司。但我回到單位後，從不安排我像樣的工作，叫我下放到最低層，甚至下放到農村。五、六年吊著我，我太難過了。所以，我反而搞一些副業，我寫一些兒童讀物。因為我的小女兒和我們一起住，她總是叫我給她講故事，我也找不到什麼兒童讀物的書，就是找到，也都很差的，心想，還不如自己編一些。這樣，我寫起了兒童讀物，而且興趣十足。沒想到歪打正著，我寫的一篇兒童讀物〈青銅寶劍〉在我去美國後，1981年居然得了全國獎。

我有一個堂弟，是我二叔的大兒子，叫高歌。文革中，他從航空學院畢業，竟然被分配到青海芒崖石綿礦電廠，但在電廠，他仍不安於現狀，一心搞科研。據說，他發明了一種理論，一個星期睡不著覺，自己不敢相信那是真的，頭髮都掉光了。他把那理論寫成論文，帶到北京，看可否發表？我把我堂弟的故事也告訴了蕭乾，誰知道他老人家竟然寫了一封信，並不是特定給某個人。蕭乾的生花妙筆，把我和堂弟的事蹟寫得格外生動。一個偶然的機會，我和堂弟一起去北京師範大學看我們的三爺爺高沂，正好教育部部長何東昌也在，他和高沂在清華大學是同事，高沂是黨委副書記，何東昌是教務長，兩人關係不錯。我正好帶著那封蕭乾寫的信，就想：這是個機會，何不拿給何東昌看看。我把信掏了出來，簡單說明了一下，就把信遞給了何東昌，他接過信來，認真地閱讀。看完信後，他毫不遲疑，馬上對我說：「你，去清華大學進修，享受研究生待遇，我馬上給土建系分黨委打電話……」他又指著我堂弟說：「你去北京航空學院讀研究生，我關照一下，大概要考考外文。」想不到，事情竟然如此容易地解決了，而且一次解決兩個人的問題。

我去清華大學的事，經過公司批准，我就入學了。我堂弟則去了北航念研究生。我在清華兩年，讀了全部建築設計，建築規劃兩個專業的課程。研究生們還不到寫論文的階段，我的兩篇論文已經在清華發表。我堂弟則在讀研究生的同時，發表了他的論文，大概叫〈沙窩駐丘理論〉，得了中國科學發明一等獎，胡耀邦、趙紫陽在中南海接見他，他還被評為航天工業部十個最有貢獻的科學家之一。當蕭乾知道這個結果時，他非常高興，高興他的朋友這麼爭氣，當然也高興他寫的信發揮了功用。

50｜研究生生涯

1978年，是文革後招收研究生的第一年，秋季入學，我到清華大學去報到。分配給我一間宿舍，與系裡一位小年輕的同住，兩人一間，算是很照顧了。吃飯在食堂買飯票，但是在冬天，排隊打飯回到宿舍，飯菜都冰涼了。

我在北京也是剛安家，我妻子從西安調到天津五年，才調到北京。公司分給我一間房，還是用我十平米的房換的。這房雖只有一間，但是地點很好，在北京市中心東四北大街，就在當時外交部的西邊。當我有了此間房後，請了兩位同事去幫我抹灰，一位是後來作到北京市市長助理的小萬，一位是我以前的同屋小熊，他後來作到了建工局的處長。除了抹灰外，還在屋子旁邊搭了間小廚房，廁所則要到馬路對面去上公共廁所。那間房子大約有20平米，雖然很簡陋，但是我有家了。我小女兒跟我們，大女兒還在天津，跟我媽，我們經常去天津看她。

我平時住在清華大學，因為功課還蠻緊的，只有週末回家。來回都是騎自行車，冬天騎車好冷呀，要帶厚厚的棉手套，棉帽子，帶個大口罩。不過一趟車騎下來，裡面的汗衫都濕透了。但是，我好喜歡上那些課，好像海綿一樣地吸收。後來來美國後，我姨父看到我的研究生成績單，說，「這都是些什麼課呀！」倒是，那些課有：西方藝術史，城市建築史，中國建築史，中國美術史，中國園林史等等，大大開闊了我在藝術史方面的眼界。這跟我今後搞收藏中國畫也有一定的關係。因為搞收藏，離不開藝術史，尤其搞中國畫收藏，離不開中國美術史。我認識的兩位世界級大鑑定家，收藏家王己千和曹仲英，對中國美術史都熟悉到成了常識的地步。

當時我向學校提出，希望給我一位指導教師，系裡安排了陳志華先生作我的指導教授。陳先生學識淵博，學貫中西，在學術界有很高的地位。難得的是，他從不講假話，不隨波逐流，有自己獨立的觀點，這在當時的中國，真正是難能可貴。他與我是亦師亦友，我們關係很好，他從不硬性地給我規定什麼，總是循循善誘地引導我。在他的指導下，我在清華完成了兩篇論文。

最後在我的「清華大學學生成績表」上，我修了十三門課，在畢業設計（論文）成績及評語上，陳志華先生親自寫道：「學習期間寫作論文（1）中國古代建築中的鎏金與貼金;（2）關於室外大型雕塑的建造與維修，有較高水平，有比較獨特的資料和觀點。其中（1）已正式發表在本系《建築史論文集》中，（2）已列入學術報告會。這份學生成績表有系主任汪坦的簽名和清華大學的公章。順便提一句，我後來到美國後，為了申請國防語言學院的教職，請美國教育部認可的「國際教育研究基金會」評估，我在清華大學八年學習的成績，相當於美國博士後的水準。

我和陳志華教授一直保持著聯繫，我到美國後，他也給我寫了很多信，儘管信都很簡短，但是都非常生動。後來，北加州萬佛寺的住持老和尚宣化法師要建造大雄寶殿，我為他請了清華大學陳志華等三位教授，美術學院的錢紹武，侯一民和史超雄三位教授，這其中還發生了很多故事，容後再表。

我在清華期間，有一次，我正在宿舍唸書，一位天津美術出版社的女編輯來學校找我，是她先到了我家，我太太告訴她我在清華，她就坐車來找我了，我很吃驚。原來，他們想把《青銅寶劍》改編成小人書，請我改寫。後來，就是這本小人書得了全國獎。

學習期間，我與很多教授都建立了很好的關係。例如汪國瑜教授，我出國時，他寫了字，畫了畫送我，我在美國期間，他也給我寫過信。其中一封信說，他在抗戰時期在重慶，生活很困難，一位朋友給了他一兩黃金，解了他的燃眉之急。他想讓我把值一兩黃金的錢寄給目前在美國的這位朋友，他在國內給我人民幣。此事不記得我怎樣回覆的，但他這種念人家好處的精神，很令我感動。

文革期間，很多過去在我家住過的老朋友，由於他們單位到我家外調，我母親都說他們的好話，他們也感念這位老大姊，與我們都聯繫上了。這些老朋友當時都身居要職，但都很念舊。他們聯合起來，給天津市委寫了信，說我們家是我黨在抗日戰爭與解放戰爭時期的「堡壘戶」，掩護了很多重要的革命同志，貢獻卓著。文革期間遭受不正確的對待，被壓縮了房子，請市委協助解決等等。這些人中，有楊易辰，他好像作到河北省省長；有王明遠，北京農業大學校長；于榮光，大概是二機部西南局的局長，他的愛人張華，是國家建委的幹部。我讀研期間，和于叔叔，張阿姨有聯絡，有一次，我聽美院一位教師告訴我，聯合國在義大利辦了一個學習班，為期一年，學習如何保護古代的文物、建築和雕塑等等，這正是我想學的。我偶然跟張阿姨談起這事，她說，那咱們爭取去，我想，這事怎麼能爭取呢？張阿姨說，「這事大概是文化部管，我去打聽打聽。」她打聽的結果，問我，「我們把名額要到清華大學行不行？」我去系裡問了，系裡的意見是，把名額要到學校，非常歡迎，但不一定叫我去。我想，既然不讓我去，我幹嘛替你們白做工呢。但是張阿姨真有本事，竟然把名額要到，給了清華大學，這其實也順理成章。系裡果然讓另一位教師去。那位教師還和我談過話，他知道我正申請出國，要去美國。他分析，去美國是千載難逢的機會，要好好把握。到義大利只是暫時的，可以放棄。當然，我放棄了，他就可以去了。

研究生同學們都很好，都很珍惜這個學習機會，我雖然年齡不是最大，但是閱歷卻是最豐富，研究生們都尊稱我為大哥。我確實也很照顧他們，有些他們解決不了的問題，只要找我，一定幫忙，一定解決。久而久之，我在研究生中的威信非常高，尤其是，我的文章居然刊登在《建築史論文集》上，讓他們羨慕不已，因為整本都是教授們的文章，學生中，只有我一人。

說到那篇論文，我還是真下了功夫，我在四人幫被打倒後，從箱子底翻出寫了一半的論文，把初稿和一封長信寄給沈從文先生。沈先生在百忙中看了我的論文初稿，並就我的問題給了許多明確的答覆，他老人家寫了一封四倍於我的長信，蠅頭小楷寫了整整八頁紙。他不僅提供了許多參考文獻，而且有的就直接旁徵博引，省得我再去考證。我在論文裡曾引用了一段沈先生覆信中的話，我的指導教授陳志華先生獨具慧眼，他一眼就看出這些材料有來頭，他問我資料來源於何處？我於是老老實實地說明是沈先生覆信的摘抄，他說應當把來源的出處寫清楚。

於是我加上了「據考古學家沈從文先生致函介紹」等字樣。可惜的是，這封這麼重要的信，竟然丟掉了，真是懊惱。

我請教的人中，還有考古研究所所長王天木，也叫王振鐸，原先是鄭振鐸的副手，蕭乾先生也知道他，說他很厲害，鄭振鐸飛機失事死去，他當了所長，我曾多次向他請教，我家離他家很近，他住在文化部宿舍，走去也就五分鐘。我去四川考察時，他寫了多封介紹信，對我幫助很大。我臨去美國前，到他家去辭行，他竟然送我一幅對聯，是他寫的隸書：「山隨畫活，雲為詩留」。後來，我在香港黃永玉家裡，看到他寫的字，黃先生說，他不輕易給人寫字，但他的字極好，並說，他也不輕易交朋友。我才知道，我何其有幸，能獲得他的青睞。

還有一個人，王世襄，他在文革後，成了大名人，因為他是北京，乃至全國有名的玩家，他玩的東西五花八門，千奇百怪。例如，鬥蛐蛐，養鳥，玩核桃，古琴……。最著名的是明式傢俱，他出版了好幾本書。我向他請教的是清代「工程作法則例」，這方面，他是專家。我向他請教，他毫無保留地給我印了有關部份的復印件。

另外一位對我幫助最大的是北京鋼鐵學院的一位教授，可惜我連他的名字都忘了。他有測厚的能力，也可叫測薄的能力。人們常說，「薄如蟬翼」，我就抓了一隻知了，也就是學名叫「蟬」的，請他幫我測測厚度，他測的結果，蟬翼上薄厚不勻，以22-24張金箔相加的厚度，和蟬翼上最薄處相等。他幫我測金箔的厚度，一張金箔厚度不盡一致，中間略厚，邊緣略薄，厚度從0.2微米到0.5微米不等。將金箔朝亮光處觀察，金箔呈藍綠色，原來金箔厚度與藍綠光波長相近，所以呈藍綠色。

研究生的生活還有兩次考察，最值得記憶。一次是1978年寒假，我們全體研究生去山西考察古代建築，研究生所在的單位各自出旅費，我們公司也給我出了。那次是古建築專家莫宗江教授帶隊，我們看了應縣木塔，上下華巖寺，雲崗石窟等等，不僅大開眼界，而且看中國古建築，有專家講解，那不是一般旅遊可比擬的。在應縣木塔，我們一直爬到塔頂，不像現在，只能上到第二層。

一路上，我們都很高興，一位當地的同學說，大同出美女，我們不大相信，因為一般是蘇杭或海邊的青島、大連出美女。但是到了大同，住進酒店，還真看到美女，服務員中就有美女。她們皮膚白皙，鼻樑高挺，濃眉大眼，有人說，她們是少數民族，好像是鮮卑族。有兩位同學是夫妻倆，他們還跑得更遠，看了北岳懸空寺，說非常精采。我2000年和妻一起，重溫山西古建築之旅舊夢，也看到了懸空寺，為我平生所僅見的令人激動不已的中國古代建築。

另一次旅遊考察是1979年暑假，我跟公司要求去考察中國古代雕塑，那時可能氣候變了，知識和知識份子都受到了重視，像蕭乾先生預料的一樣。公司的一位白經理很痛快地批准了我的請求。美院的錢紹武教授親自為我擬定了考察的路線，並為我寫了幾封介紹信。我先到四川的廣元，然後成都，重慶，大足石刻。回到河南，洛陽龍門石窟，轉一大圈。王天木先生也為我寫了介紹信。

我的第一站是四川的廣元，這是四川的第一個縣，可以具體地體現「蜀道難」。廣元有唐代古棧道遺跡，那些棧道開鑿在江岸陡峭的岩壁上，十分艱險。廣元也是川陝公路上的樞紐重鎮。到廣元，縣城就在嘉陵江邊。到了這裡，我才知道，所以叫四川，是有四條江匯入揚子江，這就是嘉陵江，岷江，沱江和涪江。在這裡，我用的是清華大學的介紹信，先找文管會，他們極為熱情，馬上先安排我住在縣招待所。在文管會，我看到，辦公室的地上，堆放了一大堆銅片，便問是怎麼回事，文管會主任說，那是戰國時代的青銅器，被打碎了賣銅，他們是從廢品收購站買回來的。我問，怎麼會有那麼大一堆？主任說，戰國時期的墓葬，是成群的，都是墓葬群，一出土，就是一大群。但是政策是：地底下的文物是屬於國家的，農民發現後，如上交，得不到任何好處，所以他們情願打碎了賣廢品。我再問，那不能有償捐獻嗎？回答，這得中央擬定政策。真可惜！回京後，我向王天木老報告此事，他也唯有嘆息。招待所裡沒有浴室，但在露天有一個澡盆，小服務員每天給我燒一壺開水，我就在露天的澡盆裡洗盆浴，當然得穿著游泳褲。廣元縣文物非常豐富，像唐代的千佛崖，武則天墓，唐代摩崖石刻等。我提出要看唐代的觀音崖石刻，但那在兩江交匯處，離縣城四、五十里，他們犯了難，因為叫我走四、五個小時，實在不是待客之道。一位年輕人提了一個合理化建議：他說，先騎自行車沿江邊走，可以至少甩掉三十里，再走就好多了。次日一早，我們騎了自行車出發，一路上很順利，路過一處甜瓜地，香氣四溢，這瓜北京叫香瓜。索性下車，買了兩個香瓜，當場就吃，那叫香，那叫甜，而且絕對是有機的，非常之享受。不能騎車了，把車子托付給當地的老鄉，我們開始走路。因為一直沿江走，風景秀麗，不知不覺就走到了。但要過江，在江對面才是摩崖石刻。

一位年輕人負責在江邊擺渡，他是個復原軍人，專門在江邊擺渡，給人方便，而且是免費的，說，生產隊給他記工分。我們到了江對面，這裡人跡罕至，走在沿岸鑿成的小路上，仰望頭上懸石，危然欲墜，俯視崖下急流，浪花四濺，其險狀較古棧道有過之。我得躺在地上，用望遠鏡看崖上的銘文，竟是唐開元年，是公元713年，離1979年是1266年。看到那麼多精美的唐朝石刻，真正非常享受。想想，當年為了出征，在摩崖上雕刻觀音像，以保平安，正因為人跡罕至，才保存這樣完好，文革中，紅衛兵都沒辦法破壞。這是非常好的旅遊資源，應當好好利用。我們看完石刻，就要打道回府了，來到江邊，那位擺渡的人頭戴草帽，站在江裡等我們呢，因為天太熱，他不得不站在水裡，真令我們感動。

我們到了對岸，他熱情地邀我們去他家裡喝點水，我們答應了，到了他家，我說，給他們全家照張相吧。他非常高興，叫全家人都換了新衣服，梳了頭，坐好了，我給他們照相。文管會的年輕人說，一定要用閃光燈，因為老鄉們喜歡電光，我就用了閃光燈，照完相，他們開好了西瓜叫我們吃，真是盛情難卻。

我的第二站是成都，這次用的是王天木老的介紹信。我先找到省文管會，到了辦公室，我拿出介紹信，問：哪位是沈主任？一個人答：我是。再一封信，我問：哪位是秦教授？答：我是。再拿一封信，哪位是張先生？答：我是。三封信給了文管會的三位領導。他們看了信後，不約而同地說：「這是老師來的信。」三個主要領導商量的結果，他們停業三天，要了所裡的車，由沈主任親自陪同，帶我參觀成都的歷史文物。有超級講解員，又有汽車坐，三天之內，看遍了成都的文物古蹟。特別是尚未對外開放的前蜀王王建，後蜀王孟知祥的墓，沈主任介紹孟知祥墓時，叫我們看它的風水，墓地在半山坡上，像一把扶手椅，面對江水，墓地就坐落在椅子座上。沈主任說，墓道口填滿了條石，要一塊一塊地把石頭用起重機吊開，才看到墓門，笨重的石門一打開，墓室兩邊精美的壁畫，眼看著就變色，最後完全被氧化消失了，現在看，什麼也沒有了，殊為可惜。

中國的建築以木結構為主，不像西方國家是石頭建築。但是孟知祥的墓，是極其考究的石建築。墓整個成半球形，石頭一圈一圈地砌，砌到最後，正好留下一個圓洞，蓋一塊圓的墓頂石。當年盜墓的人不是從墓門進入，而是從刨開墓頂石進入的墓中，搜括了一通，屍體沒動，就又把墓頂石放好，還算有規矩。每塊石頭接縫處抹了草木灰，因為接縫材料是石灰，草木灰可使石灰鈣化。石縫中還打了鐵釘，鐵生鏽，體積膨脹，把石頭擠得很緊。這正是古代勞動人民的聰明才智。

在文管會，我看到了許多精美的漢代畫像磚，沈主任說，是他野外考察時，在一家農舍的猪圈發現的，漢代畫像磚竟然砌了豬圈。他們馬上用新磚為那位農民砌了新的豬圈，把那些漢代畫像磚替換了下來。

我寫這本書，大概95%都是靠回憶，就像這段孟知祥墓，沒有任何文字的東西供參考，甚至後蜀王的名字我都沒再去查證。33年前的往事，居然記得如此歷歷在目。當然也可能有記憶不準確的地方，只好請讀者原諒了。

我在成都考察完後，要去大足，那裡有中國最偉大的宋代石刻。省文管會給當地文管會打了電話，告知一位清華大學的高老師要去大足，請他們好好接待。到了大足，文管會主任叫他兒子陪我，他兒子是個大學生，正放暑假。他真很好地完成了使命，我在大足看得很開心。尤其傍晚時，幾位年輕的女講解員和我一起看那些雕刻，還到一座廟裡，進門時問你先邁的左腳還是右腳，然後數多少步，看你是哪尊菩薩。看一種花，是定時花，到鐘點準時開放，花開時，有蝴蝶飛來，我用閃光燈一照，蝴蝶竟然撲愣愣跌了下來，我們笑死了。我吃飯由一位大嫂做，晚上，她燒一大盆開水，叫我在小寶頂洗澡。大、小寶頂是大足石刻的主要部分，據說，小寶頂是規劃，然後才開發的大寶頂。我在小寶頂洗澡，對著那些佛像裸呈，彼此都不害羞。

大足石刻是宋代雕刻，一般說，中國的雕刻是唐盛宋衰，但是到大足，宋代不僅不衰，還很盛，因為唐末，連年戰火，內地世代相傳的石雕工匠，大批逃亡到相對安定的四川，並且傳承了他們的手藝。中國古代雕塑，漢代的畫像磚，多是寫意的，那些生活場景，那些飄逸美女，都令人驚歎。到了北魏，玄奘取經，從印度取回來真經，他去的是鍵鉈羅國，那裡的人有很多是希臘移民後裔，他們帶來了希臘寫實的雕刻藝術。這些也被玄奘取經取了回來。所以北魏的雕刻，開始有寫實的影子了。到了唐代，雕刻完全是寫實的了，有蘇聯專家曾說，唐代某雕刻上的一條女人的手臂，上面血管、筋絡，栩栩如生，與真的一樣。大足石刻，延續了唐代的寫實風格。這裡是佛教密宗黑教的教宗，名趙智鳳的發願開鑿的。大足石刻中有他的像，兩邊兩幅對聯我還記得清楚：「假始熱鐵輪，於我頂上旋，終不以此苦，退失菩提心。」這是他的座右銘。在大足，我飽覽了宋代最精美的石刻，得到很大的享受，大開了眼界。

從大足，我回到重慶，又是錢紹武的介紹信，我住到了四川美術家協會，認識了李煥民，他是一位極為傑出的版畫家、書法家，和我成了好友。以後我到了美國，與他還有聯繫。

我的最後一站是洛陽的龍門石窟。錢紹武的介紹信，找到了龍門石窟的辦公室，他們很熱情，叫我就住在辦公室，晚上睡在宣紙垛上，在有龍嘴吐水的池子裡洗澡，這可是空前絕後的，是我一生的榮幸。

研究生的生活很快就結束了，因為我於1980年4月18日到了美國，展開了我人生完全嶄新的一頁。年近四十，不通英語，不會開車，沒有任何錢財，與家人相隔萬里，我是怎麼支撐下來的，且聽下回分解。

1982年金東公司成員與南工教授。

1981年在伊利諾大學英文班Party。

第十章

準備去新大陸美國

「你們出來必不至急忙，也不至奔逃。因為耶和華必在你們前頭行；以色列的神必作你們的後盾。」

（以賽亞書52；12）

51 找到三姨

三姨1947年去美國，解放後，初期還有聯絡。三年困難時期，她托香港的一位牧師給我們寄一點吃的，例如奶粉、豬油等等。文革時，這成了我家裡通外國的一項大罪狀，據說香港的那位牧師是個特務！他是特務關我們什麼事？我們也不知道。我們既沒參加特務組織，也無特務活動。到了困難時期過後，我們收不到三姨的任何書信了。可事後三姨說，她每年聖誕節都一定給我們寫信，但從未收到回信。我們也根本沒收到美國的來信。只有一種解釋：信叫有關方面沒收了。

從美國總統尼克森秘密訪華，到卡特政府與北京建交，事情的發展快速得令人眼花撩亂。我們在美國的中文報上登了廣告，居然有三姨的朋友看到，打電話給她，她才知道我們還住在原處，馬上寫信聯繫，就聯繫上了。我給三姨寫的第一封信，就要求去美國讀書，我雖然快40歲了，但是目前仍在清華大學讀書，願意到美國深造。三姨還真痛快，回信就同意我去美國讀書。

系主任知道我要去美國，找我談話，他也是清華留美的學生。他問我，現在工資多少錢？我說是62元，他又問，研究生畢業後，可以漲工資嗎？我說，不知道，如果漲一級，最多70元。他說，你還是走吧，當然錢只是一個方面，更重要的是，出去可以開闊眼界，可以有更多的機會。我決定走。妻子和家人都支持我走。

第一步是辦護照，三十多年前辦護照可是大事，我托了很多人。最後公安局發護照的人問我們公司去取護照的人事幹部，他說：「高魯冀是什麼人呀？」回答：「就是我們公司一個一般技術幹部。」他又說：「他怎麼那麼能幹呀，都有十幾個人跟我們說，請快一點給他辦護照了。」公司人事幹部回來問我，都托了誰？我也說不清楚了。第二步是向所有的朋友們告別，沒想到，很多好朋友都送了字畫給我，是我一生最寶貴的財富。

52｜劉開渠先生

我到劉開渠先生家裡告別，他家住西城區，我是1976年認識他的。源於我1975年9月份給他寫了一封信，他1976年12月3日才收到。還有一本建築技術雜誌，我請美院當時的黨委書記盛揚一併轉交，盛揚忘記了。但好在，當他發現那封信後，還是轉交了。劉先生用一句話代過：「盛揚同志忙。」劉先生很客氣，大大讚揚了我的工作，認為不僅對現代雕塑，就是對我國古代雕塑都有極大的意義。他叫我有空到他家坐談，還問我的地址，準備前來拜訪。信後還寫了他家的電話。信寫的是非常誠懇，我深受感動。我便去他家拜訪，劉先生對人很嚴肅，但我每次去，他都是面帶微笑，對我侃侃而談，每次都談三、四個鐘頭。劉先生人真好，對我是傾其所有，無所不談，把我真當成了好朋友。我想：他就是對自己的研究生，也沒像我一樣，那麼誨人不倦地教導。他講述了他從1928年到1933年到法國的留學，他走時乘船過印度洋，有小孩子在船邊游泳，討一點小錢。回來過紅海，過蘇伊士運河，埃及官員竟然討要香菸。他說他是蔡元培先生推薦去的法國。我以為他的老師是羅丹，他說，不是羅丹，是撲舍，說他的老師的雕塑很多，他最喜歡老師做的全身的雨果像。並說，蔡元培下台後，他的經費被取消，幸得撲舍聘請他為助手。他在法國共留學六年。

劉先生是在「9・18」後，心繫民族之危亡，毅然回國的，他的民族氣節真令我感佩。抗戰期間，他做了「12・8松滬抗戰陣亡將士紀念碑」，「川軍抗日英雄紀念碑」等。劉先生說，他剛回國時，去拜訪蔡元培，正好魯迅先生也在，聽說他是學雕塑的，很高興地拍著他的肩膀說：「過去中國人只做菩薩，現在該是輪到做人像了。」劉先生1948年做了魯迅頭像，1949年做了魯迅浮雕像，都很傳神，大概跟他接觸過魯迅有關。

他從1963年起，就是中國美術館的館長，學術地位崇高。劉先生本身就是名人，他又與很多學術界、政界人士來往，但非常平易近人，對我像對同輩人，令我如沐春風。他的一句名言是：「人生是可以雕塑的。」

劉先生家裡掛著他自己畫的中國畫，相當有水準，我問起來，他說，他最初是學繪畫的。劉先生的字寫得也好，很有功力，沒想到，我臨走向他去辭行，他竟然準備好了一幅畫、一幅字要送我，並且當場題記，他先寫「魯冀兄留念」，我說：「劉先生，您可把我折死了。」我堅持不讓他再寫「兄」，他就寫了「魯冀老弟留念」。這兩幅字畫都沒有裱，僅把他給我的信裝了框，掛在我的客廳。但他送我的字畫，我一直珍藏。

聽美院的朋友談過一些劉先生的事情。劉先生有三個女兒，大女兒劉微娜患了腎炎，1958年才19歲就病逝了。二女兒劉米娜出生時臍帶繞頸，造成終生殘疾。小女兒劉沙平1967年竟然在北京玉淵潭游泳時淹死了，死時才24歲。她曾到韶山做毛主席塑像，她死後我們還開了追悼會。人生最大的不幸莫過於少年喪父，中年喪妻，晚年喪子，劉先生真是不幸，但他經受住了這巨大的痛苦。

文革時，美院工人造反派一個姓萬的頭頭找劉先生借錢，劉先生不敢不借。工人宣傳隊進校，那位萬某人上台發言：「反動學術權威劉開渠，腐蝕我們工人階級革命群眾，他借錢給我……」說到此處，他重重地一拍桌子，接著說：「現在我認識清楚了——我不還了！」他的這番話傳為笑談，是雕塑系的學生告訴我的。

那時，我在北京軍區幫忙，經常可以拿到一些演出票，有時有在西城區演出的，我就請劉先生一家人去看。冬天，劉先生穿一件大衣，但是不戴帽子，他說，讓風吹一吹頭舒服。劉先生有寬闊的前額，一定聰明。

劉先生有一次對我說，他很想要一隻松鼠，看牠的動態，要做雕塑。我認識北京動物園的主任，但是主任告訴我，松鼠不在動物園的養殖範圍，以前有幾隻，也沒特別留意，現在一隻都沒有了。我沒有辦成這件事。

劉先生有一本《大足石刻》的畫冊，我借去看，後來提起來，我還沒看完，劉先生說：「我還有一本，那本你留著，不用還給我了。」我還從未看到一個人對借出去的圖書，採取這麼豁達的態度。

1993年我回國，正值劉先生的葬禮，本想去看他的，成了終生的遺憾。參加了他的追悼會，算是送他一程，劉先生安息吧。

53｜沈從文先生

我與沈先生的交往，有兩篇文章可做參考：〈我所認識的沈從文先生〉；〈鐘開萊教授談沈從文先生〉。兩篇文章都是我寫的，發表在《海內外》雜誌1980年9-10月號上。《海內外》是在紐約聯合國總部任翻譯的一位中國人尹夢龍先生辦的。我來美時，蕭乾先生介紹我認識他。1980年9-10月份沈從文，黃永玉先生相繼來美，我與尹夢龍先生商議，出了一本專刊，內有我寫的四篇文章。沈先生在美西的活動，我寫了兩篇文章發表在香港大公報上，時間是1981年2月17-18日。

我臨去美國前，沈先生送我一幅字，他原先捨不得送，因為寫得太好了，自己非常得意，就說送給他太太了，沈伯母說：「你要說送給我了，我就做主送給小高，你自己寫得得意了不捨得送給別人，就說送給我了。」沈先生也笑了，說：「也罷，就送給你吧！」他還寫了款，注明魯冀先生正等字樣，並逐字給我唸了一遍，講解了其涵義。送我出來時，沈先生對我說：「也是咱們有緣分吧，這幅字我原來是捨不得送給別人的，你帶去留個紀念吧！」這幅字我愈看愈好，真正是沈先生的傳世精品。

沈先生有許多藏書，很多是他自己的作品，也有作家朋友們送的，彌足珍貴。文革時，全部被抄家抄走，後來「落實政策」，書被還回來了，一大堆堆在院子裡，因為屋裡住人都不夠地方。書在院子裡風吹日曬雨打，不得已，都拉到廢品站賣了「廢品」。我至今還藏有一《八駿圖》，是文化出版社民國二十四年十二月初版，二十五年六月四版。封面有沈先生自題「從文自藏書第四版，三十七年五月」，封裡寫著「六個月至四版，其實一次只一千」。題記前還有他手寫的「自著天字第四號」等字樣。

54｜黃永玉先生

我與黃永玉先生的交往，從我15歲時開始，時至今日，已經超過半個世紀。 我35歲生日時，黃先生送了我一幅荷花，上書，「魯冀弟三十五歲，相識二十年矣。」我1980年4月18日經香港去美國。1988年4月底，從中國返美期間，又經過香港，在港與黃永玉一家再次相聚，我與黃先生和梅溪暢談，很多是回憶往事，永玉驚嘆我的記憶力之好，叫我寫出來，他想辦法發表，因為可從一個小小的側面反映中國當時的情況，是歷史，這篇東西我寫了四千字就停了。我80年在美國舊金山為《東西報》做事，寫了一篇「黃永玉七八事」，那時剛到美國，那些事記得還清楚，就寫了下來。報社一位老先生，姓蔣，他對我說，「小高，你寫的文章很生動，就像和人家在談話一樣」。其實，這也是黃先生教的。他曾對我說，「寫文章，就是把你要講的話寫下來，如果能加上一些土話，就更生動了。」文革期間，黃先生給我寫過幾封信，僅留了一封，我把它裱了起來，連同他刻的韶山毛主席故居圖一起裝了個鏡框。他的信是這樣寫的：「小高：信收到了。蠻妮十二月底要到廣州外婆家去住個把月，我希望他們能在那裡見到你，還有一個想法，如果在他們從廣州回京時你還在韶山，那麼他們上韶山去一趟豈不是絕妙的事！當然這些想法都是在你方便而又不妨礙工作的前提下才辦得到。你說要回北京一趟，能看看你，我們是想得很的。學院一些老人如李可染，滑田友， 許幸之，到湖北安家，田世光因病回妙峯山老家，郭味渠回山東，其他一些人，你不認識了，都只是老弱病殘範圍內作了一些如上之安排，至於其他問題要看下一步布置了。最近我刻了一張主席舊居，是木口木刻，現寄你一閱。 祝你一切順利。 黃永玉 十二月二十三日」此信哪年寫的，從郵戳上看不出來，但總是在1970年以前吧。

記得還有一封信，是永玉在河北磁縣下放時，梅溪叫我寫的，還帶了一個我做的煙斗，黃先生回信大談煙斗的造型及「熱力學」，「通風學」等問題,可惜找不到了。黃先生抽煙斗，他用鹿角做了一些煙斗，上面還貼了腐蝕銅板畫，文革時，怕抄家被抄走，又成了什麼罪狀，就包了一大包，叫我帶走收起來，我那時住在建築公司的單身漢宿舍，我鎖在我的辦公桌裡。我也沒看到底是些什麼東西， 後來風聲不緊了，我把那包東西又還回去。我在黃先生的指導下，也做了一些煙斗，半個世紀後，它們居然還在 (有照片為證) 。黃先生還為附近一個花店的老頭們做煙斗，那些老頭收到都好高興，有時還包一束花送給黃先生。

文革時，在黃家，我們合力做了些事，例如銅腐蝕畫，等等。黃先生叫我找找硫酸，我找實驗室的同事要了一大瓶，拿去，黃先生用火漆滴在銅片上，然後用刀子刻出圖案，再把銅片泡在我剛剛拿來的濃硫酸裡，奇怪的是，不起作用，後來看了化學書，才知道，濃硫酸與銅不發生作用，又去要了硝酸。為做煙斗，我到處去找一種樹根，叫麻栗疙瘩。用麻栗疙瘩做的煙斗，特別好看，當時在北京成了瘋。

記得還有一次，黃先生用黃楊木刻了一幀很小的列寧浮雕像，大約有雞蛋大，再找一塊有機玻璃加熱，用那幀浮雕壓上去，有機玻璃上就有了列寧像，影影灼灼的非常好看。還記得有一次我在木材廠勞動，那裡的師父叫我刻一尊毛主席正面浮雕像，我拿了一塊椴木去找黃先生，他教我在木板上畫一條基準線，然後鼻子，眼睛，嘴等等的高度，都從這條基準線比較，像刻成了，居然還很像，黃先生說了一句，「不用上美術學院了」，不過後來想想不對，又說，「美院還得上」。 木材廠的師父用一條椴木，一條椴木拼成一個大圓，由於一條深，一條淺，就成了光芒四射的紅太陽，把毛主席像鑲在中央，成了巨大的木製毛主席像章。

有一次我帶領知識青年下鄉去挖河，挖出了不少古董，例如我們大隊挖出了一人高的青花瓷大瓶，大隊拉到食堂，後來被區裡的文物部門知道了，去一看，竟然是明朝的古董，馬上拉走。一些民間的瓷器，就沒人管了。我對知青們說，我要。後來只要挖出瓷器，知青們就說，高老師要，叫我去看，我存了一些小的， 有一件很大的瓶子，我和大隊的電工進城時帶給了黃先生，據說後來經鑑定，也是件古董，不過是民間的，那件東西好大，我們拿著都很費勁。那電工到了黃家，還給他們修好了些電器。

文革時，為了怕抄家，我家裡燒了兩大樟木箱字畫，什麼人的畫不記得了，當時我也不懂，只記得有郎士寧畫的馬。我外祖父是古董收藏家。後來我媽怕燒的太多了，鄰居會向上面報告，有一大包舊紙，就叫我帶到北京去燒，那是一包拓片。後來我父親說，是他抗戰時候買的，花了上百銀元呢。父親喜好書法，自己的字寫得漂亮。這包拓片我叫我同事拿給黃先生看，因為當時我在韶山建毛主席像，叫他問問東西怎麼樣，據同事說，黃先生說，「不怎麼樣」，但要求「送給我吧」。我說，「不怎麼樣要送給他，不送！」後來那包東西我帶到了美國，在芝加哥，我和芝加哥大學明史專家何秉棣教授談起此事，他非要看看，看了以後，他提出，「賣給我們圖書館吧。」我抱著那包東西去芝加哥大學圖書館，他們找出了不同版本的「石門頌」，那是中國最早的隸書石碑，在陝西省漢中，因為是砂岩碑，風化得很厲害，明朝以後就拓不出了，我那件是明朝拓片，彌足珍貴，可惜我完全不懂。他們問我要多少錢，我也不知道，說，「給三千塊錢吧」，他們後來只申請到一半，我也就賣給他們了，記得圖書館館長還給我寫了一封感謝信。 後來此地一位普林斯頓大學藝術史博士吳定一聽說此事，他說，「我賣房子也要買石門頌呀」，我才知道我犯了大錯，太濺賣了，一共二十幾幅拓片呢。不過想想，萬一文革中給燒了呢，還不如給圖書館保存好。可以為研究人員提供最直觀， 最好的資料。

有一封黃黑蠻，黃黑妮及梅溪合寫的信，黑蠻還畫了畫，非常精采。我們一起在韶山建毛主席像時的一位同事，他是北京美術公司的畫家，是印尼華僑，好像姓謝，他從廣州回北京，我托他給黃家帶了一捆芥蘭菜，他們收到後，很高興，給我寫了信。

我是他們全家人的朋友，記得有一次，我從朋友手中買到一輛嶄新的新式十速自行車，不知是永久的還是鳳凰的，騎到黃家，問他們要不要？那是物資緊缺的時代，買自行車要車票，還要工業券，更甭說是這種最新款式的了，黃家當場就決定買下來，給我湊了兩百多元。孩子們很高興，我2011年9月到黃先生在通縣的萬荷堂去看他，從畫室去客廳，要經過汽車房，我一看，乖乖隆的冬，六輛最新款式，最高級的車，什麼勞斯萊斯，賓立，連賓士都太低檔，沒有。我問，「買那麼多車幹什麼？」黃先生說，他們喜歡，就買吧。」

文革時，黃先生被拉去批鬥，他站在大卡車上，戴著高帽，掛著牌子，上書「黑畫家」之類的頭銜。回來他對我說，「我還偷偷地看外面呢」。那叫瀟灑，那叫苦中作樂，我想，在那樣的逆境中還有此種心態，這絕不是平常人可以做到的。 他說，有一次，黑幫們在一個什麼場合，大家還可以買西瓜吃，不知什麼人說他會挑西瓜，就叫他挑，他也來者不拒，替人挑西瓜，最後，所有的人都拿著打開的西瓜來找他，都是生的，他也無可奈何。有學生揭發他寫「動物寓言」，其實那是他和學生共同創作的，例如，他們看到大雁南飛，黃先生就信口說，「為了象徵人生的莊嚴，我們在天上排成大寫的『人』字。」那共同創作的學生給他上綱上線，他很不高興。

最令他痛心的是「批黑畫」，那時，北京飯店蓋了新樓，樓內要裝飾畫，就叫了一些畫家去北京飯店畫畫，那時畫畫是不給錢的，能叫你去，就是給你面子了。我們也很高興，黃先生也能去畫畫。但不知什麼人告了御狀，說那裡有很多「黑畫」，首先就是黃先生畫的貓頭鷹，睜一眼，閉一眼，江青一看還得了，睜一眼，閉一眼，那是對社會主義的極大侮蔑。於是開始批黑畫，因為是江青要批的，黃先生受到的壓力之大，可想而知，他每天都情緒不高，明明是對他的侮蔑，卻說是他對社會主義的侮蔑。每天要寫檢查，但都是老潘代筆，老潘叫潘際炯，是中英文都好的筆桿子，文革後被派到香港《大公報》當編輯，還為我發表了一些文章。老潘是黃家的摯友。文革期間大風大浪都過來了，卻又被批什麼黑畫， 真是莫明奇妙。江青真是幹盡了壞事。

所以，四人幫倒台後，引起了全民的歡呼，黃先生特別畫了「花好葉茂」，花與華同，是說華國鋒與葉劍英為主，清除了四人幫。

有一件事，印象很深刻，有一次，在黃先生家聊天，聊得高興，黃先生說，要是有一隻小猴子就好了，我接口道，我去北京動物園試試，我認識那裡的園長。說完了，就過去了，此時梅溪出了門，我又聊了好一會，才告別，沒想到，梅溪在門口等我呢，冬天，很冷啊，梅溪在外面凍了半天了。她就跟我說一句話，「小高，你千萬別去要猴子。」黃先生是大藝術家，想事情很浪漫，可梅溪卻是過日子的人，你想想，文革期間，房子被壓縮了，四個人擠在一間小屋裡，若再加上一隻小猴子，那得添多少亂！其實，我也不一定能要來，但因為我太能辦事了，所以梅溪有此擔心。

我交女朋友，結婚，生女，都在黃家的見證之下，記得我女朋友到北京，還住在黃家，黃家房子旁邊有一條小甬道，是他們的浴室，我朋友還在那裡洗澡。 記得我買了一隻老母雞，梅溪不僅做了雞，還用雞油蒸了包子。我曾帶我的大女兒到黃家，她會說天津快板，把黃先生逗得大笑。我母親會用芥菜疙瘩和青蘿蔔抄一種沖菜，你吃一口就會沖鼻子，會流眼淚。有一次我帶了這個菜送給黃先生，他吃了沖得眼淚鼻涕的，大呼過癮，喜歡得不行。

二女兒兩歲時，帶她去黃家，黃先生信手用鋼筆給她畫了個像，我把它帶到美國，在她生日時，裝了框送給她，遺憾的是，沒有黃先生的簽名，只有我寫的字，蓋的章。2011年9月我去北京看黃先生，女兒叫我帶上這幅畫，我帶了去，黃先生倒是一眼就看出是他的作品，我很費事地把框子拆下來，黃先生在上面寫了一些字：「高陽今年三十八，這畫是兩歲的畫，你看你長大了，我也老了，走得那麼遠，也難見你了。

黃永玉 二O一一年九月十八北京萬荷堂」高陽的名字還是黃先生給起的，他說，這是《楚辭》賦的第一句「帝高陽之苗裔兮」，叫高陽，小時候叫陽陽，大了叫高陽，也很響亮。

1994年，我受廣州和青島市政府邀請，去訪問這兩個城市，在青島，見到我二嬸，她保留有黃永玉1946年結婚時的一吋照片，我找她要來，到美國翻拍， 放大後，寄給了黃先生，他們看了極為感動。我二嬸的信上說：「50年半個世紀過去了，昔日的青年，已進入老年階段。記得那時他叫黃牛，在上猶繼春中學教書，當時是18-20歲的年齡，兩人朝氣勃勃，很受學生的愛戴。在那偏僻的小城，可算得上是才子佳人。」那一吋的小照片背面寫著：哲生，菊溪夫妻存，晚黃牛，梅溪卅五，五，十六 上猶」梅溪的信是這樣寫的：「謝謝你二嬸，竟保存了我和永玉在贛州結婚時的相片，又得你花大錢放大和寄來，看著，想著真如幻似夢。」在我放大的照片背後，黃先生和梅溪都簽了名，黃先生還寫道：「一九四六年五月於贛州攝，一九九五年一月於香港補記」。

55| 錢紹武先生

錢先生是我從河北磁縣帶走的美院十人之一，但與他卻成為好友。他曾給我，我太太，我大女兒都畫過素描像。他曾說過，「魯冀要求我辦的事，我一定辦。」我整理出他很多的信和他贈我的畫，有大有小。每封信都是很好的書法作品。我買的兩套清代大通景屏，錢先生都寫了跋，賣畫時，一併送給了買家。值得一提的是，我1988年買了清代畫家孫炳所繪十二幅通景屏帶回國裝裱，當時是劉國松的建議，我為此下了很大的功夫，在美國作了公證，有加州副州務卿的簽名，中國駐舊金山總領事館認證(有此文件的影印本)，不料，到了北京海關還是扣留，為此事，錢紹武先生幫了大忙，他不僅給北京海關寫了信，說我是他們請的專家，又說此畫文物價值不高云，由盛陽批准，蓋了中央美術學院的公章，我寫了一篇〈裱畫惶恐記〉，發表在香港《百姓》半月刊1991年5月16日240期上，但我還保留錢先生給海關寫的信，及給他一位朋友王國林寫的信，一併奉獻給讀者。畫裝裱好後，錢先生又寫了詳細的介紹，多溢美之詞。

我的另一件大的十二幅通景屏，是清代畫家蕭晨所繪，錢先生寫了長跋。一幅清代大畫家梅清畫的松樹，錢先生也寫了長跋，榮寶齋總經理米景揚先生寫了鑑定書，確認為真跡，我把此畫捐贈給了陳樹柏先生。他為建立國際科技大學出力甚多，還把我的名字刻在了捐贈銅牌上。

他還寫了「對高魯冀先生的推薦函」，2011年去北京，北京畫院美術館館長吳洪亮先生看到後說，此函書法與他後期的書法有別，他特別作了影印，留為參考。

錢紹武先生給我的信幾乎有十封之多，我很珍惜，1988年我請他和候一民等來美，他走後，從夏威夷來過信，他文學水準頗高，描寫十分生動。他還從加拿大給我寄過人體素描數幅。

2005年我回國去看他，他很熱情地給我畫了一幅扇子，我說是竹子，他哈哈一笑，題款為「蘆葦也非竹子　魯冀一笑　乙酉　紹武　信手」反面是書法「雲破月來花弄影　魯冀老弟一笑　乙酉　錢紹武」回美後，將此扇給曹仲英先生看，他說，「啊呀，畫得這麼好！」他認為錢紹武用書法的筆畫的畫，是中國畫的最高境界。

2009年我回國，去看錢先生，他那時搬到了郊區大別墅，據說有八百平方米，室外有他的雕塑作品「瞎子阿柄」，室內極奢華，掛滿了他的書畫作品。我帶去一把成扇，他在上面寫了「此心悠然　魯冀老弟存之　己酉　錢紹武」。

2010年我們為了韶山毛主席青年時代塑像整修四十週年，在北京有聚會，嚴東生，盛楊，錢紹武等都有出席。

2011年清華大學百年校慶，錢紹武先生也去了人民大會堂，從清華大學電視台中得知，他把自己的全部作品與全部家產都捐給了清華大學，學校為他成立了「錢紹武研究院」，他任院長。候一民知道此事後，氣憤不已，大罵他是「叛徒」。

錢紹武的父親是有名的英語專家，是北京大學英語教授。不過他的英語是文字上的功夫，不能說的。朝鮮戰爭和美國的停戰談判，中國派了錢老先生前去，以使翻譯的中英語版本絕對準確，這是錢紹武親自告訴我的。錢紹武考美院也有故事，據說，他的素描和英文都考了一百分，但是數學卻考了個大鴨蛋，他的成績拿到院長徐悲鴻處，由他仲裁，他看了錢先生的素描後，說：「我也不懂數學。」錢紹武遂被錄取。黃永玉先生曾評價說：「錢紹武的素描，是美院的第一把交椅。」但是錢紹武給黃永玉畫的像並不成功，像王乃壯（另一位畫家），我和黃先生笑了好久。

56| 蕭乾先生

我與蕭乾先生的交往，曾寫了一篇文章，在他死後發表在香港《開放》雜誌上，下面是此篇文章摘要：

蕭乾先生在京駕鶴西行了。蕭乾先生學貫中西，著作等身，世人公認他就是一本書，這點我可以證明。我和蕭乾認識大約在文革後期，1974年左右，第一次是在畫家黃永玉家裡。記得那天在座的還有艾蕪，是寫《南行記》的作者。黃永玉鄭重其事地把我介紹給蕭乾，蕭乾也給我寫下他家裡的地址。

蕭乾和他太太文潔若剛從湖北幹校回來。那時，大家都沒有電話，欲拜訪某人，你就得親臨其門，人在，你可能得以進門；人不在，你就撞了門，得改日再訪。

我那時雖結了婚，但夫妻分居兩地，有大把的時間，就去拜訪蕭乾。我去拜訪他，倒是每回都能見到他，從未撞過門，因為他根本不上班，終日在家裡，是名符其實的作（坐）家。記得第一次拜訪他，他就借給我一些書，都是他寫的或編的。經過了文革，他們這些老作家的書，圖書館裡都沒有了，或說不借了。他們本人倒還保留一些。記得有他寫的《人生採訪》，《未帶地圖的旅人》，《蕭乾短篇小說集》，以及他編的《英國版畫集》等。我不僅看完了這些書，而且把書都用紙包上書皮，再還給他。

蕭乾剛回到北京，生活上有很多需要，那時物資匱乏，他每有什麼物質上的需要，我幾乎總能想法子幫他解決。例如他家裡的日光燈管壞了，北京沒賣的，我就托人從上海帶來，一人多高的管子，我還得去取，還得給他家裡送去，這叫「服務到家」。不僅是他，所有的朋友都免費享受著我的服務。有一次我買到了奇缺的奶粉，蕭乾倒是「不遠萬里」親自乘公共汽車到我宿舍來取，被朋友看到了，問：「這是誰？」我回答：「這是蕭乾，作家，翻譯家，文學評論家。」朋友說：「你若不介紹，我還以為是拉洋車的呢！」蕭乾那時穿得很破，走在路上，真像個叫化子，也忒艱苦樸素了。

蕭乾的文章好看，我喜歡，開門見山，充滿了北京土話，看了叫人回味不已。他是老北京，他的文章正如冰心形容的：「他熱愛他出生的北京，北京的音，色，香，味，北京的一切都從他筆下跳躍了出來。」每次我去看他，我們都談很多。他講述在老燕京時，如何幫《西行漫記》的作者斯諾做事。他講二戰時，他正在英國，美軍在諾曼第登陸，他是唯一中國隨軍採訪的戰地記者，隨大軍一直打到柏林。1949年後，他回到北京，那時喬冠華任《人民中國》雜誌主編，他是副主編。因為他不是黨員，所以待遇比喬冠華還好，辦公室內還有浴室。他講起與巴金的交往，管沈從文叫三哥等等，給我講了很多名人逸事。

蕭乾不僅善講，更善寫。那時各家都沒有電話，但蕭乾充分利用了信件來傳遞消息。每次與他會面後，次日總能收到他來的信，這種信大約有兩百多封，全是八開大的稿紙，兩面寫，每次都能寫滿。可惜我看過後全丟了，後來我來美後，我們通過信，見過面，信還留了幾封。他的字不大好，但龍飛鳳舞，錯別字倒沒有。

蕭乾大我三十幾歲，但他與我談話時，總是以平輩的身份，想起來，他這麼一位大學問家，能如此平等待人，不簡單。他非常關心我在學術上的成就。我曾告訴他，文革期間，我曾走遍大江南北，在全國各地建了三十八座毛主席塑像，他力主我把這些經驗總結起來，看到我拖拉，不以為然，他就著急，甚至到了最後，他親自給我寫了論文的提綱，想想也真令人感動。

記得有一次去看望蕭乾，他正在門洞改成的房間裡用功，這個門洞還是我托的人找了房管局的人給解決的。他說正在翻譯一本古英文的《拿破崙論》，有如天書，這本書是為毛澤東翻譯的。譯好後，印成大字本，由他老人家閱讀，大概印很少數，也許不到一百本。大約連蕭乾也得不到印本，因為後來沒聽他再提起過，他若有一本，一定會給我看的。

有一次回天津，蕭乾托我去看望一對姊弟，並且把他的一本絕版小說送我，上面還有他的批示，親筆寫道這位姊姊就是當年他在汕頭時的初戀對象。以後好像是軍閥要抓蕭乾，他聞風而逃。此位小姐後來終生不嫁。我當時還問他，你叫我去看她，是什麼意思呢？蕭乾說，「看看她有什麼需要，也許我能幫她一把呢。」我遵囑去看了那兩位姊弟，回京後向蕭乾做了報告，也沒下文了。不過，想想，要瞞著文潔若而去看望他的初戀情人，蕭乾托我，一是很信任我，二是相信我的辦事能力。我藏書太多，這本蕭乾送我的絕版書一時找不到了，否則對中國文學史也許有參考價值呢。

我記得曾帶我的大女兒去蕭乾家，女兒大概四、五歲的樣子。他和他的三姊都喜歡死了我女兒，大概老人家很久沒跟小小孩兒接觸過了，他們誇我女兒聰明又漂亮。他次日的來信中，說可以讓孩子去做童星，他有熟人在電影界等等，後來也沒有下文了。

有人說，蕭乾是安全部的人，我不知道是不是，但是他確實介紹安全部的人來找過我，有信為證，他介紹安全部的徐輝來見我，為趙紫陽訪美一事。他說徐輝是「政府工作人員」。徐輝在總領事館買了酒，兩瓶葡萄酒，兩瓶茅台，一共才17美元，發票徐輝留在信封裡了，上面清楚地寫著徐輝是安全部的人，這大概不符合安全人員的規定吧？

57｜ 李煥民先生

1979年我暑假考察中國古代雕塑，錢紹武介紹我認識李煥民，彼此成了好朋友。在重慶時，我住在四川美術家協會，看到他畫了一幅速寫，是騎馬射箭圖，他說要以此為本，刻一幅書法筆法的木刻。回京後，我曾去信問他，此木刻刻好了沒有？他回信說：「吸收書法之作以失敗告終，……既然閣下錯愛，所幸把原件贈之。雖不完整，然興發之作亦不可重複。」李煥民的毛筆字極佳，他的信，是很好的書法作品，我很珍惜。

58｜汪國渝先生

汪國渝先生是我在清華大學讀研時的老師，是建築學老師，但與我頗有點交情，臨走，贈送書畫作品。我來美後，曾與他通過少量的信，其中一封說他有一位老友長住美國維吉尼亞州，三十多年前在重慶時，在他最困難時幫助過他，給了他一兩黃金。為了感謝他當時對汪先生的幫助，他想還他這筆錢。汪先生想要我給他相當於一兩金子的錢，他再把相應的錢在國內給我太太。此事大概我沒辦成，因為一點印象也沒有。如是現在，我肯定能幫上這個忙，因為是成人之美，且是多麼有情有義的事。人家對你的幫助，永遠記在心裡，且想方設法還這個情。汪先生高尚的人格可見一斑。

59｜納子先生

我只知道納子先生叫大龍，是黃永玉家的老友，黃先生一家到香港，他替他們看三里河的房子，我去找他，他都不讓我進門，可見忠人之事。他與王秉復先生都是北京工藝美術學校的高級講師。他寫一手好字，國畫極具功力。他給我畫了很多畫，都署名「納子」或「老納」，他的真名我反而不清楚，黃永玉先生好像叫他陳真龍，那不成了真龍天子了嗎？黃永玉說，他的萬荷堂竣工時，很多朋友題寫匾額，大龍也認真而慢慢地寫。結果大家一致認為，他寫的最好。

60| 王秉復先生

我與王秉復先生是中學同學，我們中學有個美術組，很多都考上了中央美術學院，例如他，劉驥林，白蘭生，張揚等等。他們本來也讓我考的，但當時大煉鋼鐵，沒時間畫素描，我就沒考，報考了也有美術課的建築系，結果考上了清華大學。

我赴美前夕，他曾寫過一信，並有畫相贈。1991年暑假，我去紐約為王已千先生做事，王先生曾問我，認不認識國內的畫家，請他們畫一些春宮圖。我就寫信問了王秉復先生，他給我哥哥高魯平回了信，他與我哥哥是同班好友。不知為什麼，此事最後沒有辦成。王秉復給我畫了很多畫，我拿了一幅請書畫大師曹仲英先生看，是一幅紫藤，上書「長綬」兩個篆書，曹先生說字寫得好，畫也不錯，但是太像齊白石。

61| 劉小芩先生

我第一次到韶山，就有劉小芩，1970年我到國務院要人，也寫了他的名字。我出國前去看他，他送了我一些大幅國畫，後來我1988年回國時，他又送了我一些國畫，他在美院有了一間畫室。他表示，想得到一些畫冊，我在美國給他寄過一些畫冊。他給我畫的一幅翠鳥荷花，氣功大師嚴新在上面題了詞，上書「清風」，並提：「魯冀委託老友小芩畫荷花翠鳥贈送姨父母大人　庚午訪美題　嚴新」。

62｜出發

三姨父來信，叫只帶內衣，外面穿的不要帶。北京軍區為我做了一個大木箱，我從友誼商店托運到美國，內有一對紅木太師椅和一些其他的東西。後來箱子海運到了南加州，木箱全散了，東西全丟了，只剩下太師椅。

臨出發前，有人帶話來，說榮寶齋的一幅元代畫長卷，文革時破四舊要燒毀，被某人藏匿起來，妄稱燒毀了。現在此人聽說我要出國，願把畫給我，只收三千元。我沒答應，一則，我根本沒有三千元，再者，我也不懂行情，不知道此畫的價值。後來將此事告知中國畫權威曹仲英先生，他聽了大呼可惜，他說，那幅畫是元代的，起碼要一千倍於三千元。

行前到高沂家辭行，說起要從廣州到香港，從香港飛美國，還要在日本轉飛機。高沂說，他有一位老戰友于康，是廣州民航局政委，可以托托他，照顧一下，就給于康寫了信。結果，于康不僅在廣州照顧我，他還托了香港中國旅行社的人，一路都是綠燈。在香港中國旅行社，社長問我機票多少錢？我說，是姨父在美國買的，要八百美元，他說，太貴了，他買只要五百美元，叫我把票退了，我打電話到美國，姨父說，「不能退！」他真是叫人給矇了，過了三十多年，中國，美國來回機票也不過八百元。

我在校時，學了十二年俄文，可以聽，說，讀，寫，但是，學完就趕上了文化大革命，不許用任何外語，結果，俄文忘得精光，連字母都不會唸了。我不懂英語。在香港轉機時，住在三姨的一位朋友家，有與我同齡的男生叫盧永泰，我們竟成了終生的朋友。他為我寫了一些中、英文的小條，什麼「桔子水」，「可樂」，「茶」……，以及「廁所在哪兒？」等等，一路上還都用上了。

飛機到達芝加哥，我一下飛機，就看到姨父和三姨來接我了。

第十一章

自由國度的新人

「我在困苦中，你曾使我寬廣。」（詩篇四篇一節）

他告訴我們：人生的困苦，就是人生寬廣的來源。聖經上記著，約瑟在牢獄中「……被鐵捆拘」（詩篇一0五篇十八節）

約瑟所需要的正是鐵。我們，像約瑟一樣，也都需要鐵來使我們寬廣。金不過是幻夢，鐵才是經歷。如果約瑟不做埃及的囚犯，決不能做埃及的宰相。他腳上的鐵鍊，引進了他頸上的金鏈。

63 自由國度　失去自由

1980年4月18日，我離開祖國，踏上北美這塊土地。我年屆四十才出國，在此之前，不知外國何樣，投奔的是三十多年未曾謀面的姨父母。老倆已基本退休，只是姨媽為了我，還堅持上班。姨父是學羊毛的博士，但他自己說，他博士畢業時，美國的羊都死光了，在一家肉類公司做事。三姨是學特殊教育的碩士，在一家小學教書。他們住在芝加哥郊區，住一棟獨立的房子，二層樓，很大的地下室，姨父自己裝修成了幾間房子，整棟房子大概有三千多呎，老兩口怎麼住這樣大的房子。四周是半畝地的草坪，一割草，要半天的時間。姨父每天有幹不完的事，他太能幹了，沒有他不會幹的事，上至修房，下至做飯，甚至連用縫紉機縫衣服都會。三姨就是上班，下班後，她要小睡片刻。晚飯後，看強尼・卡森的單口相聲，聽得她經常哈哈大笑。我說，不知道他在講什麼。三姨說，「你要是聽得懂強尼・卡森，你的英語就很棒了。」我剛到時，一切新鮮，時差原因，夜不能寐，終夜看電視，失望得很，因為看不到任何我可以懂得的節目。姨父訂了很多雜誌，看完就丟，看得我心痛，太浪費了！這些雜誌如《時代週刊》、《國家地理雜誌》等，都是嚴肅刊物，我只會看圖，並不會閱讀。

上學時，學了十二年俄文，畢業後，文革開始，俄文被束之高閣，再想用時，連字母都忘光了。不會講一句完整的英文，但老倆執意要我繼續讀書。他們聯絡了他們的母校「崴俄明大學」，叫我去讀研究院。但我最大的問題是，我大學六年唸的是土木，研究院兩年唸的是建築，我要進建築系，恐怕很難。他們每年可供我六千美元。英語從ABC開始，來美後幾天，姨媽就開始教我英文，每天住在空盪盪的大房子裡面，唸著天書一般的英文，姨媽下了班，回來還要考我，四十歲的大男人，被像兒童似的管教，什麼滋味！從一個熟悉的環境被連根拔起，到了新土壤，新環境，是需要有相當的適應過程的。

每天對著老倆，一句中文都不能說，到哪兒都要開車，最近的小商店都要走一小時以上。像是一隻小鳥，突然被關進籠子裡。不懂英語，看不懂任何英文報刊，看不懂電視，又沒有中文書看，整天悶在屋子裡，吃飯時還被姨父吆喝「吃飯不要出聲」。室內絕對不可以抽煙。姨父有一份航空版的《中央日報》，每天寄來，薄薄的一大張，成了我唯一的精神食糧，三個月悶下來，我要發瘋了。偶然的機會，老倆帶我去一個中國人的派對，都是中國人和他們的ABC子女（美國生的中國人American Born Chinese）但他們只講英語，好像講中文是沒教養，沒文化。我很難過，在派對上坐立不安，下次，再也不去了。有時帶我去商店，我想買什麼東西，連一個小錢都要向老倆要，自尊心大受打擊。

初來時，芝加哥還冷，早上起來，姨父問我：「晚上冷不冷？」「呀，凍死我了！」次日又問：「晚上冷不冷？」「冷得睡不著。」姨父奇怪了：「怎麼，四條毯子還冷？走，去看看你怎麼睡的。」我們走到床前，我揭開床罩說：「我就睡在這下面。」姨父看了，呵呵大笑，笑出了眼淚，說：「怪不得冷！」原來四條毯子緊緊地繃在床上，外加床罩，像旅館一樣。睡覺時，應當把床罩拿掉，鑽到毯子底下，我卻睡在毯子之上，床罩之下。姨父評論說：「所以要留學嘛！」

安靜的小鎮，鄰居絕不互相往來，更不要說互相串門了。走在路上，遇見了，不管認識不認識，都要彼此問候或微笑，不像在中國，繃著臉，絕不互相招呼的。來到美國，我突然成了「聾子，啞巴，瘸子，　瞎子……」雖然心中常常問自己，「我真的到了美國了嗎？」答案是肯定的，但我卻成了殘疾人，也是肯定的。

64｜應徵編輯　飛到西岸

有時悶得不行了，就瞎打電話。來美之前，有些朋友給了某某人的電話，有的是我朋友的電話。那時不懂，不知道在別人家裡，絕不能隨便打電話的，要打電話，一定要問過人家。有一次打電話給某人，其實並不認識他，他提起來西岸有一家科技雜誌，要一位中文編輯，我是學工的，又會寫作，得過全國獎，他們滿意，叫我先寄資料，收到資料後，又馬上回了電話，叫我飛過去，我迫不及待地答應了。雖然只是臨時工，月薪區區三百大洋。但能脫離老倆口的庇護，我心甘情願。

有人去機場接我，直接拉到帕洛阿圖（Palo Alto）一對留學生夫妻家，男的叫胡公明，女的叫李玲瑤，是一對親共的台灣留學生。我也不辨東西南北，到了，沒有客套，馬上分配工作，改什麼稿子，畫什麼圖。很多大陸來的訪問學者，大家各幹各的，沒有吃飯這一說，餓了，打開冰箱，找到什麼就吃。到了晚上一點鐘，還沒有人睡覺，我實在睏得不行了，因為有兩個小時的時差，大約兩、三點鐘，女主人帶我到一間房間，指著地下說，你是客人，睡這兒吧。整整一個星期，昏天昏地，除了工作，就是工作。大約是趕進度。雜誌是《科技導報》，是大陸來美的錢寧女士創辦的，很多有影響力的美國科技大腕都掛名其中，編排、印刷都屬上乘，但只出了幾期就腰折了。

剛來頭兩天，我心中十分驚恐，不知落入了什麼「特殊集團」手中。後來男主人帶我看了牆上掛著的「清華校友會」的旗子，以及北京清華大學校長贈送的禮品，我才塌下心來。

後來，女主人帶我去史丹福大學附近租了房，我便安頓下來。有大陸留學生教我們如何去逛汽車房拍賣（Garage Sale），他先買一分當地的報紙，找出有拍賣的人家，甚至畫出地圖，他開了車，一家一家帶我們跑。那裡賣的東西之便宜，令我大吃一驚。一套三件頭的純毛西服，我問多少錢？對方說只要一個「闊特兒」（Quarter）就是兩毛五分錢！難怪我衣服缺了一個釦子，朋友告訴我，到商店裡買一個釦子很貴，不如到汽車房拍賣去買一件衣服，把釦子拆下來用。後來我買了舊的自行車，自己也有了腿，可以到處去了。到銀行存了錢，是找人陪著我去的，取錢怎麼辦？一位留學生教我，只說一個字「開拾」（Cash）。到超級市場買東西，不用講話，看到什麼東西合適，往車上裝，到付款處付款就行了。我自己開伙，居然「獨立」了。

一次在史丹福大學校園偶遇李政道博士，在國內時，他的大名如雷貫耳，沒想到在美國輕易就能見到他，他還與我談話。我說我年齡大了，記憶力不好，原是學俄文的，學不好英文等等。他說：「你有N個理由學不好英語，有N加一個理由必須學好。」原來N加一是大於N的，這麼簡單的道理，我怎麼就不懂呢？

又有一次，兩位史丹福大學的美國教授遇到我，好像見到了中國的大熊貓，非得到我住的地方看看。幸好有一位中國女士做翻譯。他們到了我的住處，我請他們吃午飯，他們也欣然接受。記得有我頭天烙的花生醬的餅，他們都直說好吃。談了很多，全忘了，只記得年輕的教授問我：「你從中國到美國，是不是好像從地球到了月球一樣？」當時中國剛剛開放，大陸來美國的人很少，所以我成了稀有動物。實際上，如果他到了中國，這個問題我同樣也可以反問他的。我送給他們從中國帶來的拓片，他們同聲說「NO！」中國女士解釋說，美國人不隨便接受人家的禮物，尤其是這麼貴重的東西。我這人就是這樣，人家看得起你，我會把心掏出來。

後來，我還招了一個房客，是中國科學院數學研究所的鍾家慶，我和他和睦相處，親如手足。他人真好，心很大，總是關心他人，非常有耐心，總是面帶微笑。他曾說，他可以跟任何人和睦相處。他吃過很多苦，也非常謙虛，老說自己不行，沒成就。多年後，他回國了，突然去逝。我從報紙上才知道，他原來是一位很有成就的數學家，可惜英年早逝。我現在想，如果我當時是基督徒，一定帶他信主，他也一定會信，因為他極有愛心，有耐心，愛人如己。可惜。

還有一個于長城，對我幫助也很大，他是雜誌的顧問，可說是我的貴人之一。我為雜誌服務了八個月，竟然拖欠了我四個月的工資，于先生往往自己掏腰包給我墊上。他總是鼓勵我，資助我，支持我，他說我是有大才的，只是目前還沒被發揮出來。他自己有辦不完的事。直到後來他去逝，在他的追思禮拜上，我才知道他是一位基督徒。我送了最大號的花圈，還寫了一首藏字詩，回家後，連夜寫了一篇長文悼念他。寫好後，FAX到菲律賓商報，是剛從追悼會上拿到于長城弟弟名片上的FAX號碼，我也不敢確定，文稿在菲律賓收到收不到？過了兩個月，突然收到從菲律賓寄來的商報，上面說，他們深夜突然收到從美國電傳來的文章，令全體同仁都非常感動，刊登在第一版。于長城原是商報的社長，曾被台灣國民黨綁架，經國際記者協會營救出獄，來到美國。他是一個好人，更是一個義人。

要辦公，需要有文具，我提出來，一位留學生，叫胡芷明的，從他們公司拿來一大箱子文具，什麼都有，令我非常驚訝。這箱文具我用了好久。我一邊處理雜誌的稿件，同時自己也寫一些文章，從一個大陸來美國的人的眼中，看美國的種種，沒想到，文章竟大受歡迎，可能那時大陸來美國的人不多，物以稀為貴。

65 中國城內　暫時安身

朋友帶我參加中國總領事館的招待會，在那兒認識了文化參贊謝恆女士，我問她，我會寫些文章，可以向哪家報紙投稿？她推薦說：「此地有一份東西報，是中英雙語的，還不錯。」我寫信給東西報，告知謝參贊的意見，老闆看到以後，親自驅車到帕洛阿圖來看我，並請我為他們工作。我搬到舊金山中國城，住在男青年會宿舍，一邊唸英文，一邊打工，最忙時，打三份工：東西報，華僑日報，東風書店。生活很緊張。從在帕洛阿圖就知道，唸成人學校的英文是不要錢的，去登記就可以上課了，按程度分班。到了中國城，成人教育班也很多，市立大學的比較有水準，我報了名。

在東西報除了寫新聞外，還寫了一些其他的文章，例如畫家黃永玉來美，我寫了「黃永玉七八事」，有審判「四人幫」的消息，我寫了「秦城監獄揭密」等。有一位北京小吃店的老闆，姓郝，家在河北省農村，他是解放軍解放了他們家鄉，分了田地後，他作為積極份子，參加了解放軍，一直打到江南。在淮海戰役中受了傷，竟被當成國民黨的傷兵，被稀里糊塗地收容，到了台灣。他索性就將錯就錯，在台灣當起了國民黨的兵。復原後，學廚師，當了大師傅。後來又來到美國，在舊金山開了家「北京小吃店」，生意還不錯。中美建交後，他寫信給鄧小平，說他是鄧小平的兵，但淮海戰役負了傷，被收容到了台灣，現在他在美國，希望和他的家人聯絡，他寫出了他們村子的名稱，地址，還寫了他的小名。此信竟真的被轉送到了他們村上。但村子裡不知道還有這個人，原先以為他犧牲了，家屬還享受著烈屬待遇。後來看到信上說的他的小名，才知道他不但活著，而且還在美國。他與家人聯絡上，妻子沒有改嫁，守著兩個兒子，二兒子早逝，只剩下媳婦一人。他就申請，把全家都接到美國，有妻子，大兒子，大兒媳，孫子；二兒媳，浩浩蕩蕩來到美國，他太太還是小腳，在中國城花園角被當成了古董，很多人圍觀。關於他的傳奇故事，《東西報》還把我的文章翻譯成英文，刊登在英文版上。

還有一次，中國雜技團來訪，我不但寫了描寫演出的文章，還有對個別演員的專訪。報社一位寫社論的蔣老先生對我們老闆說，我訪問時，有另外報紙的老總在旁邊偷聽。蔣老先生是上海人，49年到台灣，後又來美國，是個老報人。他曾對我說：「小高，你寫的文章很生動，就像你當面跟人談話一樣。」

報社老闆告訴我一些禁忌，例如，不用「解放」，用「49年」;不用 「唐人街」，用「中國城」等等，我都僅記，並且用在我的文章裡。這裡用繁體字，不過對我來說，兩種中文我都熟悉，給大陸寫文章用簡體字，給香港、台灣或美國本地寫文章用繁體字，羅馬拼音我也會， 是我自學的，以後，竟然在美國大學教起了中文，那是後話。

我寫的很多文章，都很生動，引人入勝，有了一定的反響，很多其他報紙的老闆對我都很關注。我好像天生是當記者的料。有美國同事簡單跟我說了新聞的五個W，就是時間（When），地點（Where），人物（who），事件（what），原因（why）……，我馬上心領神會，運用自如，融會貫通。並且告訴我，寫新聞，第一句話就要把新聞內容寫出來。

第一次過感恩節，因為在報社工作，被邀請至不同的單位吃火雞大餐。火雞真難吃，毫無味道，肉像木頭渣子，後來一看到火雞就怕。來美國久了，大概習慣了，不覺得火雞難吃了，尤其是煙燻的鹹火雞，還很有味道。第一次接觸了基督教文化，知道了感恩節的由來。

聖誕節到了，到處響著好聽的聖誕歌曲，街上有穿紅衣服的人搖著鈴鐺，後來才知道那是救世軍募捐的。聖誕夜我沒地方去，一人走到一家通宵電影院，坐了整整一個晚上。演的什麼我完全看不懂，但我沒有選擇，如回斗室，我會發瘋，只能坐在電影院內等候天亮，過了我來美後的第一個聖誕節。

突然，三項工作全部丟掉，窩居在百老匯大街脫衣舞場樓上四十元一個月的小房間，何去何從？似乎走投無路了。打電話回芝加哥，姨父母叫我回芝加哥去唸英文，說我若想在美國待下來，英文必須過關。同時，姨父教我開車，開始了生活中新的一頁。想不到我經過兩年多的準備，之後又回到舊金山。

聖經說「祂知道我所行的路。」（約伯記二十三章十節）作為一個信徒，神看顧我們每一個腳步，不管我們走的是崎嶇是平坦，是坎坷是順利，祂都看顧我們。然而我相信，我還沒找到神以前，神已經找到了我，我來到新大陸，是神的帶領。

66｜神父家中　一住兩年

姨父帶我去伊利諾州大學芝加哥校區報名，讀英語課，告訴我如何乘車去校園。我一學兩年，非常有幫助，我以後在美國生存，發展，靠的就是這點英文。白天上課，包括上電腦學語法，做作業。晚上看電視，加強聽的能力。學得很辛苦，但也很有興趣。老師說我是最敏感，反應最快的，雖然我英語不夠好。但他說，我們到外面公園等地去，他提的問題，我回答的最快，最準確。記得到第二年時，有一堂課是每人講一個故事，大家評論，是真的還是假的。我英語能力還不足夠，居然講了我寫的《青銅寶劍》的故事，英語不夠用，就在黑版上畫圖，大家居然聽明白了，我講得非常生動，因為有肢體語言，加上畫圖，大家被深深地吸引。最後，雖然多數人認為是假的，但是老師舉起了手，他認為是真的。事後同學跟我說，「你真不簡單，把老師都騙了」。

入學不久，姨父幫我搬到一位中國神父家裡。神父是山東人，天主教的神父，叫傅開鵬，是德國大學的博士（PH・D），德語講得和德國人一樣好。他曾任輔仁大學訓導長十八年，抗戰時曾資助學生逃到大後方，被日本憲兵隊抓去，嚴刑拷打，睾丸都被揣碎。神父一人有三層樓的大房子，他就是為留學生服務的。神父也是我的貴人之一。大約有二十幾個學生住在裡面，一人或兩人一間房，公共的廁所和淋浴室。在我之前，神父不收大陸的學生，我因為是山東人，被神父破格錄取。但從那以後，神父就收大陸的學生了。

住久了，神父曾對我說：「魯冀，山東孩子的脾氣你都有：倔，犟，槓，臧。」我笑了：「神父，您說對了！」神父非常喜歡我，竟然不收我的房錢。相信享受此待遇的僅我一人。而且他經常幫我賣些我帶來的藝術品，例如雲崗石窟買的觀音像和剪紙等等。他們差會有一個門市部，他給我寄賣。神父還經常叫我買一些他們差會的抽獎遊戲獎券，每次他從差會回來，都說我中了獎，給我一些錢。後來我才琢磨過來，那是神父有意給我錢。我們在神父那裡住，早餐自便，但中餐和晚餐是要集體吃的，集中買菜，按值勤表分別做飯，我屬於會做飯的，我做的飯，大家都愛吃。後來我學會了開車，買菜的事，成了我的專利，姨父給了我一輛破車，還很頂用。

衛生服務也是值勤，輪到誰，就吸吸地，搞搞衛生。因為房子太老，老鼠和蟑螂很多，我們有時也消滅一些，但太多了，除不盡。大家一起生活，還能和睦相處，台灣的多是女生，有小工廠的老闆，有一個女混混，也有女學生。大陸的有兩位大學老師，有學生。我們還是大陸的人比較抱團兒。台灣有兩位公務員，都很有水準，一位是國立圖書館的，在美國修碩士學位；一位是財政部門的，我們相處都很好。但是有一次來了一位台灣的少爺，他可說是極右派，對大陸人不屑一顧，眼睛朝天看，他還很自私，不講功德，很惹人討厭，我們不理他，他太過分了，自有神父管他。

過聖誕節，神父叫我們去教會看作彌撒，我生平第一次看天主教的聚會。回來後就大放厥詞，看到有神父拿一根長繩子吊了個香爐四處盪，我就說是「污染空氣」，看到領聖餐大家都用同一個杯子喝葡萄汁，僅僅用布擦拭一下，就批評太不衛生。神父聽了也不作聲，隨我瞎說八道。我說：「神父，我要信主了！」神父說：「你要是信主，我就作教皇了。」我氣急敗壞地說：「您說我不能信主嗎？」神父反問我：「你說我不能當教皇嗎？」後來我在舊金山信了主，受了洗，成為一個基督徒，寫信告訴神父，他喜極而泣，給我回信，要我學習保羅，他說，保羅原來殺基督徒，但是信主後，成為主的忠實的僕人，寫下多卷新約聖經。

那時總是想法子作工，姨父母為我付學費，我自己得掙些生活費。我曾在芝加哥一家中文報紙作編輯，我一人能處理四大頁，除了新聞從別的報紙抄外，我自己還寫了很多，也有在加州寫的稿子，可以用上。報紙每週出版一次，是一位餐館老闆辦的，因為沒有廣告，與僑社的關係也不密切，很快就無以為繼。

我還和住在神父家的一位北京來的女孩一起，為芝加哥大學中文系錄製中文錄音帶，我們倆讀一本台灣的教材。這後來也成了我教中文的資本——我曾為芝加哥大學中文系錄製錄音帶，為學生當作範本來研讀。這源自我有一次到芝加哥大學玩，我講的中文被他們中文系的系主任聽到了，他說：「啊！這麼純正的京片子，多年沒聽到了。」他找我要了地址和聯繫方法，我竟然第一次從美國大學賺了一張支票，多少錢忘記了，年底姨父還為我報了。第二次是我把從家裡帶來的《石門頌》

等二十多幅珍貴拓片賣給了芝加哥大學的遠東圖書館，才得到1500元。後來一位普林斯頓大學美術史系博士吳定一說，他就是賣房子，也要買我的《石門頌》。

我還到西北大學去教中文，是一個要馬上去中國的旅行團，他們要學一點簡單的中文，好在中國與人溝通。也在大學業餘教過太極拳。

我到一家餐館兼夜總會打工，當最低檔的服務生，誰都可以支使我。有美國年輕人叫我，用食指勾一勾，我就得過去。這家夜總會晚上有夏威夷來的歌舞表演，還很精采，跳舞的女演員很漂亮。我們經常要托很重的托盤，上面是很多玻璃杯，兩個人給你托起來，你就托著走到某處，還得兩個人替你拿下來。有一次我托著很重的托盤，走到了目的地，一個趔趄，整個托盤倒了下來，玻璃杯被打得粉碎，老闆馬上叫我走人，連工錢都沒有。因為損失慘重，不叫我賠就不錯了。

到一家日本餐館打工，每天不間斷的十二個小時勞作，累得「像爺爺一樣」，應當說是累得「像孫子一樣」，但是面對小日本，不能失了骨氣。他們餐館什麼週年紀念，還開派對，讓每個人演一個節目，輪到我了，我就唱一首歌「大刀向鬼子們的頭上砍去！」我唱得很有氣勢，日本人也聽不懂唱的是什麼，還拍手叫好。我也出了一口惡氣，但這也是阿Q精神吧。

又到一家韓國華僑開的中餐館打工，老闆不是人，經常罵員工，拿人不當人看。小老闆一天到晚去「花花公子俱樂部」玩，回來就向我們炫耀。我每天累得不行，回家，神父看我這麼累，就說：「太累了，咱不幹了，有我吃的就有你吃的。」我還堅持著。一個週末，生意非常好，忙得不行，老闆又開始罵人，他這次犯了大錯，竟然罵起我來，還稍帶上了我媽，我不幹了，問他：「是你媽教你的，滿嘴噴糞。」老闆沒想到，還有人不服他的權威，就說：「我就罵你了，就罵你媽了，你怎麼樣，你還反了天了！」我說：「你再罵一句！」他說：「我就罵你了……」還沒等他說完，我抄起了菜刀，對著他，他若敢再罵，我的刀真的會劈下去。他嚇傻了，趕快服軟：「你這怎麼說的，說說話，還動上刀了。」我說，「你還敢不敢罵人？！」他低聲下氣地說：「不敢了，不敢了，快幹活兒。」我把菜刀往砧板上一剁，說：「老子不幹了，算帳，走人！」他沒想到我有這一招，說：「你看這麼忙，怎麼說走就走呢？」我說：「少廢話，算帳，走人。」他也沒辦法，只好叫我走了。我因為在餐館打工，受盡了氣，吃盡了苦，對餐館只有恨。甚至後來到了舊金山，我都不願到餐館吃飯。

67｜金東公司　當總經理

偶然的機會，到一家中國餐館打工，只做了半天，就有事不能做了。我向姓劉的老闆辭行，並說，「我也沒幹什麼，我明天不能來了，對不起。」我轉身要走，劉老闆說：「等等。」說著，從抽屜裡抽出兩張二十元的鈔票，說：「工錢還是要的，不忙走，咱們聊聊。」兩人一聊，就沒完了，我大致講了自己的經歷，他也說了他自己。他是台灣留學生，唸到博士，但畢業後，工作上受到歧視，一怒之下，辭職不幹，自己開了一家餐館。幾年下來，居然收入頗豐，就一直開下去了，而且結識了很多美國朋友。最近他又盤下一間大的餐廳，準備有更大的發展。他也有一家公司，叫「金東公司」他說，公司沒正式開始，問我想不想在他公司裡幹？

他的公司以貿易為主，我給他工作，一開始，就是陪他聊天。我主要講我的經歷，和我的家庭，我在大陸的豐富經歷。他講他在台灣及美國的經歷，腦力激盪的結果，往往能碰撞出火花來。例如，我講到我曾到四川考察中國古代雕塑，住在四川美術家協會，認識美協的主席李煥民，劉老闆便問，可否請他們寄一些版畫來呢？我就寫信給李煥民，他還真寄來了一批版畫。這批75幅作品，其中有黑白木刻，有套色木刻，有傳統水印木刻，時間從1942年一直到1981年。李煥民後來去了香港辦展覽，我們馬上給他寄了五百美元。

又如，我姑姑在天津的骨科醫院當大夫，劉老闆就說，美國新發明一種專利技術，可以代替石膏固定骨頭，又輕又方便，可以引進到中國。我一位連襟是造船廠的廠長，他們生產出口到德國園藝用的小推車，劉老闆認為這真是殺雞用牛刀，他就動腦筋，可否把台灣的遊艇製造業搬到大陸？

我一個清華大學同學，也是《建築學報》的主編張欽哲先生和南京工學院鮑家聲教授，在美國進修完成，要回北京，劉老闆讓我把他們請來，竟然在芝加哥開了中美建築界交流會。此事我還寫文章發表在香港《大公報》上。題目是「中國建設前景光明」。日期是1982年8月13-14日。文中記述了這次討論中國現代建築發展的國際會議。文章說：金東公司董事長劉老闆先用中英雙語發表了開幕詞。金東公司投資部負責人，著名大律師安魁蒂說，中國要想迅速發展建築業，必須引進外資，和先進的技術及管理經驗。全美最大的建築設計事務所SOM公司的高層領導德斯台芬諾也講了話，他們曾設計當時世界上最高的大樓西爾斯大廈等，他說要想為外國從事建築設計，必須深入了解所在國的風俗習慣，文化背景等，了解越深刻，設計才能更符合該國國情。他認為，面臨中國的問題可不簡單，因為中國有豐富的文化傳統和生活方式，中國古代建築又為世界建築史添加了瑰麗的一頁，所以要為中國設計必須研究中國特有的政治，經濟，歷史，文化等各方面，他說，如有機會為中國設計，會感到非常榮幸，那時，不僅要派建築師到中國去，還要把中國的建築師請進來。

來自芝加哥衛星鎮之一的斯科契的兩位建築師分別就小鎮的總體規劃及建設問題發表了談話。斯科契鎮還請中國同行參觀該鎮，並且毫無保留地把自己的全部資料，包括該鎮的總體規劃詳圖及建築法規等，送給中國同行。臨別時，還拿出幾塊象徵該鎮的金幣，並一再謙虛地說，這個只有六、七萬人口的小鎮，沒有金鑰匙，這幾塊金幣給大家留個紀念。

來自加拿大麥吉爾大學的教授克林斯表演了用電腦進行設計，他讓大家出題目，有人請他畫標準石油公司大樓，他把數據輸入電腦，幾分鐘後，螢光幕上已經出現石油公司的立面。英國投資公司的代表講述了投資的首要條件，是聘請有經驗、高素質的人。在1982年就預見到中國建築業會高速發展，而且提出了很多有益處的建議，這真具有相當的前瞻性。我和劉老闆有相同的理念，我們辦的事，有很高的起點。

我和劉老闆辦的最大的一件事，是當我知道方毅副總理到美國訪問，最後一站是舊金山，在舊金山有歡迎酒會時，我說，如果能見到方毅副總理，咱們可以說……，劉老闆立刻說：「你馬上飛舊金山！」我帶了劉老闆的信用卡，就直飛舊金山。李玲瑤來接機，她說：「總領事館的信息很不好，招待會是有限制的，你不知道能不能參加。」經過努力，我還是參加了招待會。當招待會快結束時，我找到一個機會，給方毅副總理遞了名片，名片上可是「美國金東公司總經理」，名片是來之前剛剛印好的。我向方毅副總理描述了我們想把台灣的某些行業轉移到大陸的想法，方毅副總理極感興趣，他問我，都有哪些行業有可能？我說了，有遊艇業，半導體業，農業，水產養殖業等等。他大加讚賞，並且說，你們可以直接找柴澤民大使。當時，中國和台灣還很隔膜，我們這個想法是相當大膽的，進取的。

回到芝加哥後，向劉老闆報告了我這次的成果，劉老闆說：「方毅副總理能接你的名片就很不簡單了。」我說：「方毅副總理叫我們直接找柴澤民大使。」劉老闆開始沒大加理會。我給他分析了狀況，我說：「方毅副總理就這麼一說，他大概不會跟柴澤民打招呼，但是，我們若是說這是方毅副總理說的，他們也無法證實，只有接待我們。」劉老闆一想，也是這個理，就叫我給柴大使寫了信，不久，華盛頓大使館還真打來了電話，詳細詢問了我見到方毅副總理的情形，我據實以告。大使館經過研究，同意由柴大使接見我們。我們真是喜出望外。姨父為了我去見中國駐美國大使，特別給我買了兩套西服，還買了文件箱，像一個商人了。

我們進行了詳細的沙盤推演，連最愚蠢的問題都提出來，以便及時正確應對，兩人排練了很久，我假裝大使館的人，劉老闆代表金東公司。我們談了很多，也有很多預案。到了指定日期，我們直飛華盛頓，安頓下來後，準備柴大使的接見。我們去了三個人：劉老闆是董事長，我是總經理，還有一位美國人律師，是總顧問。見到了柴大使，他的翻譯是周文重，後來我與周文重一直有聯繫，他後來做了駐南美洲一個小國的大使，做過駐舊金山的副總領事，最後做了中國駐美國大使。還有一位二等秘書叫楊潔篪，後來是中國的外交部長。大使館還請我們吃了飯，我們也在一家中國餐館請大使館的有關人員吃了飯，當然沒有柴大使，請他可不簡單。那家餐館的老闆叫龍繩文，是龍雲的兒子。

回到芝加哥後，我們積極開展活動，企圖打開中美之間的貿易，文化及科技交流的通道，我們的野心可不小，甚至提出，將來中國若舉辦奧林匹克運動會，將怎麼規劃，建設。我還提出，要出版一套《中國雕塑史全集畫冊》，並且與有關方面進行了初步接觸。我們還把紐約的尹夢龍先生請到芝加哥，向他提出了我們的一些想法，聽聽他的意見，尹先生是我的文友，我一到美國就認識，他是聯合國的中文翻譯，自己辦了一份雜誌 《海內外》，我經常在上面發表文章。

那時芝加哥還沒有中國總領事館，我們成為大使館所器重的愛國僑胞，有重要的中國代表團來訪，大使館總要我們接待或參加。僑社的一些人對我們也刮目相看，不知道我們怎麼聯絡上了柴澤民大使。我們從來不宣揚，諱莫如深。

劉老闆急著要去中國談生意，但我還沒有綠卡，不能走，他非叫我去，我不同意，因為去了，可能就回不來了。因此兩人有了芥蒂。本來，我和劉老闆合作，有很好的開頭，兩人又能互補，發展下去，可能會有好的結果。但不知為什麼，兩個人鬧翻了。劉老闆認為他在美國能呼風喚雨，對我的打壓還不是易如反掌。但是他錯了，我是不會輕易被壓跨的。在神父那兒住的一位大陸訪問學者謝某人，起了推波助瀾的作用，他向劉老闆報告我的行蹤，想以此取代我。劉老闆就曾對我說：「我對你的一舉一動都瞭如指掌。」但劉老闆一方面利用謝某人，卻對他並不感興趣。神父很擔心我，叫我找地方搬出去，以免劉老闆對我不利。我搬到了西北大學訪問學者的住處，他們很同情我，讓我住在客廳的沙發上。雖然精神有些緊張，但是與大陸學者們的相處，卻非常愉快，我們親如弟兄。

那時候，那批四川版畫還在我手裡，我就想，無論如何我也要把它們展出，不僅增加四川版畫的國際影響，也算對李煥民這位好朋友有個交代。我找了芝加哥附近的羅莎里學院展覽。該校是一家有百年歷史的天主教女子大學，藝術系主任是米拉修女和一位黑人女雕塑家傑瑞・麥可勞斯，她們二人為展覽會的成功，付出了艱鉅的勞動。當然，我的努力更是非凡的。所有的版畫都要裝裱，我們沒有錢，只能用最簡單的辦法，就是用一張大小合適的泡沫塑料板，上面放上版畫，外面再蒙上一層透明的塑膠薄膜，就算成功了，可以掛在牆上。我住在學院，每天16個小時的工作，終於把全部版畫都包裝好，開始展覽了。米拉修女當著很多學生的面，大大誇獎我的工作精神。展覽是在1983年2月27日正式開幕。劉老闆派了一位律師前來蒐證，我也不理他。因為是第一次，連芝加哥當地最重要的報紙《芝加哥論壇報》都在重要的專欄發了消息。展覽會的第一位觀眾是學校的一名清潔工，他每晚定時來清掃。他說，以前他自己有一家公司，因為年老及經濟不景氣，目前只能找到這個工作。但是他對藝術的熱愛不減當年。他說，他喜歡畢卡索、馬蒂斯這樣大師的作品，但是比較起來，這些中國版畫他更容易理解。以他個人而言，他更喜歡黑白木刻，因為它簡潔有力。他特別欣賞一幅名為「主人」的作品，畫面上一位西藏翻身農奴手執一柄頭，充滿了當家作主的喜悅。當他得知這幅畫在1980年挪威國際版畫展得到榮譽獎時，他高興地咧著嘴笑了，他說：「我的眼力還不差，一眼就看中了這幅得獎的作品。」

這次展出版畫的主題，多表現人民的日常生活，民俗，風光，屬於政治題材的不多，但是一幅表現人民聚集在天安門廣場前長安街上等候周恩來總理靈車的巨幅木刻，卻受到了觀眾的一致讚賞。他們稱讚這幅木刻構圖嚴謹，技法高超，人物形像生動，更重要的是：表現了中國人民心中凝聚著的偉大力量。很多人看了這幅畫後，表示更加深了對中國人民的理解。有觀眾甚至稱這幅作品是「不朽的」。

一些風光，動物，京劇人物的套色木刻，引起觀眾的極大興趣。其中一幅金魚的套色木刻，很像是畫的，很多觀眾都不相信它是木刻。我耐心地給觀眾們講解了傳統的中國套色水印木刻技法。因為我自己就會製作套色水印木刻，觀眾聽後，無不嘖嘖稱奇，心悅誠服。觀眾對吳凡的作品給予了很高的評價，他們說，他的畫表現的都是一些日常生活小景，但卻給觀眾強烈的感受，加上他善於應用水印的技法，給每一幅作品都賦予了生命。有的觀眾看後表示：想不到在古老的中國，有這麼一批不聲不響埋頭苦幹的藝術家們。他們說，中國藝術家們應當更多地把作品介紹到全世界去。

展覽會上散發的一些介紹中國旅遊的材料，被觀眾索取一空。因為很多人看了展覽，看到了中國壯麗錦繡的河山，看到了中國人民的日常生活，增強了他們對中國的嚮往，渴望更多地了解中國。米拉修女說：「展覽會取得了巨大的成功，凡參觀過這個畫展的人，都為中國藝術家的感染力所深深地打動了。這一幅幅美麗的圖畫，實在是一首首生活的讚歌。」我在展覽後，特地為《四川日報》寫了專文，發表在1983年4月27日第四版。

展覽結束後，劉老闆終於找到我了，就發了律師信，要跟我打官司。正好前不久，柴大使訪問芝加哥，劉老闆為了接待柴大使，通知我也出席。我找機會，把我和劉老闆的矛盾一五一十地告訴了周文重。他對我很是同情，叫我一定要小心，自己一人在國外，也沒個人商量，他預料劉老闆不會善罷干休。他說，有事就找大使館，那裡是我的家。他的這番話，說的我心裡暖洋洋的。劉老闆跟我要打官司，我給大使館打了電話，後來文化參贊李維和來信，叫我把版畫全部寄到大使館，我遵囑做了。劉老闆一看，他不能跟大使館打官司，就掩旗息鼓了。

在此期間，我一直與四川美協李煥民保持著密切的聯繫。他1982年11月20日來信同意我將版畫出售，並完全信任我，由我全權處理。1983年4月7日信說：給你和金東公司都拍了電報，內容是：請將四川版畫交中國駐美大使館保管。原因是1983年3月14日接到北京全國文聯國際部的電話，詢問四川版畫寄美國的經過。並說金東公司與高魯冀為這批畫在打官司，15日保險期就到了，請你們一定在15日前拍電報給高魯冀和金東公司劉，請他們把四川版畫交大使館保管，似很急。我估計叫我拍電報給你和金東公司，是大使館與國內文化部，文聯，美協研究的意見。這樣對你的安全，對這批畫，和國家的榮譽都有好處。……你為此事吃的苦，我深深地了解，也就是你能承受這麼多困難，經濟上，精神上……，要我一天也待不下去了。看信後，了解到，此事還驚動了國內不少的部門，他們都是我的堅強後盾。我把這批畫寄到大使館後，收到了李維和參贊4月21日的信，說版畫收到了，特告。還給了我7.48元的郵資。並說，有人願出力從中斡旋，使我和劉老闆和解，他認為是最好不過的事。但此人並沒有出現。

我沒有了工作，餐館工也不願意再幹了。正在此時，聯邦調查局（FBI）的人找我，我應約到了他們的總部，一男一女和我談話，男的叫垂斯（Trice），女的叫嵣尼（Donne）他們問了些關於錢寧的事，關於我自己的事，以及劉老闆的事，和當地留學生的事。女的說，我若為他們提供情況，他們可以付錢。我說，我不知道，而且如果我為他們提供情況，中國方面會對我們家庭不利。我說：「劉老闆是在利用我。」FBI的探員說，「你不會也利用他。」垂斯說：「如果你換一個城市，躲開劉老闆，可能會更有利於你今後的發展。」我問他：「這是你個人的意見或是FBI的意見？」他說，是他個人的意見。他說：「以你的背景，完全可以找個好點的工作。」他還問我，有沒有計畫把家庭搬過來，我說，起碼現在沒有這個打算。他們問錢寧經費的來源，我說，不是太清楚，但大部分是捐款。又問我在聯合國工作的是誰？我說是尹夢龍，他是聯合國的翻譯，我們是文友。他們影印了我的全部資料，男的說，「文革期間你建了這麼多毛澤東像，一定是著名的紅衛兵」，我說我不是，因為我父親是舊軍官上校，被捉去勞改，死掉了。知道我現在沒有工作，他們主動要給我介紹工作，被我拒絕。我知道，FBI介紹的事，絕不能做！他們要找我談話，我不能拒絕，但是，他們要利用小恩小惠來拉攏我，我絕不能答應。談話的事他們不讓我告訴任何人。問我是否定期給大使館寫報告，我說我無此義務。問大使館是否關心我的去留，我說，他們根本不管。

我打電話到大使館，他們聽說此事後，非常關心，問我可否到大使館來一趟，把事情經過講清楚。我於是自費到了華盛頓大使館，他們安排我住在大使館，我向大使館一等秘書朱成珉先生和教育組的姚宗立先生等有關人員詳細報告了FBI找我的經過，談話的內容等等。他們叫我寫一份材料，要轉給國內，我晚上寫好了，他們給了我一份影印件。他們叫我千萬小心，對我多有囑咐。我是乘「灰狗」巴士去的，在長途汽車上看看美國各地風光，也是很好的經驗。我回到芝加哥後，先在一家建築事務所畫圖，雖然語言不大通，但圖紙就是工程師的語言。他們對我的繪圖能力大加讚賞。沒多久，舊金山來了邀請，那邊的《時代報》改成日報，需要記者，邀請我回到舊金山，擔任《時代報》的記者，我的生命又開始了新的一頁。

神父知道我要去舊金山，很是高興，他有一些中國畫，臨走送了我幾幅，其中有清朝的大通景屏，大約是十二幅，他只有其中兩幅，送給我了。從此，我開始有了中國畫的收藏。後來，我太太從亞特蘭大回舊金山，路過芝加哥，神父不僅請人帶我太太玩，又送她一些畫。但是，神父最重要的一幅畫，是清代畫家焦炳貞畫的百子圖長卷，很大的一卷，上面還有很多人的題跋。一直說給我，最後可能沒捨得。我2001年去芝加哥參加一個宗教會議，去看神父，他還帶我去一家天主教堂看這幅畫。他原來說，他想賣了這幅畫，給他們老家山東某地，建一座天主教堂，我說，我一定會辦成此事，但是神父最後可能沒捨得，那畫就算給了那個教會了。

1990年訪問柏克萊大學校長田長霖，我贈給他錢紹武的書法作品。

1990年帶《文匯報》總編輯程翔訪問田長霖。

第十二章

記者生涯

「只剩了雅各一人，有一個人來和他摔跤，直到黎明。」

（創世記32章24節）

剩下一人！我們各人對這四個字都有不同的感覺。有人剩下一人時感覺何等孤單，寂寞；也有人剩下一人時感覺幽靜，得安息。總之，剩下一人而沒有神同在，是太淒涼的事；剩下一人而有主同在的話， 是預嘗天上的光景。

我於1983年4月底應聘來到舊金山，當了《時代報》的記者，我住在原香港《文匯報》記者周奕租的房子。他買的家具，《時代報》的董事長池洪湖先生都買下來，叫我用。地點很好，在Nab Hill是高尚生活區，但離中國城很近，走下去，只要四條街，走上來比較吃力，因為是上坡。住的房子很小，有一個廁所帶淋浴設備，沒有廚房，但有一個電爐，可以煮一點麵。我在這間斗室，一住就是八年。

我很快進入情況，每天從早到晚地採訪，寫稿，我寫得很快，每天至少三千字的稿件，我從不耽誤。這三千字是我自己要求的，沒人要我這麼拼命。每天都要坐公車到報社去上班，有事採訪則需要外出。那時還沒買車，都是靠公車去某處，很辛苦。每天工作結束後，都要給老闆黃先生打電話，向他報告一天的工作，我這樣做，他很高興。有朋友評論說，把報社的人都綁到一塊兒，也沒有我一個人能量大，這是太誇張了。報社有各大通訊社的電訊稿，有專門翻譯的人員，有排版的編輯人員，但記者只有我一人，我真的是拳打腳踢，豁出去了。

工作有時是安排好的，僑社或總領事館有什麼活動，要出席。但也有採訪的稿子，是人物專訪。也有的是我自己逛街的見聞，例如我寫了一篇逛漁人碼頭的稿子，黃先生就很喜歡，叫我多寫一些。週末我一人沒事，就去逛百老匯大街，很多小酒館很有意思，有一個酒吧，是藝術家集聚處，竟然還有一尊孫中山先生的石膏像。還有賣毛主席語錄的書店，是美國共產黨開的。也有專賣非洲藝術品的商店，有些很有意思的藝術品。我曾帶香港導演嚴浩去過這些地方，他很感興趣，好像他還在香港寫了文章，記述這舊金山百老匯之行。

人物專訪，有時是在特定的時間。例如柏克萊加大田長霖教授榮任副校長時，我去採訪他，兩人談了大約不到一個小時，他後來跟我說，「怎麼隨便談談，就寫了一篇大文章，還有小標題。」我心裡想：這就是我的工作呀！田長霖一路升遷，當了加州大學爾灣分校的第一副校長，最後又回來，當了柏克萊加大的校長。我都一路追蹤採訪，我與他有了很好的關係。我女兒上了柏克萊加大，我還給他寫過信，他也有回信。我申請移民，請他寫推薦函，他竟然給美國移民局寫信，說我的水準相當於美國大學新聞專業碩士的水準。大家都說，田長霖夠仗義！有一次我和太太及女兒到柏克萊加大看籃球，是中國的冠軍隊八一隊和柏克萊加大隊的比賽，我看到田校長，走過去與他打招呼，他非得走到我們坐的地方，和我太太及我女兒握手寒暄。

那時，舊金山州立大學校長選上了華裔吳家瑋，我去採訪他，兩人成了好朋友。吳家瑋說，他最愛看我寫的人物專訪。有一次電話採訪他，正好大陸一位科學家到他家，記得是吳仲華，竟然連那位科學家一併採訪了。我想申請太太來美，吳校長說，「我擔保她，叫她作我的研究生！」並且請僑領老魏（魏需遜），名義上出獎學金，但此事沒有辦成，因為美國移民局認為她有移民傾向，不批准。

本地的名人有柏克萊加大數學研究所所長，著名數學家，沃爾夫獎得主陳省身教授，他也是我的清華大學校友。我還保留了一篇手寫訪問陳省身的稿子，上面有陳先生親自修改的地方。本文除發表在《時代報》上，也發表在香港的《七十年代》上。陳省身喜歡中國畫，有從中國來的畫家，我就帶他們去拜訪陳省身。有南京畫家蕭平，我帶他去看陳省身，他還帶了一幅字，一幅畫送給陳先生。以後，陳先生到國內定居，他到南京時，說：「我認識一位南京畫家蕭平」，接待人員就帶他去見了蕭平，蕭平又送他畫，他很高興。我還曾帶畫家關良及他兒子去陳省身家。有一次要帶吳作人及他太太去，但被本地畫家侯北人請去了。數學家中還有一位邱成桐，也得過沃爾夫獎的，我也訪問過。中國留學生中有數學家石根華和高志勇我都採訪過。

原來國民黨政府駐外大使何鳳山，他在二戰時，在歐洲維也納發給很多猶太人中國簽證，他死後，以色列政府發給他勳章，表彰他的突出貢獻。他的貢獻，和著名電影《辛德勒的名單》一樣。但我的訪問多是他在七屆二中全會後，撥亂反正，他回到他的家鄉湖南省，感慨萬千。他太太說，我寫的文章，連口氣都是他的。不但訪問他，還訪問了他的女兒，女婿，兒子等。中國著名的二十八個半布爾什維克之一的盛岳，原是共產黨，被捕後叛變，作了國民黨的駐外大使，他住在帕洛阿圖，我到他家去採訪過他，還吃過他的湖南臘肉炒辣椒。據說，也是二十八個半布爾什維克之一的楊尚昆曾請盛岳回國訪問，所謂「相逢一笑泯恩仇。」我訪問的有本地的華人華僑，有大陸來的同胞中的名人，例如畫家，演員，作家等等。蕭乾夫妻訪問舊金山，是江南（劉宜良）陪同，我當然也是陪同之一。

另一項重要的採訪是國內來的官員，其中有省長，有大使，如駐美大使章文晉，還有總理，趙紫陽總理訪美，我很忙了一氣。不僅是接待採訪，事先也有很多事情，國內可能是中南海保衛局局長鮑一銘和他的同事徐輝等要我做一些工作，我都幫他們做了。有一次是五個省長訪美，我在飛機場採訪他們。我說：「在機場，你們沒有時間，可否請你們每人說一句話，把你們省的特點講出來。」我在考省長呢！山東省長梁步庭是團長，他先說：「山東出聖人，孔，孟，嚴，曾都是山東人。」湖南省長說：「湖南張家界的風景，世界聞名。」江西省長說：「江西的有色金屬世界第一。」青海省長說：「青海湖的鹽很有名。」還一個是什麼省，忘記了。事後，我還寫了一篇小評論，說目前的氣候已經不是文革時期，如文革時期，湖南一定說有個人民的大救星毛澤東；江西一定說有紅色革命根據地井岡山。但現在都務實了，講的是歷史，風光，物產等等。

章文晉大使訪問美西，我一路陪同。訪問柏克萊加大時，走到鐘樓前面，突然，鐘樓的鐘敲起了中國國歌的旋律，章大使立刻肅立，看來很受感動。他訪問數學大師陳省身時，我插話說，章大使的英文我聽不太懂，章大使正要解釋，我說，不是不好，是太好了，完全是英國紳士講的優雅的英文。我還陪他訪問了史丹福大學及此地的僑團。臨走時，我找章大使要一張名片，章大使不僅給了我，還在上面寫到：向高魯冀先生致敬。最平易近人，最沒有架子的大使就是章大使。

此地的華人歷史學家麥禮謙先生，我曾採訪多次，也成為好朋友。王靈智教授是柏克萊加大的教授，他發起成立了「華人權益促進會」，為華人出了很多力，他一生都在奮鬥，是一位人權鬥士。

有時候總領事館總領事到外地去探訪某人，也帶著我，例如去加州首府沙加緬度，探訪華裔鄧世發，他是一位愛國僑領，他在沙加緬度開餐館，開得很成功，也有很多愛國之舉。還有一次在戴維斯的中國學者出了車禍死亡，我們也趕去協助並報導。

中國國防部長張愛萍訪美，乘坐美國總統座機「空中一號」，到舊金山是私人機場降落，總領事館只有副總領事高有年和辦公室小嚴，加上我三個人去接機。我看到名單上有武紹祖，我說，這個人我認識，他原來是清華大學學生會的主席。我們接到飛機後，與車隊一起出發。那天是個週末，有四輛警車開道，我注意到，高速公路上竟沒有車，仔細看，才發現，警車把靠得太近的車都逼到路旁停下來，等車隊過去了，才放他們走。一進入市區，四輛警車突然消失了，變成四輛摩托車，他們在每一個路口都在路當中一停，不管是不是紅燈，車隊一路暢通無阻。到了市中心的旅館，安排每個人都住下來，門口都貼著中文簡體字的名條，我找到武紹祖的房間，就去敲門。旁邊的保安人員說，不可以找人，但是老武開了房門，讓我進去，那保衛人員也無話可說。老武看到我，很高興，他說，整個代表團，就他一個人懂技術，他是國防科工委的政委，所以，每次他住的房間，都有攝像機對著。我們聊了一會，直到他們有活動，我才告辭。

前已說過，國內畫家朱屺瞻來訪，我陪同他去看望了美國最富盛名的攝影師安賽爾・亞當斯等，為他寫了很多報導，他都引用在他的「年譜」中。他臨走，叫他女婿給我打電話，叫我去總領事館一趟，那時他們住在總領事館。他說，我給他寫了那麼多報導，他定意要畫一幅畫送給我，但是總領事館無筆無墨，只好草就此畫，留個紀念吧。畫上寫著「魯冀先生雅教　癸亥夏月　屺瞻」雖然此畫只有墨色及赭石色，畫的一塊石頭幾株蘭草，但關良先生看後，竟大加稱讚，說是「性情之作，不可多得。」關良先生來美，我不僅採訪他，還陪他去了南灣卡麥爾，去看張大千先生故居環篳庵，臨走前，叫他兒子給我打電話，叫我去一趟。他很客氣拿出幾幅畫來叫我挑，我挑了兩幅，其中一幅是「武松打虎」，一幅可能是「女起解」。

送我字的人就更多了。錢紹武送我很多字和畫，吳祖光先生給我寫的大幅的詩。袁振先生寫的字，還有一幅是對聯「山靜松聲遠　江清月常明」寫得真好，可惜什麼人寫的，忘得一乾二淨。

我為《時代報》工作的同時，也為香港《文匯報》服務，有時《時代報》不肯登的稿子，《文匯報》願意登。後來正式成為《文匯報》的特約記者，以後，此地印刷香港多份報紙的老闆張夢禎到香港，強力推薦我，《文匯報》遂請我到香港，特聘我為《文匯報》駐美特派員。以後，在江南事件等問題上，《時代報》不肯登的稿件，《文匯報》刊登，竟然被美聯社轉發，贏取了巨大的國際聲譽，那是後話。

吳仙標競選德拉瓦州副州長，我出了大力，為他鼓吹，宣傳，籌款，最後他如願當上了該州的副州長。他是吳家瑋校長介紹的。還有一位建造北京長城飯店的沈堅白先生，與他關係也密切。我最密切的人一個是曹仲英先生，他把手教的我，讓我認識了中國畫，他曾說，他有一個野心，「要把你培養成世界頂尖的中國書畫鑑賞家」，我說「那還不好，我給您磕頭拜師。」另一位是劉宜良(江南)，他經常帶我參加一些活動（他的圈子的），認識一些人，擴大了我的交往。還有舊金山州立大學教授陳立歐，他父親是中國末代皇帝溥儀的老師陳寶琛，他岳母是林則徐的孫女，他們一家對林雲特別好，我也認識了林雲大師。與台灣學者陳鼓應也有來往，他送我他寫的書《老子今譯今注》。

那時，我一人生活，記者工作又緊張，吃飯也無定時，我把自己搞得很狼狽。身體很不好，經常發燒，昏睡，有時病中還要打起精神來工作。1984年6–7月份，我突然得到消息，是關於中國網球好手胡娜的。胡娜在美國投奔自由，當時的美國總統雷根說要收她為養女。中美為此斷絕文化交流一年。我從胡娜事件核心參加者及有關人員處得到的消息是，胡娜事件完全是國民黨一手作業促成的。對我講的人講得很凌亂，毫無連貫性，但我到史丹福大學的胡佛研究所圖書館找到當時的館長張富美，找到大量的台灣雜誌，我把那些零散的資料，一點一點都串了起來。我參考的雜誌大致有：台灣的《網球世界》雜誌，《勝利之光》，《時報週刊》，日本的一本網球雜誌，美國的《城市運動》（City Sports），《網球》（Tennis）等。很多事情是台灣雜誌透露出來的，因為國民黨得意忘形，露出了狐狸尾巴。你把他們公開發表的文章串起來，就可以看出很多蛛絲馬跡，但這要做很多的研究工作。張富美是江南帶我認識的。後來她當了陳水扁政府僑委會的委員長。

當時我正抱病在床，但還是奮力完成了寫作。文成後，我給左派朋友老魏打電話，告知有這麼回事，老魏開車帶我到柏克萊陳鼓應家，由他一字一句地推敲，務必使人不要看出此文是大陸人寫的，要給人印象是台灣人寫的，因此用字譴詞都要講究。陳鼓應仔細看後，沒有修改一字，他問是什麼人提供的消息？我說，此事不能說，只知道是台灣來美的當事人就好了。他倒是對筆名提出了意見，我當時正在看武俠小說，起名叫童顏子，陳鼓應給改成童顏怡。

很奇怪，我服務的兩家左派報紙都不刊登，大概是怕惹麻煩。我當時正與《九十年代》總編輯李怡打筆墨官司，遂由「東風書店」老闆黃達出面代我寄出。李怡收到稿件後，馬上表示要刊登，並問是什麼人寫的？黃達說是一位朋友，不方便公布名字。我想把此篇文章貢獻給讀者，雖然時至今日，胡娜早已回過國，但在當時情況下，還是很有點看頭。我後來又寫了一篇「胡娜事件幕後人物的幕後人物」寄給紐約《海內外》的主編尹夢龍先生。他回了一信，其中他說：「題目我改為『胡娜事件幕後人物發表前後』，您建議連同『九十年代』原作一並發表，但該稿已傳遍海內外，紐約『北美日報』亦連續轉載，幾乎無人不知，……另有一點，您這次用『高洋』筆名，會不會暴露了您自己，請考慮。」

此文我把原稿複印了很多份，分別寄往美、港多家報刊，驚動了五報一刊的最高層，最後，只有《九十年代》和洛杉磯的《加州論壇報》刊登。《九十年代》卷頭語說，「胡娜事件，所揭露的幕後故事，不僅海內外甚少報導，而且內容頗有值得細味之處。」文章的編者按說：「胡娜事件背後，人物眾多，有台灣的球拍、球衣製造商，網球聯誼社的總幹事，網球協會的貴介，國民黨安全人員，向台灣收費的律師，職業教練……」《加州論壇報》總編輯阮大方在得訊後，願意刊登。論壇報將此稿放在頭版，標題改為「胡娜事件說從頭」並且發表了社論「八方風雨會洛城——國人願見民族榮耀與和諧」。社論說：「本期刊出童顏怡先生來稿，談胡娜事件內幕，時值八四年奧運開幕前夕，來自北京與台北的中華健兒雲集洛城之時，別具意義。」

本文發表後，各界反映之迅速，之強烈，出乎意表。此稿發表時間，正值二十三屆夏季奧運會在洛杉磯開幕之際，阮大方告訴筆者，他們把一捆一捆的「論壇報」扔在中國代表團駐地，大概每個人都看到了，尤其是代表團高層領導，據說，榮高堂、李夢華都看到了。大陸派了七十多名記者前來採訪，他們對此稿都頗有興趣。一位記者說，「連律師向國民黨收取331小時的律師費以及吳岱勳為胡娜的事找國民黨中央黨部副秘書長陳履安要錢等這些極機密的內幕情況都公開發表在報紙上，真不可思議。」另一位記者說：「看來，作者下了不少功夫，如果不是當事人，他怎麼知道這麼詳細？」華人歷史學家麥理謙說：「我已把該文存檔了，因為這是重要的史料，將來在寫歷史時，它有相當的價值。」著名數學大師陳省身說：「從大的方面看，我早就判明胡娜事件是國民黨一手導演的。今天看了文章，寫得太好了，還歷史本來的面貌嘛！」一位此地資深記者說：「文章發表的時機選得很好，正在奧運期間。這對國民黨是很大的揭露，叫他不要再搞鬼。對美國是個警告，叫他不要再助紂為虐。」另一為老報人說：「文章最妙處是用國民黨自己的話，打自己的嘴巴。對胡娜的律師劉中原揭露的也好，他是知法犯法。他明知道這是國民黨一手製造的，卻發表聲明說：胡娜此舉是為了避免中共對她的政治迫害，絕未受到任何體育教練或經紀人及外界影響——這真是此地無銀三百兩。」

此文的發表，進一步奠定了我在美國華文新聞界的地位——我不是指名利而言。這方面，江南曾經多次批評我：「你用那麼多筆名，搞得人家都不知道你是誰。你看人家王亦令，只用本名，到處發表文章。你像我，只用江南一個筆名。」我指的是，我在華文新聞圈裡闖出了一點名堂，很多大報的老總都知道我，我們都保持了很好的關係。往往深夜電話鈴響，重大消息自動找上門來，這也就是我為什麼能在全世界首次獨家報導陳啟禮殺害江南後，在美國留有錄音帶的原因所在。

那時，因為工作的關係，我與中國駐舊金山總領事館的關係非常好。好到，趙紫陽訪美，我在機場攝影，被FBI趕走，總領事館辦公室主任小嚴立刻給我別上一枚「S」徽章，意思是我有特別通行證的。我護照過期了，在總領事館招待會上，有關人員叫我等幾分鐘，立刻到辦公室給我辦延期。一位後來留在美國的厨師說，那時候，我在總領事館很有名，要見我還很不容易。我經常到總領事館，我把很多內幕消息告訴給了駐舊金山總領事。特別是江南事件，我是首先把消息告訴總領事館的。下面是我寫的江南事件長文的摘要，原文發表在《台灣文化》雜誌上，約四萬多字，連載了五期。該雜誌總編輯是陳芳明。後來作過陳水扁的文膽。後為某文學研究所的所長。

1985年1月22日在舊金山陶陶酒家，江南事件要委員會會議，筆者、崔蓉芝、王靈智。

68｜江南風雲　寫作說明

江南，係中文作家劉宜良的筆名。他原係江蘇靖江縣人，以寫《蔣經國傳》名噪一時。也因寫此書，惹來殺身之禍，被國民黨情報局長汪希苓派遣之台灣竹聯幫頭子陳啟禮、吳敦、董桂森槍殺於他在帝利市（Daly City）寓所之汽車房中，時值1984年10月15日。

江南命案，詭異多變，高潮迭起。當年蔣經國已經承認，江南案對台灣造成負面的影響。案發後，美國及台灣政府，即開始了一系列緊張，激烈的明爭暗鬥，幕前幕後活動，交易不斷。很多高層交易，鮮為外界所知，百姓只能從已發表的一些消息中揣測。

我於1983年4月底來舊金山，就任《時代報》兼香港《文匯報》記者。嗣後的三年多時間，被歷史性地捲入了江南命案。

69｜初識

第一次見江南，是在中國駐舊金山總領事館內，一次大型招待會，極踴躍，達數百人。我坐在庭園中與台灣女作家陳若曦聊天，她忽然指著一個人對我說：「你看！那是江南，是《蔣經國傳》的作者。」只見一位身材不高，著挺括西裝的人，在昂首闊步，當時也無太深印象。

後來，朋友多了，不斷聽人談到他，說此人厲害，精明，下筆快，敢罵人。又說，他在漁人碼頭開了一間禮品店，賣的都是價值不菲的收藏瓷器。我對他發生了興趣，有一天，給他打了電話，就去店中拜訪他。

到他店中，他正在櫃檯裡寫稿，見我來，一定讓我到櫃檯裡面坐。我坐椅子，他坐箱子。彼此都是文人，且都心直口快，口無遮攔，天南海北，一見如故。我講了自己的背景及目前的困難，他滿應滿許，答應幫忙。

後來彼此熟悉，往來頻繁，多是我到他店裡。他一邊和我聊天，一邊做生意。他賣的瓷器，都是名牌產品，價格不菲。他曾叫我猜一隻老虎多少錢？我說五百元，他跳了起來——七千元！又有一隻老鷹多少錢？我不敢少說了，忙說一千五，但還是差了一大截。有的影星畫像掛盤，動輒上百或幾百元。他很感慨：中國是瓷器的老祖宗，為什麼不造些高級藝術瓷器打入國際市場？他從佛山進口一批李時珍像，他說，中國的神醫被西方人敬仰。他還叫我幫他製了廣告用的照相版，刊登在雜誌上，賣得很不錯。他說，中國貨要想真正打入美國市場，就必須用美國的方式，捨得花錢刊登廣告，並大大改善包裝，這樣才能賣到美國的價錢，深入美國社會，否則，只能停留在中國城擺地攤的階段。

有時他太太崔蓉芝來店裡，總是忙著招呼我們，到了吃飯的時候，她一定到隔壁買幾件快餐，大家分享。她若不來，好像我們既不會吃，也不會喝。

江南行動極快，事情說辦就辦，痛快之極。例如一次他問起我的移民問題，我說我是學工程出身，沒有新聞記者背景。他說：「那還不好辦，找一家出版社證明你曾作過兩年記者不就行了。」說著就拿出打字機，噼哩啪啦打了一封英文信，江南的英文極好，他是華盛頓大學的博士生呢，《蔣經國傳》其實是他的博士論文。他把信付郵寄到香港，由那邊照寫並簽字後寄回來。他說，「反正是騙移民局。」但此信我終於未用。

70｜文友

江南的文章，文筆犀利，讀來過癮。他從不查字典，有記不清楚的字，就再想一個，甚至自己創造詞彙，我問他為什麼？他說是為使文章生動，避免重複。

一次，他說有一段故事，可由我寫出來，他講給我聽，是宋希濂與王惕吾的《世界日報》打官司的事。他講，我記，文成後，拿給他看，他叫崔蓉芝來看店，我們兩人到海邊，躺在草地上修改文稿。這真是一次浪漫的改稿過程。他把文稿全部用紅筆改過，改得幾乎成了他寫的，他還起了題目，叫「宋希濂舋戰王惕吾」，此文發表在香港《文匯報》上，此文稿我現在還保留著。有時他得到有關台灣的消息，也向我提供，由我成文，或直接由他寫出，我帶去發表。

他與中國城社區不大來往，也不認識什麼人。自我與他相識後，帶他參加了不少聚會，認識了不少朋友。我的工作需要照相，有時在店裡，給他照一些像，為了他的商品宣傳。我也為他本人照過相，畫過畫。他遇害後，我給他照的像都翻了出來，其中在店裡的一張，用來加工放大，在他的紀念活動或新聞報導中，竟成為「標準像」。

江南也接待很多大陸作家，例如王蒙、吳祖光等，皆在他家住過。蕭乾夫妻來灣區，江南特別陪他們到處玩，邀我參加，因為我與蕭乾是舊相識，老朋友。他自己駕車，帶我們去看紅木林，那些樹長得可真大，很多幾百年以上的老樹，要兩、三個人手拉手才能合圍過來。江南走到一處，就滔滔不絕地講解當地的地理，歷史，人文，蕭乾稱他是「最佳導遊」。我給他們拍了很多照片，現在都彌足珍貴。

江南腦子好，尤其對一些人與事或時間、地點，記憶很牢。例如，他給我講述1949年他十幾歲時，隻身逃出大陸，時間、地點倒背如流，令人驚歎。有時我對台灣某一政要不了解，向他請教，他能夠把那人的祖宗八代都數出，如此人他認識，就更加活靈活現。他的描述，使那人呼之欲出。朋友稱他為活字典或電腦。

江南最喜歡的一部電影是「教父」，他多次給我講述其中的情節，一邊講，一邊還表演，動作相當誇張，笑得我肚子痛。一次電視台播放此片，他給我打來電話，一直幫我翻譯電影中的對白，後來我怕他太累，才請他掛了電話。

71 《蔣經國傳》的風波

一次，我到江南的店裡，他對我說：「嘿，老兄，有一件大新聞要寫出來。」他遂給我講述了他寫蔣傳及交《加州論壇報》發表的經過。「在齊太史簡，在晉董狐筆」，江南寫的28萬字的《蔣經國傳》原是他博士論文的題目，材料都收集好了。他曾為寫蔣傳，致函台灣一些黨政要員，他還給我看過其中一些人給他的回信，如蔣緯國，王昇等。但正如江南所說，這些信多《避重就輕，搪塞了事》。

江南說的大新聞是，《加州論壇報》1983年7月24日起轉載他的蔣傳後，受到的巨大壓力。我根據江南告訴我的材料，寫了一篇新聞，刊登在《時代報》1983年7月31日頭版頭條。大標題是：「宋楚瑜來美有蹊蹺，蔣經國傳起風波」副標題是「宋某與論壇報秘密談判結果如何各界矚目」，內容提要黑體字是「蔣彥士親把前中央日報社長阮毅成找來，要他給其兒子阮大方施加壓力。」阮大方是誰？他就是論壇報的副總經理。

文中寫到論壇報發表蔣傳及給蔣經國的公開信後，台灣方面的反應：這樣一來，台灣方面坐不住了。查江南小子乃一「叛逆」，近年「通匪」，到匪區有三次之行，焉知未領有任務？領袖只可「頌揚」，豈容「誹謗」！「狗嘴吐不出象牙來」。

關於阮毅成給阮大方打電話的情景，文中也有描寫：「大方，為什麼報上要登這個東西？」「……」「不登行不行？」「不行，話已經說出去了，辦不到。」「能不能和江南先生講，挖苦的話改掉？」「我們沒有權力改稿子。」阮大方為了避免干擾，近日來，家中已處於一級戒備狀態，凡打到家裡的電話，不問清楚前，一定不接，以免蔣彥士們再逼迫他老子對他施加壓力。

文中還透露：台灣新聞局長宋楚瑜於7月28日到達洛杉磯，30日返台。此行來去匆匆，到底有何貴幹？他來美可能和論壇報談判有關。其結果如何，不為外界所知。但據一位熟悉台灣政情的老報人分析，如果論壇報在刊登《蔣經國傳》兩期後就「拜拜」了，那台灣方面至少花了一百萬美元。

實際上，宋楚瑜來並沒與論壇報談判。但拙作發表後，總部在洛杉磯的《國際日報》發了一條小消息。論壇報得知拙文後，大表震怒，馬上致函給我報，要求在原版原函照登。來函講拙作寫得神氣活現，連阮氏父子打電話的情況都寫出來了，好像作者當時在場一樣。我的老闆收到此信後，大驚失色，把我叫去訓斥一通。我當時說：「您別著急，我去找江南就是了。」我找到江南，他說我的老闆大可不必緊張，由他出面和阮大方「擺平」。不過，還沒等他「擺平」，我老闆已急急忙忙把原函在頭版頭條上登了出來。江南看後苦笑：「何必這麼緊張！」

有趣的是，自此，論壇報不再找我報的麻煩了，但卻和《國際日報》幹上了。《國際日報》當然也不甘，請了律師要與論壇報打官司。

後來官司也沒打，忽然掩旗息鼓了，箇中原因，外人難明。江南死後，我與阮大方有過一次長談，涉及此事，阮講了一句話：「在這件事上，江南對不起朋友。」

還有一次，江南開車帶我到什麼地方，在車中我們談到台灣要收買他一事。我說：「這事牽扯到你的一世英名，給一百萬也不能幹。」江南說：「一百萬！五十萬就值得幹！」誰料到，台灣方面應許兩萬元，他就答應修改蔣傳了。

另一次，江南指著一個人對我說，「你看，台灣方面就是通過他跟我談的。」後來，我也認識了「他」後，「他」向我解釋，是他主動給台灣打的報告，希望花一點錢把事了了。但這種事，官場上的人都不願意管，因為管不好會出漏子。後來有回音了，也「小兒科」的很。

當然，為了蔣傳，還有其他國民黨的人出動，例如台灣「新聞局」駐洛杉磯的負責人屠益箴也曾與論壇報聯絡多次，均不得要領。

寫蔣傳時，江南還有一個奇想，他告訴我時，我們都笑彎了腰。他說：「如果史達林在1937年不把蔣經國送回國，而到1949年大陸解放才把他送回大陸，那麼，現在又有好戲看了。小蔣可能已是中華人民共和國的副主席，隔岸不停地揮動橄欖枝，進行祖國和平統一的統戰工作。」

72｜高朋滿座

江南喜交友，所以無論他店裡或家裡，經常高朋滿座。他認識一個人後，總是說「我給你幫忙。」而且他說幫就幫，但有時難幫到點子上，或難一幫到底。但這不影響他仍舊有許多朋友，大多是文人類。有一次，我到江南店裡，正遇大導演胡金銓到訪。彼此聊了聊，我還給他們照了一些像。江南說，晚上請了幾位朋友到他家裡聊天，叫我也去。不料胡金銓先生走後，又有一位女士來訪，江南突然伸出手來對我說：「咱們回見！」一時，我非常尷尬，以為自己聽覺出了毛病。我回到家裡，吃完晚飯，突然江南又打來電話：「喂，你怎麼不來？……什麼？誤會誤會，快點來吧，你到地鐵車站，我叫人去接你。」於是，我又乘地鐵去他家。

記得那是1983年10月4日，參加人有六、七位，我有照片可以證明，其中左，中，右都有。大家天南海北，無所不談。胡金銓談到他在義大利時，騎三輪車，接行李，他有表演天才，又有幽默感，笑得大家肚子痛。號稱已戒了煙的胡大導，那天晚上一根接一根，兩瓶高級葡萄酒及一瓶大陸的白酒都喝光了，大家談興還濃。談到大陸的文革，胡大導能背出許多語錄歌，於是我就與他合唱。他雖然到台灣拍電影，但對大陸的情況卻極為熟悉，問起來，他說他有些左派朋友。後來煙吸光了，我和一位女士出去買煙。大家談話時，崔蓉芝總是笑瞇瞇地在一旁聽著，而且不時忙著招待大家，茶水，咖啡，水果，點心等，擺了一桌子。後來江南聲明，再談下去不行了，到凌晨三時結束，他若不煞車，相信會聊個通宵。胡金銓住在帕洛阿圖，我和一位女士開車送他回去。到了帕洛阿圖，胡大導又拿出酒來招待我們，我們又聊天，直至清晨。

在江南家聚會有幾次，各路人馬都有。那一段時間，我與他過從甚密，每天都要互通電話或見面。有一次，因為太晚了，他送我到地鐵站，發現最後一班車也開走了，不得已，就跟他回家，崔蓉芝已經睡了，又起來在客廳地下為我舖床。

有一次，一位剛來美國就認識的朋友，知道了我與江南過從甚密，就囑咐我：「你可以跟他交友，談天，寫文章，什麼都行，但就是不要與他發生經濟上的關係！」據他說，在華盛頓時，江南「吃」過他的錢，後來他要與江南打官司，江南才把錢「吐」出來。但我與江南在一起時，他總說他可以幫我，例如說起買房子，他說：「誰也不會把房子便宜賣給你，除了我。」

江南自己也承認，他交友很少，他說中國人圈子裡是非多得很。我因工作關係，交際廣泛，給他介紹了一些朋友，例如大陸來的曾任四人幫的律師，駐美貿易代表，我還曾帶他去外交元老何鳳山的家裡。香港《文匯報》社長李子誦及總編輯張雲楓訪美，報社請客，我代報社請了柏克萊加州大學校長田長霖夫婦，舊金山州立大學校長吳家瑋夫婦， 舊金山市立大學校長徐建立夫婦及江南等作陪。江南也介紹我認識一些人，叫我去訪問他們。例如曾在莫斯科大學讀書的二十八個半布爾什維克之一的盛岳先生。盛先生寫的《孫逸仙大學》一書，江南在蔣傳中有引用。江南曾告訴我，盛先生曾任中共中央總書記，盛岳說不是，是中共上海局總書記。

江南很厲害，對一些他看不上眼的人很不客氣。例如一次，一位朋友說，江南請了幾個人到什麼地方去，其中一位已經穿了一身漂亮的西裝，準備出發了，江南突然指著他說：「你，不去！」那位朋友說，大家都是五十多歲的人了，江南怎麼這樣對待人家，聯想到江南請了我，又與我「拜拜」的事，我覺得這很符合江南的處事特點。

江南與海峽兩岸都保持著很好的關係。例如他曾告訴我，他每週一次到中國駐舊金山總領事館講課，講述美國的種種。以他的學識和口才，他完全可以勝任。台灣方面有人來，江南也與他們會面。例如台灣《自立晚報》社長吳豐山去中美洲參加文鮮明主持的新聞會議，路過美國時，江南曾帶我去見他。當時我好緊張，江南說：「有什麼關係，問起來，就說你是UC柏克萊研究院的學生就行了。」那次會面是在帕洛阿圖，出席的人有陳文雄，張富美夫婦，阮大仁等。吳豐山提及「席間有兩位新聞同業。」一是指阮大仁，一是指我。此外，我還托江南之福，認識了另外一些台灣方面的人。

73｜江南小語

1983年8月間，我曾帶江南到報社看看，介紹他認識各位同仁。江南參觀後，認為我們的條件很艱苦，答應給我們寫稿子，不要錢，每天寫。此事我告訴老闆後，他很高興。江南於8月30號打電話通知我，他的專欄叫「江南小語」，他並且特別強調「是看你的面子寫的」，我連說「多謝！多謝！」嗣後，我給他送去稿紙，取回稿件，每週寫五、六篇，每篇約六百字左右，如有較長的稿子，他就分上、下，或一、二、三、四。

江南寫的字很難認，加上編輯水平又低，錯字連篇，江南也惱火得很。以後我取稿時就先看一遍，遇有不認得的字，就當面問他，有時他自己也認不出來。雖是我請江南寫稿，但定下來後，應當編輯與他直接聯繫，催稿，取稿，但編輯清閒得很，從不過問，如稿子未到，就不登，也不加以說明。這與《東方日報》連載李翰祥的「三十年細說從頭」真不可同日而語。人家編輯為了怕稿子接不上，專欄斷稿，在李大導在美國期間，編輯用長途電話追蹤，從舊金山到洛杉磯，到紐約。三個月，光電話費就累計超過兩萬港幣，這就是外行辦報與專家辦報的區別。

編輯對稿子從不審查，有了稿子就原文照登。江南喜歡罵人，不少朋友被他罵後，大發雷霆。例如薛君度被他罵了，要與他打官司，最後報社又登了吹捧薛的文章。又如，他在一篇送上海貿易代表郭長濤的文章裡，大罵另一位貿易代表徐先生，引起對方強烈不滿。又如，他聽中國民航崔陳說過一些中國民航內部的問題，崔與一位姓張的合不來，說了些姓張的違法亂紀之事，江南就寫出來，批評中國民航，大罵姓張的。姓張的實在也該罵。說替我帶東西，但照相機及其他一些電子錶筆(初期買的很貴)，他說，海關不讓帶進去，但他也不還我了。另外，姓張的要買照相機，我給他一些錢，他說，回國後，買東西送給我家裡，也沒下文了。江南的文章登出後，總領事館及民航紛紛檢查。姓張的也灰頭土臉，哭喪著說要請我吃飯，還我錢等等。我一看漏子捅大了，就叫他快煞車，因為除了發表的這兩篇，他老兄說，還有重大問題要「揭發」呢。

他也曾寫文章痛罵密宗黑教林雲大師和他的一些朋友。據說被他罵過的人在他死後，還喝酒慶祝。以後我見到林雲，與他談起此事，林雲說：「我該罵！不過為了我，朋友也挨罵，就不好了。」

他還寫過另外一些得罪人的「小語」，後來老闆也火了，說他的稿子要審查，但由於編輯水平太低，一些無傷大雅的文章，居然也不能刊登，江南也火冒三丈。我夾在中間很不好受。江南寫了三個月，聲明不寫了，如果寫，要付錢，每月三百元。不得已，我去找老闆談，老闆說：「他原先說不要錢的。」我說：「他已寫了三個月了，他說，要再寫，得付錢了。」最後不得已，報社每月付他三百元。

對於這些文章，江南不太看重，因為四、五篇稿子，他一天就寫出來了，也不需要查什麼參考資料。但崔蓉芝卻很細心，把每篇都剪下來存檔。蕭乾先生看到「江南小語」後，非常欣賞，他說：「江南真是個好記者」。他還把看過的文章都交給《北京晚報》。後來，北京的友誼出版社決定出《江南小語》和《蔣經國傳》。江南的無心之作，居然集結出書。

74｜〈調人記〉之風波

記得有一次，我對江南講述我在文革中一段特殊的經歷，是我奉湖南省革命委員會的派遣，到北京借調一批雕塑家到韶山修毛澤東塑像的事。江南邊聽邊笑，等我講完，他已經笑得喘不過氣來，他一邊擦鼻涕，一邊用手指著我說：「寫出來，寫出來，我找人去給你發表。」他經過考慮，並且親自為我的文章冠了題目：〈調人記〉。

〈調人記〉寫成後，江南再也不提為我找地方發表一事。我想：我自己也可以寄出，因為過去給《七十年代》（後改為《九十年代》）也寫過一些文章。於是我把文章給李怡寄去，還附有照片。在給李怡的信上，我不該講了江南對李怡的看法。江南曾激烈地批評李怡的《九十年代》向右轉，他所持理由是：一，李怡訪問了台灣；二，李怡化名齊辛，在《中國時報》上寫文章；三，《九十年代》不登蔣傳的廣告，「給錢都不登！」不料，李怡收到信後暴怒，他將我的信作了拷貝，在背面寫了他的答覆，當即寄給江南。江南收到此信後，也是暴跳如雷，他立即給我打了電話，破口大罵我，說：「你們這些大陸來的人不知道輕重好歹。」他罵我，我只好聽著。江南後來要寫一封措辭強硬的信，被朋友勸阻。奇怪的是，江南1984年9月回大陸一趟，寫出一篇〈越山前進的中國〉，又在《九十年代》上發表了，不知他與李怡的矛盾如何解決的？

江南自此，到處訴說我的不是，我甚至被老闆叫去訓斥一通。後來據有朋友說，他還到移民局去告我的狀，告我使用假證件(就是他替我打的信，我並未用)我發現再搞下去，要不行了，就給他打了電話，向他道歉，他又數落我一通，我只有聽著。為了表示我的誠意，我到漁人碼頭他的店裡「負荊請罪」，當時崔蓉芝也在場，江南說：「負什麼荊啊，請什麼罪啊！」但是態度冷淡很多。此後，直到他逝世，我們都不再有親密往來。1984年9月他去中國，也沒告訴我，據說他那次去，曾受到中宣部長鄧力群及外交部副部長朱啟禎的接見。記得他回來後，有一次我遠遠地看到他，發現他滿臉黑氣，不知為何從大陸回來後，變化得如此大，難道他自己有預感要出事？

75｜吳國楨傳

1983年3月17日，江南與他的好友李乃義去訪問吳國楨。事後，江南對我說，那是一次極為辛苦的差事，一是吳國楨正患牙痛，有時講話不清，帶去的錄音機又發生故障。而且，吳國楨晚上十點按時就寢，但他臨睡前，把家中的警鈴系統打開，所以十時後，江南由於無法入睡，又不能開門窗，形同監禁，使他坐立不安地被囚一夜。次日清晨又開始繼續，直至下午五時結束。江南說，自他回來後，就一直不舒服。

他還講起，吳國楨訪問大陸，先叫他兒子去了一趟，然後決定自己去訪。但中國駐華盛頓大使館的兩位官員曾去拜訪吳老，其中一位竟說出類似吳先生回不回去無關緊要的話，使吳先生大為光火，遂提出了三項條件，其中之一似要鄧小平的親筆邀請信等。後來，江南也替中國方面傳過一些話，起過橋樑作用。

吳氏原擬九月訪問大陸，但不幸於六月六日上午九時無疾而終。吳國楨死後，江南曾收到大陸方面有關人士請他轉的唁電，有的，江南也曾交我發表。吳國楨去世，江南感慨良多，主要是：「人算不如天算」。

江南寫了〈吳國楨八十憶往〉及其他一些文章，悼念吳老，其中「最後手稿」「八十憶往」還由我電傳到香港《文匯報》發表。江南曾說，他已經蒐集了全部材料，擬寫《吳國楨傳》，並與吳氏定了合同。他寫《龍雲傳》，與龍雲之子龍繩文也曾定過合同，而且幾次往來信函，我都看過，江南主要想明確拿多少錢，但對方就是不講明，江南火了，寫了封不大客氣的信。江南寫《吳國楨傳》，國民黨肯定不高興。

至今還有許多人指證，說國民黨殺江南是為了《蔣經國傳》，也有人說是《吳國楨傳》，我認為，這些都是國民黨殺江南考慮的因素，但他絕不會只為你寫了某本書，某篇文章，就決定殺你。殺一個人的目的，不外有兩方面，一是給本人一個懲罰，二是殺雞儆猴。

吳國楨於1984年6月6日逝世，嗣後四個月江南寫了一些有關他的文章，但其傳記還沒開始，本人即在10月15日被國民黨殺害。後來，《龍雲傳》已有人續完，但《吳國楨傳》還未聽說有誰願意承擔，因為這是有一點風險的。

76｜江南被殺

1984年10月15日，我突然接到電話，說江南被殺死在他們家的汽車房裡，真是晴天霹靂！當時，我與一位朋友正在舊金山一個劇場聽香港某歌星的音樂會，台上在大吵大叫地唱著，我坐不住了，便與朋友一起驅車到江南的家裡，當時，中國駐舊金山總領事正在劉家，此外，總領事館有郭楓領事和楊宗良領事在場。我們只是默默地坐著。看到崔蓉芝，覺得她還算平靜，但她當時講的一句話，令我大吃一驚。她說：「這是殺雞儆猴！」中國總領事館的人也認為，這肯定是國民黨下的毒手。當時，李乃義說，為了不干擾警察局的破案工作，叫我不要發什麼新聞稿，我對他干涉新聞工作的做法很不滿意，但還是答應了他。

結果，次日我只發了簡短的消息，但是當日晚間，我回家後，給香港《文匯報》發了詳細的新聞，是我寫好稿子後，在電話裡讀，香港方面錄音，至凌晨三點。因為我知道，李乃義只能壓我一個人，其他報不會聽他的。果不其然，次日各中文報都以顯著篇幅報導了此消息，《中國時報》報導最詳。實際上，《中國時報》記者當天並未到劉府，僅是通過電話了解情況而已。只有《國際日報》記者漏卻了此條消息，次日報上，隻字未提，以後還被某報冷嘲熱諷一番。

10月16日，我們報決定大寫，我又首當其衝。那天上午，我先到動物園，是中國大熊貓來舊金山展覽一事，天正下雨，我被淋得濕透。回來後，馬上開始寫稿，我在限時內，寫了三篇有關江南的文章，其中也詳述了《蔣經國傳》的風波及台灣方面如何對江南做工作。報社一位同仁等在我樓下，我寫完稿子，飛奔下樓，把稿子交給他。他又開車送我去一家飯店，因為王靈智教授受舊金山市長之託，請從北京來送熊貓的北京動物園來賓吃飯。席間，我與王靈智談了江南的種種，因為江南生前與王靈智並不認識。我回家後，還要寫稿，累得一塌糊塗。晚上一時，王靈智來電，又問起江南的情況，我再「細說從頭」。王靈智一般生活規律，早睡早起，晚上九點後，除了重大事件，我絕不給他打電話，他是凌晨一時還來電話，說明他認識到事件的嚴重性。

以後幾天，我連續給全美各地的朋友打電話，告知消息，蒐集反應。我當時訪問的人有：老報人陸鏗，前國民黨高級將領宋希濂，數學家陳省身，作家聶華苓，龍雲之子龍繩文，外交元老何鳳山，原香港中文大學校長李卓敏，畫家侯北人，《海內外》主編尹夢龍等等，大家強烈譴責殺人兇手的卑鄙無恥，呼籲要為江南討回公道。

77｜追悼會前後

10月17日晚上，治喪委員會開會，有人提出，我不宜參加治喪委員會，理由是我連身份都沒有。我當時真急了：我沒有身份與此事何關？最後決定，治喪委員會名單不向外界公布，才解決了問題。江南的追悼會是10月21日舉行的，這之前又有家祭，我既要執行記者工作，又要張羅其他一些事情，其忙亂可想而知。在追悼會上，中國駐舊金山總領事館總領事等人出席，並送的輓聯，我認為這是中國方面對江南的評價：居異邦懷故土志祖國和平統一，評世事主正義揮鈞筆一代英才。治喪委員會的輓聯是：誓將哀痛淚，淨洗江南碑。是我寫的。柏克萊加大台灣學生會的輓聯是：江南一死，千古奇冤。

那天追悼會後，出殯的行列在樂隊前導下，在中國城巡行，其中最特殊的是，一部卡車上面掛滿了白布的輓聯。那段時間內，國民黨的宣傳媒介，拼命把命案往斜路上引，什麼情殺，財殺，幫派殺等謠言滿天飛。還有一位國民黨退休官員對我說，江南命案一定是「匪諜」幹的。在追悼會上，國民黨協調處在拼命打聽一個人的下落，據說此人是江南政工幹校的同學，之後與江南夫妻過從甚密。我得知此消息後，告訴了治喪委員會某人，他又告訴了崔蓉芝，崔即告訴了FBI。

十月底，有消息傳來，台灣駐美負責人（相當於大使）錢復在華盛頓說，江南案是情殺，並具體指出，與治喪委員會一位某某有關。

我奇怪的是：在江南命案發生後，錢復這批駐外人員，會不會得到國府某些指示，否則為什麼舊金山、華盛頓的官員都拼命往情殺上作文章呢？

10月21日，追悼會開過的下午，治喪委員會在舊金山華埠都板街華商總會總部開會，決定成立一個委員會，為江南爭取正義。委員會的英文名稱是：

Committee To Obtain Justice For Herry Liu，關於中文名稱，是否由英文直譯？當時頗有爭論。後來我提出，中文就叫「江南事件委員會」，簡單明確，此提議獲得大會通過。

在會上，阮大方提出，《蔣經國傳》已印好，他在報社董事會上提出，此時發行，銷路一定好，但會有人說是發死人財，對不起朋友，所以頗犯躊躇。崔蓉芝當時就提出：江南一生好名，此次發行蔣傳，正是替他揚名的機會，請阮不必有顧慮，儘管發行。當時還提到，江南當初與《論壇報》簽合約時，說除台灣版權，全世界各地版權都歸《論壇報》所有。阮說，江南曾說，如果台灣可發行此書，發行量一定超過世界各地。

我平時所在的報社，曾召開一次少有的編輯會議，會上，平時一言不發，道貌岸然的幾位編輯，大吵大鬧，說報紙在江南案上太左了。有人甚至叫囂，江南死，報社出幾大張專刊，還點了國民黨的名，要是美國總統雷根死了怎麼辦？！這些原來在國內也是上不了檯面的人，目光如豆又沒有水準，你若跟他們一般見識，就自貶身價了。所以，儘管矛頭對準我，我只冷笑幾聲，睬都不睬他們。

之後，凡是我與國民黨右派論戰的文章，這些人一律不登，實際上也是老闆的意思。號稱是「左派」的報紙，實際上早被惡勢力嚇破了膽。你不登，不等於沒地方登，於是，我的文章轉向戰鬥性更強的報紙。這也不行，老闆又說我吃裡扒外，拿著他的錢，給別的報紙寫稿子。我後來與他約法三章，凡我寫的稿子，先發給他，他不登，我有權給其他報紙。這樣，關於江南事件我寫的大量新聞或評論，他們絕大部分不登，這倒使我大名遠揚——我指的是筆名。往往朋友向別人介紹我，或我自我介紹時，對方聽了我的大名，毫無反應。但當朋友或我自己介紹我就是XXX時，對方往往跳了起來：「我以為XXX一定是年歲很大的台灣來的文化人，沒想到……

78｜蓋棺論不定

江南突然去逝，很多人正在忙亂中，還沒反應過來，等到他的追悼會一過，他的遺體也火化了，很多人就開始議論他了。記得追悼會上，一位仁兄喝多了酒，向我大談江南的種種。他說，一位畫家向他透露了許多內幕，使他大吃一驚。他以前把江南當成他的朋友，沒想到江南並沒把他當作朋友。他越說越傷心，發誓今後再也不管他的事了。此位仁兄，在江南生前，只看到他豪放，博學，敢說敢作的一面，忽略了江南追逐名利，有時到了不擇手段的地步。其實，這也是人之常情。

我因有朋友囑咐在先，與江南只談時事，談寫文章，絕不牽扯經濟問題。實際上很多朋友都知道，你如果到江南的店中去買東西，最好在江南不在的時候，因為他一定不會便宜賣給你。而崔蓉芝不然，朋友買東西一定便宜，有時還不要錢。

江南是厲害，敢作敢為，很多人不大敢惹他。但是，我發現，他內心也有仁慈的一面，不過被面具包裹著，別人不大容易看出來。

有一次，我與他談蕭乾的一些情況，他忽然嚴肅地對我說：「文革期間，人與人之間關係已經扭曲，變成畸形，不足為憑。而且，蕭乾年齡又這麼大了，何必再講他過去的事？」他還誠懇地問：「你說呢？」他那次對我的告誡，我印象很深刻。江南突然從一位活蹦亂跳，到處刺人，到處惹禍，趾高氣昂的鬥士形象，變成一位飽經滄桑，與世無爭，仁慈安祥的大儒形象。那次江南對我講話時，顯得很疲倦，我看到了他的另一面，所以心中很震驚，細咀嚼，覺得他的話講得很對，便虛心地聽取了他的意見。

因為我對江南有一定的了解，所以曾向王靈智提出：江南此人怎樣，不是我們關心的重點。只要我們緊緊抓住兩條：一是為江南主正義，追元兇；一是為在美華人爭權益，爭民主，我們就能立於不敗之地。江南就是十惡不赦的壞人，國民黨也沒有權力把他殺死在美國土地上。何況他並不是壞人。人無完人，金無足赤，他也有種種缺點，過錯，但孰能無過？雖然江南生前，我們有些芥蒂，但他死後，我積極地投入了為他主持公道的鬥爭。在這場慘烈的鬥爭中，儘管我問心無愧，捨命相爭，但仍被人誤會，曲解。甚至被某些「左派人士」視為眼中釘。國民黨右派視我為眼中釘，我引以為榮，但某些「左派」也視我為眼中釘，必欲置之死地而後快，就令我十分不解。這些「左派」，在我拼博時，對我刺冷槍，使我不得不側著身子戰鬥。在我受了傷倒下時，他們還落井下石，好像我的存在對他們來講，比國民黨，黑社會反動勢力還要危險。冥冥中，莫非天意，令我捲入這個事件，受到重創，奄奄一息。

79｜破案

江南被殺後，各界的反應多認為，這又是一樁無頭公案，因為政治謀殺案，至今不甚了了的佔多數。但萬萬沒有想到，美國的FBI和警察局真有點令人驚艷的絕招兒。1984年11月28日晚，在參加完福建省長的宴會，寫完稿後，回到家裡，王靈智打來電話，說次日一早NBC電視台有重要消息，警察局也有重要消息公布。為了事先得到這些消息，我只睡了兩個小時，就爬起來緊張地工作。美國警方宣布破案，NBC電視節目也播出台灣竹聯邦的情景，江南是被竹聯邦的殺手所謀害。警察局的記者招待會是上午十點，但我的稿子於上午九時四十分前已發至香港《文匯報》。我是用錄音傳稿，香港將我的錄音分成三段，這樣整理起來要快得多，可趕上清晨發出的報紙。我描寫的電視上台灣協調處處長歐陽瓚自打嘴巴的情景，以後居然被台灣的報紙引述。

我寫的有關江南的文章，很多被台灣的報紙、雜誌引用，令我十分驚訝。不知是否受到特別垂青，儘管我的筆名有十幾個（為江南事件現起的筆名就有七、八個之多。）其中較有名的有李子頌，李宏聲等，這惹得李乃義火冒三丈，因為別人認為這些文章都是他寫的。他曾警告我：下次起名字，不許姓李！但是這些名字已經叫響了，我不用這些名字，老編們還不幹。只好將就著再姓一次李罷。而且，不管我在多麼偏僻的角落發表的文章，台灣的同行總有本事挖掘出來，這真叫我受寵若驚了。

29日上午，發完稿，又趕去史丹福大學，因為聽說有一本台灣雜誌《雷聲》上刊登了竹聯幫涉案的消息。給張富美打了電話，她說，她們有這本雜誌，我去印拷貝，並拍照。中午，又趕回舊金山，出席漁人碼頭的一個記者會，等我到達時，已是杯盤狼藉，人去樓空了。

案情發展到此，已是很出乎人們的意料之外了。但是，還有更重要的消息透露出來，而本人又是首當其衝，再次扮演了重要角色。現在回頭看看，似乎有一條清晰的軌道，把我一步一步地更加深入地拖進此一事件，我想逃都逃不掉。由於我山東人的耿直脾氣，為朋友兩肋插刀的性情，也就順理成章地負起了一定的使命。有時，我也捫心自問：我並沒有三頭六臂，但在江南事件中，為什麼那麼多消息都集中到我這裡，有些消息，甚至涉及當事人極機密的隱私，我本不應當知道的，當然更不能講出來。如果說是天意，我回憶起這一連串事件，心中不寒而慄。我從小是基督教家庭，但是共產黨把我培養成一個徹底的唯物主義者，我系統地學習過辯證唯物主義和歷史唯物主義的哲學理論，並常以此自豪。這也正如陳鼓應所說的，左派打右派，打得又準又狠。

我以為，我學習的哲學，是在鬥爭中產生的，自有它的戰鬥力。我寫的一些爭論性文章，別人評論是論點明確，論據充實，讀來過癮。沒想到，我這位從不敬鬼神的人，現在也生出了這些形而上的思想。這樣的結果，也是大大出乎我本人意料的。但是，我並不畏縮，我願赤誠，坦率地面對這一切。

80 石破天驚

1985年1月6日晚十一時，我突然接到一個電話，此電話向我透露了，台灣竹聯幫頭子陳啟禮在殺害江南後，在美國留有錄音帶，此錄音帶上說，是情報局長汪希苓下的命令。他叫我最快地將此消息發出去，但不能透露消息來源，更不能講竹聯幫成員白狼(張安樂)的事，否則，可能遭江南同樣的下場。我為了核實起見，向對方提出了以下問題：

一，為什麼要我辦這件事？對方回答，這是考慮了九個小時的結果，認為我是最合適的人選；

二，有無可能竹聯幫故作疑兵或有意透露？答曰：此錄音帶現在向拔京（竹聯幫另一成員）處，且白狼聽過，我們寧可被利用：

三，白狼為什麼透露出此消息？答曰：一是舊金山女市長范斯坦帶來信息，台灣拒絕引渡嫌犯，兩個月內要判刑，竹聯幫出於江湖道義要保陳啟禮；二是白狼目前申請綠卡，已通過問話，但台灣向美國指證他為通輯犯，要求引渡，若回台灣，當然是死路一條，所以要用此錄音帶與FBI交易，如FBI保他過移民局這關，他會交出錄音帶。

得知此消息後，我深夜到總領事館，要找駐舊金山總領事唐樹備，副總領事高有年，但他們都不在，也許是已經休息了，僅值班領事楊宗良在。　我向他報告了全部事情，原想請領事館某人送我回家，他不同意，我只好自己乘計程車回家。

到家後，立即給報社老闆打電話，正如我所料，他不但以證據不足拒絕發表此消息，並大罵我，說我亂發消息會引起官司，很危險。我說，我要請示香港《文匯報》，他說，他絕對斷定，《文匯報》也一定不會發表！我致電《文匯報》總編輯張雲楓老總，他叫我把稿子寫出來，電傳過去。為核實一些情況，我深夜致電一些朋友，其中包括崔蓉芝，我簡單告訴她此消息，她感到極為震驚。晚上三時，我寫完稿子，但《文匯報》的錄音機壞了，叫我FAX過去，我只好乘巴士趕到報社，給香港傳了文稿，並按約定，給老闆留了一份拷貝。

回家後，給王靈智打了電話，他說下午兩點到我家與我面談。正要休息，突然接到FBI的電話，我知道對他們隱瞞不了，遂答應次日下午三時半與他們談，我說，在此問題上，我願意協助他們盡快破案，使真相大白於天下。王靈智違約未至，我思想太緊張，只好跑出去散步，並到一家餐館吃了一客牛扒。我平時很少吃牛扒，但因整整三十六個小時不眠不食，腿都軟了，所以吃了是日唯一的一餐。

為了擴大影響，此消息也同時發到紐約的《華語快報》，我告訴他們，《文匯報》叫我核實此消息，我特意透露給他們，他們答應作為引用《文匯報》的消息發表。8日上午，我正在夢中，王靈智來訪，《文匯報》刊登了此消息，《華語快報》也刊登了此消息。而美聯社以第一時間向全世界轉發了《文匯報》的消息。

下午三時，FBI特工兩人來訪，我答應過不透露他們的名字。我首先表明我的態度：為替江南討回公道，使這種悲劇不再重演，我願與他們合作，但案子結束後，不希望與他們再有任何來往。我批評美國政府，在此案件中態度曖昧，他們似不希望因此事件，使台灣政權受到巨大傷害。FBI的特工說，他們與警察局的使命，是全力追查此案，務求水落石出，如果最後追到蔣經國，他們也據實以報。但美國政府出於政治考量，最後如何處理，就不是他們這個水平的人所能控制的了。我基本上相信他們講的話。他們還說，目前，我處於此案的中心。他們還說，他們的工作與我的工作類似，只不過我挖出的消息是供發表的，他們得到的情報，是寫成報告，上交老闆。這兩位FBI的探員都很夠水準。其中一位白人，事後還給我寫過幾封信，我還保留著。

晚上八時，我正躺在床上昏昏欲睡，突然又接到FBI的電話，他說，他們做事，從不告訴任何人，但今天他們的上司要他告訴我：他們有兩個探員正在洛杉磯，但即將返回，他們希望拿到錄音帶。他們已找過白狼，但白狼耍花招，不肯乖乖地交出來。他們建議我把此消息傳給白狼。我說：「我不是你們的雇員，無此義務。」此時，這位探員說：「我改變了我的想法，我想，你應當（Should）打電話給他。」他補充一句：「你是很聰明的人呀。」是呀，在移民問題上，我同樣有小辮子被抓在他們手中。我說：「我可以跟你們合作，但是對你們別無所求，我要求的是：這事以後，不要再麻煩我。」他說：「逢年過節打個電話問好（Say Hallo）都不行嗎？」我說：「都不行！」他說，「那我要請示老闆了。」我告訴他們，「如果FBI保白狼過移民局這一關，他將把錄音帶交出來。」FBI的人說：「我們老闆說，不能給白狼提供什麼擔保，因為我們不是移民局。但是，如果白狼給我們好臉子，我們也給白狼好臉子，在白狼的移民問題上，給予合作，這是最後的機會。」

FBI的特工請示了上級，正式給了我承諾，此事過後，他們保證不再麻煩我。事後證明，他們果然說到做到。他同時對我說：「你現在處於歷史的中心。」我聽到此話，大吃一驚，我連忙說：「我是一個小人物（Small Potato）」他說：「某些時候，小人物處在正確的時間、地點，確實能改變歷史呢！」我按照他們的吩咐，把他們的意思準確地傳達給了白狼，為等對方的電話，我又是徹夜未眠。

我給老魏打電話，說，萬一我發生了什麼意外，請他把我的兩個女兒接到美國來上學。老魏答應了我的鄭重之托，但他也安慰我說，不會出什麼意外的。

81｜備受困擾

我將錄音帶的消息發表後，絕沒有想到反應如此之強烈。美聯社即時向全世界轉發了《文匯報》的消息。《文匯報》的消息標明：「本報三藩市專訊」，這樣一來，我成了眾矢之的。1月9日，全世界大約三十幾個電話打到我家裡。有各大通訊社，各大報紙及電視台的記者，當然也有中文報紙的同行。我很好奇，新聞界為何嗅覺如此之靈，僅憑著一句話，就能找到我的藏身之處。我總是問他們，怎麼會知道我的電話？他們說，他們問過中文報紙的記者，《文匯報》駐舊金山的記者只有我一人。我竭力否認，說這不是我發的消息，叫他們去問香港的總編輯。《文匯報》消息發表後數日，美國的中英文宣傳媒體一齊開動了，中文報紙紛紛轉載《文匯報》的消息。「中報」的標題就是「石破天驚」。為了減少麻煩，我給《文匯報》總編輯張雲楓打了電話，告訴他我所受的困擾，請他今後再發消息時，發「本報美國專訊」就好了。並請他作好準備，接受美國新聞媒體的訪問。

報社老闆對我很不滿意，認為很多事我都瞞著他，不跟他講。我說，「不能講。」他反問我：「為什麼能跟FBI講，不能跟我講?」這我不需要解釋。同時，FBI來電話，說叫我特別小心，千萬不要告訴任何人我與某人聯絡一事。

為了不接電話，我躲了出去，跑到門羅公園，去採訪中國外文出版社代表團活動的消息。那時，在某種場合遇到一些美國同行，他們一聽說我是《文匯報》的，都叫了起來：「Oh！Wen wei Po！」(噢，文匯報！)可見這消息影響之大。

11日下午，我突然接到北美事務協調會駐舊金山辦事處的電話，令我大吃一驚，因為我從來沒有與他們往來過，也從未互通過電話。當然，給我打電話的秘書，我們在某些場合遇到過，但是交情沒到他可以給我家裡打電話的程度。他倒開門見山，問我《文匯報》的稿子是誰發的？我說不是我，他想了解，可打電話到香港去問。他又說：「還有錄音帶，說是什麼人下令叫殺的江南。」他幸災樂禍地說：「如果沒有錄音帶，你們又要鬧大笑話！」我順著他說：「是啊，又要鬧大笑話！」他跟我講電話時，旁邊似乎有人與他嘀咕什麼。他們一定是有備而來。他最後還不忘警告我：「如果新聞是你發的，你一定會惹上大麻煩！」

接到這個電話後，我馬上給FBI的打了電話，告知他們詳情。他們也很重視，問了很多問題。最後他們對我說：「如果你遇到緊急情況，例如發現有人拿了槍在你周圍轉，你不要給我們打電話，因為我們無法在三分鐘內趕到你的住處，你要打911，給警察打。但再有類似今天的情況，你要給我們打電話，因為警察不管這些事。」

82｜急轉直下

香港《文匯報》1月8日的新聞，是江南事件的轉捩點。台灣《公論報》1985年1月21日署名蔣小胡的文章「誰是幕後那隻手？」講到：為何是《文匯報》獨家獨得這麼千載難逢的爆炸性關鍵新聞，披露錄音帶的消息，而不是其他新聞刊物，其內情絕不單純。《文匯報》這條消息極可能是由北京所供給，其目的是打擊國民黨政權，並報一箭之仇。其他很多報刊雜誌也紛紛評論，認為《文匯報》消息的發表，是本案突破的關鍵。後來，「中報」居然選擇《文匯報》發表此條新聞是僑界年終十大新聞之一。

我把FBI的消息傳達給白狼後，他說，容他一天的時間把錄音帶拿到，並決定1月11日上午11時，在洛杉磯的希爾頓大酒店把錄音帶交給FBI。據報上報導的消息說，FBI拿到錄音帶後，馬上拿到華盛頓給錢復聽。錢復一聽，臉都嚇白了。他的反應及所採取的措施，我們完全可以猜測得很清楚。因為1月13日，中央社宣布，據陳啟禮等人供稱，有情報局人員涉及本案。1月15日，中央社報導，「情報局長汪希苓中將因故停職。」從香港《文匯報》1月8日發出獨家新聞，不出一周時間，台灣情報局長汪希苓就下台了！這也證實了FBI所說的小人物可以改變歷史的預言。

從1月8日起，報上每天都有關於江南案的新消息出現，令人眼花撩亂。那些日子，我每天都買大量的中，英文報紙，並且寫出自己的評論，觀察。後來在我們編輯的《紀念江南》一書中，我粗粗估量了一下，我寫的文章佔三十多篇。

由於美洲《中國時報》突然停刊，而在江南事件中《世界日報》等國民黨報紙都不能人道——有天閹的生理缺陷，所以，報導江南事件最力的「中報」迅速崛起，發行量直線上升。事後，有兩個美國新聞媒體知道我的所作所為，他們說，由於一條新聞的發表，不出一週，就導致台灣情報部門首長的下台，這真有如「水門事件」，他們認為我功不可沒，並醞釀著給我爭取一項什麼獎項，但我請他們打消了這個念頭——這個獎我不敢要。

倒是《文匯報》的老總們給我一信，說我在江南案中窮追猛打，取得了很大的成績，直接、間接地提高了報紙的威信，報社領導向我表示感謝云，使我頗為感動。

83| 買錄音帶

CBS電視台的節目製作人勞・伯格曼曾說過，有人要出售錄音帶，要價五萬。1月20日，駐舊金山總領事唐樹備找我，他說，他想聽聽錄音帶， 問我可否搞得到，我說，可以試試，但對方要價五萬塊，我們拿不出那錢。唐說：「我們有錢。」此事在嗣後兩天，進行了緊張的磋商，　提出了種種可能性，雖然有人願意出錢，但委員會絕不接受。我們如果要買，就自己付錢，而且我們要出的價，與對方要價有很大差距。　我們還設想，如果真去買，由我出面，但要有一位「保標」跟著。但我們討論的意見，委員會的律師葛奇克不同意。他說，「竹聯幫如果有錄音帶，應當交給我們『江南事件委員會』而不是拿出來賣。」此事，委員會的意見是，要問一下FBI，因為我們不願背著美方與竹聯幫有什麼交易。我給FBI打了電話，他們轉告了我們三點意見：一，如果買，他們也不能阻止，但我本人絕不能出面；二，這是在浪費錢，　他們希望我們把錢用到更有用的地方；三，他們同意葛奇克律師的意見。他們囑咐我，如果我要離開駐地到任何地方去，最好通知他們，　他們要對我的安全負責任。最後幾經協商，決定我們不買了，這使我大大地鬆了一口氣。關於買錄音帶的事，我以虛擬語氣寫了一篇小文，但沒有發表。一是有委員會成員不同意將此事公開，雖然我們沒採取行動，但起碼有此設想；二是編輯們不喜歡「傳奇」，他們要的是「新聞」。

在此關鍵時刻，駐舊金山總領事找我，問我現在住的地方每月多少錢？他說，我住的太偏僻，一旦出事，他們不便即時照顧。他要我另外租房，錢他們可以出，被我婉拒。FBI也說我住的地方不安全，我說我沒錢，他們說，他們可提供又好又便宜的房子，我反問他：「你們的房子，我敢住嗎？」他聽了，也笑了。

1986年9月10日，在紐約的竹聯幫大審中，白狼透露，在他手上握有陳啟禮錄製的有關江南事件的錄音帶時，曾有「海外華人」喊價一百萬美元，要收買該錄音帶，並要他保證此帶沒有副本外流。白狼告訴居中傳話的線人黃啟，他沒有錄音帶，此外，「竹聯幫的弟兄們不靠出賣朋友來賺錢。」

張安樂並沒有指名該「海外華人」是誰，但黃啟曾於法庭上說，協勝的永遠總顧問「七叔」伍佳兆曾出價一百萬美元，想向張安樂購買陳啟禮的錄音帶。張安樂並說，黃啟曾告訴他，協勝和安良都替國府工作，黃啟還透露，協勝和安良手下掌握飛龍、鬼影兩個幫派。張安樂說，黃啟還告訴他，華埠的一些廣東人對陳不滿意，原因是「老闆要手下做事，手下不應該出賣老闆。」張告訴法庭說，「老闆」是指蔣經國總統的家人，而「手下」是指「老鴨」陳啟禮。

張安樂還透露，一位美方調查人員劉海瑞曾為了收買錄音帶的事，主動與他接洽，張說，同案被告魯齊曾懷疑劉海瑞是「情報局」的人，張說，魯齊並沒說明他懷疑劉海瑞是美方或國府方面的情報人員。張安樂1986年接受陸鏗的訪問時說，最先想整他們的是一些親國民黨的美籍華人。他們想在聯邦政府拿到錄音帶之前，先把錄音帶收回去。自從報上登了錄音帶在張手上，他們就去找他，接著，製造謠言，說他們要賣錄音帶。到錄音帶公布，他們又打電話說：「為什麼老闆叫夥計殺人，夥計反而把老闆出賣了？」

84｜六十分鐘

江南命案發生後，我曾與一位美國朋友，新聞業同行談起過此事。我認為，儘管美國新聞輿論界發動了強大的攻勢，三大報系，三大電視網全部出動，連篇累牘地報導，但是這並沒有一絲一毫改變美國政府的立場——美國國務院固執地保持沉默。但他認為，此事新聞界功不可沒，因為國會終於舉行了聽證會，通過了某些決議。

美國新聞界對江南命案深入揭發，抽絲剝繭的能力，使承辦該案的FBI特工人員，也倒吸一口冷氣。為參與江南命案的調查，FBI所有東西兩岸懂中文，參與調查過與華人案件有關的能幹探員，齊聚西岸。他們出動調查，一般二人同行，很多被調查過的華人經「互相串聯」，發現找他們談話的FBI探員，竟是不同的人。由此可以看出，他們共出動了多少人馬。奇怪的是，他們找我談話，竟然是兩位說英語的人，一位是華裔廣東人，但也只說英語，一位是白人，是位律師。他們可能認為我的英語還可以溝通吧。我曾問過那位律師，他參加FBI的工作是出於愛國主義嗎？他說：「比那還要多！」（More Than That）。

美國新聞界為了挖出江南命案真相，其工作之深入，效率之高超，使人驚歎。其中哥倫比亞公司（CBS）的「六十分鐘」節目製作人勞・伯格曼的工作精神，更使我十分感動。我曾與他接觸過數次，終於願意接受他的訪問，但聲明：我只提供背景材料，絕不上電視。我與他談了兩個半小時。儘管他百般說項，但我始終堅持自己的立場。

CBS「六十分鐘」節目，是全美收視率最高的節目之一，其影響乃是世界級的。勞・伯格曼為了製作十幾分鐘的節目，曾到全國旅行，訪問了一百多人，凡FBI訪問過的人，他差不多都訪問了。我與他兩個半小時的晤談，發現他是僅次於FBI而了解情況最多的人之一。為了製作「是誰謀殺了劉亨利」，他們動用了一切手段，挖出許多鮮為人知的內幕。為了查證命案發生時蔣孝武的下落，他曾致電CBS駐東京主任要求協助查詢。伯格曼對我說：「很多人都指出此事是蔣孝武幹的，有沒有證據證明這一點？」他並且請我協助他找到蔣孝武的照片。

2月22日晚，勞・伯格曼深夜從紐約給我打來電話，說節目製作已經完成，他的老闆對節目深感滿意之餘，又有所擔心，因為節目中有太多中國人的名字，會令美國觀眾感到困擾。因為中文有「四聲」，而美國人在唸中文時，只有「一聲」。不要說老美，就是中國人聽了，　也會丈二和尚摸不著頭腦。伯格曼還說，他將給我一個「巨大的驚奇」，談話中，掩飾不住他的得意心情。

但節目於3月3日晚間播出時，江南事件委員會成員齊聚於崔蓉芝家裡觀看，並錄了影。收看了兩遍，大家多少有些失望，因為雖然節目主持人把台灣新聞局長張京育追問得張口結舌，但是，節目也僅僅提出了問題，而沒有答案。也就是，並沒有進一步指出，殺人元兇是蔣氏家族。

執美國報業牛耳的《紐約時報》資深記者，曾被台灣捧為至友的包德甫，在很早的一篇文章裡，就引用律師葛其克的話，點了蔣孝武的名。但他的重要文章發表後，受到來自台灣方面的巨大壓力。在對陳啟禮的「起訴書」中，對於江南在美遇害一事，竟以《世界日報》之登載來「可資佐證」。「起訴書」竟把在江南事件上有著精采絕倫表演的《世界日報》的消息「可資佐證」，未免太低估廣大讀者的智商。我曾於1985年1月18日的香港《文匯報》第一版發表長篇文章「國民黨退卻三步曲」第一步：宣傳共黨栽贓嫁禍；第二步：將責任推向竹聯幫；第三步：希望找情報官員代罪，棄車保帥。其中對《世界日報》10月20日，11月4日社論痛加批駁。這批蠢人不知為自己留點後路，總是自掌嘴巴，搬起石頭砸自己的腳。

在美國新聞媒體的強大壓力下，國民黨內部似乎亂了方寸，他的一系列表現，頗令人費解。法務部長施啟揚於2月26日供認，陳啟禮是在加入情報局後，奉命殺江南的。但台北地方法院檢查處對陳啟禮等人提出公訴時，施啟揚又稱陳的行動是「個人行動」。施並聲稱情報局「沒有交代陳殺江南」，但起訴書又稱陳啟禮1984年8月與汪希苓商談後，「趁赴美之機會」決定策劃殺害江南。好像情報局長決定的此項殺人計畫，並不是情報局「交代」的，且執行此計畫要陳啟禮「趁赴美之機會」才能執行。真令人笑掉了大牙。新聞局長張京育在「六十分鐘」節目中，一方面聲明，說據悉江南命案涉及竹聯幫，願配合美國盡快破案云，但經不起女記者的一再追問，竟然理屈詞窮，給美國觀眾留下極其惡劣的印象。

關於江南命案的報章，雜誌上發表的文章，我蒐集得比較全，而且與崔蓉芝互通有無，其材料最多時，摞起來有一人多高。我也曾把這些材料供給FBI，他們每次都做完拷貝再還給我，他們認為，這對他們幫助很大。試想：這麼多的中文材料，全部或摘要譯成英文，這有多大的工作量！也有朋友說，在江南事件上，我是「走火入魔」，我不否認。但女作家陳若曦在把我介紹給著名的黨外人士康寧祥時，說：「小高是全美國——不，全世界的江南問題專家。」我當然受之有愧，但實際上，這也並不是什麼好「頭銜」。

85｜抹黑戰術

江南命案發生後，國民黨當局的反應及應對，一直令人困惑不解，不知為何其宣傳機構竟然如此之「柴」？已經做錯了事，不思檢討，不思補救，反而一錯再錯，真令人懷疑，是國民黨高層亂了方寸呢，還是此事太特殊，一般官員，甚至高級官員都不願經手，怕惹火上身。或是國民黨真沒有人才？若說後者，可能還不至於此。國民黨的「第二梯隊」、「第三梯隊」，儘管也與大陸一樣，多是「高幹子弟」，但由於台灣開放較早，一些高幹子弟也都很早地留學英美，取得了一頂頂洋「方帽子」，其中儘管有混事的，但「學貫中西」的還是大有人在。

也許是此案太大了，需要高峰直接干預，別人不便吭聲，在彼此推諉之中，一再貽誤戰機。

但是，在他的全部表演之中，要屬「抹黑戰術」最為成功。江南屍骨未寒時，華盛頓及灣區的國民黨就四處活動，企圖蒐集「情殺」的證據。一步步地，竹聯幫捲入了，情報局捲入了，甚至情報局長下台了，此時，國民黨通過《九十年代》雜誌，拋出了江南的七封「情報信」。

情報信是由《世界日報》首先「轉載」，1月25日，它先發了一封情報信，但立即遭到全美中文報界的同聲討伐，認為它是給死人抹黑。但到1月31日，它又粉墨登場，這次理直氣壯了很多，因為它是「轉載」自《九十年代》，很以攀上了一位「左派」而自豪。

國民黨的「文宣小組」在考慮拋出「七封情報信」時，一定做了很多研判和沙盤推演。他們知道，此信如在黨營報紙上推出，例如《世界日報》，效果一定不好，所以他們選擇了曾經是「左派」刊物的《九十年代》。在此問題上，那批「學貫中西」的「第三梯隊」，一定起了相當的作用。我曾在1985年10月15日江南逝世一週年時，在《中報》上發表文章〈江南命案餘波未了〉，文中首次揭露，是「四大公子」之一的沈君山把情報信交給李怡的。文章發表後，我受到很大的衝擊，李怡咬牙切齒的反應自不必說，甚至一些「左派」朋友也責備我不留餘地，他們認為，海外對沈君山的印象還不錯，不應當把他牽扯進去。以後，我當面見到沈君山時，曾親口問過他，但他說：「都說是我把七封情報信給李怡的，實際上，不是我。」但是，他說不是，真的不是嗎？

「七封情報信」被拋出後，一時間，黑雲迷霧，很多人都氣餒了，甚至有獨立思考能力的學者或知識份子，也都「涼了半截」。江南是三方特務，儘管罪不該死，但死了也活該。甚至崔蓉芝也受了影響。她曾對我說「愧對朋友」，她還公布了江南曾收取台灣情報局一萬七千元 「蔣傳」修改費一事。那時，她正要到紐約去參加一個座談會，王靈智，李乃義都不在，她與我商量，到底應該怎麼講？我說，很簡單，還江南本來面貌——他是一個好丈夫，好父親，是一個熱情，爽朗，坦白的普通人，他絕不是什麼「三方特務」。崔蓉芝聽取了這個意見。

在這場靈魂謀殺的狂飆之中，當然也有中堅份子，例如王靈智就說過：「情報信對我沒有任何影響。」《中報》總編輯陳玉璽等，也是堅定地力挽狂瀾。那時，我在《中報》連續發表長文，〈江南與『七封情報信』內幕揭秘〉，〈江南，國民黨與『九十年代』雜誌〉，〈『九十年代』怎樣替國民黨做統戰〉等等，李子頌的大名，也由斯時開始叫響。其實，李子誦是香港《文匯報》社長的名字，我寫文章時，一時想不起來筆名，就把他的名字拿來用，但把「誦」字改成「頌」字。香港《文匯報》用此文章時，改為李頌。我還收到一封信，是李社長的老友寫來的，他以為那一系列文章都是李社長寫的，我回了一信，說明原委，他回信說「錯把馮京做馬涼」。

那時，陳玉璽先生給我打過一些電話，商量文章寫法及發表時機等。記得有一次，凌晨三點多，他從紐約打來電話。我一般兩點入睡，剛剛睡著，就被叫醒，豈不惱火，我說：「我這兒還不到四點。」他說：「紐約已經快七點了，為了發稿，有問題要商榷，不得不叫醒你」。

我並不是說，李怡不可以發表「情報信」，他作為一家雜誌的老總，完全有此權力。說老實話，要是我，也會發表，但是關鍵看他怎樣處理。李怡在處理「情報信」上，完全站在國民黨的立場，自覺地充當了國民黨的打手，所以他的所作所為，必須給予迎頭痛擊。

二月份的《九十年代》，發表了「七封情報信」，並且發表了李怡的「編者按」，說「令人信服地顯示」江南給台灣情報部門提供情報，並且收取金錢。三月份的《九十年代》，李怡抬出了一大堆文人為他捧場，為他開脫。說明他李怡刊登「情報信」有功。四月份的《九十年代》刊出了編輯部文章「江南情報信部分內容不符事實，特作澄清並向當事人道歉」。李怡一方面把自己打扮得貌似公正的樣子，一方面，繼續散佈不實言論。例如殷志敏的文章說「這七封情報信所透露的消息，可能只是『冰山的尖端』」。柯北道的文章〈再談江南案的殺機〉一文，編者按說：「江南案的一個關鍵是江南和崔陣的情報身份。倘若崔陣不是江南的策反對象，相反地卻是他的統戰對象，其中的關節，很可能是使台灣情報局動殺機的主因」。《九十年代》的主觀臆測及堅定地為國民黨辯護的立場，在他一系列的「編者按」中，得到明白的表示。

有趣的是，1985年4月份的《九十年代》中，竟然刊登了「蔣傳」的廣告。江南曾說過，《九十年代》向右轉，其中一條理由是：李怡不登「蔣傳」的廣告，給錢都不登。現在，《九十年代》終於刊登了「蔣傳」的廣告。阮大方在評論此事時說，「自江南被殺後，『蔣傳』銷路奇佳，根本不需要再登廣告，李怡的馬後炮，不過是他貌似公正的拙劣表演。

平心而論，我相信「情報信」是出於江南之手，而且涉及的人與事，頗多謬誤，確實很對不起朋友。當然，也不排除台灣的情報系統或「文宣小組」竄改個別詞句的可能性。中文有時一字之差，謬以千里。

此外，三方面都否認，江南是情報人員。但以我個人的經驗而言，並不排除江南與三方面都有接觸或部分合作的可能性。紐約的一家中文報記者說：「在美國的中文報業記者絕不能死，死了以後，別人說他是十方間諜，也百口莫辯了。」很多人看了我的文章後評論說：「你是很好的情報人員。」但是，我可以毫無愧色地說，我只是一名記者，挖出了某些內幕新聞，我絕不是為某方所用的情報人員。通過江南命案，我所受的最大的一個教訓就是：絕不接受任何一方的金錢或物質引誘。江南命案發生後，由於我起到了一定的作用，所以也曾收到過一些「建議」，有人甚至把一大筆現款送到我手裡，但都被我堅辭。我是一個窮文人，在美國這個金錢社會，我深知金錢的重要性，但是，我也堅信，金錢並不是萬能的。我認為，原則是不能為金錢所收買的。

一次，陸鏗先生來到舊金山，他在與我會面時，突然問：「李子頌是誰呀？」李乃義指指我說：「他就是。」我有點責怪李乃義的快嘴。我對陸鏗說：「對不起，李乃義講出了是我，否則我想聽聽您對李子頌的看法呢！」陸鏗說：「也不是有什麼看法，我覺得李子頌怎麼知道那麼多的內幕消息。」

86| 紀念江南

江南命案發生後，中英文報章雜誌連篇累牘，報導得不亦樂乎。有時我翻翻自己手邊的材料，感到有如看一部精采的電影，劇情一步一步地發展下去，波瀾反覆，高潮迭起，出現很多令觀念意外的場景。崔蓉芝很細心，她把所能蒐集到的材料全做了拷貝，有時「江南事件委員會」開會時，大家就各取所需。材料太多了，有必要把它整理成冊，於是「江南事件委員會」決定出一本書。關於此書的書名，爭論頗多，有人說叫《江南紀念文集》，有人說叫《江南事件文章集錦》等，不一而足。後來我提出來，乾脆就叫《紀念江南》，簡單明確，很多人表示同意，有人經過思考後才表態：「這個名稱起得好！」看來，我對命名學還有點心得，「江南事件委員會」是我起的，現在這本書名又是我起的。

我還進一步設計了封面，我設想；其封面與《蔣經國傳》封面一樣，同樣是四個字，請原先撰寫的一位朱先生書寫，封面上也有一個頭像，不過把蔣頭換成劉頭而已，我很為自己的想法而歡欣鼓舞，並付諸實行。

委員會叫我與謝善元教授兩人負責編輯，謝原是芝加哥大學的歷史學博士。實際上，我們兩的工作就是把稿子大致分類，然後全部的稿子都寄往香港，由《文匯報》同仁負責編輯的。但在編輯過程中，案情不斷有新發展，不斷有新材料湧現，香港方面的編輯叫苦不迭。因為照這樣下去，書永遠也編不完了。所以，最後大家的一致意見是，得結束了，今後再有材料，可以再出續集。就這樣，本書厚度也有750頁了。

阮大方在評論此書時說，這是給國民黨算總帳，一定會再次對他們造成衝擊。實際上，書出版的太遲了，所以只有資料價值，相信不會有多少人買來閱讀。為了引用各報、雜誌的文章，「江南事件委員會」曾致函各報，徵求他們的同意。記得只有《世界日報》沒有答覆，我們決定，索性不採用它的稿子。中國作家蕭乾告訴我，新聞的版權時效只有24小時，過了這時限，任何人都可以引用。但是作為將文章集結成冊，還是慎重點好。

我在報社時，曾為江南生前及追悼會等拍了許多照片，我們匯集了一冊，送給崔蓉芝。我還用剪紙剪了「江南千古」四個字，後來我把這幅剪紙送給崔蓉芝，她把它擺在江南的靈前，這幾個字也用在該書的首頁，配上江南整容後的遺體照片。

該書的序由陳治平先生執筆，他是柏克萊加州大學東亞資料室主任。他寫起中國的四六、八股文蠻有一套。雖然有時老氣橫秋，辭不達意，但這就是八股的特點。這種文體，也有言簡意賅的好處。另一篇序由王靈智的英文文章代序。本來還請謝善元教授寫一篇，但他的文章，對中共太刺激，太不公平。我看到後，與他協商修改，但他事後很不滿，說他的文章以後絕不叫我看。例如，他寫到：記得當年中共在井岡山「落草為寇」，我替他改成「揭竿而起」，這一改，有了本質差別。但他說：「我就是要以右派的口氣來寫！」他的文章經委員會討論，認為不能代表委員會作序，最後決定以他個人名義發表。

此書印就，運到美國後，在舊金山的東風書店出售。一天，我到東風書店，該店經理黃達說，此書名為《紀念江南》，有些讀者不理解，影響銷路，問我可否代擬一個簽條，把標題蓋住。我當場就為他寫出「江南案件始末——翔實，全面，存真，不可不讀。追憶，揭露，剖析，不可不買。」

江南追悼會前，我寫了很多輓聯，供他們抄寫。最後在書中，收集了很多輓聯，雖然出自我的手筆，但都不是落我的名字。崔蓉芝曾問我，要不要我再寫一條？我說，「算了，誰的名字不重要，文章是我做的就行了，江南在天之靈，會知道的。」其中一條「自由世界言論自由竟遭閹割，民主社會奢談民主人權何在。」是我當時憤怒心情的一種寫照，雖然現在看來，未免失之偏頗。

87｜江南事件委員會

江南事件委員會自從成立那一天起，就是一個戰鬥性很強的團體，必然遭到國民黨的憎恨。記得一位朋友在返台前，拼命向我打聽委員會究竟有什麼人？我因他問得唐突，並沒有正面回答他。事後，很多朋友說，他也向他們打聽過委員會成員的情況。當然，FBI一定掌握了委員會成員的情況。

實際上，委員會是個很鬆散的組織，初期活動很多，在事態發展緊急時，差不多每週或兩週開一次會，有好幾次，是我得到了某些重要消息，大家馬上決定開會商討。地點有時在中國城的華商總會，有時在崔蓉芝家。在崔蓉芝家開會時，每次她都準備一些水果，點心，沖泡的咖啡或茶，招待大家。有時還準備了葡萄酒，因王靈智等人善飲。只要是來開會的，都是成員，其中各路人馬都有。當然，隱藏身份的人也有，幾方面都有可能。

記得1985年2月初，美國國會在華盛頓舉行聽證會，委員會決定派崔蓉芝和王靈智前往。王靈智與許多議員熟悉，所以請他先去，也去遊說一番。他們臨行前的一次會上，陳治平提出，王靈智要有委員會主席的頭銜，大家一致附和，就順理成章地請王靈智作了主席。那次去華盛頓前，崔蓉芝還問過我：「要不要一起去？」我因為當時《文匯報》的消息剛剛發表，搞得滿城風雨，不願過分拋頭露面，便婉拒了。

王靈智回來後，我們又再次開會，他向大家報告此行情況。印象最深刻的是，他說，每次去拜訪某位議員，都發現，國民黨的說客已先於他訪問了該議員，可見國民黨在國會議員中活動也很厲害。王靈智與很多國會議員熟悉，他應當是到國會遊說的最佳人選，但我們的錢都是大家捐的，沒有更多的經費可以讓他常去說項。

委員會雖組織鬆散，但戰鬥力卻很強，因為「人自為戰」，「各自為戰」。委員會中，博士、教授及耍筆桿子的人很多，而且可說多是學貫中西，中英文都很了得，應變能力也很強。怪不得國民黨幾方人馬組成的「文宣小組」（據說有情報局、安全局、警總、海工會等組成）與江南事件委員會的戰鬥中，終不能佔有優勢。第一，他們沒理，縱然有錢，也很難掩飾得令人信服。再者，他們的組織中，總有官僚體系的弱點，遇事互相推諉，反不如組織鬆散的民間組織戰鬥性強。

一遇大事，委員會的成員立即自動寫文章投入戰鬥。王靈智就寫過很多英文信及聲明等，並不需要全體開會，有時他打電話通知我們，有時也不通知。我寫文章，也沒有通知什麼人，只是文成後，有時電話與朋友商量一下。

如1985年10月15日，江南逝世一週年時，我應《中報》總編輯陳玉璽之邀，寫了一篇〈江南命案餘波未了〉。文中透露：殺人犯董桂森曾企圖潛入大陸；沈君山把「情報信」交給李怡；陳啟禮殺人返台時，四人同行，我從旅行社的機票上，發現了有另外一人，是「黃鳥」陳志一的弟弟，此人首次出場。我還指出，李怡到日本訪問夏曉華，是王彤牽的線，我批評李怡和夏曉華一唱一和。

文章寫成後，我與王靈智商量，他認為有這麼多內幕消息，怕我惹上更多的麻煩，勸我不要發表。但是我給另一位朋友打電話，那位朋友問我消息來源可靠嗎？在有我肯定的答覆之後，他說，管他呢，捅出去！所以我也豁出去了。但稿件拿到《中報》舊金山的辦公室，一位編輯看後，大吃一驚，臉色都變了，他說：「高先生，你到底是幹什麼的？快比得上FBI了！」

委員會中的中心人物當然是崔蓉芝了，因為我們是幫她的忙。而且她確實也克服了江南去逝的傷痛，切切實實地作了很多工作。表面上，絕看不出她的傷心和哀痛，但據委員會的一位女士告訴我說，她陪崔蓉芝到洛杉磯去參加座談會，晚上兩人睡在一個房間，半夜被崔蓉芝的夢魘驚醒，她說，崔蓉芝所受刺激之大，所受痛苦之深，她才深深體會。

崔蓉芝那裡也是消息中心，紐約，洛杉磯及此地許多中美新聞同業人士都與她聯繫。有時候，通過她，一些新聞同業也彼此建立了聯繫。例如我與《北美日報》幾位仁兄，就是通過她認識的。記得《北美日報》記者第一次給我打電話時，我說：「我不認識你，你叫總編輯俞國基跟我講話。」果然，他請了俞國基來跟我講話。事後，崔蓉芝對我說：「幹嘛那麼大架子！非得跟總編輯說話。」回想起來，是我不對，但自那以後，我與《北美日報》幾位仁兄有了交往。

有一次，我們得知有人替台灣方面向崔蓉芝說項，王靈智就找崔蓉芝談了，崔蓉芝向他保證，絕不背著委員會與台灣方面作任何交易。這點是十分重要的，否則委員會的一切努力都會化為烏有。1985年4月13日，張安樂（白狼）與向拔京兩人到紐約參加「江南案件公聽會」，他們邀崔蓉芝同行。這之前，他們在柏克萊加大出席座談會期間，曾到崔蓉芝家中，在江南靈前上香，事後並一起吃午飯。張安樂與向拔京代表竹聯幫弟兄向崔蓉芝道歉，崔蓉芝接受了他們的道歉。

那次座談會，王靈智曾三次告誡崔蓉芝不要去，她開始也說不去，但到4月13日中午，崔蓉芝突然給我打電話，說她還是要去紐約參加座談會，她認為沒有關係。4月14日晚，王靈智給我打來電話，我們一致的看法是，竹聯幫可能與國民黨有了交易，蔣孝武可能揪不出來了。果然，白狼和向拔京在紐約改了口。王靈智還說，崔蓉芝不應當去，他告誡她三次，她也不聽，他怕崔蓉芝被竹聯幫利用。

在1986年8月7日大審竹聯幫時，在法庭上公布了警員的秘密錄音帶內容。張安樂說，崔蓉芝到紐約參加他和向拔京的座談會，有非常重要的意義。張安樂於1985年4月13日，即上述座談會舉行的前夕，對臥底密談說，崔蓉芝向張表示，她不會向老鴨（陳啟禮）及其他人追究責任。她說，她會公開講話，好讓他們(指張安樂等)能夠表明，他們是向台灣負責的。張安樂還說，崔蓉芝在他們面前說，說什麼都會尷尬。張說，他們為她丈夫燒香，他們已盡所能。他還說，他們既非卑躬屈膝，也非狂妄自大。崔蓉芝從紐約回來後，委員會決定開會把此事講清楚。

4月20日凌晨一點多，我還致電給委員會一成員，商量會上提不提這事，那位成員說，開會的目的就是要解決此問題，不提怎麼行？我說，「我若提出，這壞人我就作定了。」那位仁兄說，「沒辦法，還是得提。」

4月20日下午，我們開會去崔蓉芝家中時，我在路上提出，萬一她不聽勸怎麼辦？大家說：「那我們就都不幹了。」沒想到，會上王靈智提出了此問題，崔蓉芝很不高興，哭了。說她去開會也沒什麼關係。王靈智說，報上登的照片很不好，報上登的照片，一張是在座談會上，崔蓉芝坐在中間，兩旁分別是張安樂與向拔京。另一張是張安樂與崔蓉芝的全身照，兩人正在漫步。崔蓉芝看後，就拍桌子，我當時看到，王靈智很尷尬，臉色不好看。我心裡著急，委員會裡缺誰都可以，但是不能缺了王靈智。因為正如他的名字一樣，集「靈」與「智」在一身。所以我決定作「犧牲打」。崔蓉芝再拍桌子時，我也拍桌子，果然，她的憤怒轉移到了我身上。這個黑鍋我揹定了，但是有誰知道我的苦心呢？當時確實有幾位人士責備我，但以後聽了我的解釋，也就釋然了。

平心而論，崔蓉芝真的很不容易，她在江南死後，受到巨大的壓力，而且這個事件又是高潮迭起，每次，她都首當其衝。而她也總是默默地做很多事，總是以女性特有的細膩，把很多事安排得有條有理。但是，她對張安樂的態度很奇怪，張安樂在法庭上公開揚言：「連崔蓉芝都信任我！」他並且從監獄裡給崔蓉芝打過電話。

竹聯幫將錄音帶交出後，突然全體被美國政府逮捕，有的甚至是販毒的藉口。竹聯幫成員說，他們連什麼毒品都搞不清楚，就被按販毒逮捕。是不是美國政府過河拆橋呢？我也遇到同樣情況。一次，FBI的探員給我打電話，他說：「魯冀，你的移民案件怎麼樣了？」我說：「我不知道。」他說：「問問你的律師。」我打電話給崔蓉芝，她說：「你給FBI幫了那麼大的忙，他們一定給你解決身份問題了。」我給我的移民律師打電話，他說：「高先生，我正要給你打電話呢，你的移民案子被駁回了，一個禮拜之內遞解出境。」我聽到這個消息，馬上給FBI的探員打電話說：「你這個狗娘養的混帳王八蛋，我給你們幫了這麼大的忙，你們過河拆橋……」，他大驚失色說：「絕不是我……」我說：「不是你，你叫我給我的律師打電話！」平心而論，也可能是太大的巧合。我的身份問題後來因為美國的大赦，竟把我赦進去了。但是一位美國報紙記者，他影印了我的全部移民文件，他對我說：「魯冀，你走不了，你若被遞解出境，還沒上飛機，美國各大媒體都會登出有關你的消息，我肯定做得到！」美國的新聞自由之威力，真的不可低估。

88｜大審竹聯幫

竹聯幫的大審自1986年7月28日在紐約開庭以來，至9月19日正式宣判，前後經過八週。在此期間，《中報》上的消息不斷，幾乎每天都有新花樣。但是，這次審判根本上是一場鬧劇，是一場冤假錯案。不可否認，美國的司法制度有其民主、合理的一面，但所有的法律條文，都是要人來解釋的，這個「人」會受到各方面的影響甚至壓力。竹聯幫案基本上是「江南案」引起的，是在大審中，卻不許提此案的政治背景。法官卡特竟然說，沒有政治謀殺這種事，他明確地告訴被告們，對他們的政治社會學不感興趣，他甚至對呈堂的汪希苓照片，連看都不看。

這正如白狼所說，美國在協助國民黨政權在美國淡化江南案，它的策略是：把「政治案件」化為「反黑案件」。把「愛國殺人」化為「流氓殺人」。整個起訴書中，沒有汪希苓等這些名字，企圖把這個案子壓低層次，表明純粹是竹聯幫為了自己的理由去殺了江南。張安樂感慨地說：「這真是1984年小說中的世界。」

整個大審中揭露的竹聯幫在美包娼，包賭，勒索，販毒等，全是以「黃鳥」陳志一吹牛為根據。而黃鳥的吹牛，也是FBI請君入甕的結果。據熟悉陳志一的人表示，陳志一為人熱情，甚為豪爽大方，幫助朋友從不落人後。但他的缺點就是愛吹牛，海闊天空，不知所云，因此在圈內博得「高空博士」及「牛魔王」的稱號，以此調侃他的「打高空」與吹牛。正如一位記者所說，如果按「黃鳥」的說法，竹聯幫根本不是什麼幫派，而是一個國家了。從已有事實研判，竹聯幫在台灣可能是最大的幫派，但在美國，縱然有若干成員，但並未形成氣候。在八週的審判中，警方共傳訊了四十八名證人，並將九十五份由線人秘密錄製的錄音帶呈堂。

在江南命案中，如不提此案的政治背景，則董桂森就成為單純的流氓殺人，他就成了職業殺手，所有有關動機的證物全被否決。對於此點，連美方的律師也感到不解。因此董桂森只有進行技術性的反擊。當被問「是誰下令叫你殺人」時，他說：「鄭泰成」，因為陳啟禮與情報局的帥岳峰於1984年9月15日來美時，根本就是國民黨情報員的身份，陳啟禮化名「鄭泰成」，帥岳峰化名「謝承業」，兩人各有情報局的編號，負責執行情報局長汪希苓交代下來的任務。董桂森只有如此做，才能躲過檢審雙方的封殺，說出情報局下令的由來。陪審團可能採取了董桂森有關「政治謀殺」的辯詞。在審訊中登上證人台自辯的董桂森一直堅稱，他開槍殺死江南，是一項受命於國府的「政治謀殺」，為他辯護的律師格羅斯也說，董桂森「自以為是愛國者」。

竹聯幫大審檢查官一本正經地以那九十五卷錄音帶為控方證物，但是，對於關鍵的一卷錄音帶，就是陳啟禮錄製的，說明是情報局長汪希苓下令殺江南的，他卻不予採用。被《中報》選為1985年美加華人社區十大新聞之三的江南命案中說，「導致這個大轉變（指汪希苓被停職等）的關鍵，是竹聯幫首腦陳啟禮自白謀殺過程的一卷錄音帶。」

大審竹聯幫的很多時候，庭訊變成了語意學研討會，在法庭上對中國字、詞大加討論，例如關於「幫」字，又如「同舟社」的「同」字，堂口的「堂」字等，都大加討論。更有趣的是，很多錄音都是中文對話，譯成英文後，又請來數位配音演員，各報所代表之人名，並高聲朗讀出台詞，法庭成了廣播劇場。更由於竹聯幫成員都有外號，大多以動物命名，例如「白狼」，「黃鳥」，「旱鴨」等，因此審訊時，像是到了動物園，常令老美丈二和尚摸不著頭腦。法庭不得不豎起兩塊大告示牌，列明諸被告名字及綽號，也算小小的插曲。

董桂森在紐約的審訊結束後，又被押解至加州接受法院審訊。因為加州檢察官以謀殺罪名起訴他。我和江南的律師葛奇克，對於審判董桂森，是每場必到，我們看到了許多重要情節。例如，陳啟禮他們買了三輛自行車，在某地下車後，騎自行車到江南家。買了自行車後，陳啟禮吩咐，「把車子擦乾淨，不要有指紋留在上面」，但是當FBI找到被遺棄的自行車後，在上面恰恰找到陳啟禮的指紋。又如，他們殺人後，在逃跑的路上，把槍隨便丟在某人家中的後院裡，一年後，被後院的主人發現了，交到警察局，經FBI比對，就是殺江南的那把手槍。作證的專家說，任何槍的彈道，都是獨一無二的，就像人的指紋。FBI探員還模擬竹聯幫三人去江南家及撤離時的路線，他們偵查得清清楚楚。

董桂森最後為自己辯護時，拿出了他自己寫的「我的自白書」，在法庭上宣讀。我聽到後，馬上去找董桂森的律師，要那份文件，我去做了拷貝，原稿又還給律師。等到法庭結束了，中文報業記者想起來時，董桂森和律師已經離開了。我看著他們著急，感到好笑。最後，我拿出了那份材料，給他們去作拷貝。本來我可以是「獨家新聞」，但還是與大家分享了。可是，我服務的兩家報紙，誰也不登。

89｜江南風雲

江南命案兩週年時，在柏克萊召開的追思會上，謝善元教授在發言時說，「有一位記者，在江南事件中，挖出了大量不為人知的內幕消息，對破案起了至關重要的作用，這位記者就是高魯冀！」我被點名，真是措手不及，趕緊起立，向聽眾們深深地鞠躬。

崔蓉芝向美國法院提出民事訴訟，要求國府賠償金達三億美元。美國聯邦法官林奇於1986年8月12日裁決受理。雖然很多人對美國司法的公正及三權分立抱極大的信心，但我個人，對此案並不看好。我認為，在政治上，美國政府不願給國民黨太多的難堪，所以法庭的判決，必深受影響。

江南本人在《蔣經國傳》中，在描寫「五二四事件」時，曾對美國司法有一個描述：「被告如能聘到舌燦蓮花的辯護律師（Trial Lawyer），反覆質詢，黑白混淆，有罪可以無罪，重刑可以輕判。這樣的例子，在美國多如牛毛，連刺殺雷根總統的兇手，都能以『神經失常』判決無罪，美國司法之兒戲，可想而知……」。

江南雖對美國司法有此評論，但他內心深處，對美國之自由、民主，卻深信不疑。他曾親口對我說過，「就是要飯，也在美國要。」當時他寫蔣傳，又玩政治詭詐遊戲，我真為他擔心，曾勸他小心一點，他蠻不在乎地說，「怕什麼，這是在美國！」結果一語成讖。即使在美國，也未逃出被國民黨特務暗殺的噩運，而且人死後，美國政府絲毫未為他主持正義。崔蓉芝在美國告台灣政府一案，我本人抱持悲觀態度。從吵吵嚷嚷，馬戲團一樣的竹聯幫大審，我們已初見端倪。

1986年的一個秋日，我與崔蓉芝等一起去帝利城的墓地為他掃墓。我特別買了兩打玫瑰花。到了墓地，我們先把他的墓碑擦拭乾淨，只見上面寫著「劉宜良」以及他的簽名式，還有他的英文名Henry Liu及出生年月。

江南的墓碑雖不大，但很莊重，由深色花崗岩打製。在他周圍，都是些中國人的墳墓。崔蓉芝說，「江南可有伴兒了，其中還有一位是他的熟人，江南可以好好地與他的同伴聊天了。」

崔蓉芝說，「江南天上的靈魂，一定會聽到我們的談話。」我問：「真的有靈魂嗎？」崔蓉芝肯定地點了點頭，我說：「我給江南兄鞠個躬吧。」說罷，必躬必敬地給江南三鞠躬。此時，一切悲憤，哀傷，思念，委屈……一齊擁上心頭，不禁百感交集，放聲大哭。

江南兄，你不僅被國民黨特務殘酷地殺害在號稱「自由國度」的美國，死後，還被掘墓鞭屍，給你栽上種種莫須有的罪名，對你進行靈魂審判。因為你的案子的牽連，我在美國也遭到了種種不幸，今年8月22日，我走在路上，竟被汽車撞飛，幾乎差點喪命。江南案是台灣走向民主的一個轉捩點，從此之後，蔣經國開放黨禁、報禁，開放到大陸探親，台灣走向民主之途。

最後，作藏字詩一首，以寄託對江南兄的哀思；

江南風物好，
南潯春來早，
風華正茂時，
雲中君在笑。
依稀步深幽，
稱頌未全休，
佳秦鬟妝鏡，
麗色使人愁。

此詩承接宋代詞人王禹偁詞點絳唇中「江南依舊稱佳麗」，及南朝梁詩人謝眺名句「江南佳麗地」之意，字首一句為點題：江南風雲依稱佳麗。

第十三章

一九八六年

「若有人要跟從我，就當捨己，背起他的十字架來跟從我。」

（馬可福音八章34節）

我主所吩咐我背的十字架，形狀大小，都是祂親自擬定的。當我覺得有能力作大事業的時候，也許我的十字架要我懷著知足的心，在一個粗陋狹窄的工場裡安心工作。或者在一個似乎沒有果子可結的田地裡，一年一年地繼續耕種下去。也許我的十字架要我用仁慈恩惠去愛一個曾經虐待過我的仇人——用溫柔的態度去和他講話，去站在他一邊幫他抵擋一切反對他的人，用同情和援助去抬舉他。也許我的十字架要我在那些不願意聽見神的名字的人中間，承認基督。

90｜一葉孤舟

粗通英語後，在中文報館裡找到記者的工作，老闆答應幫辦身份。笨鳥先飛，勤能補拙，「活著幹，死了算」。當年，獨居一室，挑燈夜戰，逐字逐句翻譯一份有如天書般的法律文件之情景，歷歷在目。文章寫得多，寫得深，慢慢有了名氣，最多時，我兼任海內外八家中文報，通訊社或雜誌的特派員或特約記者。

生活不安定，終日奔波，看不見前途。工作幾年，雖月入僅數千元，但每一分錢都存入銀行，居然有了數萬元存款。開始想買房子，但是沒有身份，買房子幹什麼？

一九八六年，中國虎年，我突遭噩運，一個中國人在美國所能擁有的一切，都喪失殆盡。年初，此地僑領張先生要辦華聲電視台，總領事館推薦我當總經理，我跟報館的老闆說了此事，他當即給我寫了一封冠冕堂皇的信，把我辭退了。正在此時，綠卡批下來了，但老闆不肯簽字，理由是我已不是他的雇員，他不能欺騙移民局，我跪下來苦苦哀求，他是鐵了心了。我當然知道原因：我辛辛苦苦挖出的內幕新聞，他不敢登，別家報紙刊登後，獲得極大的榮耀，他懷恨在心。後來雖有轉圜，但總是不痛快。舊金山州立大學校長吳家瑋親自擔保我太太來美，作他的研究生，但美國駐中國總領事館不批——有移民傾向。華聲電視台一時並未辦成，我又失去了報館的工作，兩頭不到岸。

走投無路時，被一個甚至不通英文的下三濫騙走全部積蓄六萬元。此時我還不服輸——我還有健康的身體。但我走在馬路上，被計程車撞飛起來，跌倒十呎之外，造成腦震盪，被急救車送到舊金山總醫院。綠卡，職業，金錢，健康，家庭團聚……全部失去。緊急時，房錢都付不出。一個人活到這份兒上，還有何「生趣」？此時若問我的美國夢，僅一字：死！

灣區佛教高僧宣化上人曾經反問我：「你怎麼知道死了比活著好？」密宗黑教大師林雲的一位大弟子說：「哎呀！虎蛇錯！怪不得你虎年噩運，你是屬蛇的嘛！」

91｜渾渾噩噩

我被人騙的經過，實際上很離奇，我曾以此經過，寫了一篇小說，我從未寫過小說，第一次嘗試，就寫了六萬六千字。其中主要情節是真的。小說用了大量對話，這被香港金像獎導演嚴浩看中，他是我的朋友，他認為小說寫得很好，大加稱讚，說找人給我出版。但我把一份稿件托人帶給他，就沒下文了，也不知他收到沒有？

騙我的人叫袁捷，他不僅騙了我，還騙了很多人，其中包括中國駐舊金山總領事。據「六・四」後從總領事館出走的一位領事說，在館裡，他們都不能進保密室，但是他知道駐舊金山總領事帶袁捷進了保密室數次。袁捷騙我錢的事發後，駐舊金山總領事曾親自對我說，「印象中，袁捷是安全部的人」，就因為他，以及領事館其他領事的印象，我被騙走了全部積蓄六萬多元。實際上，我是中了「相信黨，相信組織」這句話的餘毒。加上自己的貪婪，就上當受騙了。下面是這篇小說的部分情節。我已經還原成事實。

92｜宣傳工作

我在國內就不是共產黨員，因為不夠資格。但從小受的教育，使我相信，遇事要與「組織」商量。聽「組織」的話，是我的天職。有時，台灣來的中國人，不曉得「組織」是什麼？是代表黨呢，還是代表政府，或是某個社團？大陸來的人都知道，「組織」就是黨，黨是控制一切的，它是主宰，操生殺大權。

有一次，總領事館通知我去開座談會，只說了時間，而沒說與什麼人座談，有什麼人參加。我應約前往。原來國內派了一個龐大的代表團，與我一個人座談，我有點受寵若驚了。

團長是中共中央對外宣傳小組的組長，姓顧。可別小看他這個「組長」，他可是管著好多部長呢！因為他的團裡，就有中共中央宣傳部，中央電視台，新聞出版局，……全是中央單位，全是部級或司、局級。據說，這個代表團是不公開的，來美國了解在華僑中的宣傳工作。我詳細地「匯報」了此地的宣傳工作。中共是靠宣傳起家的，他們當然了解宣傳的重要性。我的匯報，引起了組長的濃厚興趣，最後完全變成我與他個人之間的談話。別的組員只有聽的份兒，雖然這些組員在國內都是一人之下的大員。

「你認為，哪種宣傳媒介最有效呢？」組長問。「電視！現在已經是二十世紀八十年代，電視是最好的宣傳媒介，可是在此地，國民黨系統的電視台有三家，我們的只有一家。人家每天播兩、三個小時，還有一家是全天二十四小時開播，我們只有一個台，一週只播一個小時，簡直不成比例。」我講的是事實。「內容呢，播些什麼東西？」「國內那套政治宣傳口號式的，一定不能播。凡來的節目，都要重新編輯。只播大好河山，風光，名勝，古蹟，少數民族，多姿多彩的生活，民俗……」「現代的東西沒有怎麼行！」一位組員迫不及待地插嘴。「現代的，真比別人好的，也可以。就怕那種拔高式的宣傳。你大肆宣傳中國第一條高速公路，人家一看，這麼落後！美國高速公路遍及全國呢！在國內演演還差不多，關起門來是老大，真拿到美國來，適得其反。」我不客氣地頂了他一句。為了轉圜一下，我又說：「當然，有些現代的東西，例如人體特異功能，氣功，體育上的強項，科技上的強項，可以演一些，其他的，不必了。」組長老謀深算，不講話，於是我再開口：「宣傳這東西是潛移默化的，急功近利不行。一套黃山的風景片，比什麼宣傳口號都管用。甚至老反共的人，看了祖國的大好河山，也會引起他們的鄉愁，他們可能晚年來個落葉歸根。宣傳這東西，效果是長期的，和作買賣不一樣，算不出賺多少，賠多少。但從長遠看，這是只賺不賠的買賣，你把一個人的思想打通了，可能帶來幾億，幾十億的生意，也可能得到你所需要的高科技。可是，很難說是哪部電視片子或電影起的作用。」面對這些國內的宣傳大員，我卻侃侃而談，給他們上起宣傳課來，豈不好笑！可是，也許他們思想僵化了，居然對我講的蠻有興趣，起碼沒再提些愚蠢的問題。

「女排的鐵榔頭郎平，體操王子李寧，是替中國人長臉的人物，要大力宣傳。洛杉磯奧運會，李寧一人獨得四塊金牌，僑界整個轟動，連右派報紙都是頭版頭條。突出他們，百利而無一弊……」我繼續說。「除了國內來的節目外，此地要不要製作什麼節目——新聞節目？」組長問。「當然要，但是要中性一點的新聞，例如中國人社團的活動，美國的天災人禍及時下新聞，但最好不要罵國民黨，以免引起某些人的反感。可是，對於國民黨作的一些蠢事，例如江南命案，倒可以大作文章，因為他這樣做，極不得人心。」我對新聞業有心得，也敢講，因為我不是國內派出來的，有相對的自由和獨立性。

「時間怎麼樣？」組長問。「時間當然是要增加，每週一個小時是開玩笑，效果近似於零。最好每天兩個小時，起碼每月也維持四個小時以上，觀眾才會看得過癮，國內一些熱門連續劇，例如『紅樓夢』，『四世同堂』，『話說長江』，『河殤』，『新星』，『西遊記』等，都可以播出。」我是知無不言。我不知道國內的宣傳系統與國外的關係，隱隱約約知道國內提供的節目是免費的，起碼初期是這樣。但當時，國內是太窮了，無法與國民黨血拼，財源不足。但可以用高質量及獨特性來「重點進攻」。

事後，小黎領事告訴我，國內來的「同志」反映，這位「海外同志」真敢講話。其實，還有事情我沒有說，怕引起誤會。例如，我在1980年就寫文章說，海峽兩岸執政當局，其實是半斤八兩，都是一個師傅的傳授。海峽兩岸互罵對方的文章，拿來換一下抬頭，彼此適用。

93｜斷線風箏

向組長匯報時，小黎領事在場記錄，事後，他頗為得意，因為向組長匯報的人選，是他建議，而總領事認可的。據說，組長對我的意見，相當重視。此事過後不久，小黎突然登門拜訪，他比我小一些，是有背景的人。據一位從領事館出來的廚師在我寫回憶錄時跟我說，「我看當年的小黎，就跟今天的薄熙來一模一樣。」他說的，我深有同感。

「老高，你有沒有想過入黨的問題？」有一次小黎找我談話，開門見山。「你開什麼國際玩笑，我在國內都沒入黨，到美國來入的什麼黨呀？也許我將來成了美國公民，會加入民主黨或共和黨。」我有意打岔。我當然知道，他說的入黨，是要我加入「中國共產黨」。「哥們兒，你入了黨，才會發揮更大的作用。」他還繼續這個話題。「你別逗了，我問過總領事，說中國共產黨在海外不發展，你看到沒有，國內的一些黨員，移民來美國後，全都斷了線，沒聽說他們還繼續過組織生活。」我又否認他的建議。「那些是白丁，像你老兄這樣，入了黨，不是如虎添翼嗎？」「添什麼翼？美國骨子裡是反共國家，對共產黨敏感得不得了，你沒看那些留學生，誰也不填自己是共產黨員，否則，連簽證也拿不到。再說，真要成了共產黨，FBI不是要整天找你麻煩？」「誰讓你公開了？你就是入了黨，也不會有人知道。」「起碼你就知道，總領事也知道，也許還有人知道。當然啦，國內還有一大批人知道。」「那都是自己人啊，哥們兒怎麼傻了？」「我一點都不傻，我在美國還不錯，我不招誰惹誰，自己是中國人，為國家提供點情況也是應該的，可是，別人也甭想打我的主意。」我還挺橫。

「你一人在美國孤軍奮戰，你能靠誰？你若是加入了組織，你想想，有五千萬黨員的大黨給你撐腰，那是什麼勁頭？你看人家唐明照，在美國幾十年，先辦《僑報》，等中國一進聯合國，他馬上當上副秘書長。晚年回國，安排個一官半職，消消停停，多滋潤。你說他不是共產黨，我都不信，佬佬的！」「我也不想當聯合國副秘書長。」我嘟囔著。「我是給你打個比方，那你不知道的還多呢。你知道咱們在美國有多少人——我都不知道！再說了，你家裡還都在國內……」「我就是不想影響到家裡。」我抗議似地說。「你想想，你有了靠山，你家裡不就有了靠山，老子說，『道生一，一生二，二生三，三生萬物』，你又不是不知道『萬物生長靠太陽』嗎？」我怎麼不知道，文革時，「大海航行靠舵手，萬物生長靠太陽」的歌，全國十億人都唱。這歌的後半段是「革命群眾離不開共產黨」，看來，我要當革命群眾，就離不開共產黨了。「那入黨申請書怎麼寫呢？」我似乎有點動搖了。「那還不好辦，先寫你對黨的認識——為共產主義奮鬥終生。只要大局已定，技術問題不在話下。」「我覺得共產主義是個理想，可真正的共產主義誰也沒見過，可能跟佛教的『西方極樂世界』，跟基督教的『天堂』沒什麼兩樣。」我闡述自己的觀點。「得，得，不是叫你談認識，你就照我說的寫沒錯——官樣文章。你寫寫來美國的表現，露臉的事多報上幾件，然後寫寫你的優缺點，再寫寫你的家庭——對組織不能有任何隱瞞。」「我家裡出身不好，所以我在國內也入不了黨。我爸爸是國民黨上校軍官，文革時被捉去勞改。」提起來，還真有點心酸。「沒關係，出身不好，重在表現嘛——哥們兒這幾年在美國的表現，那真蓋了！」我按照小黎的要求，實際上是他手把手的教我，在他的嚴格監督及催促下，寫完了入黨申請書。「這申請交給誰呢？」我很天真地問。「你交給我就甭管了。」過了不久，在某個場合見到總領事，他對我說：「你寫的入黨申請我們收到了——我們在海外不發展組織，可是你的申請書我們也不退給你，替你保留，作個參考。這是你進步的表現。」這樣，我也放了心了。

小黎真不是蓋的，他說國內的意見來了，要發展電視台，叫我出來幫忙，內定是總經理。「電視台是張老闆出面拿錢辦的，你叫我當總經理，他幹不幹？再說，我還在報館作事，這事不好說。」我對他的話表示了強烈的懷疑。「張老闆和你報社老闆那裡，我去做工作，只要張老闆認可了你，由他去跟你們報社老闆說，張老闆也是報社的大股東，這點面子還是有的。」小黎是胸有成竹。

在他與張老闆及我們報社交涉期間，他已經拖著我去買設備。他說，他把總領事抬出來請張老闆吃飯，講明了電視台發展的意圖，叫張老闆先墊出錢來買設備。「張老闆會同意墊錢買設備嗎？又不是小數目，今後誰負責還他？」我還是有疑問。「你就甭管了，一切有我，你看，空白支票我都拿到了。」他洋洋得意地說。「這是張老闆的支票嗎？你要花多少錢呢?」我還不放心。「這是電視台的支票，當然是張老闆的錢，花多少錢都沒關係，咱們要最好的設備。」「可是，你我都不懂電視台設備，咱們怎麼買法兒？」「你別傻帽兒了，在美國，有錢就好辦，還怕買不到好東西？不懂就學嘛，毛主席不是說過『在游泳中學習游泳』嗎，在幹中學！」他是信心十足。

跟著小黎跑了一圈，擺出一幅大亨的譜兒，老子要花大錢！比較了幾家公司，最後確定在一家公司買全套設備。因為這家公司的設備最先進，電腦編輯，剪接，售後服務也好，可以負責教會我們使用，而且一年內，免費修理，價格也合理。但我還是不放心，買這麼貴重的設備，我們兩個外行可不行，於是說服小黎，請我一個朋友，他一直在作電視台，對電視台的設備非常熟悉的陳教授幫我們參謀一下。

陳教授檢視了全套設備後，認為這套設備目前在當地是屬第一的了，不僅超過了所有的中文電視台，就是美國電視台，也沒有幾家擁有的，他讚不絕口。小黎迫不及待地開了支票，他說，他從未開過這麼大的數字，真過癮！小黎在支票上填上六位數字，得意地把支票遞給了商家。對方沒想到全部現金付款，喜出望外。

事後，我向陳教授提及此事，他說：「你們太沒有經驗了，買這麼多錢的設備，哪有一次付清的？你可以先付給他訂金，設備全部到齊後再付餘款。而且一次付清，你可以叫他打折扣，而且可以叫商家給你們個人一點回扣……」「回扣我們不敢要，這是國家的事，可我也沒想到先付訂金就行了，我們虧大了！」此事我是完全被動，也無經驗。但想不到土八路花起錢來這麼痛快，眉頭都不皺一下。

小黎說，他與張先生和報社都說好了，叫我靜聽好吧，但是，突然，我收到報社的通知，我被解雇了！報社的信冠冕堂皇：電視台的工作非常重要，報社忍痛割愛，特別通知我，從即日起，解除我在報社的一切職務，薪水多發半個月，以示優待云。我收到通知，呆住了：電視台並沒有正式雇用我，報社卻先把我開除了。我只好給小黎打電話。小黎聽到這個消息後，也傻眼了，電視台八字還沒一撇，我卻叫報社先開除了，這是他始料未及的。他火燒火燎地開車四處活動，找了報社的社長，董事長，電視台的張先生，可是毫無挽回的餘地。報社表示：絕不收回成命。張老闆說，現在電視台雖然買了設備，但並沒有增加播出時間，所以一時難以安插，一旦電視台發展需要人，會優先考慮我。

忙了半天，兩頭空！海外的「左派」們，雖然接受國內一些資助，但並不聽命於國內。小黎插手電視台的事，引起很多人的不滿。也許有人吃醋，有人冷眼旁觀，但沒想到，真正吃虧的是我，我被開除了！

電視台張老闆算盤打得滿精，不是要買設備嗎？叫他先墊錢，可以，設備買了，是屬於他的，錢自然有人還給他，何樂不為！增加播出時間，可以，只要中央電視台免費提供足夠的電視節目，他負責去向當地電視台去購買時間，當然，播台費也有人付。張老闆一點也不吃虧，不用花什麼錢，白白擁有一家電視台。將來回國，中央首長接見也有了本錢。

94｜袁捷出場

「福兮禍所伏，禍兮福所倚，哥們兒這次失業，也不一定是壞事，即使是壞事，也能變成好事呢。」小黎看我整天悶悶不樂，給我吃寬心丸。「我的工作也沒著落」，「哥們兒放寬了心，電視台的事還沒完呢，幾十萬的設備都買了，不能躺在那裡睡大覺。我這兩天再跟張老闆談談，他是個生意人，他抱怨由他墊付的錢利息就是多少多少，他怎麼不算算，白鬧一套設備呢！真是屬狗X的——只進不出。

「對了，說真格的，我這兩天正跟袁捷接頭，如果叫他出面，電視台的事就辦成了。」小黎忽然正經起來。「袁捷是誰？他是幹什麼的？」「現在跟你說，你也不了解，等我給你聯絡一下，大家見個面。」小黎言詞閃爍，不知他葫蘆裡賣的什麼藥。「我來此地也有幾年了，領事館的人，僑界的人，也認識不少，從沒聽說過這個人，聽你口氣，他好像蠻神通廣大的？」我想多了解一些。「神通大不大，你見了面就知道了，我這幾天就給你安排。」小黎神秘兮兮的，就是不鬆口。從小黎口中聽到袁捷的大名，無意中，我又聽到幾次這個大名。

一次，我認識的一位十分成功的商人，他在北京投資的大酒店舉世聞名。說他有一位南韓的朋友，想訪問大陸，想單獨去，不加入旅行團，不知能否拿到簽證。他那位朋友，是南韓航空公司的總裁。有一次，在領事館的招待會上，我順便問了一下簽證組的李主任，他說，這種事，他們絕作不了主，但可報回外交部，不過也不一定批，而且很慢。我問他，有沒有別的途徑？他略一沉吟，露了一句：「也許袁捷有辦法。」就不再講話。

我另外一位美國朋友，是北加州獨立加油站聯合會的主席，他們擬擺脫大石油公司的控制，想在中國投資，設立煉油廠，生產符合美國標準的汽油及石油產品，直接輸美。我向商務組王領事請教，他說：「你說這項目太大了，得跟那位美國朋友好好談談，請他們提出一份報告，報回國內。」我知道，按照這種程序，一來一往，起碼得大半年或一年時間，已失去了時效。便問問他，有沒有可能直接與國內聯絡？他說：「這事只能找經濟特區，可是國內的四個經濟特區，在美國並沒有辦事處……」他忽然問我：「你認識袁捷嗎？他跟特區有關係，也許可以通過他。」又是袁捷！

小黎終於通知我，某日上午在總領事館見袁捷。袁捷來後，問小黎:「小黎，上次給你的材料收到了嗎？」「收到了，收到了，謝謝，謝謝！」「那是我們報部裡的，你自己看看就算了，不必跟別人講。」「我知道，我知道，總領事那裡我也沒露。」簽證組李主任伸進一個頭來:「老袁，完了別走，我找你有事。」「好，好，你一個小時下來吧。」商務組王領事也敲門進來，說有情況要和袁捷談，袁捷把他也打發了。

袁捷在談他去年回國的事，「去年我回國，國內的弟兄說要看錄相帶，我買了三十幾盤，給大家分分。一進海關，扣了，說是要審查，還要審查費。媽拉巴子的，我火兒了，說，老子在海外拼命，回國還要受你們這些小鬼的制，老子不要了，明天叫你們的頭兒給老子乖乖地送到部裡來！」「後來呢？」小黎關切地問。「我們派了個副處長去取了回來。」「是不是色情的錄相帶？」我問。因為小黎經常叫我去租色情錄相帶，他利用館裡的設備大量翻錄，帶回國去，我租錄相帶是我自己花錢。袁捷說：「不是，這規矩咱不犯，其實也沒什麼，就是一些港台歌星的演唱，還有點連續劇。」

「那回你罵廣東貿易代表團是怎麼回事？」小黎問。「噢，那次廣東團到此地，總領事想給當地僑界朋友介紹介紹，作點生意，誰知他們說行程緊，面也沒見就走了。後來總領事跟我說，我火大了，馬上給紐約打電話，叫他們團長聽。我在電話裡說，你們乖乖地給我回來！」袁捷得意極了。「真這麼說的？」「那還有錯，他們乖乖地回來了。」「哥們兒，真不是蓋的！來，喝水，喝水。」小黎一邊說，一邊給我們倒茶。「你這麼幹，萬一有人奏你一本怎麼辦？」小黎不無擔心地說。「他要告狀告到我們部裡，那算他小子有兩下子。我們部裡一般不管這些事。」「那要事情鬧大了呢？」「頂不濟一張黨票，老子還不幹了呢。」「有那麼嚴重？」「我嚇唬你的，哪有那麼嚴重，上次你們文化部來一個司長，還不是叫我訓的一愣一愣的。」

「對了，今天請你來，想商量商量電視台的事，和老高的工作問題。」小黎言歸正傳。「電視台的事，咱們還得好好商量，叫我一年拿出那麼多錢，也得考慮考慮。不過，電視台要是辦起來了，老高的工作還有問題嗎，工資一個月最少也得兩千，由我們付沒有問題。」「那現在怎麼辦？老高立馬沒有工作了。」「現在也沒問題，我給他一批上海紅木家具，讓他先賺幾個錢。咱們要不要去吃蝸牛？」「蝸牛？」我不知道這是什麼東西。「哥們兒別土了，蝸牛是法國菜裡最名貴的，那次我跟袁捷吃了一次，那滋味，甭提了！」小黎代為回答。「噢，今天不行了，一會兒李主任和王領事還找我有事，中午我還有個約會，改天吧。」袁捷說著，還看了看錶。

事後，小黎向我露了底，說袁捷是中調部的人，就是「中共中央調查部」。我知道這個單位，在北京頤和園後身，那是個絕密單位，說不好聽的，是特務機構，相當於國民黨的「中統」。小黎說，袁捷的權利極大，比總領事都大，管美西八個州，錢多得不得了。他說，讓我與袁捷掛上鉤，今後什麼事都好照應。

「我不願意與中調部、安全部的人連絡，搞得不好，讓美國人抓到把柄，就糟了。」我表示了自己的顧慮。「咱怎麼能害哥們兒！袁捷說了，他們幹的事，美國人都清楚，他們只負責對台工作和僑界工作，既不偷美國的國防機密，也不進行非法活動。」小黎安慰我。「不行，不行！我這人嘴不嚴，不是幹這種事的材料。」我一再推辭。「沒叫你幹什麼事兒呀，不過就是多認識一個朋友，多一條路啊，怎麼，明擺著賺錢的事兒，你不幹？」「我要賺錢，也規規矩矩地賺。」我爭辯道。「誰說不規矩了，你也不是不知道，跟中國做生意有多難，上上下下頭都得磕到了，十八拜都拜了，就缺一哆嗦都不行。可袁捷他們，那是國家任務，頭號兒！你就說上海的紅木家具吧，他們進口要快的多，價錢還便宜，賺了錢，他們也不用上交，那是他們的活動經費。趕明兒我叫袁捷直接跟你談談，你可能就清楚了。」

袁捷還真跟我聯絡了。那天晚上，半夜十二點了，突然他打電話來，說他睡不著，要找我聊聊。「我都上床了，明天行嗎？」「明天我要出城，哪天回來還不一定，那就改天吧，我本來想和你落實一下上海紅木家具的事呢。」「行，行，我來，我來，你在什麼地方，告訴我。」我連忙答應。袁捷在一家二十四小時營業的咖啡館等我，我馬上穿好衣服趕過去。見到袁捷，他坐在角落裡，是火車座位。我落坐後說：「這麼晚了，還不休息？」袁捷說：「幹我們這行的，有時候幾天幾夜不睡覺呢。」「那你頂得住嗎？」「習慣了。不過我們每年回國一、兩次，除了跟頭兒說說情況，就是休息了。你知道從化嗎？」「我知道，在廣東，那裡有溫泉，據說是療養勝地。」「對了，我最喜歡從化，每年回去，要到那兒休息休息。我每次去，都要二號。」「二號是什麼？是一間房嗎？」「二號是一棟房，裡面什麼都有，服務員就有七、八個。那年我回去，要二號房，說沒空。我問了一下，是韋國清（原廣西自治區省委書記），我沒驚動他，要是別人，老老實實給老子出來！」

「你現在住哪兒？」「我現在住市裡，工作方便。不過我在黑斯堡也買了房子。」「那邊的房子很貴呀！」「是，我買的還便宜，兩百五十萬，現在可值五百萬了。」袁捷說著，不無得意。「你知道我怎麼買的嗎？」「銀行貸款——這也不是小數目，你的信用要好。」「一張Money Order付Cash！」「那房子的鄰居是報業大王，叫什麼來著？他女兒還給人家綁架了。」「是赫氏。」「對，就是他。」「那房子很大了？」「那還用說，每年光清樹葉子，就得請兩個墨西哥人幹一個禮拜。」「你開什麼車呢？」美國人講究房子和車子。「我平常開一輛破車，不過我也買了勞斯萊斯，是民生公司的高老闆賣給我的，他才開了五百麥，就賣給我了，也就十萬塊錢。」我像個傻子，在聽天方夜談。「你去過『野馬』嗎？」「野馬是什麼？」「那是一家妓院，找雞的。」「美國有妓院嗎？賣淫不是犯法的嗎？」我真是老土。「那是在加州犯法，野馬在內華達州，那個州開妓院合法，嫖妓也合法。野馬離雷諾不遠，你去過雷諾嗎？」「我知道，雷諾是賭城，每天有發財專車去。」「野馬就離雷諾半小時車程，我去過幾次，打一炮，真爽，那是貨真價實金髮碧眼的美國妞，大屁股，大奶子。」「你是自己去的嗎？」「跟一批潮州鳥。」袁捷是潮州人，李主任和王領事也都是潮州人。「你不是跟李主任，王領事去的吧？」「那怎麼行，他們倆是國家幹部，不過，他們倆是我的人。」「你的人？」「我找上邊要來的，在領事館工作，其實我負責他們的一切費用。王領事上週去夏威夷出差，　還是我批的，一切費用我給報銷。」「你去野馬，　不怕得愛滋病嗎？」「那是公開的，姑娘都定期檢查，每逢月初是檢查的日子，那些天客人特別多。沒事，姑娘都很乾淨，幾十個妞兒隨你挑，看對了眼，打上一炮，連套子都不用戴。」「你不怕出事嗎？那個作家，寫『上海的早晨』的周而復，不是說到日本看脫衣舞，給開除黨籍了嗎。」「咱是幹什麼的，怎麼能跟他們比，他看脫衣舞就能開除，我找一百個雞也沒事。」時間很晚了，我想回家了。便問他家具的事。他說：「上海的紅木家具，我讓他們裝一個貨櫃，運到大概得三個月，我們給你三個月的Credit，三個月後你再付錢。」

「家具來了，我放哪兒呀？我從沒做過這種事。」，「來了也不要緊，電視台張老闆有庫房，我們可以找他借，最多付他點租金。」家具裝完，集裝箱還有空，我叫他們塞上些工藝品，不要錢。」聽了這話，我有點喜出望外，便問他：「我要不要付訂金呢？」袁捷說：「付不付都沒關係，一個集裝箱大約六、七萬，要不，你先付五千元訂金吧。」我支票是隨身帶的，當下給他開了五千元支票。

袁捷要組織一個美西華僑工商考察團，回國參觀四個經濟特區，一切是國內免費招待，自己只出國際機票。誰可以去，都是袁捷說了算，而且袁捷自己任領隊。這樣一來，我對袁捷就更加深信不疑。

小黎向我透露，袁捷他們都是受過特殊訓練的。他說：「一旦選中了你，就讓你進一所特殊學校，裡面的教官都是一流的專家，他們把你的一切都分析得一清二楚，當然了，先得調查得一清二楚。然後就針對你的具體情況，對症下藥，訓練你的反應，求生意志，在極困難的條件下也能堅持工作，反敗為勝……」「那不是『超人』了嗎？」「你說的還真對，就是超人，要不袁捷年紀輕輕，級別比總領事都高！」小黎認真地說，他也真的嚮往：「我要也能進那種訓練班就好了。」「那你不會跟袁捷說說，等你回國的時候，讓你也受受訓練？」「我真得跟他提提，哥們兒要是見到袁捷，也給咱美言幾句。」

有一次，袁捷約我見面，我們一邊喝咖啡，他說了：「你的檔案我已經從國內調來了。」聽了這話，我心裡發毛，渾身起了雞皮疙瘩。國內來的人都知道，每一個「幹部」都有一套檔案，裡面有你的一切情況，甚至某年某月你講了什麼話，裡面都有。這份檔案跟你一輩子，而你本人絕不知道你的檔案裡到底有什麼東西。我出了國，以為是徹底擺脫了共產黨的控制，沒想到，袁捷輕而易舉地拿到了我的檔案。袁捷看我不講話，便安慰我說：「其實也沒有什麼，你們學生出身，都乾淨的很，檔案裡也沒有什麼大不了的事，我們希望對你多了解一些。今後你回國，我們安排你到一個地方受受訓練，可以為國家作更多的事。」我想起了小黎告訴我的「超人訓練班」，心裡有點緊張。袁捷說：「其實也沒什麼，受受訓練，使自己變得更堅強，掌握更多的技能，才能發揮更大的作用。你也別緊張，那些老師本事都很大，會對你對症下藥，受了訓以後，你自己能感受到，脫胎換骨了！」「是不是訓練情報人員的？」「也可以說是，也可以說不是。我們會針對情況，　對你有妥善的安排。」「我想在美國留下來，我不想讓FBI盯上我，我只是個老百姓，不是你們希望的『料』。」我不願入太深，連忙推辭。「你想到哪兒去了！我們絕不是叫你當特務，你明的還是新聞記者，　希望你今後就在這方面發揮更大的作用。」

袁捷看我不講話，又補充一句：「你的入黨申請書，他們已經轉給我了，我們正在研究。」「總領事告訴我，在海外不發展組織。」我爭辯道。「那是他的說法！」袁捷冷笑一聲。他當我的面給總領事打電話：「總領事嗎? 我是袁捷，關於電視台的事怎麼樣了？什麼，什麼叫條件不成熟？我插手了！你說電視台張老闆？他不就是要名，要錢嗎！設備都買了，也不能躺在那兒睡大覺啊。這事兒回去再說，咱們到辦公會議上再談，好，再見。」袁捷打完電話，對我說：「剛才我和總領事通了電話，情況你都聽見了。」

「你們還有辦公會議？」「是啊，你不了解的事情太多，你知道領事館三樓有個保密室嗎?我每次和總領事通話，他都在保密室，有屏蔽的，就是最先進的電子技術，也沒法子竊聽。」

一次，袁捷對我說：「聽小黎說，你這些年寫了不少好文章？」「好倒談不上，不過是寫了不少。」「大概有多少萬字？」我說：「總有兩、三百萬字。」「你有沒有考慮撿重要的，編成一本書呢？」「當然考慮過，可是沒有路子，也不知道出版社接受不接受？」我有點心動。「大概有什麼內容？」「可以分幾部分。一是重大新聞，有幾件大事，我做了深入追蹤採訪，連美聯社都轉發過我的消息呢。 另外是些隨筆或觀感，有關美國社會各層面的情況，算散文也行。另外有人物專訪，我不僅訪問了眾多的美國華僑界知名人物，國內來的一些大科學家，文學家，演員，運動員，我也訪問了很多。再就是，我也寫過一些有關華僑歷史的文章和小說。再有一大部分是國際評論，相當於社論……」「喝，內容蠻豐富的嘛，你把它整理出來，我找人替你出版。」「真的嗎？那我馬上整理，你找什麼人給我出版呢？」「找香港三聯，他們是咱們的，叫他們出，他們就得出，印刷費可以由我們部裡出。你大概多長時間能整理好呢？」「只要拼命幹，大概得一個月。」「好，你回去就整理，我先跟他們打個招呼，你整理好了，交給我，叫人帶到香港去，給你出書。」「我回去就整理。」我迫不及待地說。「我媽來了，她從香港來，帶了兩個警衛人員，一個護士。你知道我媽是幹什麼的嗎？」「不知道。我只聽小黎說，你爸好像是副部長級的，他來美國時，總領事還請他吃過飯。」「我媽也是部裡的，也是副部長，八級。」

聽了袁捷的話，我就沒日沒夜地整理我的材料，看似好幹，其實不然，全部材料摞起來有六呎多高，都說著作等身，我還真是著作等身了。正在忙於整理，小黎來了電話，說一會兒來接我，袁捷請吃飯。小黎開著領事館的大林肯車，我們三個到了一家海濱餐廳。入座後，袁捷問我：「最近忙些什麼呢？」我說：「你不是說給我出書嗎，我這些日子就扎進故紙堆裡了。」小黎問：「出什麼書？」「老高這些年寫了不少文章，我叫他整理出來，拿到香港三聯，叫他們出版。」袁捷解釋道。「哥們兒走八字了，真要出了書，成了作家，真太棒了！老袁這腦子動得好，功德無量，這事兒真得慶祝。」小黎大為高興。

袁捷喜歡吃牛排，我們奉陪，還叫了香檳。飯後，袁捷說：「我帶你們去個地方，保證你們沒去過。」他交代小黎：「你就沿一號公路一直向南開，那邊有個天體營，你們一定沒去過。」按照袁捷的指示，我們開到了天體營，袁捷買了票，我們一起走下去。從陡峭的岸邊，有長長的木梯通向海邊。海灘上，有三三兩兩的男女，全部是脫得一絲不掛，或立或臥，都是些洋人，黑頭髮的中國人，只有我們三位。我們坐在沙灘上，看著那些裸體的男女，他們倒一點不扭捏，自然大方的很。我們走回去的時候，居然看到一對男女，大白天的，正在性交，女下男上，我還是生平第一次親眼看見活春宮。小黎大概也是第一次，說：「快走，快走！」袁捷倒是一付處變不驚的樣子。

95｜大禍臨頭

我繼續整理我的書，袁捷突然打來電話，說要來看我。他一進門就說：「怎麼樣？進度還可以吧。」「還可以，我沒日沒夜地幹，月底能全部整理出來。」「好，到時候交給我就行了，我已經和部裡、三聯都打好了招呼。沒問題。」「那紅木家具怎麼樣了？」「那家具還沒裝箱，國內辦事的效率你還不知道，我催了他們不知多少次，又打電報，又打電話，我跟他們都急了！」「別急，別急，國內的事我也知道，急也急不來。」反倒是我安慰他。「今天來找你，就是跟你談談這事。家具的事，遠水解不了近渴。我看得找另外的路子，替你賺點錢。」袁捷說。「什麼路子？」我有點興趣。「你知道我們的經費怎麼來的？」「不知道。」「都是信使帶過來的，先帶到紐約，再帶給我們，全是CASH」袁捷說。「那麼多CASH，你們怎麼花呀！」所以，我們要換成支票，我們把CASH給他們，他們給我們支票，我們付高利息。」「有多高？」「百分之二十一。」「年息？」「月息。」「月息？！一個月，一百塊錢，你付二十一塊，那要一萬塊錢，就付兩千一百塊錢了。」「就是，你要是今天給我一萬塊錢，過一個月，我就給你一萬兩千一百塊錢。」「你是在洗錢吧，這事我可不幹，這是犯法的。」「你別擔心，你若不願意要CASH，我給你支票也沒問題。」「要是不犯法，我倒願意試試。就怕惹麻煩。」「不會有問題的，多少年了，一點事也沒有。要是不信任的人，我們也不找他，肥水不落外人田，這是替你搞點錢花花。」袁捷說。我心裡飛快地算了一下，如果我借給他一萬塊錢，下個月他就還我一萬兩千一百元，我不用作事，待在家裡編書，一個月拿的錢，比工資都多，何樂不為？捨不得孩子套不了狼，幹！「我自己沒有多少錢，我也許可以找人借點兒。」我對袁捷說。「你找人借也行，你一個月給他們百分之十的利息，你還能拿百分之十一呢。」袁捷說。「那我先給你開個一萬元的支票，你能不能給我寫個借條呢？」我問。「手續都沒問題，你要現在寫，你拿張紙，我就寫。你要正式的，我用我們公司的信箋給你正式開一個，也沒問題。」袁捷說。「公司用箋不必了，你就寫一張借條，簽上名字，寫上日期就行了。」「你寫，我簽字。」「怎麼寫呢？就寫今天的日子，借你一萬元，一個月後，連本帶息，還一萬兩千一百元？」「對，就這麼寫就行了，我簽字。」袁捷說著，大筆一揮，簽上了他的名字。我用支票本，給他開了一萬元的支票。

「到時候不會不還吧?」我有點不放心。「這點錢，你別擔心，我有房子有車，你還怕我還不上你？你知道我們每次帶一手提箱CASH是多少錢？」袁捷反問我。「我不知道。」「是四十八萬！」「你們拎著小五十萬現款就上了飛機？」「那有什麼新鮮的！」我把錢給了袁捷，但仍不大放心，便又說：「這錢都是我寫稿子賺來的，是辛苦錢，你知道，在美國，文人都是苦哈哈的。寫一千字，才十五元，要發表六、七十萬字，才賺一萬塊，不容易呀！」「你放心，正是看你這麼辛苦， 我才幫你賺點錢，錢賺錢容易。你把錢給我，一個月後，多變出兩千一百元，這帳還算不清楚？」他馬上又轉變了話題：「美西考察團上邊已經批下來了，來回大概一個月，飛機票自己買，到了香港一起進去，可惜你這次去不了。」「都是什麼人去？」「都是咱們的關係戶，我叫誰去，誰就能去。」

我一個朋友知道了我給了袁捷五千元訂金，又給了他一萬元借款，很是擔心，他說：「現在的銀行年息大約是百分之十四、十五，百分之二十一是很高了。」當他聽說是月息時，登時傻了眼：「那不成高利貸了？在美國是犯法的。再說，哪有那麼便宜的事？」「我聽著也懸，所以我聽你的勸告，叫他給我寫了借據。」「借據管什麼用？你用一萬元，換了一張紙。」「他要不還我，我可以告他。」「告他？你在美國沒打過官司吧？等你上了法庭，你就知道打官司是怎麼回事了。他有沒有什麼抵押品？」「他說有房子，在黑斯堡，又買了民生公司高老闆的勞斯萊斯車。」「那是他的呀，他又沒有抵押給你，你們這些大陸來的人呀，什麼也不懂。」「黎領事知道不知道這事？」「不知道。」「你趕緊告訴他，看他怎麼說。」我馬上給小黎打了電話。他放下電話，馬上來到我家。我扼要地把袁捷找我借錢一事告訴他，並且告訴他，袁捷給月息百分之二十一的利息。小黎說：「袁捷是不是洗錢呀？」「是洗錢，他叫我給他支票，他給我CASH，可我不敢，他又說，給我支票也行。」「我看他是在洗錢，他不是說給你高利息嗎？不要白不要，這錢你不賺，別人也賺，我明天跟袁捷說說，哥們兒沒工作，缺錢用，用這個辦法賺點兒錢也不錯。」「可這是不是合法的呢？」「什麼叫合法？有錢就是大爺！你看芝加哥黑手黨的頭子，每次被人告上法庭，最後都無罪釋放，他大把散錢，請最好的律師，有錢能使鬼推磨。」「袁捷到底有沒有那麼大的能量？」「哥們兒還能騙你？總領事親自把他帶到三樓保密室談話。總領事不願意和這條線上的人打交道，所以只叫李主任和王領事跟他接觸。咱們認識袁捷也不是一天兩天了。」「我覺得袁捷有點懸，他說他手下有四、五個人，我怎麼一個也沒看見？」「你這個人啊，袁捷的人要叫你都看見，他們不都成了吃白飯的了?袁捷那是把上頭的意思都吃的準極了，要不然他年紀輕輕，級別就這麼高。」小黎對袁捷佩服得五體投地。「對了，電視台的事兒可能有門兒，袁捷請示了上面，說每年撥出個三十萬到五十萬沒有問題。我們與張老闆已經初步談過了，張老闆說，只要袁捷能拍出五十萬，他也拍出五十萬，大家把錢都放在桌面兒上，共同投資。張老闆再撥出幾間房子當辦公室，還不是大幹，袁捷把電腦也搬進去了，要是電視台的事情真辦成了，哥們兒還不是總經理！你就情好吧！」

「電視台的事可能辦得太急了，我看有點懸。」我說。「急什麼？國內要求更急！我是通天的，要不然，我敢出手花那幾十萬買設備？」「那袁捷插手的事是國內的意思，還是你的意思？」「這就兩說著，為達目的，不擇手段。再說，袁捷他們也有另外的線，他要是插手了，那咱們還求之不得呢！」「嗨，騎驢看唱本，走著瞧吧。」我嘆息著說。

我對借給袁捷的錢不放心，給他打了個電話，表面上是問問他們去國內參觀的事。袁捷倒是乾脆，收到電話就到我這兒來了。他見我就說：「你看，行程表都下來了，下月五號從香港進廣州，然後參觀深圳，珠海，汕頭，廈門，再到北京，上海，再經香港回來。到廣州團就解散了，自己回美國，願意在國內再待一段的，我們就不負責招待了。」「這團是什麼單位邀請的？」我問。「出面的單位是廣東省外辦，其實，還不是我們部裡出錢。吃，住，交通，國內全包了，全部是一流酒店，各特區首長接見，宴請。到了北京，也許總理還接見。對了，你對珠寶感興趣嗎？我們在香港有珠寶公司。」「你們也做珠寶生意？」「什麼都做一點，我們的珠寶公司，用國內的原料，翡翠，藍寶，珍珠，請義大利和法國的名家設計，香港加工，然後賣到歐美。」「那要賣很多錢吧？」「看情況，上月我們在歐洲賣了一串項鍊，你猜猜賣了多少錢？」「我不知道。」「一百三十萬！」「港幣？」「美金呀！」袁捷洋洋得意。「一百三十萬美金呀！」我真是老土了。「更貴的還有呢，別說這串項鍊了，幾百萬美金的咱們也賣過。」「那是什麼樣的貨呀？」「反正是鑽石，紅寶，藍寶，都是好東西唄。」「大陸也產鑽石嗎？」「有，怎麼沒有，你看報上說，在山東發現了常林鑽石，好幾十克拉呢。」「大陸的鑽石質量行嗎？」「質量是不太好，有點淺黃色，可是大啊，也值錢。對了，我們打算在此地開一家珠寶店，賣點普通貨，假珠寶什麼的，請兩個大陸來的學生妹去打工。」袁捷點子還很多。「我去打工吧，我對珠寶也蠻有興趣的。」我說。「你要去，就不是打工了，你是經理，是老闆。」「不行，不行，我沒有本錢啊。」「要什麼本錢？我們把貨給你，賣了再還我們錢就行了。」「有那麼好的事？」「這你還懷疑？跟著我，絕不會吃虧。」

我的書終於整理出了頭緒，整整一大包，有十磅重，這都是我的心血呀。袁捷借我的錢也快到期了，我打電話找他，他不在，找小黎，也不在，真急死我了。等了好幾天，我天天給領事館打電話，好不容易找到了小黎。他說，馬上到我家裡來。「我跑了一趟洛杉磯，是跟袁捷一塊兒去的，剛回來。」「袁捷回來了嗎？」「他還沒有，還要待幾天。」「你們幹什麼去了？」「去解決張X（一位電影演員）的事。」「張X有什麼問題？」「也沒什麼，就是上學，經濟上有點問題，我叫袁捷幫幫她的忙，袁捷一口就答應了。」「怎麼幫？」「這忙幫得可大了，我們叫她先寫了一張申請，說自費留學，經濟上有點困難，希望組織上給予幫助。」「向誰申請？」「當然是向袁捷申請了。袁捷收了她的申請書，給她買了輛新車——分期付款，替她租了公寓， 先付了三個月的租金，還給她買了家具，電視機啊，錄相機啊，演員嘛，得多看看電影片子，多學習學習。」「那她以後的生活怎麼辦？」「你這個人一根筋啊，袁捷說包了，還有問題嗎？當場給她開了一萬塊錢支票。」小黎說。

「袁捷怎麼還沒回來，我急著找他呢。他借我的錢後天到期了，他不回來，怎麼還我錢？」「他說他還有公事，照我看，是讓張X那個騷貨給迷上了！」「你說袁捷和張X有一腿？」「這可難說，在洛杉磯的時候，我住教育組的宿舍，袁捷可能和張X就睡上了。」「那是你估計的吧？」「有一天，我大清早到張X那兒，袁捷也在，連臉都沒洗呢。」「張X拿了袁捷的錢，又跟他睡覺，那不成了妓女了嗎？」「這些妞兒們也犯濺，誰給錢，就跟誰睡覺。國內還不是這樣，你以為領導幹部都玩女人，那還不是女的自己往上貼！」「那不是犯紀律嗎？」「什麼他媽的紀律，紀律都是管老百姓的，官兒們哪有什麼紀律，他就是紀律！」小黎發起牢騷來了。「袁捷原來不認識張X吧？」「他哪兒認識呀，是我給介紹的。」「那你——」我本來要說，「那你不成了拉皮條的？」但終於忍住沒有說出口。「他奶奶的！當初張X淚眼汪汪的叫我幫忙想想辦法，丫亭的，不思回報，倒跟袁捷刮喇上了。」小黎忿忿不平。「她怎麼報答你，也跟你睡覺？」我刺他一句。「哥們兒倒沒那個意思，色字頭上一把刀，這上頭我要不小心，一生的前途就斷送了。我說，「你幫了她這麼大忙，嘴上總得甜點兒吧。再說了，你跟袁捷睡覺，等我走了好不好，別當著我的面兒呀！」小黎心裡不舒服，有點忿不平。「算了，哥們兒看開點兒，你的責任盡到了，管他們呢！」我給小黎吃個寬心丸。「對了，哥們兒再給咱租點兒X級的帶子，我把它錄下來。」小黎一再叫我幫他租色情錄相帶。「我替你租沒問題，你可別出事！」我再次警告他。「沒事兒，文化組晚上沒有人，我敞開錄。」他說。我知道文化組有很多錄影機，國內來了新帶子，他們大批轉錄了，借給僑胞，也算是「統戰」吧。「你錄那麼多帶子幹什麼呀？總不能帶回國吧，這要叫人查到了，罪名可不小呢，再說，國內正反資產階級自由化。」我去勸他。「什麼他媽的自由化——頭兒們最自由化！國內那些個『內部電影』不都是頭兒們看，老百姓哪輪得著？不瞞你說，我錄了那麼多帶子擱我屋裡犯傻呀，告訴你吧——早回去了！」「這事兒可太玩兒懸了，要叫海關查出來，你還有命嗎？」「這你就不懂了！咱這紅皮護照幹什麼吃的——免檢！」「我給你租沒問題，出了事，你可別提我。」「哪能呢？哥們兒連這點義氣都沒有，別出來混了。」

袁捷終於回來了，我跟他通了電話，告訴他幾件事：我的書整理好了；他借的錢到期了，希望他還我。袁捷一口答應，第二天到我這裡來。次日他一到我家，還沒坐穩，先掏出一疊鈔票；「這兩千一百塊錢是你的利息，本錢再借一個月，下月再給你這麼多利息，你點點。」「不用點，不用點，這點兒基本的信任還有。」我說。「你的書稿整理好了？」「全部整理好了，花了我一個月時間，還真不容易，共分四大部分……」「你不用跟我講了，通通交給我，我叫人帶到香港，讓三聯的編輯們去傷腦筋吧，你跟我講了也沒有用。」袁捷打斷了我的話。我把書稿交給他，一大包，裝在塑膠袋裡，分門別類，並且跟他說：「我沒印拷貝，你看要不要我留一份底兒，再交給你？」「不用，不用！我叫他們做了拷貝再給你一份。我們自己有影印機，一天到晚做拷貝，我太太做。」「你太太做什麼？」我沒聽清楚。「我每天看了報紙，把重點文章圈下來，她就剪下來，做成拷貝，再縮小，然後送回國。」「這事兒你也做？」「這也是情報工作很重要的一部分，你這稿子交給我，我叫我太太做了拷貝，再還你一份，你放心吧。」「還有一件事，上次報社說好了繼續替我辦身份，但律師費由我自己付。你看律師的帳單子來了，一千多塊錢呢，我倒不是付不出這錢——「這事兒好辦，上次在聯合辦公會上，我跟總領事提出來了，律師費我們付，你去領事館找李主任就行了，我跟他打個招呼。你去之前先打個電話，看他什麼時候有時間，你跟他直接約一下。」「太麻煩你了，你看，這麼多事都拖累你。」我有點歉意。「這沒什麼，自己人嘛。對了，這次我到洛杉磯，把我們的車也調整了一下，我打算給你一輛車，好不好？」「那還不好！可是，我工作都沒有，恐怕保險費也付不出。」「那沒關係，保險費我們付，一年不過一、兩千塊錢。車子不錯，是白色的，還是跑車型呢，只開了五萬多麥。你什麼時候有空，我帶你去看看車，你自己就開回來。」「真的嗎？那太好了。」我喜出望外。「這次本錢沒能還你，實在抱歉，我一再打電話催他們，可是國內辦事你也知道，效率不高。本來這點錢也不算什麼，可最近李主任出差到夏威夷，又給張X一部分，手裡就有點週轉不過來了。你上次不是說，可以找朋友借點嗎？你給他們百分之十，你還有的賺。」「我去試試，看能不能借到，大概要多少？」「這也沒一定，韓信點兵，多多益善，哈哈——不過你能借得多，你也賺得多。」「好，我盡量去張羅。」

第二天，我給領事館李主任打了電話，他叫我下午去。到了領事館，李主任拿了一千元現金，叫我寫個收條。他說：「你現在沒有工作，又要律師費，我們研究了一下，決定給你補助一千元。」「袁捷說，你們開會研究過了，決定由你們出律師費，替我辦身份。」「袁捷是給我打過電話，不過這錢是領事館的錢，而且是一次性的，下不為例。袁捷這個人，到處亂講話，給我們工作造成了很大的被動！」李主任說。我心裡打了個問號。

我把自己的錢全取了出來，並且找人借了一些，湊了四萬塊錢，我給袁捷打了電話，他欣然前來。他叫我把借據寫好，他簽字。我問他：「要是你到時候還不了呢？」「怎麼會呢，又沒有多少錢。」「我說萬一出了什麼狀況，譬如你在國內有事耽誤了，不能按時回來，怎麼辦？」「那還不好辦，你把利息加上去不就行了，按月算。」那利滾利就太厲害了。」我有點擔心。「你還嫌錢賺得多？」「不是，不是，我是想，那你們的負擔就太重了！」「公家的事，好說。」袁捷淡淡地說。「你說那車子……」「噢，隨時都可以，你什麼時候有空，隨時跟我去，咱們把車子開回來，你就先用著。」「好，好。」我隨聲應付著，我目前沒工作，再說，停車也是大問題，我暫時沒這個需要。

「你這次去不了考察團，等你綠卡辦好了，可以回國了，你想去哪兒，我跟他們打招呼，隨時可以去。」袁捷安慰我說。「那是不是國內也免費招待？」我問。「那當然，咱們外匯少一點，可國內招待的費用，還出得起，咱們自己人，就更好說了。」「你去找李主任領到律師費了嗎？」「我拿到了，李主任說是一次性的，下不為例。這次是考慮到我的困難。」「他奶奶的！辦公會議上決定了的事，他都不承認。不要緊，這事有我呢，我下次再找他算帳。怎麼樣，報社還答應繼續替你辦身份嗎？」「報社答應是答應，總是不痛快，那天我去見黃社長，他說他是在欺騙移民局，他擔很大的責任，雖然勉強答應了，但是他說，他不願意再拖下去，要是再辦不成，他就撤回申請了。」「他奶奶的，這麼不給面子！聽說他最近要回國？」「是啊，上禮拜我去見他，他說忙得很，要回國，可能這兩天就要走。」我說。「咱們整整他怎麼樣？」袁捷一臉奸笑。「怎麼整？」「你只要打聽好他哪天走，乘哪班飛機，咱們就有辦法。」「什麼辦法？」「他一進海關，就先把他扣起來再說。」「他沒犯什麼錯，海關為什麼扣他？」「咱們不是要整他嗎？」「那海關隨便扣人，怎麼交代？」「最多是說誤會，要不然，給他按上個什麼罪名，也容易得很。」「你說的太可怕了，黃社長是有頭有臉的人物，他就是辦事不痛快，不過還算幫忙，不能這樣對待人家。」「我主要想替你出出氣，你要不願意，咱們就不辦，不過你這個人呀，拿不起，放不下，無毒不丈夫！」「這種損人不利己的事，我可不願意辦。我這個人心軟，我也毒不起來。」「所以你在社會上，只能給人欺負。你今後要注意，要鍛鍊自己，心要狠，手要辣。怪不得你在國內入不了黨，你搞不了階級鬥爭，你的心不夠狠。」「我是搞不了階級鬥爭，本來是挺好的同學、同事，一下子突然變成反革命了，要往死裡批，我受不了。我不會整人。」「你不會整人，你就可能被人整。你看看共產黨的歷史，你不會整人，整得不狠，你就成不了氣候。」「我是小人物，安安穩穩過日子就行了，我不整人，希望別人也別整我。」我說。我又問袁捷：「這次你太太也陪你去嗎？」「她去，她是團裡的秘書長，可是，她不一定回來了——我媽不喜歡她。」「她不回來了，什麼意思？她是你老婆呀！」「這種老婆，不要也罷，組織上再派一個。」袁捷說得輕鬆。「什麼？老婆也是組織上派的，還可以換？」我像在聽《山海經》。「這沒什麼，本來我就不中意她，這次正好，我媽對她也不滿意，再換一個。」「那孩子怎麼辦？」「孩子好說，跟我唄，當初，我喜歡廣東外辦的一個姑娘，人長得漂亮，又聰明，又能幹。我想帶她出來，組織上就是不同意，說她家裡有問題。」「你這次去，能不能再爭取一下，把她派過來？」我居然還替袁捷出主意。「我試試吧，這種事不能太強求，我們部裡的事，有時候也很難辦得很。」

袁捷帶的美西華僑參觀團大部分人都回來了，但他本人還沒露面。小黎倒是出差回來了，我與他通了電話，告訴他我很擔心袁捷到時候還不出我的錢怎麼辦？這事他清楚得很，當初他慫恿我到處借錢，說這錢不賺白不賺，別人賺不如我賺。據小黎說，他一再叮嚀袁捷，叫我賺點錢，因為我現在沒有工作，生活困難，袁捷也滿應滿許。

袁捷終於回來了，小黎和他見了面，特別鄭重提出，他借我的錢到期了，希望他儘快還我錢，因為我全部的錢都給了他，還欠了一屁股債，現在連房錢都交不出了。他對袁捷說：「你不能騙老高，他的錢都是打工掙的血汗錢。」他說：「袁捷指天發誓，說「哥們兒怎麼會幹這種事！」袁捷終於到我家來了，他看上去有點疲倦，氣焰也沒有以前那麼囂張。他看到我算的本利達到六萬多元，大吃一驚，但也沒講什麼。我催他儘快還我錢，他連說「沒問題，沒問題。」他給我開了一張六萬多元的支票，只填上了阿拉伯數字的金額，他叫我寫英文的大寫數字，因為他不會寫。我拿到了支票，立即打電話通知小黎，大家彼此鬆了一口氣，但願這支票沒有問題，我儘快把支票存進了銀行。

96｜晴天霹靂

晴天霹靂！袁捷的支票退票了。我幾年的辛苦所得，全部化為烏有。我欠人家的錢呢，總得想法子還呀！我一個朋友知道此事後，叫我給袁捷的父母親打電話，他們在香港。電話打去，袁捷的母親接的。她一聽是六萬美金，馬上堅決地說：「別說六萬美金了，就是六萬港幣，我們也付不出，你隨便怎麼辦好了，送他進監牢，要怎麼辦，就怎麼辦吧。」我又親自寫了一封信送過去，當然他不在家，信是從門縫裡塞進去的。我也找了小黎，他一聽，就急了，說：「這丫挺的，非得宰了他不行！你別慌，我想辦法找他，把他骨頭榨出油來，也得叫他還錢！」

我永遠忘不了那一天晚上，我坐困愁城，待在家裡，沒做任何事，沒心思做任何事，只是發愁，一籌莫展。突然，有人敲門，這麼晚了，誰還會來？從窺視孔中望出去，只見一個人穿了一身破衣服，拎了一大包東西，我倒不知道是誰了。「Who is this？」「哥們兒，快開門吧，是我呀！」門打開了，原來是小黎，他氣噓喘喘地進門，一屁股坐下，就要水喝：「哥們兒有什麼喝的，渴死了！」「啤酒行不行？你這是怎麼了？」小黎「撲」的一聲打開啤酒罐頭，一通狂飲，然後才抬起頭來對我說：「我去找袁捷去了！」「找到了嗎？」「我把他堵窩兒裡了！要不然怎會這麼晚。」「我上次去找他，說他不在，門也不開，你是怎麼進去的？」「我爬消防梯子到了他家裡，正叫我堵上了！」「什麼？！」我幾乎不相信自己的耳朵。「你看咱這一身兒。」說著，他展示了他的一身肥大的破舊運動服。「你找他有什麼結果嗎？」我著急地問。「錢是一回事，還有更重要的呢，有一些重要文件都在袁捷手上，我不去不行啊！」「什麼重要文件？」「你的入黨申請書，還有一些電視台的文件。」小黎回答。「你都拿回來了嗎？」我真是後知後覺，居然忘了還有一份入黨申請書在袁捷手上。「拿回來一部分，你老兄的全拿回來了，兄弟算對得起你！」小黎說著，示意地拍拍他拎的一大包東西。「怎麼這麼一大包？」我想，我的入黨申請書不過薄薄的幾頁紙。「是你的書稿！」「什麼？！我還一直問袁捷，我說我只整理了這一份，也沒印拷貝，千萬別丟了。他這次回來我問他，他還說已經派人送到了香港三聯，正在編輯。」「扯他媽的蛋！」小黎罵道。「你知道我在哪兒找到的嗎？」「不知道。」「在他們的垃圾箱裡！幸虧哥們兒去得早，要不然，明格兒一早，收垃圾的就收走了！」「他怎麼能這麼幹——那都是我的心血啊！」我叫了起來。「這兔崽子原來就沒安好心呢——咱哥們兒全叫他給涮了！」「那怎麼辦呀，他說要還錢嗎？」「他還，他還個屁！你沒看他住的那個窩兒——最多不到十平米，全家四口擠在裡邊，要多破有多破！」「那我得告他。」我說。「你要告他，只能告他騙你錢的事，別的事兒都不能提，你要一提政治問題，就是叛國罪！」「那我沒活路了！」「你提政治問題，就是叛國罪！」小黎繼續威脅我。「我要告他，我要告他……」我喃喃地說。「你告他經濟問題，也夠他受的。哥們兒算對得起你，你的入黨申請書也拿回來了，你的書稿也拿回來了。我想，你這事兒哥們兒有點責任，那，這是三千塊錢，你先拿去用，是我自己攢的，哥們兒有困難，咱也不能瞧著不管！」小黎說著，把一張支票摔在我面前。「你的錢，我怎麼能要？你哪兒來那麼多錢？不行，不行，我不能要。」「嘿，你這個人那，叫你拿著，你就拿著，你不是有困難嗎，哥們兒更多了也拍不出來，就這三千塊錢，你拿去用！」「我真的不能拿！」三千塊錢和六萬塊錢比較起來，是杯水車薪。

正常運轉的鐘錶，突然被生生地拆下一個齒輪，一切停擺。我的正常生活，也被全部擾亂，且毫無辦法復原。找房東借的錢，找朋友借的錢，不但要還，利息還少不了。找一位大陸來的移民借了錢，他一天到晚跟我吵，多難聽的話都說出來了，我怎麼辦？「哥們兒，這錢你先拿著，救救急。」小黎又在催我。「好，那我先拿著，算我借你的，等我有了錢，一定再還你。」「還什麼呀，不要了！」「我想找總領事談談……」「你找總領事又有什麼用？」小黎有點失色。「你們不是說，總領事還帶袁捷到保密室談話嗎？」「得，得！你別說了，我給你約約，看總領事怎麼說，有沒有空兒？」小黎不讓我說下去。

和總領事的第一次談話很不成功，他問我：「不是領事館的任何人告訴你，袁捷是幹什麼的吧？」怎麼不是——小黎，李主任，王領事都跟我說過。可是，我與總領事談話時，小黎在場，我總不能當面告狀吧。談話沒有任何結果。趁小黎下樓開車的機會，我要求總領事再找時間與我單獨談，小黎不能在場。我說：「就是領事館的人告訴我的，袁捷是中調部的人。」

總領事只好再次與我談話。這次，小黎不在現場，但是他在隔壁的房間，故意大聲說話，叫我聽到，「小黎就在隔壁，咱們談話他不會聽到嗎？」「他聽不到，沒關係。」總領事回答得含含糊糊。顯見，他根本就知道，小黎就在隔壁。我大致敘述了小黎怎麼給我介紹袁捷的過程，以及領事館其他人怎麼向我介紹袁捷。「袁捷就是普通華僑，和領館沒有任何關係。」總領事一口否認。「那袁捷的爸爸來，您還請他吃過飯呢。」「在領事館，請請華僑們吃飯，也沒什麼嘛！」總領事完全推卸責任。但是，總領事出面宴請私人，絕不是「沒什麼」！「袁捷說，他還在領事館保密室和您談過話。」我又說。「領事館根本沒有什麼保密室。」總領事推得乾乾淨淨。「袁捷還說，他和您一起開過辦公會議。」「我從來沒和他開過什麼會。」總領事否認了袁捷與領事館的任何關係，但在談話最後，他對我說：「袁捷和國內某些單位有什麼關係，我們也不清楚，但是印象裡，好像是有一些關係。」總領事的印象非同小可，我的愛國之心油然而起：「既然您這麼說，我就認倒霉了。我絕不給領事館造成任何困難，一切事情，我自己承擔」。但我還是有疑問：「既然袁捷是普通華僑，那廣東省外辦為什麼要給他一個由國內完全招待的旅行團呢？」「這太普通了，國內經常有些旅遊團是免費的，有的是統戰部邀請，有的是中央或各省、市的外辦、僑辦邀請，有時候是領事館組織，也有時由當地華僑組織。剛才我也說了，印象裡，袁捷和國內有點關係，所以給他一個免費的旅行團，更沒有什麼奇怪的了。」總領事不願負一點責任，但他的解釋，毫無說服力。最後他表示，可以叫小黎給袁捷打電話，叫他還給我錢。

總領事任上，我提供給他不少的情報或消息，想不到，我被幾位領事誤導，上了袁捷的當，還不是小數目，他竟然一推六二五。他是會作官的，以後回國，當了海協會的副會長。小黎因為有重大失誤，被調回國，但他活動能力超強，居然又被他活動到了加拿大作文化領事。

在總領事和小黎的雙重壓力下，我不能告袁捷欺詐，但我還是在民事法庭上告了他，叫他賠我錢。我的律師就是江南事件的律師葛奇克，他幫我打了兩個官司，還有一個是車禍官司。袁捷也請了律師，非常惡的，以前給CIA作過事，他們反告我和電視台的張老闆，說我們合夥作大陸錄影帶生意，張老闆投資百分之五十，十萬元，我和袁捷各投資百分之二十五，各五萬元，說我還欠五千元沒拿出來，又說，由於我們背棄合約，生意做不成，還影響了他的信譽，叫我和張老闆賠他一百萬元。當我收到律師信時，真是氣昏了，這天底下就沒有公理了嗎？張老闆也是冤枉的，他拿著律師信告到了總領事那兒。不僅如此，小黎給總領事寫的有關發展電視台的報告，也被袁捷拿出來作證據，其中有中央宣傳小組組長對發展電視台的指示，有對僑界有關人的分析，對張老闆，對我等，有國內今後如何從各個方面支持等等，洋洋大觀，有幾十頁呢。這東西要是上了法庭，中共在美國搞宣傳的底就露出來了，這在美國是犯法的——一個電視台不允許有外國政府的資金。總領事知道後，也挺著急，叫我把官司撤回來。我問，撤回來也行，誰賠我的錢呢？總領事說，「總領事館沒有任何責任！」我說，那沒人賠我的錢，我就不撤，既然沒有責任，也無須害怕。結果小黎剛被調到加拿大，就又馬上被調回國了，李主任、王領事等與這事有關的人，也相繼被調回國了。

袁捷提出的另一個證據是有一份清單，是小黎叫他買了回國送人的。其中有攝影錄相機幾台，錄音機幾台，照相機幾台等等，是小黎的字跡，我認得出來。就利用那次袁捷回國，小黎叫他買了，走私帶進去，拍頭兒的馬屁，總共七千多元，袁捷說了，全是花的我的錢。

時至今日，我仍然是糊塗，袁捷真是國內派出的嗎？素質又太差，而且三句話就露出自己是作特殊工作的，情報人員的隱密性，他一點也沒有。但不是國內派出的，為什麼他又知道如此多的內幕？國內，甚至領事館，給他那麼多配合？出事以後，雖然總領事矢口否認一切事情，但還說，印象裡，袁捷是作特種工作的。中共在海外的特務出了事，中共是全盤否認的。多年前，金無怠被揭發出是中共長期潛伏的特務，他甚至把中央情報局的秘密文件都偷出來，交給中共，中共據此判斷，尼克森真的有意訪華，所以導致了外交上的大突破。但中共矢口否認他。後來此人在監獄中自殺了，他死前還說，中共的否認，他很理解。

我告袁捷的官司打了兩年多，最後法官判決我完全勝利，袁捷須賠償我的全部本金，另外加上每年10%的利息。但是，袁捷沒房沒車，他銀行也無存款，我拿不到任何錢，美國的法律真正是保護壞人的。1986年的六萬多美金，我是徹底地失去了。

97｜收之桑榆

1986年9月22日晚十時許，我參加一個宴會後，步行回家，在一個路口，我走在人行線上，突然被一輛計程車撞飛起來，飛到十呎以外，磕到後腦，被送進總醫院。在醫院裡，我的手臂馬上被插上輸液管，周圍許多醫生、護士在緊張地忙碌，我被推到一間又一間的房子裡，拍照，抽血，詢問，頭痛欲裂，整個人像一團棉花，但對醫護人員緊張有序的工作暗自佩服。

三個小時後，檢查有了結果，幸運的是，我骨頭一點也沒碰傷，只有些腦震盪。醫生說，我可以回家了。正好，我的幾位好友聞訊而至，他們連夜把我送回家。朋友走後，不對了，我大嘔，吐得翻江倒海，似把腸胃都翻了過來。小便時，火燒火燎的，尿是紅色的，但是，沒有任何人可以幫到我，只好一人躺在床上硬挺。

次日，我實在痛得不行了，便叫了輛計程車去總醫院。司機是個中國人，他在我下車時，給我寫了一個電話，叫我找一位女士，說她一定能幫到我。我到了醫院，找到那位女士，她是一位社會工作者，也是一位基督徒。她聽了我的情況，很果斷地說，沒錢也得治病。她給我開了一張醫療卡，並帶我去掛號，看醫生。七個醫生為我檢查，有外科，神經外科，腦外科，腦內科等等，他們的一致意見是，我要看心理醫生。中國人最怕看心理醫生，怕自己被說成是神經病。

一進精神科病房，不對了：大門緊鎖，身上東西全交出來。尤其是打火機和鑰匙等。一位女大夫和我談話，之前要我簽一張表格，我說，我的律師告訴我，不要隨便簽名，她說，我簽名，就表示我願意與她談話。她問了很多問題，詳盡之極，我一一據實回答。她問我，經歷了這麼多問題，有沒有想去死，我說有過這種想法，她問我，怎樣死？我老老實實地說，「吃一瓶安眠藥就可以長睡不起了。」這樣一來，她大為緊張，說我有「自殺傾向」，必須留醫。我反駁說，是你問我，我又沒說一定會自殺，她說，我需要和她的主任談一談。主任來了，說，你簽了名的，我們要對你負責任。我說，我不去精神病房，他說，不去就叫警察。他剛放下電話，兩個警察就出現在門口，他們很客氣說：「先生，是你自己走上去呢，還是我們架你上去？」我連忙說：「我自己走，自己走！」

我什麼都沒帶，就進了病房，但不用擔心，這裡什麼都有。發給你牙刷，牙膏，肥皂。毛巾和衣服可自取，衣服是紙衣服，穿完就扔。願意穿自己的衣服也可以，穿髒了，有洗衣房可自便。要刮鬍子，可以借給你剃刀，用完要還。伙食非常好，每頓飯都有十幾樣東西，我初來不好好吃飯，大夫就專門找我談，給我改變菜單。我保留了一份菜單，真是十分豐富。

我留院期間，有三位醫生看過我，一位美國醫生。我與他談起來，我說：「我從這裡，看到了美國社會的另一面，公立醫院照顧了這樣多的窮苦病人，按這些人的症狀，在中國是不可能留醫的。在這裡，沒錢，政府負擔。」他說：「這些人到這裡，是他們最後一步了，也真可憐。遺憾的是，政府削減了預算，我們目前只能盡自己所能，用有限的經費，幫助更多的人。」我的主任醫師和主治醫師，都是台灣來美的中國人，都講國語，都是基督徒。主治醫生陳醫生說，他是醫生，我是病人，出於職業道德，他絕不能把我講的話告訴別人。他說，只有瞭解了我的情況，才能對症下藥地幫助我。我於是敞開心扉，把我近來所受的摧殘都告訴他。但是我也跟他說，你看這裡的病人，每個都是眼睛發直，都有問題，我不是，我就是遭遇太不幸，我堅決要求出院。陳醫生說：「這麼多社會問題，同時壓在一個人身上，鐵人也壓跨了。」他說：「我可以放你出去，但你出去後，只有兩條路：一是信仰一種宗教，任何宗教，只要不是邪教，都可以，因為信仰宗教，心靈會有寄託。二是，要經常看心理醫生，出去後，起碼每週看一次，否則，心理不平衡。」他說，出於職業法規，他不能勸我信仰何種宗教。

陳醫生是虔誠的基督徒，我出院後，他打來電話，說：我出院了，不再是他的病人，所以他可以說了，他是一個基督徒，恰好今天晚上是中秋節，他們教會有活動，他願意帶我去參加，他會來車接我。我答應了。到了教會，看見牧師朱樂華，我劈頭就對他說：「基督教有什麼好？歷史上迫害了很多著名科學家：哥白尼，布魯諾，伽利略……」沒想到，朱牧師不但不同我爭論，反而說：「這些都是歷史的事實。」當晚青年人在玩搶椅子的遊戲，我唬著個臉，很不耐煩，巴不得快點回家。陳醫生送我回到家裡，臨走時，拿出三本小冊子送給我，叫我讀一讀。我無可無不可地接下，隨手丟在一邊。陳醫生走後，我隨手拿起小冊子翻一下，一翻，就放不下，一口氣讀完了三本。這三本小冊子的作者是張明哲教授。一本是「聖經是什麼——書中之書」，一本是「基督教與科學」，一本是「基督教與中國文化」。讀完後，感到心中有莫名其妙的衝動，不單單我想到的問題，書中都有提出，雖然不一定有解答。另一方面，張先生是在四十歲以後，研究了三年佛教，才走上信仰基督的道路。我自出院後，聽從陳醫生的建議，信仰一個宗教，我和灣區的高僧宣化上人是摯友，他送我許多佛教的經典，我正在讀蓮花經，金剛經，但收益不大。雖已是深夜一點鐘，但我還是忍不住，抓起電話找陳醫生談，我說：「基督教如果真是那麼好，那最需要的是大陸十幾億的同胞，我願到大陸去傳教。」但當時我連基督徒都不是。我向他要求，可否跟三本小冊子的作者見面？他說，可以跟朱牧師商量安排，因為張明哲教授退休後來美，在柏克萊一家神學院任教。

張明哲教授，原美國麻省理工學院（MIT）畢業，台灣清華大學校長，國科會主任。在朱牧師的安排下，我與張先生討論四、五次，每次都是六到八個小時。在他家裡，吃了中飯，吃晚飯。有時朱牧師也在座，朱牧師是生化學博士，研究員，教授，後又上了神學院，當了牧師。我們討論的問題很廣，從生命的起源，猿變人，達爾文的進化論，無機物和有機物，牛的胰島素⋯⋯，凡我有疑問的，都毫不客氣地提出來。張先生——也是我的老學長，每次都耐心地給我這個莽撞的學生解釋。他和朱牧師都勸我讀書，於是，教會小圖書館的圖書，我幾乎都讀遍了，我決心歸主。

有如一個人站在岸邊，看到別人游泳，拍手稱好，自己就是不肯下水，他怎麼能學會游泳呢？再說，信仰不止於認識，不能待所有問題都解決了，才能信。基督教是啟示的宗教，不是我們的頭腦可以明白的，所以，別的宗教要靠頭腦去信，基督教要靠心靈去信。我決定跳下水去學習游泳，我決志受浸。我受到共產黨的教育三十多年，學習了主要的共產黨的哲學，辯證唯物主義，歷史唯物主義，政治經濟學，聯共黨史，中共黨史，……曾經研讀《反杜林論》，《自然辯證法》。一個徹底的唯物主義者，一個無神論者，突然一百八十度大轉彎，並不容易。但這個轉變是必要的，否則，我不會有今天。

1986年是我的苦難年，但也是我的重生年。年底，在三藩市國語浸信會我受浸，成為一名基督徒。神是看顧我的，祂知道我是何等的驕傲，相信個人奮鬥，人定勝天，不把我賴以生存的一切都拿掉，我總會倔強地爬起來，不會信祂。在浸池裡，我含淚唸了一首小詩：

虛度四十五，方才找到主，忽然見聖靈，光耀不可睹。
半生在大陸，旅美已七暑，營營且苟且，塵世如糞土。
親人長別離，生活忽失依，遭騙損失巨，車禍需就醫。
醫生陳永成，向我傳福音，牧師朱樂華，助我解真諦。
先輩張明哲，諄諄宣教義，尋求真理路，得道多相依。
神父伏開鵬，愛我於心中，每日祈禱主，叫我得永生。
人間多苦難，無奈皆萬般，世態多涼炎，心中多憤懣。
塵間心已碎，皆因多魑魅，聖靈把心慰，我心已陶醉。
失去不復返，得到是永遠，同釘十字架，榮耀歸於天。
蒙主來召喚，聖靈心充滿，從今永侍主，此心再不變。

98｜永生之路

信主前，我總抱仇恨心理，認為世人及社會皆對不起我。信主後，我總存感恩心情，心中充滿喜樂。任何事，從另外角度看，效果完全不同，所謂，退一步，海闊天空。基督徒都有一絕招：學會交托，自己不揹重擔，交給主，替我們揹。

信了主，社會問題還有一大堆，怎麼辦？弟兄姊妹叫我禱告，我心存疑惑。腦震盪，頭痛，流淚，失眠，不能工作，雖陳醫生開了證明，但州政府認為我不合條件，不給我傷殘補助。我禱告，弟兄姊妹們也為我禱告。聖誕夜，我去教會，行前開信箱，看到法庭判決，是與州政府對薄公堂的結果。我一看，大失所望，法官歷數我的不是。匆匆趕到教會，請朱牧師幫我看看，朱牧師看了，也搖頭，文件中所述，都是我的不對。朱牧師心細，看到我沒看的最後一頁，奇怪，最後的結論是好的，政府按月給我一筆補助金。

99｜奇異恩典

1986年有兩件事值得一提：一是，《華爾街日報》在1986年7月3日刊登了一篇關於我的文章。源起於美國紀念建國200週年，原先法國贈送的自由女神像，由法國來的工匠整修，完成後，面部仍然有黑色印痕，據說，銅鏽難除。我有不同的看法，我認為這些銅鏽是可以去除的，因為清代工部則例中有記載，用梅子的有機酸可以去除黑斑。由陳立歐教授的幫忙，把我的意見反映到了慶祝小組，但他們認為，腳手架已拆除，沒有可能再修了。我當時提出，可以做中間實驗，若效果好，就可以採用。但沒有實踐的機會了。此事由我的另一位美國朋友，她是一家出版社的社長，她告訴了一位《華爾街日報》的記者，這位記者採訪了我，才有了這篇文章。文章發表後，我告訴了許多人，包括我的三姨和姨父，三姨說，他們來美近四十年，也沒上過《華爾街日報》。此文一出，第二天，訪問我的電視台，報紙，雜誌，電台及中文報紙等不斷，可見 《華爾街日報》影響力之大。

另一件事是：我們在1986年3月7日和8日，在舊金山最好的音樂廳，戴維斯交響音樂廳，舉行了黃河交響音樂會。這是第二次了，第一次是1984年，那次是中國指揮姚學言主持，他是指揮，我參加了合唱團。這是第二次，指揮分別是舊金山歌劇院總指揮艾德勒，和姚學言。我們從國內請來了周小燕，胡曉平（女高音），傅海靜（男中音），張建一（男高音）等。我除了是合唱隊員外，還是音樂會的發起人和總顧問，發起人還有李鴻圖，姚學言和王靈智。我在邀請顧問委員會成員（要社會名流），拉廣告，設計節目，請國內演員等很多方面給予大力支持，是頂級工作人員，製作人李鴻圖下面三員大將之一。三千人的音樂廳坐無虛席，演出效果非常好。美國報紙評論說，演唱黃河大合唱時，台上，台下都在流淚。此音樂會籌辦了十五個月，花費十六萬美元，我也捐了錢，音樂會由我分送出的票有二百多張，但我自己的票還是買的。

這次黃河交響音樂會，可說是中美文化交流的重頭戲。當時的舊金山市長范斯坦（現任美國參議員）和加州州長威爾遜，中國駐美大使韓敘和代總領事高有年等，都有題詞。合唱團一百多人都是中國人， 交響樂隊是舊金山歌劇院交響樂隊，可謂大手筆。以後，我們還組織了多次「東西匯」交響音樂會，有一次請李德倫指揮，一次請黃飛立和嚴良堃指揮，嚴良堃仍然指揮黃河大合唱。我們在舊金山可是唱響了黃河大合唱。我前幾年到過黃河的湖口瀑布，對黃河的氣魄和黃河大合唱的偉大，有了新的認識。我一個身份還沒有的新移民，居然被委以重任，能在中美文化交流中做一些事，確實是主的恩典，是奇異恩典。

我寫此文時，我太太給了我三份文件，現摘錄於此。一是北京市人民政府關於市紡織工業總公司丁蕾萍同志赴美進修的批覆。說：同意派出丁蕾萍同志八月赴美國舊金山州立大學進修科學技術管理，為期一年。美方資助13200美元，國際旅費由其在美工作的愛人解決。我太太說，市科委不同意她去美國，但最後北京市的陸副市長親自批的，同意放行。

一份是我太太所在的供銷公司給總公司請協助解決住房的報告。說：我處原化纖科丁蕾萍同志，其愛人高魯冀同志於80年自費去美國留學，由於工作關係，很多海外僑胞，社會名流，學者專家，國民黨元老等有影響力的人物經常來丁蕾萍同志家看望，奈何她現在三口人僅住16.2平方米的斗室，屋內無立人之地，院內無衛生設備。在往來人員中造成極不好的影響，對我國統戰政策也十分不利，已引起我國務院僑辦和市委統戰部及外交部有關部門的重視，本人住房也實屬困難，該同志幾次向處領導提出解決住房問題，我處高層住宅要兩年後才能交付使用（內有一間已分給丁蕾萍同志）。為此，我們的意見是：請總公司在近期分配的住房中給丁蕾萍同志先解決一套兩間住房，其高層一間和現東四一間歸總公司分配，或其高層一間和現東四一間歸我處分配，待我處高層建成後再給總公司一套兩間。以上意見並不是難度太大的，請總公司協助給予解決，以利我統戰政策和知識分子政策的貫徹落實。

一份是中國駐美國舊金山總領事館的「關於高魯冀在美情況」，說：北京市科委，高魯冀同志在美留學結束後，在友好華人創辦的《時代報》擔任記者工作，與我館經常保持聯繫。為促進中美兩國人民友好，為宣傳我僑務政策，促進四化建設，高做了不少工作。在江南事件發生後，勇於報導有關情況，起了積極的作用。高來美已五年多，由於工作需要，未回國探親，為此建議有關單位予以照顧，同意高的愛人丁蕾萍(現在北京市紡織供銷公司任工程師)攜女兒來美探親與進修。落款是中國駐舊金山總領事館。（抄送北京市紡織局）。

這三封信非同小可，哪封都不簡單，尤其總領事館一封，一般是不會寫的，我可算是個特例吧。

第十四章

家庭團聚

「…神在其中，城必不動搖；到天亮，神必幫助這城。」
（詩篇46篇5節）

當神在一城中，祂使那城像錫安山一般堅固，不能移動分毫。當祂在我們裡面，雖然四周有驚濤駭浪，狂風暴雨，可是我們仍有恆久的平安；這種平安，是世界所不能給我們的，也是世界不能奪去我們的。在我們裡面是神，在世人裡面是世界；這就是為什麼我們能有平安，而他們當風浪來的時候，就會像葉子那樣飄搖不定。

100｜首次回國

我的身份一直未辦下來，但到了1987年，美國政府大赦，凡1982年前來美的非法移民都大赦，就地合法。我為慎重起見，還特別請了一位美國律師幫忙，是一位開電影院的何先生介紹的。說起這位何先生，他英文程度不錯，他開電影院是演美國電影的，兩個影院演四部電影。凡警察來了，他都讓免費看電影。當然，我也免費，而且我帶的朋友，全部免費。有時，國內來的代表團，一行幾十人，我也帶他們進去，何先生對我真是不錯。不過，他回國，我介紹他認識上海外辦的人，竟幫了他的忙，他也非常感激。還買禮物送給了那位上海朋友，我也很有面子。

我身份辦下來了，拿了臨時綠卡，可以回國一個月，但不能超過，否則會有麻煩。那時，我打的車禍官司開庭了，律師葛奇克和我到了法庭，事前，法官要我們商量一下，可否和解？我們既告撞我的計程車，也告市政府，告他那個路口的交通燈不好，並不是紅綠燈，而是黃燈一閃一閃的。市政府的律師說，「我們沒有任何責任，路口的號誌燈是專門部門設計的，自有它的作用，但是，為了表示我們的誠意，你住院的一萬多塊錢免了！」好，我們不告市政府了。但是，計程車公司的律師很惡，那個計程車司機說，他的車停在路口，我衝上前去，一頭撞向他的車，自己撞傷的，但是我反問他，我離計程車有十幾呎遠，這有警察的現場報告，如果他的車不是行進中，我怎麼可能飛出去十呎遠？他的律師也覺得他不靠譜，就說「和解吧，我們賠7000元。」我對葛奇克說：「我被撞後，腦震盪，兩年不能工作，就賠這點錢太少了！」葛奇克又去協商，最後達成協議，賠償一萬元，就和解了。因為我急於回國，不願再糾纏幾個錢，和解了算了。我已經是歸心似箭。

回國，到了北京機場，我的女兒還給我獻花，我一生，很少有人獻花，印象很深刻。回家後，每天都是見親戚，見朋友，一個月時間很快，又到了回美時間了。我買的機票是經過香港的，從北京飛香港很快，我住在《文匯報》安排的住處。沒想到，旅行社給我買的機票是經過加拿大的，儘管不出機場，但是也要加拿大的簽證。我先去辦簽證，過了一天，去拿簽證時居然被告之拒簽！真是青天霹靂，我幾乎矇了。我拿的是臨時綠卡，加拿大領事館沒有看過，他們要我到美國領事館拿一份證明，美國領事館不肯，因為是正式文件，不需要證明。美國領事館當然是對的。我向報社說明了情況，報社派出高級記者去加拿大領事館溝通，派出認識航空公司的人去買直飛美國的機票。但是，到了晚上，兩人都帶來了壞消息，加拿大領事館不肯通融簽證；而航空公司因正是旺季，一票難求。次日一早，我自己去航空公司，走在路上，突然遇見一位美國朋友禮察德，他說：「魯冀，你在香港街頭幹什麼呢？」我說：「我有了大麻煩了。」他還開玩笑地說：「你本來就是麻煩製造者，現在自己倒遇見麻煩了。」我向他講述了事件的原委。我問他為什麼在香港？他說，他在組建亞洲青少年管絃樂團，他是指揮兼藝術總監。我告訴他，我住在香港《文匯報》。我當然也沒買到直飛美國的機票。回到住處，我靜下心來，思考我的處境。我拿的是臨時綠卡，要求離美不能超過一個月，我當天就是返美的最後一天了，否則可能被取消綠卡。但是凡人間的努力我都做到了，沒有任何結果。我還有最後一招：我禱告，乞求從天上來的智慧。我跪下來禱告，我說，我一切交給主安排，如果祂不要我回美國了，我順從。但是，如果祂要我回美國，那請主幫助我，使我順利地上飛機。我說，我是一個新信徒，但是我深知，主是我唯一的依靠。「我專心祈禱」（詩篇109:4）聖經還說「你從水中經過，水必不過你。」（以賽亞書43:2）意思是說，一旦我們真有需要的時候，神的手就伸出來了。我恆切地禱告，禱告後，心裡非常的平安，雖然我還沒有任何解決的方法。正在此時，電話鈴響了，拿起電話，是禮察德打來的，他說，他問過聯合航空公司的朋友了，說可以到機場等退票。我馬上找到報社領導，要求派車送我去機場。報社領導交代司機班長親自送我，並叫他等在機場，直到我上了飛機，才回來，否則，還要把我帶回來。司機把我送到機場，跟著我到了聯合航空公司，我先買了票，就到乘機口去等。等到最後，沒有人了，工作人員對我說，最後一個人沒來，你走吧。我問：「我還有些港幣，可以去換了嗎？」他說：「你能上飛機就不錯了，還有時間換錢？」我把一些港幣給了司機，謝謝他，就衝到飛機上，我剛上飛機，飛機門就關上了．我準時回到美國。旅行社聽說我的遭遇後，說，他們也有責任，應當事先告訴我飛加拿大，後來他們把機票錢都退給我。神的作為真是奇妙。

101｜二次回國

1988年，我第二次回國，這次是負有使命的。我與著名中國畫鑑定家、收藏家曹仲英先生相熟，兩人是一見如故。加上兩人都是天津人，更多了一份親切感。我被人騙走了六萬元，他很同情。他說：「魯冀，我有一個野心：要把你培養成世界上頂尖的中國書畫鑑賞家。」我說：「那還不好，我跪下來給你磕頭！」他說：「磕頭就免了吧，但是你要振作起來，我幫助你，你從我這裡拿一些畫去賣，賣了再給我錢。」他給了我幾十幅中國畫，都以很低的價錢，一幅也就幾百元的價格。我可以賣多一倍的價錢。慢慢地，我緩過來了。一次，他從荷蘭拍賣行電話投標，買到一幅清宮舊藏的孫炳所繪十二幅通景屏，我看了喜歡，他說：「喜歡就拿去！」我還真的「拿去」了。我給了他一幅名家的作品，又給了他一些錢，此畫就歸我所有了。買畫後，寫信給在香港的台灣畫家劉國松先生，我問他，此畫可否在香港裝裱？因有破損。他回信說，如此巨構，十分難得，給了我三點建議：一，一定要帶回國去裱，因為不單價格便宜，且對古畫的修復，僅大陸或日本的老師傅有此手藝。但在日本裱，約要六千至九千美金。二，請故宮博物院或有名的鑑定家寫一份鑑定書，證明是真跡。三，做好以上兩項後，拿到大拍賣行拍賣，據他估計，這麼大的通景屏，可以賣十幾萬或幾十萬美金。

我採納了他的建議，決定將畫帶回國裝裱。因怕中國海關扣留，走前將發票作了公證。先是公證人公證，然後是舊金山市政府公證，加州州政府公證，州務卿簽字，然後再到中國駐舊金山總領事館認證。為辦這些手續，花錢不說，腿都快跑斷了。

我以為已經作了充分的準備，誰知一到北京，出海關時，還是被扣留。海關人說，他們對於重要文物，處理很慎重，如畫要重裱，只能在海關監護下，在榮寶齋裱，否則不予放行。旅客都走光了，我還留在海關。最後達成協議，畫先暫存海關，我必須到北京海關一科去申訴。我沒有其他選擇，只好照辦。在發生這些事後，我不停地禱告，求主幫助我，幫我解決這些難題。上帝還真是聽從我的禱告。

接下來數日，拼命活動找人，托門子，走路子。最後消息愈來愈不好。魯迅博物館王副館長是位熟人，他告訴我，中央有文件，屬於一級文物，國家要強行收購！我爭辯說：「就是『國寶』也是我從國外買的，為什麼要『強行收購』」。最後沒輒，還是乖乖地到北京海關一科去交涉。

管事的海關關員倒還通情達理，他說，如果有「單位」願意負責任，他可以批准將此畫交給他們，修復後，他們再前來查封，始可帶出關。這個「單位」，當然是「有關單位」好些。於是去求救於中央美術學院的好友們。這些朋友，都是文革中共患難的「哥們兒」，儘管目前已身居要職，但還都給面子。其中，雕塑系主任錢紹武先生最為幫忙。他寫了很多封信，給海關的，給他的朋友的等等，這些信，都是很好的書法作品，有幾封我目前還存留。在錢紹武的主持下，本人竟然成為美院邀請講學的學者，並表示：他們願為此套畫負責。老錢從系裡開的介紹信，要換成院裡的，他就去找盛陽，盛陽當時已是黨委書記了。當然很順利地換成美院的介紹信。更離譜的是，我去參觀老友劉小芩的工作室，他開始畫國畫，海關的同志也一起去，劉先生送我字畫，海關同志竟然也有份！

有了單位介紹信，海關的同志不得不放一馬。畫由海關直接交到美院。當海關同志離開後，老錢說；「嗨，畫你可以拿走了！」我當時竟不敢相信，我可以把自己的畫拿走了！原本十分簡單的事，竟搞得如此複雜，以至於複雜得我都不相信這套畫是屬於我的了。

畫拿到手，又出了大麻煩，因為沒有任何一家「單位」肯接受它，修復它。我到榮寶齋，人家根本沒空兒。我曾到故宮博物院去求情，但他們以出國任務太緊為理由，拒絕了。雖然也有人建議，找幾個人，每人管一、兩幅，大家合力把它搞好，業餘時間做，也可以賺一點錢，但沒人敢拍這個板。一位在故宮工作了六十年業已退休的老師傅說，他如果接這個活，得做三年。天啊，別說三年，三個月都不行，三十天都不行，因為我必須於一個月內經香港返回美國，海關已給我耽誤了數日，我只有三週多的時間了。

真正的夢魘是，如果找不到人裝裱，我還得原物捧回美國，那就不大妙了。幸好，朋友介紹一位裱畫的老師傅叫劉金濤，《徐悲鴻傳》上有對他的描述。此人名氣大得很。我到他家拜訪，只見他牆上掛了不少名人字畫，都是大家，如李可染，李苦禪，黃永玉，丁聰等人給他畫的。還有幾人合畫的，還題了打油詩。櫃子裡沒裱的就更多了，齊白石，徐悲鴻，黃賓虹，傅抱石，…據他說，畫裱了反倒不便保存，會被蟲子嗑。但是當他一聽要急著交活兒，就一口否定，說不行。據他說，重裱，主要功夫在「揭」，重裱時，外行人都不能看，因為揭下來，都成了碎片，看了，登時會得腦溢血。每片之間，要黏小條，恐怕要黏幾千條。而且，裱了還要綳，時間不夠，掛出來會蹺。我坐也不是，站也不是，耐下心來求他，就差沒給他跪下。我只揀他愛聽的說，竟把他的心說活了。他問小兒子：「小子，咱敢不敢接這活兒？」兒子若是乾脆：「敢！」不就齊了！可兒子是「壽頭」，說話都黏糊：「您說行就行，您說不行，咱就別接。再說，您這麼大歲數了，還玩兒這命幹嘛？」老頭其實早已鐵了心了，不過拿兒子當個台階，誰知兒子不讓下，我都快管他兒子叫祖宗了。最後，劉師傅發了話：「這活兒我接也行，但是得依我一個條件。」我說：「不用說一個條件了，就是十個我也答應。」他說：「價兒由我定。」，那還不行，其實，他定的價錢還是極合理的。劉師傅接了活兒，正式看畫，一卷卷打開，掂在手裡，說：「都說齊白石值錢，徐悲鴻值錢，這——值不值錢！」

畫雖然交了出去，心裡還放不下，托介紹的朋友去打聽，也沒動靜。好不容易打聽來了「老劉拼了命，每天四點不到就起來，半夜才上床。李可染請吃飯，他都不敢去。」過了兩週，還沒準消息，我心裡又揣上了小兔，心想，得「勞軍」了。從「友誼商店」買了好煙好酒，麥乳精等大包小包，親自送到劉府。老頭兒不在，兒子還是說不清道不明，只說他爸前些天上火，這幾天消停了。聽了這話，我心裡也吃了涼柿子。因為可以赴李可染的宴邀，說明活兒差不多了。後來，又去拜訪劉師傅，這次他在家，他說「基本完活兒」。據他說，畫是清代的，絹是明代的，時間久了，脆了，若不是他，別人可能把畫糟蹋了。

畫裱好了，按規矩，妻用縫紉機製了些布套子，每幅畫一小套，總的一大套，每畫還用宣紙包好。第二步，得請人寫鑑定書。美院的錢紹武和候一民一商量，請「東方藝術大權威」常任俠先生寫。

約好時間，捧了畫，去就教常先生，錢、候兩位陪同。常先生八十多歲了，穿件大棉襖。妻後來說，「他真像你爸。」真的，他的神情語氣，真像我爸，可我爸早就進了天國。常先生好商量，看了畫後說：「你要叫我寫，我現在就寫。」那還不好，就現在寫。常先生在有「中央美術學院」抬頭的紙上寫下「高魯冀先生所藏孫炳十二條通景人物，為清宮舊藏，流傳美洲。此畫人物工細，山石花木建築，亦佈置合宜，非高手不能，頗不易得，觀後深為讚賞，特書數語，以為紀念。常任俠1988年4月22日。」他還特別注明他是「國家文物鑑定委員會委員」，「國務院古籍整理出版顧問」和「中央美術學院教授」。

寫好，又叫我們看他的藏畫，這些已經是文革劫餘的了。一幅郎世寧的肖像作品，畫的是西洋婦女，據說義大利大使館人也曾前來欣賞。又叫我站在椅子上，從櫥頂拿下一捲紙卷，先拿到屋外，用掃帚一通掃，再拿到屋裡展開，赫然一幅宋畫，上面還有民國某國務總理題跋及常先生自己寫的詩。常先生說，原有兩幅宋畫，已經丟了一幅。他說，李苦禪臨終前特別囑咐他「古畫丟了不能找」，因為一找，對方可能就燒掉了。他丟的那幅，可能怕被燒掉，所以也沒找。

常先生還是位寶石鑑定家，文革時，造反派叫他交出幾十年的收藏，他據理力爭說很多是紀念品，泰戈爾送的等等，但還是被沒收了很多。帶頭抄他家的那位造反派，現在又升了官，在中國畫院當什麼主任。

再請錢紹武寫一份鑑定，他寫得詳細。錢先生字寫得好，素描畫得好，黃永玉先生評論，他的素描，是「美院第一把交椅」，並叫兒子黑蠻跟他學畫。但錢老夫子僅畫年輕女孩有靈感，多神來之筆，畫熟人像，卻往往不行，給黃永玉畫的像，像另一位畫家王乃壯，給我畫的也像個冤大頭。錢紹武經常說「中共中央政治局會議廳的字是我寫的，整面牆，斗大的字。」我還真找到了，江澤民和十九名上將，在他的字下合影。

全部完成後，又請來海關同志查驗，在畫外包的牛皮紙上貼滿了「中華人民共和國海關」的封條，亦為古畫壯了聲勢。路過香港時，劉國松來訪，我特意撕了封條給他看。這套畫，尺寸極大，全部展開，甚至比郎世寧的「百駿圖」還大一倍。「百駿圖」原作尺寸為776. 2X94.5公分。此畫尺寸為800X200公分，而且畫得極細，每塊瓦，每根竹簾棍，都一絲不苟。後來，那套大畫帶到美國，賣了幾倍的價錢，我有了第一桶金。

102 博物館工作

既然當地報社不要我了，但我還保留了香港《文匯報》的工作，每天為他們寫1200字的稿件，在我很輕鬆。找到一份臨時性的工作，說是臨時，大約也做了兩年。那是台灣資本的廣東銀行，他們有一個太平洋文化博物館，準備展出台灣故宮博物院的展品，大部分是日本二玄社複製的中國古代書畫，他們複製得真好，是用相同的材料，相同的尺寸，照相複製的，幾可亂真，著名的有故宮的鎮館之寶宋代范寬的「溪山行旅圖」，以及郭熙的「早春圖」，馬遠，夏珪的作品，以後歷代畫家都有，直到清代郎士寧的「百駿圖」等，等於是一部簡明的中國美術史。還有些瓷器，也都是複製的，但是非常專業，是台北故宮的作品，質量上乘。一些元代青花瓷，幾可亂真。我去應徵講解員，頭一次面試就通過了，因為我在清華大學研究院系統地學習過中國美術史，到了美國，又在好友曹仲英先生的帶動下，刻苦鑽研中國美術史，精細到某一位畫家，儘管美術史上不一定有他的名字，但是我有他的畫作品，我就要去研究。面試我的廣東銀行副行長，驚嘆我對中國美術史的豐富知識，馬上封我為講解員的負責人。我帶了幾本中國美術史的書籍，成了別的講解員臨時抱佛腳的範本。例如：《132名中國畫家（從三國到現代）》是王伯敏、俞守仁、王心棋寫的。王伯敏寫的《中國繪畫史》。香港中華書局出版的《歷代畫家評傳》（上，下）等等。

在博物館工作，我負責講解，放電影，放幻燈，放電視等等。我曾帶了我的朋友們來看，例如曹仲英先生，他對中國美術史倒背如流，非常熟悉，他也就看看展覽會的佈置，裝潢。展品都是複製的，他不要看，因為他的東西都是真的。紐約的大收藏家王已千先生來舊金山，也曾來過展覽會。王先生是大家，收藏與曹先生一樣，富可敵國。他看了展覽，聽了我的講解，後來我們又陪他去了北灣的萬佛城，他徵求曹仲英先生的意見後，竟然請我在1991年的暑假，到紐約他家中，為他寫他的藏畫集。那是後話。

一天，博物館來了一位特殊的觀眾，他是台北故宮博物院的院長秦孝儀。他聽我的解說，總是笑容可掬。我還指給他看，范寬「溪山行旅圖」上，在山石中隱藏的范寬的簽名。他很驚訝，我說，「聽說這個簽名是李霖燦先生發現的。」他說了一句：「連這個你也知道！」他送給我一張名片，上面只有三個字「秦孝儀」其他一概沒有。我也給了他一張我的《文匯報》的名片。到聖誕節的時候，我竟然收到他從台北寄來的故宮博物院的賀卡。

103｜八九　六・四

1989年對中國來說，是非常不平靜的一年，由胡耀邦逝世所引發的動盪，發展成一股民運力量。最後由於鄧小平的鎮壓，導致了民主事業的暫時腰折。那時，我每天都守在電視機旁，從畫面裡看中國的情況。當然，我也寫了很多的文章，配合香港《文匯報》的報導。「6・4」鎮壓之後，《文匯報》開了天窗，社論的位置刊出「痛心疾首」四個大字。我以前在《東西報》的老闆劉先生看到我，連聲稱讚：「小高，最近的文章寫得很精采，我每天都要拜讀。」我連聲說：「謝謝，謝謝！」我太太和女兒，每天到天安門廣場去看，「6・4」那天，直到開槍，才離開現場。我們經常通電話，所以，我寫的「6．4」的真相，生動，有說服力。我太太和女兒，在天安門廣場還拍了許多照片，特別是民主女神像，她們拍了很多後背的像，幫了大忙。因為舊金山建立一座民主女神像的複製品，正面照片很多，就缺背部的照片，雕塑家是我的一位美國朋友。

「6．4」後，《文匯報》社長李子誦和總編輯張雲峰曾來美國，到灣區，受到熱烈歡迎。我陪他們坐地鐵（BART）到柏克萊加大去，參觀了遠東圖書館，受到貴賓對待，看了很多善本圖書，例如：劉伯溫的推背圖等等，推背圖上居然還有「工農舉紅旗」等字樣。還參觀了很多地方。以後，李社長被開除（勸退），我們又專門請他在女婿的陪同下，來灣區，好好招待了他。

「6．4」鎮壓後，我們曾去中國駐舊金山總領事館示威，並且成立了「民主中華基金會」這個名稱，又是我的手筆。基金會辦了許多活動，例如，原中國駐香港新華社社長許家屯逃到洛杉磯，受到星雲法師的接待，我們邀請他來北加州。同時來的還有原《文匯報》總編輯金堯如等。很多逃出來的民運人士，我們都有接待，例如遠志明，柴鈴等。我們也邀請了香港演藝界人士來美西演出，還資助了不少民運人士。

著名畫家吳冠中接受我的採訪，他還親筆寫了「賀文匯報　吳冠中」另一幅字寫的是：「人民之聲——向文匯報致敬　吳冠中1989，6，7。」此題詞後來並沒有發表，因為陪同他的人打來電話，說吳先生還要回國，　題詞就不要發了。

「6．4」後一年我回國，坐的計程車司機還大罵中共的鎮壓。我到木樨地部長樓去看一位高幹，她說，她們住的樓遭到了戒嚴部隊的槍擊，他們樓下一位最高人民檢查院副院長的女婿，到廚房去打水，被流彈打死，他是鋼鐵研究院的幹部，該院舉行了很隆重的追悼會。她還帶我去看李鵬曾經的住房，門楣上也被戒嚴部隊打下一塊，窗戶上也有彈孔，修房的老師傅用兩塊玻璃夾起來，好像是文物一樣。她說，他們樓下的裝甲車都在燃燒，她說：「這是典型的又一次德國國會縱火案。這些裝甲車肯定是自己點的，否則，叫我燒，我也無從下手。」

2012年5月，我到香港時，住在酒店，去看黃永玉的夫人梅溪，乘的計程車上，和司機聊起來，他說，香港《文匯報》的老社長李子誦剛剛去世，港人很懷念他，他活了一百多歲。我說：「那是我的老社長，6．4時，我是香港《文匯報》駐美特派員，事後，我也被開除。」沒想到，下車時，他少收我幾元車費，是他的一份心意。

104｜于長城先生永垂不朽

在博物館工作期間，發生了許多事，其中有我的好友，于長城先生逝世了。我一生遇到過很多貴人，于先生是其中之一。我連夜寫了一首藏字詩，並且抱著一部草書辭典，字字查找，次日又到畫廊去裝裱。我又去花店買了一個最大的花圈，都送到于先生的追悼會上。于先生一生極為欣賞我的才華，並且竭力幫助我，他經常說：「魯冀，你是有大才的，一定能發揮巨大的作用。」我在追悼會後，回到家裡，連夜寫了一篇追悼文章，可說是傾心之作。用于先生親屬給我的名片上的傳真號，生平第一次把文章傳到菲律賓，也不知對方可否收到？過了好幾個月，突然收到菲律賓寄來的報紙，是1990年3月10日的《菲律賓商報》，我的文章發表在第一版，幾乎佔了半版的篇幅。在報紙的第四版，還有一段文字，說：「昨天晚上，本報收到一篇寄自美國的悼念文章，閱罷使報社同仁深受感動，慰藉萬分。」又過了很多年，于長城先生的胞弟于長庚先生到舊金山，通過關係一定要找到我，後來找到了，我去旅館看望他們夫妻，還請他們到我家裡看我收藏的中國畫。他們送我兩本書，有關于長城先生的。那篇文章摘要如下 ：

友人打來電話，謂于長城先生因腦溢血，突於今晨逝世。聞訊後，眼淚一滴滴的滾下來，痛失吾師吾友！中午，利用半小時吃飯時間，去花舖訂購花圈，要「最大的」。晚上，寫悼詩一首，雖不成樣，但詩言志，是我心情的表露。我不擅書法，但為表達心中對于先生的敬仰，抱了二十餘字帖，字字查找，依樣描畫，不眠不食五小時，得以完成。詩是這樣寫的：

于氏家族掌門人，
長眠九泉淚傾盆。
城頭大王旗變換，
先生錚骨志堅貞。
生為報人創鉅業，
永不言休為吾民。
垂聽百姓疾與苦，
不畏強權不為銀。
朽木成灰于成金。

第一字組成 「于長城先生永垂不朽」。

到追思禮拜會場，見于先生安祥地躺著，像是睡著了。對他的遺像三鞠躬，他的三公子指著我的悼詩及花圈說，這些，我們都要帶回菲律賓。

于先生1917年出生於菲律賓。在上大學時，即參加抗日活動。抗戰勝利後，他和弟弟于長庚，恢復了其父于以同於1922年創辦的《華僑商報》，影響深遠，成為菲律賓第一大華文報。

1970年5月4日，馬科斯政權與國民黨政權聯手綁架了其兄弟二人，並以軍機連夜遣送台灣審訊，監禁達兩、三年之久。此違反人權的行動，遭到全世界人民的一致譴責，菲律賓並爆發大規模示威。國際記者協會也出面營救。

出獄後，于長城與其弟，分別定居美國及加拿大。1986年馬科斯政權被推翻後，于氏兄弟又回到菲律賓，恢復了《華僑商報》。亞謹諾總統與各部部長，均為該報復刊題寫了賀詞。

我與于先生相識是1980年。我初到美國，應聘為《科技導報》的編輯。飛來美西，認識了先生。那時，他任該雜誌的顧問，不但沒有任何薪水，他自己還貼出萬餘元，支持導報。因為中國剛剛開放，急需外界資訊。他沒日沒夜地與我們一起工作，過著吃「大鍋飯」的「共產主義生活」。當初雜誌答應我每月300元生活費，尚常拖欠。生活無以為繼，于先生慷慨解囊，自己墊出錢來，使我免於餓肚。

從認識他那天起，就看到他一直處於忙碌狀態，但忙的全不是自己的事，是公眾的事，是華人的事。而且永遠是義務工作者，不僅不支取分文，還勇於捐輸，從不後人。

由他發起並創辦的「美國華商總會」、「新中國教育基金會」等，他總是全力以赴，事無巨細，親力親為，全當成自己的事來做，毫無怨言，毫不疲倦。每次捐錢，他都有份，絕不比商賈巨富少一分。

他太太是他的賢內助，不多講話，默默地支持他的一切工作。有一次與他太太談到他，我講了很多讚揚他的話。他太太說，他就是這樣的人，先人後己，毫不自利。她說，在菲律賓時，報社被查封，生活頓成問題，但他想方設法，籌款給員工們發薪水。

與于先生相熟後，我多次表示要訪問他，他總是推辭，說：「我沒有什麼好談的。」要給他照相，他說：「我長得不好看，不要照了。」

于先生永遠是樂觀，進取，甚至被關禁在台灣的冤獄事件，從他口中也成了笑談。他說，剛被綁架到台灣時，有記者訪問他，最後登出的稿子面目全非。他就打電話去，以「新聞界老前輩」的身份大罵他們，一邊說，一邊哈哈大笑。他還說，在台灣，日子過得還不錯，最後國民黨還給他們蓋了新房子，「還是樓房呢！」說完，又爽朗地大笑。

中國開放後，他穿梭於大陸，菲律賓，香港之間，忙著為中國引進投資，建立聯繫。他曾帶領美國鐵路界人士訪華團訪華，任顧問。因為美國鐵路全拆了，中國正在猛建，這不對頭了嗎！

他每次回美，必定給我打電話，我們馬上「聚一聚」。我又聽到他的見聞及爽朗的笑聲。凡他叫我幫忙辦的事，我一定全力以赴。每次與他談話後，我都不徵求他的同意，把內容寫了出來，他看到後，一定打來電話，說：「小高，不要再寫了，這是最後一次。」但是，他與我心裡都清楚，這絕不是「最後一次」。如果他主動叫我寫的稿子，我一定更精心。每次回來，他給我一大批新名片，頭銜一大堆。我說：「這麼多事，辦得了嗎？」他說「儘量去做。」又向我透露，「大部分是不拿錢，還貼錢的。」說完又大笑。

有一次他回美，對我說，他帶回一套東北拍的電視劇，叫《少帥傳奇》是寫張學良的，不錯。他問了此地一家中文電視台，不料那位東主說，怕刺激日本人，拒映。于先生火大了，問我有無辦法？他說：「我自己掏錢也要上！」我找朋友幫忙，在電視台播出，而且日子選得也好，是「9．18」，我們就是要刺激日本人！因時間不好安排，節目從晚上十一點開播，竟演到凌晨三、四點鐘，我當時抱重病在床，不過還是堅持看完了全部節目。

初來美國時，英語不通，又找不到工作，于先生得悉情況後，叫我替他「翻譯」。他當時正聯絡把美國的木材賣到大陸。他到書店買了林業英漢辭典，自己譯完後，再交給我，我實際上只是校對，他卻付我翻譯的錢。

我曾上壞人的當，被人騙了一大筆錢，他從別人處得悉情況後，立即塞給我幾百元，並說，只要我需要，他到了菲律賓或中國後，會再寄給我。當我推辭時，他幾近聲色俱厲地說「拿著，拿著！你需要。」歷史上有「及時雨」，他比「及時雨」還及時！

于先生不止一次地對我說，「小高，好好幹，你有大才，可惜不為人認識。今後我再辦報紙，一定重用你！」果然，《商報》復刊後，他對我說，那邊沒人，記者寫的稿子文理不通，長庚得一個字一個字地改，辛苦得不得了。他問：「小高，你能不能去幫幫忙？」可惜當時我的身份問題還沒解決，不能前往。

一次，他剛從中國回來，又告訴我說，他當了「華僑大學」的顧問，想為僑大做一點事，再找一個顧問。他問我何人合適？當時吳家瑋先生剛就任舊金山州立大學校長，我就向他推薦，並為他聯繫。老先生親自去州大找了吳校長，說服他也就任顧問。于先生這個顧問，真是又「顧」又「問」。他任美國「建東銀行」廈門分行首任總經理時，忙得一塌糊塗，他說忙得一塌糊塗，那是真忙了。我問他《商報》怎麼辦？他說，他只是每月貼個四、五千塊美元，讓長庚去管。他再問我能不能去幫忙？我仍不能離開，以後，就再沒提過。

前幾年，他太太去逝，對他打擊很大，他對我說，甚至從中國請去了醫生，也回天乏術了。我聽後，唏噓不已。

「六．四」後，他從中國回來，我與他談話，他對「六．四」後一面倒的宣傳，極為反感，認為效果適得其反。他對中國當前官場的黑暗，也極為憤慨，但他仍盡自己的一切力量，去幫助中國。

毫不利己，專門利人，工作勤奮，為國為民，平易近人，謙虛樸實，正氣凜然，嫉惡如仇，忠誠坦蕩，心胸開闊，踏踏實實，兢兢業業，嚴於律己，寬以待人，慷慨豪爽，赤膽忠心，勇於進取，不怕失敗，主持正義，和藹可親，不為名利，作風正派，團結大家，任勞任怨，能顧大局，能識大體，淡泊名利，樂於助人，貧賤不移，富貴不淫，奉公守法，扶危濟貧，肝膽相照，威武不屈，鞠躬盡瘁，死而後已……這麼多形容詞加在一個人身上，這個人不是聖人了嗎？于長城先生就是聖人！因為，每一條，對他都適用。中華民族如果多一些于長城式的人物，我們民族會更快興盛起來。于先生是有信仰的人。聖經上說，「義人死亡，無人放在心上。虔誠人被收去，無人思念。這義人被收去是免了將來的禍患。他們得享平安，素行正直的人，各人在主裡安歇。」

最後引用宋詞無名氏「建炎庚戊題吳江」的最後幾句，結束本文：

欲瀉三江雪浪，淨洗邊塵千里。不為挽天河。回首望霄漢，雙淚墮清波。

寫於于長城先生追思會後，庚午年三月九日凌晨於舊金山。

105｜在紐約幫王己千先生做事

1991年7月，我應邀到紐約，住在王己千先生家，每天到他的公寓住處，為他做事，寫他的藏畫集。王先生住在曼哈頓近第三大道東區，據說是最貴的地段。他住的公寓大樓，每個單位都要百萬以上，門口有穿制服的門衛，有人專門開電梯，還都是體面的青年人。我一位住紐約的朋友送我到王老的住處，他一看到一層大廳，就呆住了，連說：「這麼浪費，這麼浪費！」原來這裡是寸土寸金的地段，一層整個是門廳，倒是很氣派，但是佔有了多少寶貴的空間！王老的住房，據說每月管理費就要兩、三千元，比房租還貴。

己千先生是大收藏家，專門收藏中國歷代字畫。他也是一位大鑑定家，是中國大鑑定家顧麟士和吳湖凡的學生，他的師弟是中國故宮博物院副院長徐邦達。特別是他跟隨吳湖凡先生，審閱了故宮南遷文物數萬件。鑑定家決定了他收藏家的素質。王老那年八十四歲，虛歲八十五，精神還好得很。他請我來幫他做事，在舊金山時，曹仲英先生囑咐我，王先生八十五了，別累著，每天兩個小時頂多了，最多別超過三個小時。我原先也以為，到紐約每日工作兩、三個小時，有如度假，輕鬆愉快。孰料，一安頓下來，王老就給我規定了每天工作的作息時間：早九晚四，還好，每天七個小時。不過由於思考不斷，所以很累。前不久，他和大陸故宮博物院副院長徐邦達去了台灣，他說參觀台北故宮博物院時，別人至多看十件原件，為了優待他們，他們每人可以看二十件。王老說，其實那些畫，他大部分都看過。

王先生的收藏，用「富可敵國」來形容並不為過。很多名家真跡，過去都是張大千先生的，陸續地，都流入他的手中。例如他有一幅宋代董源的「溪岸圖」，就是大風堂舊藏，張善子，大千昆仲收藏印記十餘印。其中有「湘書樓」，「大千好夢」，「大千居士」，「張爰之印」，「善德心賞」，「不負古人告後人」，「大風堂」，「藏之大千」，「南北東西只有相隨無別離」，「別時容易」，「敵國之富」，「大風堂珍玩」等。

這幅畫，據大千先生自稱，是以金農（冬心）之作品「風雨歸舟圖」從徐悲鴻處換來的。張大千和徐悲鴻皆是大畫家，大收藏家，但由於鑑賞標準不同，所以才有此在一般收藏家看來，價值相差甚遠的交換。己千先生自敘稱「畫到余處本已霉跡斑駁，面目昏暗不清。幸聘得日本裱畫師目黑先生精心重裱，還其麗質，董氏雄偉不羈之面貌方耀然絹素間焉。」

換畫之經過，徐悲鴻在「風雨歸舟圖」題跋中所敘甚詳：「一九三八年秋，大千由桂林挾吾畫董源巨禎去，一九四四年，吾居重慶，大千知吾愛其藏中精品冬心此幅，遂托目寒（張目寒）贈吾，吾亦欣然。因吾以畫為重，不計名字也。」在徐悲鴻看來，金冬心的「風雨歸舟圖」「乃中國畫中奇蹟之一。平生所見，若范中立『溪山行旅圖』，周東村『北溟圖』，與此幅可謂世界所藏中國畫中四支柱。古今雖艷稱荊關董巨，荊舊畫世界尚有之，巨然，俱難當吾選也。」從此段文字可以看出，徐悲鴻選畫全以自己喜好為準，而毫不計較畫家年代，名份，也真難能可貴。其實，從年代看，董源是北宋（？－約962年），金冬心是清初（1687－1763）揚州八怪之一，兩人相差了八百年。若從價值上看，當然是董源的珍貴無比。據《宣和畫譜》著錄，董源傳世作品七十八件。作為對後世歷代畫家有巨大影響的泰斗，其畫當然寶貝。私人收藏中，鮮有董源作品者。己千先生不怕買到一幅霉畫，而請專家恢復舊觀，也是功德無量。後來，紐約大都會博物館收購了己千先生的董源「溪岸圖」和其他許多畫作。據說，是一位姓唐的中國人出錢，收購己千先生的畫，但仍用己千先生的名譽。所以紐約大都會博物館有「王己千先生家族藏畫」專室。

我每天和己千先生開始的功課是聊天。這聊天其實和普通的聊天不同，己千先生講什麼，我都要用本子記下來，他思想中閃出的火花，我需要把他們串起來，也許就是一篇驚世駭俗的文章？王老的很多思想，可能還處於思考階段，未曾深化，但已經非常有意思了。下面試寫出數則，可讓大家看看，一位大藝術家，大鑑賞家，頭腦裡在想些什麼東西。

不止一次，王老說，藝術應當是一種宗教。對於宗教，我後來倒是有點研究，因為我上了三年神學院，但當時，並沒有多少研究。如果構成宗教，必須有崇拜的對象。基督教是信耶穌；佛教是信釋迦牟尼；道教信張天師；天主教信聖母瑪利亞；儒教信孔子…藝術教信什麼呢？信「美」，但「美」並不是一個神，不曉得神話中有無「美神」？作為宗教，一定得有典籍，基督教有《聖經》，佛教有《佛經》，其中最主要的有《大藏經》，伊斯蘭教有《可蘭經》，但藝術教的經典是什麼？莫非是石濤的《畫語錄》？可以作為經典嗎?我不知道王老的藝術教如何頂禮膜拜。我開玩笑地對他說：「看來您得自創藝術教了，自認教宗，設立經典，也許會發展起來也說不定。」王老把藝術宗教化，神聖化了。

王老經常說，最美的東西，其實是最自然的。他喜歡石頭，收集了不少奇石，有的甚至捐給大都會博物館。一塊小小的湖石，配上紅木的底托，美不勝收。這些大自然的鬼斧神工，實在令人嘆為觀止。有一天，我看著王老的那堆石頭，突發奇想：其實很多中國畫，都是與這些石頭一樣的。可以找到一幅幅中國畫，和這些石頭相對照，印證，說明中國畫是師法自然的。王老說，中國人是師法自然的，是道教思想，符合自然，人工經營自然而不露痕跡。例如一塊湖石，很美，敲掉一塊，有了人工痕跡，不美了。但是這些斧痕若經磨削，又趨圓滑，又回歸自然，又美了。

王老又說，中國畫講究筆墨，好的筆墨，一定是圓的，自然。方的就不好，不自然。所以寫字也好，畫畫也好，要用中鋒，不能有圭角。屋漏痕，是房子漏雨，滴在紙上造成的痕跡，是中鋒，是圓的，可能是地心吸引力的關係。

王老談中國畫，必講「筆墨」，但什麼是「筆墨」？他說，就是倪雲林畫的那些「糊糊塗塗」的東西。王老經常說的是「幸虧有個倪雲林，可以談筆墨。」他這點倒說對了，倪雲林是元代四大家之一，他的畫，從結構上，構圖上，氣勢磅礴上去看，你會失望。他所以能稱得上大家，就是筆墨好。他筆墨好在哪裡？「糊糊塗塗」，「都是圓的」。不過，你也不能不承認，如果倪雲林的筆墨不好，他憑什麼會成為元代四大家之一？王老喜歡的另一位畫家，是清四王之一的王原祈，說他的筆墨好。張庚評論他的筆墨為：「熟不甜，生不澀，淡而厚，實而精，書卷之氣，昂然楮墨外」。

王老一提筆墨，馬上又用西洋歌劇或中國京劇來解釋。他形容筆墨就是聲音，唯一不能假的就是聲音。鄉下人，要懂蘇東坡的字可不容易，但是對文徵明的字，就容易懂了。他說，夏旭是三人重唱，董其昌是五人唱，到了倪雲林，竟成了十人唱，成了大合唱了。但是，你能說獨唱，重唱，合唱孰優孰劣嗎？不能。王老還有一個理論：藝術發展的趨勢，都是從具體到抽象。這我不太懂。早期的印象派，注重光和色彩，還能接受，後期的印象派，太抽象了，我不敢置喙了。

106 闔家團聚

大女兒高潔先去了加拿大多倫多，在那裡遇上一點麻煩，她向我哭訴，我去了多倫多。了解情況後，我給我們教會朱牧師打了電話，問他認識不認識溫哥華的牧師，朱牧師還真找到一位，我決定叫高潔搬到溫哥華，這事在我回美後，一個禮拜就辦成了。那位我們根本不認識，從未晤面的牧師和他的親屬極力幫忙我女兒，不為別的，只因為「愛」和我們在主裡的合一。真感謝主，祂總是在我孤立無援的時候幫助我，使我度過一個一個的艱難險阻。我在聖誕節時，去加拿大看望大女兒，她住在一棟公寓裡，還有一位日本女孩百合子，是她的好友，我們度過了美好的節日假期。1991年9月，我太太和孩子來美了，她們一進美國海關，就拿到綠卡，比我幸運得多。太太與孩子來美後，住房是個大問題，我們搬了三、四次家，每次都是教會一位駱弟兄幫忙，他每次都說，「這次比上次的房好多了。」最後搬到我自己買的房子，是1989年我與一位女士合買的，在帝利市。後來大女兒也來到美國與我們團聚，一家四口到齊了。雖然生活仍很艱難，但是一家人在一起，比什麼都重要。我們初期一起生活，難免有些嗑嗑碰碰，當時我已經是基督徒了，要做好榜樣，要學習忍耐。但是，最初我做得並不好，受到一些指責。經過牧師和弟兄姊妹們的幫助，開導，我們的家庭關係有了很大的改善。以後我兩個女兒及太太相繼信主，大女兒在加拿大信主，二女兒1993年在教會的夏令會信主，太太1994年信主。我們一家開始了在主內的平安和喜樂。聖經說「生氣卻不要犯罪，不可含怒到日落」（以弗所書4:26）當我們有衝突時，僅記著這個原則，及時化解矛盾，絕不過夜。不像以前一樣，冷戰數日甚至數月。有時甚至是很大的矛盾，似乎無可化解了，我們就坐下來禱告，禱告後，我們心裡都有了平安，心平氣和地解決了問題。自此後，我和太太一生恩愛，直到現在，直到永遠。

家庭在新大陸剛剛建立，我們一無所有，整個教會為我們籌措家庭用品，教會列出一張名單，一位弟兄開著小貨車一家一家的跑，去收集東西。真是琳瑯滿目，從家具，到廚房用具，甚至到食品，什麼都有，很多是新的，或未曾用過的，很解決了問題。有的甚至用到現在。這都是弟兄姊妹們的愛心。後來，有些新移民剛來美國，我們同樣盡心盡力幫助他們，使他們儘快度過初期的難關。我們也會把自己最好的獻上，幫助他們。不僅如此，我們也學會了奉獻。不單單是教會的「十・一」奉獻。對於社會上的一些公益事，我們也是勇於捐輸。例如，南粵王陳濟堂的兒子陳樹柏在矽谷創立首家華人創辦的高等學府——國際科技大學，受到社會各界及廣大華人的關注。我捐給國際科技大學一幅清代大畫家梅清的松石圖古畫，連同榮寶齋總經理米景楊先生寫的鑑定書，中央美術學院教授錢紹武先生寫的跋一併捐出。該畫是梅清1692年作品，傳世之佳作。此外，國內水災，地震等，我們都有捐獻。

大女兒獨立性較強，在加拿大時，她已上了大學，到了這裡，轉到公立大學即可。二女兒在北京重點高中畢業，在這邊想先上高中，補習一下英文，她的英文聽、說還不夠好。但我們到此地的高中去詢問，回答，年齡超過18歲，不可再上高中。她在成人學校唸了一些英文後，就去市立大學就讀。兩個女兒都在舊金山市立大學唸書，成績還都不錯。大女兒知道，光書唸好不夠，還要社會活動好，她自己，也叫妹妹參加了學校裡的什麼社團，參加一些社會活動。太太也是，在成人學校唸英文。儘管她英文還不夠好，但是早早就選學電腦和英文打字，為以後找工作打下了基礎。後來她轉到一市政府成立的職業學校唸書，畢業後，居然拿到當時舊金山市長簽署的畢業證書。她後來找到車衣廠的工作，雖然工資不多，但因為是美國人開的，各項福利還不錯。以後在教會師母的介紹下，找到製藥廠圖書館的工作，一做就是十二年。

兩年後，大女兒從市立大學轉到了明尼蘇達大學，二女兒竟然轉到了美國最好的公立大學之一的柏克萊加州大學。當時，經濟不景氣，兩個女兒問我，學習什麼專業比較好？我說：「經濟不景氣，只有兩個專業不受影響，會計和電腦。」所以老大學會計，老二學電腦。

我自己自從博物館工作結束後，找到一份半職的教中文工作，是在CSM，就是聖馬刁市立大學。那時，家裡還沒來。初時只有一堂課，我當時還沒買車，每天去上課，很辛苦。我住在離中國城很近的地方，每天早上六點鐘出門，乘公車到火車站，乘火車到聖馬刁市，再換乘公車，直接到達校園。路上兩個小時，剛好趕上八點鐘的課。每天路上花費四個小時，上四十五分鐘的課，我覺得不值，就想退掉。但是，一位基督徒朋友知道後，說：「萬萬不可！」他說：「社區大學是公立的，是很難進去的，你一隻腳已經踩進去了，千萬站住了，絕不要出來。眼光要長遠，現在教一堂，以後可以教多堂。」聽從他的建議，我堅持著，下一個學期，就給了我三堂課。

家裡來了，負擔加重，怎麼辦？牧師叫我禱告，全教會的也為我們家禱告。結果又找到華聲電視台的工作。這本來是領事館安排我當總經理的，但張先生開辦後，不等我，人員基本找齊了。我去那裡，就任總編輯，每週一、三、五下午。上午教三堂課，下午去電視台，二、四兩天在家裡為《文匯報》寫稿。初時是特約記者，後來，一位也是基督徒的張先生，他在美國印刷及發行所有的香港報刊，他到香港後，向《文匯報》強力推薦我，其實我與他並不熟悉，他只是從我的文章認識我。他說我的中國文化根底深厚，對美國的事務又了解，手也快，文章生動，使人看後感到一針見血並帶慷慨豪爽之氣，正是文如其人，…總之，說了我不少好話。《文匯報》請我到香港，正式聘我為《文匯報》駐美特派員，拿月薪，比照美國的工資。有一位朋友開玩笑地說：「你的工作是上帝為你安排的，時間那麼緊湊，又能充分發揮你的特長。」我這三份工，實際上相當於兩份全工，神真是看顧我。

107|　「房事」風波

這裡的「房事」，不是指夫妻間的「房事」，真的是有關房子的事。1989年，我與某女士合買了一棟房子，該女士是我很熟的朋友，大家都在商會做事。買了本來是為了賣出去，誰知人算不如天算，買後10月份，灣區大地震，海灣大橋有一段掉到海裡。房價暴跌。不得已，花了兩萬元裝修，然後租了出去。1992年中，我們搬至此房，雖有自己一半產權，但每月仍交租金千元，由某女士補足不足之數，交銀行貸款。為買房，某女士拿了一大堆文件叫我簽，我照簽不誤，自己也沒看看那些究竟是什麼文件。

1995年5月19日晚，某女士緊急約我見面，她說，因四個月交不出銀行的錢，銀行要拍賣此房，我若不設法籌六千元交給銀行，就得掃地出門。我聽了大吃一驚，去年她說手頭緊，找我借了一萬元，講好每月房租可以不付，直到今年7月。為什麼她不付銀行？她說她沒錢。沒錢為什麼不告訴我？她無言以對。

1989年買房，我付了兩萬，她付了三萬。裝修房我又付了兩萬五，1989年起，我付了四萬五，怎麼會被銀行掃地出門？我想不通。便拿某女士給我的文件去請教我電視台的老闆張先生，他是房地產業專家，他的房地產遍佈整個灣區和北加州。他一看之下，就笑了，說這是一堆廢紙，不過是申請貸款的表格，因為貸款沒有申請，自然此表無用。他問我，有沒有去Title公司簽字？有無在房契上簽字？我說，都沒有。他說，這是典型的內行騙外行，因為某女士是房地產的經紀，而我是一竅不通的白丁。

張先生感到問題嚴重，便替我查清情況。一查之下，我大吃一驚：原來某女士用了我的錢，用她自己的名義去銀行貸了款，買房子也是她一人的名字。更有甚者，買了房子後，她立刻用這間房子抵押又向銀行借了兩萬元。也就是說，1989年起，她只花了一萬元，而我花了四萬五千元，「合買」了名下是她的房子，我竟被蒙在鼓裡達六年之久。教會一位房地產專家查得更仔細，他把某女士貸款的銀行都查了出來。

出事後，我急得如熱鍋上的螞蟻，幾天幾夜睡不著覺，一週內，白髮增加很多，人明顯憔悴。家人的勸告，朋友的解惑，都安慰不了我的焦慮。我請教教會的房地產專家，是教會的執事，他除了幫我查明情況外，更和我同心禱告，出乎意料之外，禱告後，心中有無比的平安，雖然不知道神將怎樣為我解決這個問題。正如羅馬書4：18所說：「他在無可指望的時候，因信仍有指望。」神的拯救，總是在我們極端困難，極端危險的時候才會出現，好叫我們清清楚楚看見這是神的手指，使我們的信心更加堅定。

神真是可信靠的神，是萬能的神。在我最困難的時候，神派了兩位祂的僕人來幫助我，一位是那位房地產專家李弟兄，另一位是現任某銀行分行經理，貸款專家張姊妹。由於他們的指點，我這位對房地產及貸款毫無經驗的白丁，突然成了「專家」。在與某女士幾次三番的反覆爭議中，我成了高手，有如華山論劍，見招拆招，由於幕後高人的指點，化解了無數的危機。而且我們一直站在「理」上，所提的解決方案，令某女士相當驚訝，她實在不明白，我怎麼從一個容易上當受騙的人，搖身一變，成為精通很多房地產及貸款細節的專家。某女士當初找我要我借給她錢的支票，我遍尋不得。但是等問題出來了，我向神懇求，居然找到了銀行退回的支票原件，這是最好的證據。當初某女士想湮滅證據，我找不到；現在，我向主求告，卻順利找到了，成了最有力的證據。

初時，我與某女士談判時，她氣焰囂張，竟認為自己沒有錯。當我們把一切旁證材料拿出時，她仍不服輸，我不得不請了律師。律師聽了全部情況後，說，既然是合夥買房，而又是只有她一人之名，那自1989年我陸續付出的四萬五千元（都有支票為證），都只能算是我「借」給她的。她要全部償還，並且要加上六年的利息。此外，還要加上懲罰性賠償，還要吊銷她的房地產經紀執照。但律師也分析，儘管我告她，一定勝訴，但若她宣布破產，我不但一分錢拿不到，而且要馬上搬家，損失會很大。而且打官司，兩敗俱傷，倒不如找她協商，按市價把房子「賣」給我，然後我們按投資比例分成。

我是山東人，脾氣火爆，常遇事不冷靜。但信主後，主從內心裡改變了我，祂打破了我的石心，給了我一顆肉心。以西結書36：26「我也要賜給你們一個新心，將新靈放在你們裡面，又從你們的肉體中除掉石心，賜給你們肉心。」我知道，一事當前，一定要依靠主，才能有平安，有喜樂。出了這麼大的事，若在從前，我一定會暴跳如雷，恨不得拿刀去殺了她。但是現在，我卻恭恭敬敬地把這一切，都交托在主的手中，我誠心地禱告「主啊，我的一切都是你賜給的，就是你要收取這房子，我也毫無怨言，因為我知道，你總是把最好的賜給我們。」以一個基督徒的愛心，我也為某女士禱告，求主軟化她剛硬的心，能平心靜氣地與我合理解決這個問題。

在我最困難的時候，我一心仰望主耶穌，知道在祂裡面，我一定平安。我不僅與家人一起向祂禱告，在主日，一定到祂的聖殿，虔誠敬拜。牧師證道，引用阿摩司書5：24「惟願公平如大水滾滾，使公義如江河滔滔。」這段經節開啟了我的心智，我匍匐在主的腳前求告：主啊，我不在乎金錢上的損失有多少，我只要「公平」和「公義」。

主是信實的主，是聽禱告的主，我要求「公平」與「公義」，主就把它給了我。經過與某女士艱難的談判，她終於認清了現實，再不意氣用事，同意把房子「賣」給我。把產權轉移到我和我太太的名下。欠銀行的錢，某女士欠的第二貸款，這些都要定時償付的。在毫無準備的情況下，一個月內要籌措四萬美元現款，這是個大數目。房子轉我名下後，要向銀行重新貸款。你每月的收入要是你付銀行貸款的三倍，銀行才會貸款給你。而我每月的收入，只比銀行貸款多幾十元，這怎麼辦？這一切人間的難處，在神都不難。我們全家同心禱告，在神的保守下，一件件看來幾乎無解的難題，都按所需的時間，一一化解。不僅籌到了四萬元現款，而且銀行居然肯貸款給我。順利得我們都難以置信，我們清楚地看到了神的大能。

兩個多月中，為「房事」煩惱，夜不成寐，瘦了十磅，老了十年。雖然我花了八萬多元，但房子還在，今後地產景氣轉好，再賣出去，我不至於賠本。但某女士六年來花的七、八萬元，全部有去無回。在主裡面，我學到了功課。

「在信的人，凡事都能」（馬可福音9：23）通過這件事，神在教導我信心的功課，信心的忍耐，信心的毅力，信心的得勝……前面的波折都度過了，事情總是能解決的，因為神都會負責任，我只要學著信靠。年底前，我們竟能把四萬元現金欠款全部還清，我們真是從心裡感謝主賜給我們的豐豐富富。

1987年第一次回國與兩個女兒合影。

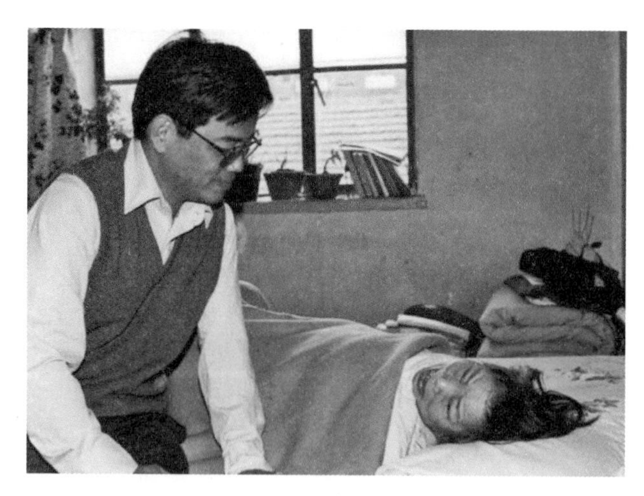

看望病中的母親。

第十五章

奔走天路

「到如今耶和華都幫助我們」
（撒母耳記上7：12）

「到如今」三個字，指著以往——以往二十年，以往七十年，「耶和華都幫助我們」無論在貧乏中，在豐裕中；在疾病中，在康健中；在家，在外；在陸地，在海洋；在光榮中，在羞辱中；在疑難中，在歡樂中；在試煉中，在勝利中；在禱告中，在試探中——「耶和華都幫助我們」。「到如今」三個字也指未來。因為我們寫「到如今」時，我們的人生還沒有結束；前面還有很遠的道路要走。前面還有更多的試煉，更多的歡樂；更多的試探，更多的勝利；更多的禱告，更多的答應；更多的跋涉，更多的力量；更多的戰爭，更多的凱旋。

在寫本書時，我引用了許多聖經和屬靈書籍《荒漠甘泉》的片段，因為我信主後，生命有了改變。

108｜教授中文

我在博物館的工作結束後，順利地找到一份在大學教中文的工作，在CSM就是聖馬刁大學（College of San Mateo），從1990年起，直到2008年，整整教了18年，我非常喜歡這份工作，因為我的中文底子好，教起學生來，輕鬆愉快。我教中文，教的是美國的大學生，我的教學，既寬鬆，又嚴格。說寬鬆，是我從不給學生留家庭作業，有寫作文的例外。說嚴格，我考試很多，而且要求學生寫中國字，我的考試，從來只有兩部分：聽寫（Dictation）和造句（Making The Sentences）都需要寫中文。

我的英文並不夠好，但是我有絕招兒來鎮住學生；我一上課就說：「Everybody's English Better Then My.」（你們每個人的英語都比我好！）但是，我問他們：「假如我不講任何英語，我能不能教你們漢語？」回答是兩個方面，一方面說「行」，一方面說「不行」。我說，「說行的是對的。因為我在美國學英語時，我的老師中，沒有一個人講中文。」

然後，我給他們講：中文並不比英文難，很多人都不認可，搖頭。我考他們：英文有多少單字？很多人說不清楚，我叫他們猜，有說五千的，有說五萬的，有說十萬的……我叫他們往多裡猜，最後我告訴他們；大約五十萬到一百萬。中文的漢字有多少呢？學生當然不知道，我告訴他們：清代的《康熙字典》收字47, 035個，當代的《漢語大字典》（2010年版）收字60, 370個，《中華字海》（1994年版）收字85, 568個，是目前收字最多的字典。1998年國家發布「現代漢語常用字表」，其中包括常用字2, 500個，次常用字1, 000個，共3, 500個，有了這3, 500個字，你基本上可以看書，看報，寫信，寫文章，……幹任何事。一部孫中山的《三民主義》用字2, 134個；老舍寫的《駱駝祥子》用字2, 413個；傳統的《三字經》，《百家姓》，《千字文》用字2, 000多個。

我告訴他們，中文幾乎很少新造的字，但是英文每年都有很多新造的字。因為，中文不用新造字，把不同的字放在一起，就有了新的意義。例如「電」，後面加上不同的字，就有了不同的意義。我用英文說出不同的字，他們馬上說出它的意思來，如「電燈」，「電話」，「電腦」，「電冰箱」，「電椅」……甚至最新科技，都可用中文表達，我叫他們問，他們說「E-Mail」，我說，可以叫「伊媚兒」，是譯音，也可以稱「電郵」，大家也能了解。

我告訴他們：「外國人學中文，最難的有兩點：四聲和量詞，四聲是漢語的基本功，一定要掌握，否則就是「洋鬼子講漢語」。量詞因為英語沒有，所以美國學生學起來有一定困難。如一匹馬，一頭牛，一把椅子，一張桌子……但是我們常常練習，就會容易一些。我還告訴他們一些中英文不同的地方。例如，英文的謂語一定用動詞，而中文的謂語，不僅可用動詞，也可以用形容詞。如「你好」，英語不是一句話，但是中文就是一句完整的句子。英語的問句要將主語和謂語換位，中文卻不用換位，只要加一些字在結尾就可以了。如「嗎」，「呢」，「哪兒」，「什麼」，等等。問話也可以是動詞或形容詞的正反加起來，如「好不好」？「吃不吃」？「玩不玩」？「看不看」？「喜歡不喜歡？」，「漂亮不漂亮？」，「誠實不誠實?」不僅教他們規則，還反覆練習，務求他們掌握。

中文因為沒有人稱，時態，性，數，格等型態變化，作為一種語法手段，詞序起著非常重要的作用。所以時間狀語，（地方狀語）一定要放在前面，可以是句子的最前面，或是主語的後面。絕不能像英文一樣，放在最後。如「明天晚上，我要去北海滑冰。」或者「我明天晚上，要去北海滑冰。」絕不能說「我要去滑冰，北海，明天晚上。」

中文問名字，說，「請問，您貴姓？」「姓」可以視為動詞。我也開玩笑地說，有些姓是很貴的，如「金」，「銀」。一般問候語，北京人很少說「你好嗎？」或者「早上好」，北京人會問「您吃了嗎？」這是一種問候語。「您吃早飯了嗎？」可以視為「早上好！」學生問：「為什麼？」我說，孔夫子告訴我們：「『食色性也』，這就是說，吃飯和做愛，是人生最重要的兩件大事。因為吃飯關係到生存；做愛關係到子嗣的延續。」學生問，那我們可否問：「你早上性交了嗎？」引起了轟堂大笑，我的回答是「中國人只能做，不能說。」

我教漢語，告訴學生，甲骨文最早且唯一記識族號的文字是「羌」，是「羊」和「人」組成，因此「羌人」又稱為「羊人」。民族圖騰中以羊為主。漢族文明是從黃河流域出發，水草豐饒，羊易飼養，羊肉可食，羊皮可禦寒，羊皮也可做成「羊皮筏子」渡過黃河。漢字中，凡與羊有關的字，大約有幾百字，都是好字。如「大羊」是「美」；「我是羊」為「義」；有四腿，但坐地不起的「羊」是「羔」；以「羔」做的美味濃湯，是「羹」；如「羊」一樣美麗的「水」，是「洋」；不需要拍翼的飛，是「翔」；天賜的「羊」是「祥」；「善」字原始形的下部是「言」，上部是以「羊」代「祥」，所以「善」是「說吉祥話」；有「羊」可「食」是「養」；「魚」，「羊」合烹是「鮮」；「言」多而細緻，有如「羊」毛，是「詳」；有營養的「氣體」是「氧」……只有一字為貶義，是「佯」，是羊假裝人，是假的。表面上看來很馴服，但卻是「奸詐」的人。

寫此文時，看到2012年12月26日新華網上引述江蘇南通市委黨校教授黃楊的話說，比起「龍的傳人」，中華民族更應當是「羊的傳人」。真正能代表「黃河文明」，「禮儀之邦」的吉祥物不是象徵帝王，皇權，看來面目猙獰和張牙舞爪的「龍」，而是作為道德象徵更和藹可親的「羊」。他說「羊」成為義，善，美，吉祥和榜樣的象徵。「義」象徵崇高；「善」象徵道德；「樣」象徵楷模，都是正面意義的文字。黃楊還對「樣」有獨到解釋：中國人積極倡導榜樣的「樣」，「木」字旁可視為木製的十字架，猶如耶穌最初在十字架上羔羊的形象，也是基督徒學習的榜樣。按基督教的說法是：永遠的羔羊，被釘在十字架上，是我們的榜樣。

我教漢語拼音，也叫「羅馬拼音」，有我自己的方法，我發一張自己設計的B（玻），P（坡），M（摸），F（佛），D（得），T（特），N（訥），L（勒）……以及韻母表，拼音規則給學生，叫他們每堂課開始時熟讀，很快就教會了。另外發一張中英對照的李白的〈靜夜思〉，也叫他們熟讀，以練習拼音。我說，「李白是中國最有名的詩人，據今已經一千多年了。目前在中國，還是很有名，我可以斷定，再過一千年，仍舊會很有名。」學生問：「有多有名？」我說：「起碼比現任總統柯林頓有名。」學生們都搖頭，表示不認同。我問他們「誰是美國第一任總統？」都答得出來。「第二任」，「第十六任」（林肯）等，都答的出來。「誰是第27任總統？」「誰是第38任總統？」沒人答得出。我說：「柯林頓離職後二、三十年，甚至一百年後，沒人知道他了，可是，再過一千年，人們仍然記得李白。」我教學生們歇後語，我問他們「懂不懂？」回答是「蛤蟆跳井——不懂！」等他們懂得了蛤蟆跳井的聲音是「噗通」好像是「不懂」一樣，笑得捧著肚子直喘氣。

學生們知道我對中國文化有豐富的知識，懂得一些中國古董及古畫，有時捧了件瓷瓶或拿了件古畫，叫我鑑定。百分之百是假的。如一位女學生捧了一個大瓷瓶叫我看，我遠遠地看了，叫她把瓶底給我看一下，瓶底赫然寫著「大明成化年製」，我說，你拿回去吧，擺在家裡可以當裝飾品。她很不服氣，說：「您又沒仔細看，怎麼就說是假的呢？」我說，「明朝官窯瓷器，大概目前全世界還有一百多件，都流傳有序。一件小小的核桃大的雞盅酒杯，就值一、兩百萬美金，你這件如果是真的，大概要上千萬，你好好收著吧。」

還有一位美國學生的父親是位醫生，去中國玩，買了一件明朝董其昌的畫，叫我看，當然是假的，因為仿得很拙劣，儘管作了舊，他只花一千多元買的。我告訴他，這畫如果是真的，起碼值十幾萬或幾十萬。他請我寫一張證明，好找信用卡公司要回款項，我幫了他這個忙。我在課堂上經常告誡學生，到中國旅遊，千萬別買古董或古畫，因為你們不懂。

後來，我的課改成了晚上，一個晚上，上三堂課。最多時，我教三個晚上，就是九堂課，很好了。初級班人數最多，學校要求，不超過25

人，但很多學生要求加課，我就允許他們加，我的班上最多時，有45人，我教著是有點累，但是也很有成就感。越高班，學生越少，大概每升一級，只有10%的人上來。如果學生人數不夠，這個班就會被取消。但是我也教過最高級的班，我教他們寫作，我認真地改作文，使他們每個人都有所收穫。很多美國人，從最初級，在我的班，一步一步升上來，最後竟然能寫出文理通順，言之有物的文章，我甭提多高興了。這樣的學生有十幾個，很多是矽谷大公司的工程師或科學家。有一位女學生叫布瑞塔，是甲骨文公司的工程師，她勤奮好學，是我教過最好的學生之一。她寫關於她自己的作文，我看了都想哭，太感動人了。也有的學生，從我的班，轉到了長春藤大學，例如哈佛，耶魯，及最有名的約翰・霍普金斯醫學院等。一位上了醫學院的學生，放暑假回到灣區，非得和她父母一起，請我吃飯，謝謝我對她的教導。

記得我生平第一次給學生考試，這不僅是考學生，也是考我自己。我在路上，就迫不急待地改卷子，當我看到，大部分學生都有中上的水準時，我真是心花怒放。我判卷子很嚴，但是給分數很寬，以鼓勵為主。你想想，一個美國人，能來上中文課，真是不簡單，不容易。

我班上的學生，五花八門，什麼人都有。大多數是大學生，但也有矽谷的工程師，部門經理，律師，賭場的發牌員（中國人嗜賭，所以他要學習中文），與中國有生意往來的商人等等。有很多是收養了中國孩子的父母親，為了孩子不忘根，他們自己先來學中文，這很令我感動。也有一位母親，陪孩子來讀書，後來她自己也註冊成了學生，母子倆在同一個班。

教的時間久了，我去旅行或在灣區探親訪友，購物，總能遇到學生，他們對我都很客氣。美國的學生可以對老師直呼其名，但我的學生一個也沒有叫我名字的，都叫「高先生」或「高教授」。我不僅在聖馬刁大學教，也在另外幾所學校教過，也在高中教過中文，高中還給我申請了教師執照。

我在學校教書期間，美國名人錄（Who's Who in America）要求我填表，我自己坑哧坑哧地填了。大女兒說，「如果你都能上去，那一定是全世界最差的了。」結果我成為2004年世界優秀教師之一（Internationnal Educator Of The Year 2004）；第18屆世界名人錄（2001年）；2004-2005年，2006-2007年，2007-2008年美國教育界名人錄；英國劍橋名人錄；2000年，2006年，2007年，2008年，2012年等美國名人錄，都榜上有名，是外語教育家。你只要上去一次，很多單位都會找你。尤其我還不斷地更新自己的簡歷：2001－2004去神學院讀書，獲教牧學碩士學位；2005年7月16日被按立成為牧師等。

109｜吾師吾友曹仲英

2011年2月底，曹仲英先生的女婿安東尼打來電話，說曹先生去世了，算了一下日子，是2月26日。我聽後，震驚不已，眼淚奪眶而出，夜不能寐，痛失吾師吾友。和曹先生交往四分之一世紀的友情，湧上心頭。

110| 初識吾師　一見如故

那是1985年，偶然與陳立歐教授談起中國古董與古畫藝術，他說：「你在美國有如此雅好，不能不認識曹仲英曹先生，他可是這個行業的箇中楚翹。」陳教授是我的好友，他是中國末代皇帝溥儀老師陳寶琛的兒子。他的岳母是林則徐的孫女。他管曹先生叫曹五爺，而曹先生管他叫陳小六，不知從哪裡排行？陳先生熱心介紹，我們一起去拜訪曹先生。曹先生比我大一輪，我們都是屬蛇的。還都與天津有些淵源，彼此有相當的親切感。

曹先生在舊金山市中心開了一家古董公司「遠東藝術公司」，他任董事長。他的公司在沙特街（Sutter St.）二樓，有很大的陳列室，但不對外，不是一般的商店或畫廊。如有人來看畫，要事先預約，或有朋友介紹，否則不接待。曹先生很豪爽，我們一見如故，天南海北地聊了起來。

他說，1949年以後，他逃到了台灣，他原是學法律的，學成後，沒當律師，倒成了古董、古畫專家。他說，那時候在台灣很窮，家裡有點祖傳的東西，有人特地從美國來，向他買，他就賣了。此事被一位長者知悉，把他叫了去說：「古董不能賣，那都是國寶。」曹先生爭辯道：「一件給好幾百美金呢！」那長者說：「那每一件都值好幾萬美金呢。」打那以後，他就一門心思研究古董、古畫。他說：「我最喜歡明朝的董其昌，董其昌起著承前啟後的作用，沒有董其昌，不會有石濤，八大。」他說：「我有點錢，就都買了董其昌的畫，數十年來，居然很可觀。」

曹先生一直問我：「你想看點什麼？」我說：「隨便看看現成的就好，我是一個外行。」我說的倒也是實話。可是曹先生知道我作過一段考古學的工作，硬是管我叫專家，我是專家——差得遠了！他一再問我：「想看點什麼？」我隨口說：「有沒有八大或任伯年？」他說，「有，可不在這兒，因為這兒怕著火，一把火燒起來就不得了」。我們看曹先生的陳列室，仰韶的彩陶罐，是他在倫敦的拍賣行花一萬八千美金買下的，據曹先生說，現在三千美金就可以買一個，而且很多。

111｜對齊白石　推崇備至

他以商量的口吻問我：「看點現代的行不行？」好傢伙，現代的是齊白石！他打開一幅齊白石的水墨山水，真不多見，畫面上有很多空白。他說：「這才是藝術，這空白你可以認為它是雲，是霧，是空間。」他說，「有的美國人研究中國畫，又不真懂，印在書上的中國畫，把畫的天、地都裁掉了。他以為那是空白，沒用的，實際是中國畫的一部分。裁掉，就沒有神韻了。」曹先生推崇齊白石，他指著那幅山水說：「你看，左邊的樹往右倒，右邊的樹往左倒，這就是氣流。」經他這一指點，還真覺得畫中有一股氣在迴流。他說：「齊白石的畫，好在源於生活。」他說：「沒有生活，是畫不出好畫來的。真正的大畫家，大藝術家，可能超越時空三百多年。」我也有同感。他又說：「齊白石的畫，好在雅俗共賞。不識字的老太婆，學富五車的文人騷客，大家都能欣賞。」他說：「有的外國人說，齊白石的畫，畫得很快，是為了賺錢。」他說：「不對！齊白石的畫，每筆都有幾十年的功夫，不是畫得很快，而是畫得很慢。」他說！「在外國，念個博士學位，三、五年，七、八年。齊白石藝術實踐幾十年，還不應給他個博士嗎？」我說：「齊白石的畫太多，假畫也不少。」曹先生說：「齊白石的畫多，是因為他的藝術生命長，他從三十歲起成名，一直到九十五歲逝世，有長達六十五年的藝術生命，畫當然多，齊白石的假畫多，也是事實。他自己就有一方圖章，上書：吾畫遍行天下偽造居多。」他說：「要對美國人宣傳，要教育他們，如何欣賞齊白石和中國繪畫。」他說著，拿著一大疊他正在寫的書，還未正式出版，正在清樣上修改，是《虛谷與齊白石》，幾百頁的英文著作，一百九十多幅圖片，這得有多大的功力！

曹先生又打開一幅虛谷的畫，說他是個和尚。畫的是水墨山水。我一看到這畫，就叫了起來：「這畫好！這畫筆法很亂，但亂的有章法。」曹先生一聽，高興了，他說：「就憑你這句話，我也得把八大，石濤的東西拿給你看！」曹先生又給我們看唐寅的畫和一位老前輩寫的篆字。這字寫得真是好，一個「流」字，就像百溪匯川，一個「鳴」字，就像是鳥在叫。他說：「這字不僅每個字寫得好，通篇都好，氣很順。如果賞家看到什麼地方不順了，就說明有問題。」我說：「您一說氣韻，我就懂了，中國畫講究『氣韻生動』，但是，您給外國人講，他們懂嗎？」曹先生說：「要講得他們懂，要用外國人習慣的說法，給他講歷史背景，講中國人的欣賞習慣。他說：「中國的書法，繪畫，有幾千年的歷史。中國畫不僅是畫，還包括了詩，包括了道德學問，　包含了立世之道，它是一門斑駁陸離的綜合藝術。」

他說：「有一位美國教授，自稱是中國畫權威，但他又不真懂。他說齊白石不好，說中國畫到了大寫意，就衰敗了。美國人就很聽他的，所以我們很吃虧。」有鑑於此，曹先生也著書立說，全用英文寫，每幅畫都有說明，裝幀十分考究，這樣的書，他出了好多本。他說：「中國畫是全人類的瑰寶，值得大書特書，要慢慢地向外國人介紹，以使他們懂得中國畫的精髓。」

曹先生又給我們看一幅八駿圖，畫中的每一匹馬，都生動可愛，呼之欲出。他說：「這不重要，重要的是這幅畫的氣勢，這是乾隆盛世的作品，往中堂一掛，就顯出了氣派，這是這幅畫所表現的東西。」曹先生說：「要向美國人介紹，但可不要想藉此發大財。」他說：「我們把很多很珍貴的真跡畫賣掉了，賣畫的錢，不夠印書的錢。我的書，多半是用來送人的。」曹先生又說：「我同意達爾文的進化論觀點，今人比古人，總是有所進步。所以說，畫愈古愈好，不一定對。拋去歷史價值，僅從藝術上看，明清乃至民國的一些大畫家，超越了古人，例如八大，石濤，虛谷，任伯年，吳昌碩，齊白石，徐悲鴻……」

跟曹先生聊天是一大樂事，他博聞強記，學富五車，談吐不凡，而且為人豪爽，使人如沐春風。他在美國幾十年，不忘自己的祖國文化，並且為它的發揚光大不遺餘力，幾十年如一日，不指著這個發財，十分難得。

112│ 守護發揚　中國文化

曹先生1929年生，2011年卒，享年82歲，正當年之際，突然去世，還有很多工作未完成，他走得太早了！曹先生的一句口頭語是「為中國文化做一點事」，他用自己的一生實踐了這句諾言。在台灣時，他曾在蔣經國身邊工作過，他對時局的評估，有戰略家的獨到眼光，有國際視野。我曾為香港《信報》撰寫國際評論經年，從他那裡得益非淺。有時，他的一個想法，成就了我的一篇文章。很多事我不了解，向他請益，他總是給我答案，有時頗出乎意料。就像中國政府為什麼不與達賴喇嘛談判？他說：「你想想，他是一個人嗎？他那兒有一個政府！」

從五十年代起，曹先生就收藏中國畫，達六十餘年。不僅收藏，還研究。他已出版的英文著作有《四任》（任伯年等四位姓任的畫家）、《清代中期繪畫》、《虛谷與齊白石》等等。在美國用英文出版關於中國美術的書，而且見解這樣高超，他可說是第一人。值得提出的是，書中所有的畫作，都是他本人的收藏。在《虛谷與齊白石》中，雖說齊白石的「五蝦」扇面是我的收藏，但那是他事後賣給我的。曾聽他說，普林斯頓大學願以《虛谷與齊白石》一書，授與他博士學位，他並沒有接受。他在美國一生宏揚中華文化的功績，不可磨滅。

他最看重的一本書，也是他一生收藏的精粹，是2010年由上海書畫出版社出版的《近現代中國繪畫集粹——曹氏默齋藏》從鴉片戰爭到　「文化大革命」125年間，178位畫家的311幅作品，共四大冊，1200頁，　真乃皇皇巨著。

當時的藝術界對此百年的看法，是一片批評之聲，貶之為「衰落的百年」。康有為，陳獨秀，徐悲鴻等大家皆認為「中國畫學之頹敗，至今日已極矣」。這是一種以偏概全的偏激觀點。而曹先生對此有截然相反的看法。他認為，近百年是中國傳統繪畫的一個重要延續，演變階段，也是現代繪畫的轉型時期，在繪畫史上具有重要意義。他以螞蟻挑戰大象的唐・吉柯德式精神，以一己之力，拼命蒐集中國近現代中國繪畫。有人說，他蒐集的中國古代和近現代繪畫作品有五、六百件之多。但我認為，過他手的大概有數千件之多。一位大收藏家費神父，從他那裡就買了幾百件。曹先生曾不止一次地對我說：「好幾百幅作品，哪怕有一件假的，人家就要說話了。」可是，一件假的都沒有！近年來，世界各大博物館邀請費神父前去展出的邀約不斷。我本人從曹先生處買的畫也有百多幅，我記得，光是倪田（墨耕）就有十多幅。

他樸素地以「讓實物說話」的方式，出版了這套皇皇巨著，向人們明確展示了，中國近百年繪畫是何等的輝煌。筆者不才，也加入了此書最後的編審校訂，並列名其上。可以告慰的是，曹先生生前，終於看到了他辛勤了六十餘年的成果。書出版後，他不止一次地給我打電話，問收到書了沒有？他說，因為我參加編輯，特別送我一套有我名字銅牌的精裝本書，但很久沒有收到。後來為了給我先睹為快，他索性叫女婿開車給我送來一套。事後，那套有我名字銅牌的書，終於從中國寄到了。

曹先生對中國美術史的巨大影響和重要貢獻，可能要十年、二十年甚至一百年，才能完全清楚。到那時，人們才會意識到，他是一位多麼偉大的巨人。長期以來，「中國畫學之頹敗，至今日已至極矣」之論，無論在學術界或在民間，皆已成壓倒之勢，他以一己之力，竟然顛覆了保守的近百年中國美術史，豈非異數。

113｜滿腹經綸　目光精準

曹先生的文化修養讓我佩服得五體投地。有一段時間，我們大約每週能見上一面。經常是談天說地，聊得開心，因為有共同的興趣愛好，共同的識見。有時互背古詩詞，竟為一個字的發音爭論不已。有一次，我背誦蘇軾的念奴嬌「赤壁懷古」其中一句「羽扇綸巾」其中的「綸」唸「官」（GUAN）的音。他認為不對，就查字典，我對了！他說：「前面一句說周瑜呢，後面又說諸葛亮了。」他對學問是博聞強記，張口就來，出口成章，不需要查證什麼書籍。尤其對中國美術史，他更是如數家珍。有時談到某個畫家，對他的生平事蹟，繪畫特色，倒背如流。有些竟是名不見經傳的「小」畫家。有一次我說，李敖在北大演講，把漢朝的皇帝從頭背到尾，腦子不錯。曹先生說：「我也能，而且唐，宋，元，明，清的皇帝我都能背下來。」

對於書畫鑑定，曹先生對我說：「不自己收藏中國書畫，很難學習鑑定。」1986年，我遭到人生前所未有的變故，一個中國人在美國所能擁有的一切，都喪失殆盡。此時，曹先生對我說：「我有一個野心，要把你培養成世界頂尖的中國書畫鑑賞家。」他說到做到。他拿了一些中國書畫叫我去賣，給我的價格低得驚人，並且明確地告訴我，哪些不包真。在他的循循善誘下，我開始了對中國畫的研究，甚至細緻到某一位不出名的畫家，因為我有他的畫。因為他的力挺，我不但重新振作起來，而且漸漸地有了自己的收藏。

曹先生大量地買進，但只留符合他嚴格標準的作品，剩下的一律賣出。費神父是他最大的下家，我也算他的一個下家。我們都是大樹底下好乘涼，因為有他在把關，我們只買真貨。我從他手中接下的書畫，總有百幅之多。倪田（墨耕）的作品就有十多幅，齊白石也有五、六件之多。其中兩件是原日本首相田中角榮的弟弟托他賣的，他叫我買下來，說是難得一見的精品。一幅是「葡萄蜻蜓」，一幅是「白菜柿子——事事清且白」。後來，在香港佳士得1990年春季拍賣會上，出現了這兩幅畫的贗品，曹先生叫我寫了一篇文章〈中國畫的欣賞與鑑別〉，把兩幅贗品和我收藏的真品放在一起比較，真假立判。我們原希望文章能在拍賣前刊出，但是雜誌主編胡菊人先生不肯，他說我們萬一有錯，拍賣行告他們，把雜誌賣了，也賠不起。文章刊登在1990年4月1日的香港《百姓》雜誌上。文中還對中國造假畫的歷史進行了初步探討，甚至有齊白石的一方圖章「吾畫遍行天下偽造居多」，文中所有的插圖和這方圖章，都是曹先生幫我找的。

曹先生的「遠東藝術公司」2006年出版了一本月曆，叫《花的世界

——中國藝術大師齊白石的作品》，其中有他的精品十件，我的兩件，就是「葡萄蜻蜓」和「白菜柿子」。此月曆在北美發行，據曹先生說，賣得很好，全部賣光。此地的亞洲博物館出版了一本《中國吉祥圖案》英文名是「中國藝術中隱藏的意義」（Hidden Meanings In Chinese Art）曹先生推薦我收藏齊白石的「白菜柿子——事事清且白」也收錄其中。

曹先生以畢生的精力，以他豐富的學養和精準的眼光，蒐集到不少的中國藝術精品，他稱之為「撿漏兒」，實際上是為被別人判為贗品的藝術品正名。他有超卓的審美眼光，又有不受市場導向左右的獨立識見，因此他的收藏獨樹一幟。

曾不止一次地聽他說，六、七十年代，他在舊金山中國城的古董舖花幾百元買到一件大明成化六字款官窯五彩雞盅，一週後，賣給美國某大博物館，大約二十幾萬，買了舊金山撒特街的三層小樓。這裡一直是遠東藝術公司的所在地。直到他臨死前幾年，才搬到柏克萊。在他的公司，常常是高朋滿座，成為國內外藝術家和美術史家的必訪之地。

當初我是記者，認識很多人，因此也介紹給曹先生很多人，他都能熱情接待，很多後來成了好朋友，例如：海燈法師，氣功大師嚴新等，當初我們去接嚴新時，他還訂了加長禮車。

為灣區著名高僧宣化上人建立萬佛城的大雄寶殿，我從北京給他請來清華大學陳志華教授等三人，中央美術學院候一民，錢紹武等三人。我帶美院的三人到曹先生的畫廊看他，他說，這幾個人都是行家。請他們到柏克萊他家中看他的收藏，還數次請他們吃飯。他曾對我說：「錢紹武是自始至終支持我的第一人。」錢紹武先生則對我說：「曹先生是海內外首屈一指的中國書畫大行家。」值得一提的是：曹先生公司的門牌號，是518，正好是我的生日：5月18日。

有一年在歐洲，朋友請他在中餐館吃餃子，朋友上廁所，他去附近的古董店看看，問店主有沒有中國畫？回答是「沒有！」但他發現在角落裡有一塵封的冊頁。撣去灰塵，居然是鄭板橋作品，以店主要求的錢付款。回到餐館後，告知原委，朋友說：「你踢我屁股吧！」此畫帶回美國後，王己千先生看了，大加讚賞。

此地伯德富拍賣公司賣一組齊白石的扇子小品，居然流標。曹先生後來悉數收進，那是齊白石很精緻的作品，後來他把照片放到公司的燈箱上，成了公司的招牌。遠東藝術公司搬到柏克萊，2010年4月8日在新址開張，請柬上有一個五彩觚瓶（大明萬曆六字款），我問曹先生此瓶值多少錢？他說，總得幾十萬吧。我又問，在哪裡買的？他嘆了一口氣，說就在這條街一個地毯店買的。他偶然路過進去看看，店家向他推薦這個瓶子，說很便宜，曹先生沒有要。再次路過，又被請進去，死說活說，硬要他買下來，花了六千元買了下來。事後他覺得買得太便宜了，想多給人家一點錢，但他原來的秘書說，這個瓶子很久了，原來只要兩千元！

在大陸，他沒少「揀漏兒」，很多「專家」稱之為「贗品」的，他都從容買下。其中有：董其昌，梅清，趙之謙等的作品。我從大陸返美，去看曹先生，告訴他，我在紹興魯迅故居的堂屋，看到掛著趙之謙的畫，曹先生說：「趙之謙就是紹興人。」中國畫家的生平，在曹先生來說，就是常識。我在江蘇，浙江等地，看到過吳鎮，王冕，董其昌等人的紀念地，曹先生都能馬上說出他們的生平簡歷。

2010年6月8日美國《世界日報》上刊登一篇文章：「仇英畫作天價6500萬元賣出」作者是「大陸新聞組」。是說仇英一幅「浮巒暖翠圖」在北京翰海春拍上，經過幾十輪激烈競價，終以6500萬元人民幣拍出，連同佣金達7280萬元。我核算了一下，約合美金1120萬元。此畫創作於明嘉靖14年（1535年），仇英時年37歲。該作品原屬明代收藏大家項元汴所有，民國年間輾轉歸屬袁世凱珍藏，後歸其二子袁寒雲所有，1936年8月現身美國。文章說，美國收藏家蓋勒斯1956年從華人收藏家曹仲英處購得「浮巒暖翠圖」，並請其友，時居美國的張大千先生鑑定，寫下題跋。1981年紐約收藏家王己千再次鑑定題跋。我看到此文後，向曹先生求證，他說：「年代搞錯了，不是1956年，那時我和大千先生還沒來美呢，是民國56年，是公元1967年。」他記得清楚：「那是袁二公子袁寒雲的東西，要不是孩子生病，我是不會賣的。」我問：「賣了多少錢？」他說：「兩千塊錢。」

舉世公認的20世紀兩位巨匠齊白石和黃賓虹，他收藏有多幅作品，黃賓虹的一批寫生畫稿，他也出巨資買下。往往他去北京參加拍賣會，人們都說「掃黃的來了」，管他叫「掃黃的」，意思他買黃賓虹買得很多。

有一件事年代久遠，我記得不太準確了，但一定得提。中國文化大革命期間，「破四舊」，很多中國書畫遭到浩劫，日本書畫協會乘機買下一船中國書畫。「一船」是多少？當時也沒向曹先生求證，反正很多。日本想從美國聘請專家鑑定，就請了曹先生。據他說，看畫時，有許多人伺候，有人撐畫，有人記錄，看得很快。起初三、四日，沒什麼重要的東西。幾天後，好東西紛紛出現，曹先生不僅確認真偽，還給出此畫目前在國際市場上的價格。但一週後，他的眼睛因為太疲勞而受傷。完成鑑定後，他提出：願以他訂的價格，收購一批作品。日方連忙開會研究，最後向他宣布一些他們決定的事情，他們認為，此人真誠實，且是不可多得的專家，所以給他許多優惠，我記不太清楚了，其中有一項是：請他環球旅行。他到巴黎時，買了一套公寓房。那次，他帶回相當一批中國書畫。

張大千先生在灣區期間，與曹先生過從甚密，我聽到一些故事，大部分聽後就算了，也有的我寫了下來。其中一個是：大千先生一次到舊金山，住在中國城的男青年會。上午到一家畫廊看林清霓，他是大千先生的朋友，也是一位畫家，常與大千先生一起研究潑彩畫。正閒話間，房東來收房錢，林很尷尬，大千先生看到此景，說：「拿紙來！」馬上拿來紙，大千先生一揮而就，畫了一幅山水畫，並對林說：「拿去交房錢！」此畫後來被曹先生買下。我因此也知道了林清霓。在一次拍賣會上，我買下一幅林清霓的潑彩作品，是他與大千先生切磋畫的。曹先生對我說：「你要是早些年來灣區就好了，可以接近大千先生，並把他的話都記錄下來，對中國美術史是重要的財富。」可惜的是：我與曹先生交往超過四分之一世紀，竟沒把他的話都記錄下來。他的很多想法，看法，有見地，有哲學深度，記錄下來，就是很好的一篇論文。曹先生前後多位秘書，在他的鼓勵下，都去著名大學進修，得到博士學位。很多博士論文題材，中心思想，都是曹先生指導的。例如，布瑞塔，進史丹福大學進修博士學位，論文是關於任熊，她還在曹先生幫助下，去北京故宮看任熊的作品大梅山民詩意圖一百二十開等。曹先生是一位沒有名分的博士生指導教授。

他和著名收藏家，鑑定家王己千先生，也是好友，兩人過從甚密。1991年暑假，王己千先生請我到紐約，住在他家裡，為他寫他的藏畫集，一定和曹先生的推薦有關。當時我正在一家市立大學教書。在己千先生家，我飽覽了他的藏畫，用「富可敵國」來形容，絕不過分。我有時常想：我一生運氣不錯，世界上兩大頂尖的中國書畫收藏家，鑑定家都與我有緣。在己千先生家，我看到一幅八大山人的山水大中堂，總覺得有些問題，我跟曹先生說：「那幅畫看上去，上氣不接下氣的。」曹先生聽了就笑了：「那是張大千先生仿的。」

114｜篳路藍縷　兼容並蓄

曹先生的收藏之路艱辛得很。很多人出於嫉妒或其他原因，對他極力詆毀。我親耳聽到許多人對他的侮辱。有畫廊的老闆說：「灣區大部分假畫，都是從他那裡來的。」還有人並不了解他，就道聽塗說地攻擊他。他所受壓力之重，恐常人難以承受。

近年，他交給我一幅黃賓虹山水長卷，是他幫朋友賣的。為昭公信，他叫我去各大拍賣行試試。大約一年半時間，我跑遍了美國、中國幾十家大拍賣行，但都說是假的，拒絕受理。有人說，「畫上的點子不對，黃賓虹不這樣點墨點。」有人說：「這是你近年在中國收購的吧？近年黃賓虹的假畫很多，你花了多少錢？」每次回來，我都向曹先生報告，他只是笑笑。後來他告訴我，「我這兒有張收條兒，是在琉璃廠東街5號文雅堂買的，老闆叫楊廣太，包真的。」我有一次去一家浙江的拍賣行，他們聽說後，嗤之以鼻，說：「楊廣太看看齊白石還差不多，他怎麼懂黃賓虹？黃賓虹只有我們浙江人才懂！」這麼好的黃賓虹，卻被各大拍賣行判了死刑，令我哭笑不得。曹先生還是不改初衷，我卻沒有信心了，把畫還給曹先生。最終他還是把畫賣掉了。甚至他出版書中的插畫，有些人都說是假的，那可是他千挑萬選的精品，都是罕有其匹的傳世之作。

在《近現代中國繪畫集萃——曹氏默齋藏》一書的後記中，主編萬青屴，副主編趙力寫的後記，對曹先生的收藏，做了一個很好的小結。他們說，「曹仲英先生，在極富傳奇色彩的人生經歷之外，更具有文化意義的是他的藝術收藏以及他的收藏觀念與收藏態度。早在數十年之前，旅居美國三藩市的曹仲英先生就預見性地認識到中國近現代創作的嶄新面貌和獨特價值，並由此開始對近百年繪畫進行了系統性收藏。所謂的系統性收藏主要體現在三個方面：一，對精品名作的盡力收集。對於這一時期的代表作品的收集，曹仲英先生可畏不遺餘力，而這些璀璨奪目的藝術精品無疑又成為了他收藏中的個個亮點。二，對名家的全方位呈現。除了對名家典型風格的關注外，曹仲英先生試圖將一個藝術家的風格整體納入收藏。由此呈現出名家鮮為人知的不同側面，並結構出了豐富而多變的個體面相。三，對歷史時空的客觀還原。曹仲英先生如其他收藏家一樣，非常重視在時間縱軸上通過藏品去揭示時代性的變遷和階段性的轉承，然而他也清楚地意識到同時代背景下的地域面貌和風格差異，因此其收藏系統無疑更多元化更具有貼近歷史的文化魅力。曹仲英先生收藏的迷人之處，既在於收藏本身，還在於其藉助於收藏而顯出的獨特個性。曹仲英先生為人熱誠，博聞強記，秉持傳統文化精神的同時，又寬容通達地面對當代社會。他的收藏觀念和收藏態度亦是如此，既有煙雲過眼的從容淡定，又有咬定青山的孜孜以求，更有藉助收藏而展開對史實全力爬梳的學者氣派，以及將收藏為「教本」在海外慨然宣講『中國民族文化藝術之精神』的堅持不懈。」

對於這樣一本花畢生精力的皇皇巨作，有「專家」竟說，「除兩幅畫外，其餘皆不足觀！」

115｜堅持正道　循循善誘

曹先生並不信上帝，但他對聖經中約翰福音第一章前幾節，倒背如流。「太初有道，道與神同在，道就是神…」他一邊背，還說：「生命忽然又變成光了！」我六十歲以後，去念神學，曹先生很讚賞，說我有追求。我在學校期間，寫了一篇論文〈基督教與中國繪畫〉，並把副本給了曹先生一份，請他過目。畢業後，我被按立做了牧師，曹先生很高興，他說：「我們對神職人員都很尊重，像費神父，像高牧師。」從此後，他都稱我為高牧師。

1990年，我看到香港《九十年代》雜誌上有一篇文章，是台灣女作家施叔青寫的〈拍賣熱潮中的畫價〉，文中多有不實之處，就告訴曹先生。我說：「文中寫任伯年的畫，說女的手持團扇半遮面，男的叼個大煙袋。」曹先生聽了一愣，說：「那是任伯年寫的『自作新詞韻最嬌，小紅低唱我吹簫』。人家是吹簫，怎麼是叼個大煙袋？」曹先生準備好了資料，包括所有的有關圖片，叫我寫一篇文章糾正她。我初寫的文稿，火力全開，很不客氣。曹先生看了，一點一點地替我改正。例如，文中寫道：「但施文中，有幾處提法，筆者稍有疑問，特提出一管之見，向諸行家虛心請教。」口氣緩和很多，是曹先生的筆墨。文章發表在1990年2月16日香港的《百姓》半月刊上。我認為曹先生太軟弱，很多問題都沒提到，有點不服氣，就又寫了一篇，準備只要施有回應，我就再發表一篇。我拿給曹先生看，但曹先生說：「先等等，看對方有什麼反應，我們再說。」結果對方沒反應。但幾年後，我看到施女士的一本小冊子，其中仍有此文，不同的是，我們提出的問題，她都做了改正。所以我覺得，曹先生真是有氣量，他說：「得饒人處且饒人。」

對於曹先生蒐集的中國近百年書畫，我還在著急，不知曹先生有沒有精力編寫這本巨著。沒想到，他用大兵團作戰的辦法，請了21位專家，共同編寫此書。除主編副主編寫後記外，五位評論專家寫序，14位藝術史家寫畫家小傳及作品評介。曹先生請這些專家到美國及香港觀看此批畫的原作，並進行了充分的討論。

文稿完成的過程，從初稿到定稿，每一篇文字都經歷了曲折而漫長的寫作過程。幾年前，這批文稿到了舊金山，曹先生叫我參與最後的審定。最初，我和他兩個人審查，發現問題很多，且很多是原則性的。例如很多寫畫的文章，不寫本幅畫，卻寫別的畫。又如，一位作者提出質疑，說吳湖凡的「月窗竹影」和徐悲鴻的「雙馬」畫得不好，此人的論點和前述施叔青女士的觀點相同。施女士曾說：「徐悲鴻的改良國畫，卻只得西洋畫的形似，失去中國畫的筆墨韻味意境。」並稱徐畫「無筆無墨」及「構造不一定正確的無數奔馬」等等。關於這一點，最後請出錢紹武先生評論，錢是徐悲鴻的學生，他的素描被另一位大畫家黃永玉評為美院第一把交椅，並叫其子黃黑蠻跟他學畫。錢同時也是著名的書法家、雕塑家。

據說，當年錢紹武考美院時，素描和英文都考了100分，數學卻得了零蛋，此成績拿到徐悲鴻處，徐先生只講了一句話：「我也不懂數學。」就錄取了錢紹武先生。錢先生說，「根據徐悲鴻先生的有關詩作和此畫送林語堂的份量，這幅作品是徐悲鴻先生比較重視的。」他直斥：「有人說可能悲鴻先生當時心情不好，畫的時候不夠用心等等，這種看法，我認為極不可取！這是把這張畫的優點看成了缺點。」

吳湖凡的「月窗竹影」，則特別拿出王己千先生的舊藏，石濤的「蘭竹圖」相比，吳湖凡此幅竹之筆法，墨韻，均直追石濤神髓。

開始時，我和曹先生一天也就校對一、兩篇文章，每篇都有問題，起碼是文字上的問題，我們很著急，照這個進度，要校對到何時？但以後，是我和蔡星儀先生合校，我們校完後，唸給曹先生聽，速度快了很多。曹先生是給我們立一個樣板。

一幅任熊的「大青綠山水」，國內的作者寫道：「好像是婚禮場面」，曹先生看了一眼說，「那是吹簫引鳳」。我馬上到谷歌網上去查，查出了「吹簫引鳳」。此類例子甚多，可見曹先生的學識何等淵博。

116| 取之有道　用之有道

曹先生一生積累了巨大的財富，光看他的十七世紀收藏，共有五大：一，董其昌；二，晚明畫家；三，正統畫派和四僧；四，金門畫派與吳門畫派；五，新安，江西雲閒畫派畫家。此畫冊曹先生沒看到出版。他的財富是靠他淵博的知識，精準的眼光，恆久的忍耐，及時的決斷，宏偉的魄力和靈活的手段積累的，可說「取之有道」。他同時也樂善好施，用之有道。有時，國內來什麼代表團，例如出版界代表團，我帶他們去曹先生的畫廊，聊得開心，曹先生在很昂貴的中餐館請十幾人吃飯。我說：「他們與您沒有什麼關係，何必那麼破費？」曹先生說：「我們在海外的人，要給國內的人溫暖。」還有國內單位來，曹先生會捐贈繪畫作品。記得給上海中醫學院及四川三蘇祠都有捐贈。

國內發生自然災害，曹先生一定捐款，有時是捐一幅畫，由我送到有關單位，我總是把收條交給曹先生，以表公信。嶺南王陳濟堂先生的公子陳樹柏先生創辦國際科技大學，受到各界人士的關注，我捐了一幅清代大畫家梅清的「松石圖」，連同榮寶齋總經理，書畫鑑定專家米景楊先生親自寫的鑑定書，大書法家、畫家錢紹武先生寫的跋，一併捐給陳樹柏。曹先生知道後，一定請陳樹柏先生到他的公司，拿出三幅畫來叫他挑，最後，陳先生挑了當代大畫家江寒汀所畫的「枇杷松鷹圖」，更為名貴的是，該畫有中國頂尖書畫鑑定家、書法家、畫家謝稚柳先生親筆提詞。

我們教會建堂，我欲捐一幅清代黃慎的「麻姑獻壽圖」，曹先生知道後，竟也捐了清代吳闓思的山水，建議賣3,000－5,0000美元。他甚至不知道我是哪個教會的。我以教會名義給他寫了一封感謝信，並引用聖經經節，一是哥林多後書9章8節「神能將各樣恩惠，多多加給你們，使你們凡事常常充足，能多行各樣善事。」一是路加福音6章38節「你們要給人，就必有給你們的；……因為你們用甚麼量器給人，也必用甚麼量器給你們。」

曹先生曾對我說，「我想在中國建一家孤兒院，全是殘疾兒童，從小到大，管吃，管住，管教育，我準備拿出一億人民幣來辦這件事。」我說：「如果您辦， 我去給您當義工。」他聽了很高興。

我給曹先生打的最後一個電話，他說，他肺裡長了「蘑菇」。他說，他住在北加州新買的房子裡，沒有電視，也沒有中文報紙，他問我台灣五都選舉的結果，我就據我所知的，向他做了報告。我以後再打電話去，他太太不讓他接了。我說有事，他太太說：「安東尼可以解決嗎？」我說：「可以。」我絕沒想到，竟從此與曹先生永訣了！

曹先生去世後，安東尼給我打電話，叫我去一次，我和太太一起去了柏克萊。安東尼告訴我們，曹先生臨終前，腦子非常清楚，他交代安東尼要給我一件禮物，太貴重了，我不能收。可是安東尼說，這是他岳父臨終遺言，他不能違背。我妻說：「曹先生是太喜歡你了，臨終前還想著你。」

曹先生駕鶴西去，我們這些活著的人，一想起他來，就難過。他的未竟事業，我們應當全力去完成，以告慰他在天之靈。曹仲英先生安息吧 ！

117｜報業生涯

1994年，一位沈醫生來舊金山，他在南加州辦了一家《神州時報》，很受歡迎，他決定到北加州及全美來發展。他找到我，我們相談甚歡，談了幾次後，他決定要我全面負責北加州的業務。他又去了紐約，那邊新聞界的朋友對我極力稱讚，使他下定了決心。再回舊金山後，他正式任命我為《神州時報》北加州版的社長兼總編輯。我們還需要辦公室工作人員，以及拉廣告等業務，就決定叫我太太承擔。她是辦公室主任兼廣告業務總監。兩個人都印了名片，在舊金山市中心一家旅行社內一間，開始辦公。我們負責編輯整版北加州新聞，這不難，我們每週一次到飛機場接南加州傳來的版面，加上我們自編的，開始印刷，發行。辦公室還有一位女士，管發行的是一位男士。我們四、五個人開始工作，倒也有模有樣。我們的辦公室，就在曹仲英先生公司的隔壁，所以經常可以見到曹先生，我們常有溝通。

我曾將出版的每期報紙寄給國內的蕭乾先生，受到他的熱情稱讚，誇我們的報紙辦得成功。我在各界，都認識一些人，所以可以拉到一些廣告。我都是和太太一起去拉廣告，夫唱婦隨。如果發展下去，我們可以做到自給自足。因為已經有了南加州編的三個版，我們加上北加州版就行了。

《神州時報》是免費的，沈醫生曾來舊金山，特別解決報箱問題。我事先打聽好何處有加工報箱的地方，我們一起去訂購。完成後，他和他兒子再從南加州上來，我們租了個大車，把報箱一處處地設置好，大約花了六、七千美元，是他拿出來的。他來舊金山，總有女朋友接待，但是，他也得給人家錢。有時他周轉不開了，就叫我去銀行取些我自己的錢，借給他。他倒是還有點信用，總能把錢還給我。那些報箱僅用了一年多就報廢了，因為報紙停刊了。

那時，我還在聖馬刁大學教書，一，三，五的上午教三堂課，下午到華聲電視台上班，二，四兩天到報社上班。我太太是上五天班。這樣的日子過了一年多，就叫沈醫生自己搞黃了，因為他行事無計畫，且在女人身上花了太多的錢，很快入不敷出，報社關門了事。

在那段時間，也是巧合，居然看到了騙我錢的袁捷，他給我們隔壁的旅行社送票。他見到我後，驚嚇得很。我們很快談好，他每月22日還我200元錢，就是這點錢，他還了幾個月後，就此「拜拜」了。那時，我已經原諒了袁捷，如果不原諒他，我自己總是糾結著，走不出來。在此之前，我對袁捷是恨之入骨，他害得我傾家蕩產，我見了他，恨不得拿刀捅了他，但是到1995年，我已是受洗10年的基督徒了。聖經教導也是寬恕，以弗所書4：32說「並要以恩慈相待，存憐憫的心，彼此饒恕，正如神在基督裡饒恕了你們一樣。」我對袁捷說：「我若是不信主，絕對不能饒恕你，你不想知道我們的主是多麼仁慈，偉大嗎？你只要信祂，就能得到白白的救恩。」

1990年，在舊金山慶祝中華人民共和國國慶招待會上，我作為《文匯報》記者前往採訪。那是在中國城一家中餐館。那時，「6．4」事件已經過去一年多了，但人們心理仍有巨大的陰影。一位極左人士站在門口把關，嚴防反對派入內搗亂。他的旁邊是警察和FBI的探員。我要進去時，他對FBI探員小聲嘀咕了些什麼，探員不讓我進，他很是得意。我看到他一張光光的大臉，突然一衝動，給了他一巴掌。他馬上捂著臉大叫了起來，警察立刻把我抓了起來。警察對我說：「你真大膽，竟然當著我們的面打他，連證人也用不到了。」但是警察又說：「我們也同情『6．4』死難的學生，我們是執行公務，沒有辦法。」最後，警察給我開了一張罰單，說我是打了人，但沒造成什麼傷害，叫我走人。

但是，那位被我打的仁兄，當晚就去北京參加國慶招待會，他立刻向國務院僑辦的人告狀，僑辦一個電話打到香港，我立刻被免職了。此後數年，我又恢復了部分在《文匯報》的工作，直到1997年。不再為《文匯報》服務。

既然不能為《文匯報》做了，我就把一些「廢稿」寄給香港《信報》的總編輯，因為我曾在《信報》發表過一篇訪問國家體委主任武紹祖的文章。過了一個多月，收到回信，是新任總編輯練乙錚先生回覆的。他說：「我們需要有關中美政治和貿易，及美國本身經濟政治的評論。可否請您就最近發生的大事試寫一、兩篇文章給我們的國際評論版編輯徐天任先生看看。希望我們可以充分合作！」我對練先生說，「我不會寫國際評論」，他說：「其實就是把美國及世界上發生的大事，拉出來評論一番，你一定可以的。」由於他的鼓勵，我還真試了一下，居然第一篇稿子，他們就認為可用。是關於「七胞胎」的，收到徐天任先生回覆，他說：「練總轉達『七胞胎』鴻文已於12月2日刊登。高先生從小事一件引出醫療及種族歧視等問題，新聞觸覺敏銳可見一斑。日後對政治或經濟時事有所發揮，尚祈不吝撰文賜教。」從此，我為《信報》撰稿不斷。同年12月，徐天任先生來電說：「多謝賜稿應時詳述美國聖誕歲末消費市道。最近亞洲金融市場風高浪急，有人將IMF援助南韓與當年美國成功援救墨西哥經濟作比較，不知高兄可有墨國最新消息？又，美國與伊朗關係，華府對北韓政策，高兄的看法怎樣？能否略寫一，二？」收到信後，我馬上致電墨西哥駐舊金山總領事館，要求他們提供相關的消息及材料，竟收到一大信封材料，我真是束手無策。但我靈機一動，請我女婿給我看一遍，他是美國人，是律師，又是會計師，他畫出重點來，我就可以翻譯了。最後寫成一篇稿子，完成了任務。以後，只要編輯提出要求，我大部分都能滿足。

1998年1月26日，練乙錚先生來了電傳，他說：「高先生：農曆新年快樂！本應好好寫一張賀卡寄上的，無奈香港的經濟事件層出不窮，到今天有點空坐下來時，已經離開年初一沒多少天，只好傳真問候代替了。…虎年大吉，可別忘了替《信報》寫稿，這邊的讀者都等著呢！新春之際如過港，盼電告我，以便一敘」。練先生對我的鼓勵，極大地督促了我，我訂閱了英文《新聞週刊》，《時代週刊》，《紀事報》，中文的幾份報紙等，開始認真地為《信報》撰稿。一寫就是八年。後來，練總被聘為香港特首董建華的顧問，離開了《信報》。是他鼓勵了我，使我居然能寫「國際評論」了，我後來發現，這其實就相當於一個報紙的「社論」。但是，我終於沒有見過他的面，殊感遺憾！練總在時，最多一個月能發我十幾篇稿件。如果說，是練總發現並鼓勵了我，使我可以寫社論，絕不為過。八年中，寫的國際評論約三百多篇，也是不小的成績。

118| 各種職業　均有體驗

我來美國主要從事教中文（18年）和中文報業（25年），這其中，我曾為香港《文匯報》，《大公報》做過特派員，特約記者，撰稿人。香港《信報》，《鏡報》，《百姓》，《當代》，《開放》以及國內的《中新社》，《新華社》等專欄作家或特約撰稿人。其他幹過的職業多得很，我往往同時有三、四份工作。我做過旅館的前台，我們的旅館在舊金山漁人碼頭附近，很多歐洲旅客來訂房，我都能勝任。我當過供應洗衣店的貨品銷售員，就是賣那些洗衣服的一些材料。州政府為了我能去應徵面談，還特意為我買了一套西裝，因為我曾經是患憂鬱症人士，參加了政府的就業計畫。我還教過高中。但是最奇怪的工作，是：洗過飛機。1999年，我處於半失業狀態，太太看了英文報上的廣告，叫我去洗飛機。洗飛機？這可是一生中最奇特的經驗。

那家登廣告的公司沒登電話，必須親臨該公司填表申請。因為在機場工作，要通過以往十年以上的安全核查。好在我事先有準備，去申請時資料都齊備，所以順利地填完表格，該找人核查的姓名，電話都清清楚楚。過了月餘，該公司打來電話，說我「審查」合格，可以去面談。面談時，對方問我「你對洗飛機有什麼概念？」回答：「毫無概念！」他笑了，說：「你洗過汽車吧？跟洗汽車一樣。」他問我：「晚上能上班嗎？」回答：「可以。」面試就算通過了，他發給我兩張地圖，一是去機場的安全部門申請臨時通行證，一是指示晚上如何去工作地點。

到機場安全部門等了一個多小時，總算領到了臨時出入證，靜待晚上上班了。我家離機場很近，大約15分鐘就能到達。為了保險起見，提前一個小時出門。上的是大夜班，晚上十時至清晨六時。幸好我提前出門了，在機場附近怎麼也找不到工作的地點。雖然天氣很冷，可是我急得滿頭大汗。不得已，在一處停車牌前停下來，跑出車外去問後面的車。我沒頭沒腦地問後面的人我要找的地方怎麼去？他回答：「你找的就是我！」我抬頭一看，原來就是面試我的人。於是跟著他，順利地到達飛機庫。

通過面試錄取的人一共有四個，一人曾在機場做過十四年，他找到飛機庫沒有問題；一人由機場的警察送到，一人根本沒找到；我還算萬幸，遇到老闆了。飛機庫很大，裡面停了三架波音飛機，我們坐在休息室等著，對洗飛機還是毫無概念。一位老手，曾在越南打過仗，丟了一根手指頭的人揭開了我們的迷團。他說是在室外洗，除非狂風暴雨或下雪結冰，每天都要在室外洗。我以為洗飛機一定有機械設備，高壓水龍等等，我錯了！洗飛機完全用手洗，用刷子只能雙向移動，或上下，或左右。拿氈子則可以任意方向移動。把清潔劑用噴筒噴上去，用手洗，然後再用清水沖乾淨。有升高機可以構到飛機。

我們被告之，通行證任何時候都要別在身上，如被發現沒有通行證，馬上罰錢，而且很兇，罰二十美元。

生平第一次這麼近地靠近一架大飛機，是波音737啊！我問老手，飛機尾巴離地多高，他說是七十呎，有十層樓高了。今天是給洗好的飛機打蠟，用噴筒把液態蠟噴到飛機上，然後就用氈子塗抹。每人發一根三節的鋁桿，長十幾呎，在地面上的人就舉著桿子捅飛機的肚子，登高平台的人就用桿子捅飛機的背。舉著長長的桿子，兩個手臂及背部都痠痛痠痛的。舊金山的氣候並不冷，冬天也很少下雪，但四月的夜晚，卻凍得我們直打哆嗦。老手看到我們冷得不行，就叫我們每人穿上一件黃色膠布的雨衣，才暖和過來。

據說飛機每兩個月洗一次，一晚上可洗一架飛機，打蠟也需一個晚上。這麼近地觀察一架飛機，且可以撫摸它，就像是一隻鋼鐵的巨鳥。洗飛機整晚只有一次休息，體力勞動的強度很大，我這近六十歲的老頭子有點吃不消。但猛然抬頭一看，一輪明晃晃的大月亮就掛在頭頂。老手說，每天看日出才更好看呢。我只做了一晚，就辭職不幹了，畢竟老骨頭頂不住了！

119｜成為公民

美國是個移民國家，很多新移民都要與移民局打交道，因為取得綠卡（永久居留權）及公民權，都要經過移民局。我1980年來美，不幸七年多才拿到綠卡，又過了七年才取得公民資格，期間所遇困難，真是一言難盡，前後經歷了十五年，夫妻分居了十二年。一位朋友說，你已經大大超過王寶釧了！

先說申請綠卡，初時我為《時代報》作記者，由他們負責為我申請綠卡。我賣力地為報社工作了三年多，但申請綠卡時阻礙重重。現在回想起來，一是不佔地利，舊金山華人太多，申請綠卡的人也多，移民局卡得太緊。如在小地方，華人不多處，怕早就通過了。二是請錯了移民律師，請了一位香港來的華人小夥子，他一天到晚與移民局打官司，移民局對他恨之入骨，連帶的，我也受池魚之殃。

例如，他先替我申請第三優先，未果，再試第六優先，此時我已從「白領」變成了「藍領」。如能批准，什麼「領」也無所謂了，只要不被移民局拎著脖領給扔出去就好了。他申請了很久，沒有動靜，便到移民局去查詢。他不查倒還好，一查查出個大紕漏——他發現移民局將我的檔案給丟掉了。這還得了，他得理不饒人，正式向移民局宣戰。移民局自知理虧，避其鋒芒，乾脆來個釜底抽薪，正式來函，「拒絕 ！」但在同時，我本人收到通知，申請被批准。原來我的檔案並沒有丟，而是被一位移民官批准後，轉到了另外的部門。這下子可好了，移民局對我的申請同時有兩個裁決，一是批准，一是拒絕。律師又來了興致，向司法部上訴，要求裁決。他以為自己有理走遍天下，實際上，司法部的裁決令他大跌眼鏡——竟是拒絕！這位律師與移民局纏鬥的結果，使我的檔案有一尺多厚。他打官司的所有費用，都得我出，真是倒了八輩子血霉。

後來，美國施行大赦，把我赦進去了。這次我請了位律師，前已說過，是何先生介紹的，是原來的移民官，退休後搖身一變，成了移民律師。雖然大赦只是填表準備好證明材料就行了，但此位律師見多識廣，在面談時又親自陪我去，囑咐我什麼可說，什麼免談，所以順利過關。

申請公民，是大氣候所迫，美國經濟不景氣，便在移民身上撒氣，消減移民的福利。申請書遞進去了，也批准了，但面試時，移民官說：「你的申請是早提出來的，現在申請表格全變了，所以要重新申請，重新填表，重新付費。」她倒還有些人情味，念我等候多時，說：「只要你半小時內填好表，我願等你，先不叫其他人。」我毫無選擇的餘地，只好乖乖就範。滿頭大汗地填好表，又去交了七十美元，但她說我沒付費，我出示了付費的收據，她才說我沒有蓋章。又叫我去補蓋章，才算過關。我耐著性子，不敢得罪那位女移民官，怕萬一我沒伺候好她，把她惹翻兒了，可就吃不了兜著走了。她隨便問我一、兩個問題，就能把我「塞」住。例如，她若問我美國第十八屆總統是誰，就能把我打入十八層地獄。

好了，公民面試通過了，到宣誓那天，我一早西裝革履地來到會場，找到我的名字，繳了綠卡，但卻沒像多數人一樣領到公民證，只得到一張通知，叫我次日再到移民局去領公民證。

次日，我到了移民局，等了大約四個小時，飢腸轆轆，最後一位老太婆出面，說從昨天晚上起，她就加班地找我的檔案，沒有找到，希望我回去等候。此時，我一點耐心也沒有了，跟她吼了起來，我說：「你加班是你的事，找不到是你的失職！」大約我這一吼，使她矛塞頓開，她進去又找了半個小時，終於找到了。她捧著一呎厚的卷宗出來說：「你的檔案找到了，但沒有照片，你得去補照片。」我反問她：

「當初我若不交照片，你們會接受我的申請嗎？我照相是不是你們付錢？」她說：「我們移民局當然不付錢。」我若不照相，就拿不到公民證，無奈，只好到移民局對面的照相館被敲竹槓。我拿了照片回來，老太婆又宣佈，我的照片找到了。我聽後，幾乎昏了過去。我說：「我這個照片怎麼辦？」她輕鬆地說：「送給你太太。」我說：「照的這土匪樣，能送我太太嗎？」

美國移民局你可以罵它最沒有效率，最官僚主義，最差勁……但是你離不開它，所以，只有忍著點兒吧！

120 念神學　作牧師

我六十歲時回國，在天津，被人稱為「老大爺」，使我犯了琢磨，我有那麼老嗎？回家問妹妹，她說：「是該叫老大爺了，都六十了！」一語驚醒夢中人，我都六十了！「人生七十古來稀」，雖說現在科學昌明，醫學進步，人活到七老八十並不稀奇，但即使活到一百歲，現在也進入了倒數計時，活一天，少一天了。

這麼一想，我立即陷入了恐慌，幹什麼都打不起精神來，總想著自己的「大限」。家人們為我祝六十大壽，我強顏歡笑，實際上心中在滴血。我一生就這麼交待了？人活著何其無奈！「蹉跎歲月」，「行屍走肉」，此等成語形容我當時的光景，當不為過。幹什麼都沒精神，什麼都不想幹。只是思索一個問題：我的一生是何等的一生，難道就此了斷？

想想1986年種種打擊接踵而至，都未能壓跨我，靠著信仰，我又活過來。今天，信主已十五年，我讀經禱告，求神給我答案。神是信實的，祂給了我答案。《出埃及記》記載，摩西八十歲時，為神所呼召，那時他已牧羊四十年，終日與羊為伍，不大會說話了。神對他說：「我必賜你口才，指教你所當說的話。」（《出埃及記》4：12）。摩西年已八十，尚能為神所用，因為神若用你，必賜你能力。我只不過六十，離八十還有二十年呢！而且我的家庭醫生，也是虔誠的基督徒，他贈我二字：「服老」。想通這個道理，我又活了過來。

2001年教會的夏令會上，我與基督工人神學院的院長陳若愚牧師，在涼風習習吹拂下，坐在湖邊長談了三個小時，陳院長說：「你要去傳福音，很好，但是我問你三個問題，就把你問住了。」他最後的結論是：「來，跟我去念神學！」

三年前，我就有感動，要去念神學，已經報了名，學院也接受了。但我去參加一個福音聚會，弟兄姊妹聽說我每月帳單要三千元以上，多勸我慎重，因為全時間念神學，錢從哪裡來？我自己也害怕，打了退堂鼓。三年後，再去念神學，發現要付的帳單只有增加，怎麼辦？神是信實的，在我念神學期間，我的收入是減少了，但神卻增加了我太太的收入。她在一家藥廠的圖書館工作，神就將她的工資提高。我念了差不多三年神學，學校的學費，書費，交通費，生活費，神總是按需要，按時間支付，從不誤事。我毫無缺乏。教會的支持，弟兄姊妹的幫助，都使我無後顧之憂。我念神學前，銀行裡有少量存款，在念完神學後，銀行裡仍有同樣的存款。

念神學是很辛苦的。早上五點多爬起來，趕六點鐘的火車（Bart）去上八點鐘的課，每天坐火車，汽車，路上要花三個多小時，一些功課都是在火車上完成的。功課很重，尤其是每門課都要寫論文。我是靠寫作為生的人，在學習期間，都甚感吃力。遇到要背誦的功課，我先禱告，畢竟是六十歲的人了，怎麼能與二十多歲的小夥子們比。舊約《先知書》考試時，我覺得幾乎自己過不去了，就向神祈求。結果我不僅順利地通過考試，還取得了好成績。

學院的老師們，給了我很大的幫助。為了弄清楚聖經中某小節希伯來文或希臘文原文的意義，老師和我們查找近二十多個版本的中、英文聖經，訓練是夠嚴謹的了。我念完全部的功課後，陳院長對我說：「現在問你十個問題，也問不倒了。」

台灣著名牧師，曾給蔣介石講道的周聯華牧師說過，如果一個人要去傳福音，且他只有六年的壽命，他應當用三年的時間接受神學裝備，再用三年時間去傳福音，才能事半功倍。我從六十歲始，念了一個神學教牧學碩士，值！我這一生，光念書就念了二十五年！

我在神學院畢業時，全家都去參加畢業典禮。那時，我們全家七口都在灣區團聚了，除了兩個女兒，兩個女婿，大女婿是白人，二女婿是廣東人。更重要的是，我們有了第一個外孫女韓娜（Hannah），因為是混血，長得格外漂亮，又十分聰明。她是2003年4月9日出生，當年的聖誕節她才八個月，雖然還不會說話，但是聽得懂很多語言，例如，問她「聖誕樹呢？」用國語，英語，廣東話，上海話問，她都會用眼睛去找，惹得我們哈哈大笑。大女兒懷孕時，我向神祈求，希望這個孩子健康，聰明，美麗，神賜我們的，遠超出我們所求。這個小孫女，是我們的至愛至寶。

到2005年7月16日，我被「中華聖經公會」按立作了牧師。在按立典禮上，我唸了「述志」：

今蒙主選召，賜牧師名份，神恩償聖職，要終生服侍。
有純正信仰，當屬靈教師，牧養主羊群，作信徒榜樣。
聖經是指南，作生命糧食，要持守真道，對異端抵制。
凡事要謙卑，服侍主流淚，對眾人有益，我絕不避迴。

向著失喪人，火熱愛靈魂，不以命為念，無謂捨己身。
效法基督樣，凡事有愛心，當為神謹慎，當愛惜羊群。
祂神蹟何大，祂奇事何盛，祂國是永遠，權柄存萬代。
今蒙主召喚，聖靈來充滿，當神國主人，此心永不變！

我當天收到很多賀卡，最為重要的當然是兩個女兒的祝福。大女兒高潔說：「你就要按牧了，我心中實在是感慨萬千。回想起過去十幾年，你是我們家第一個信主的，然後帶領我們全家一個一個認識主，信靠主。現在你又是我們家第一個獻身出來服侍主，為我們做了好榜樣。我曾經想不通為什麼你要作牧師，一直為這件事禱告。神讓我看到：神愛世人，我們每一個人都是祂的寶貝。神給每個人不同的恩賜，神也會在不同的地方用我們每一個人。作為你的女兒，我會比別人更多地注意你的缺點，更嚴格地要求你，但實際上我是非常為你驕傲的，也引以有這樣的一個父親為榮。我在紐約查經班的朋友曾經跟我說，我的爸爸對我影響很深，因為我總是談我爸爸。今天真的很高興，能夠寫這個賀卡給你，願神保祐祝福你前面的路！我們會不停地為你禱告， 會永遠支持你的。

路加福音14:26-27『人到我這裡來，若不愛我勝過愛自己的父母，妻子，兒女，弟兄，姊妹，和自己的生命，就不能作我的門徒。凡不背著自己的十字架跟從我的，也不能作我的門徒。』女兒敬上Jason，Hannah，Danial同賀。」

二女兒高陽的賀卡寫到：「親愛的爸爸：今蒙主恩，您得賜牧師的職份，這是何等榮耀。我們都為此歡喜快樂！求那豐盛的主在您今後侍奉的道路上一路引領。願您謙卑侍主，愛神愛人，使人從您見耶穌，使神的名因您被稱頌。願一切的榮耀都歸在那使無變有，厚賜生命的主上。　敬賀　高陽　勁強。」

121 | 復旦大學　開研討會

2006年6月8日至10日，我們「中華聖經公會」與「復旦大學」合作，在上海召開了全球性的「經典的翻譯與詮釋」學術討論會，有來自國內，香港，澳門，新加坡，美國，加拿大等50餘個單位參加，有35篇論文發表。會後，論文集也正式出版，是上海古籍出版社2008年8月出版，主編是張慶熊和徐以驊。大會主題報告共有三人：大會主席張慶熊博士；香港中文大學李熾昌教授的「神性與神名——聖經翻譯與詮釋之間的協商」；和我的發言「聖經——一本天書」。我這篇本不是論文，而是一篇講道稿，經我加工後提供，沒想到竟被大會列為主題報告。我主要講述聖經的權威性，普及性和不可更改性等問題。

聖經都是神所默示的，聖經的權威性，邏輯可以證明。如果是神寫的書，一定有幾個條件：

（1）書中一定說，這是我神自己寫的。聖經有兩千多處「這是我耶和華說的。」

（2）必有最高的道德標準。孔子說，「非禮勿視，非禮勿聽，非禮勿言，非禮勿動。」聖經說「凡看見婦女就動淫念……已經與她犯姦淫了」。這是「非禮勿想」，是最高境界。

（3）這本書一定說明創世與人類起源及天地結局。英國大科學家霍金說「一到宇宙成因和人類起源領域，最偉大的科學家比最渺小的神學家也差一千倍」（大意）。聖經清楚地講明了天地的起源及結局，可是科學家卻無法給出一個合理的解釋。

（4）人人皆懂。聖經這本書很奇妙，研究聖經的學者，歷代都很多。同時，不識字的人，也能懂得。這本書是為全人類準備的，文人學者，販夫走卒，人人皆懂。

（5）預言必須全部應驗。聖經中，有一千多處獨立的預言，全部應驗。

（6）這本書必須說明神對人類的旨意。產品有使用說明書，聖經可說是人類的使用說明書，因為人是上帝創造的。全部聖經，對人所應知應行的事，無不詳盡指示。

以上六點，能通過（1）的，只有《聖經》，《可蘭經》，《摩門經》，《佛經》並沒說是佛自己寫的。能通過（2）的，只有《聖經》了。我講完後，復旦大學一位教授對我說：「你那六點還真尖銳，這樣直接，一點掩飾都沒有。」我虛心地請教他：「我講的對嗎？」他說：「對，對，全部都對！」他又對我說：「你們都是重量級的，如果你們去傳福音，別人很難對付你們。」我說：「我們不需要對付，我們是傳播愛的使者。」

122｜全家十口　幸福家庭

我女兒未結婚時，我對她們找朋友，提出兩點要求：「一定要是基督徒；婚前不能有性關係。」兩個女兒都做到了。對於種族，我說，「最好是中國人，因為文化背景相同，比較好相處，但是也不一定了。」最後大女兒找了個美國人，是她的大學同班同學，她生了兩個孩子，一女一男，都是我們的最愛。二女兒找了我們教會的廣東人，是學電腦的。他們也生了兩個孩子，都是女孩。二女兒懷Sophia，是她懷孕五週時出現狀況，當時超音波顯示胚胎狀態良好。但第六週複查時，醫生就宣布流產了。不同的醫生，不同地區的儀器，和不同的時間檢查結果相同。認定她已經流產。我們接下來的一週安靜等待，停了一切保胎藥。知道的人都迫切禱告，她先生更是禁食禱告。那一週也出現過大出血。但第七週再回去複查時，超音波屏幕上赫然顯示出胎兒及其心跳，測量結果為第七週左右。我們都大聲讚美感謝主！

我晚年的生活堪稱完美，我和太太以我們的孫兒為重。所謂隔代親，我們是切實體會到了。我們全家十口，全在「灣區」住。所謂「灣區」，是指「舊金山灣區」（San Fracisco Bay Area），因為舊金山是個半島，有一個大海灣，所以叫「灣區」，分北，東，南灣。

大女兒的大女兒韓娜，從小管我叫「豆豆」，因為她一歲多就會說話，但都是說一個字，教她叫我「公公」，她叫出來就是「豆豆」，我說：「別難為孩子了，豆豆就豆豆吧。」誰知，「豆豆」還有傳承，她的弟弟、妹妹都管我叫「豆豆」。我的四個外孫，外孫女都繼承了我的大額頭，不信你看看照片，都是「大笨兒頭」。四個孩子都傳承了我的愛看書。大女兒曾說：「韓娜愛看書像誰呀？」我說：「像我呀，我最喜歡看書。」韓娜早上醒來，就捧著一本書看，有時光線太暗了，所以姊弟都得了近視，小小年紀，就要戴眼鏡。

大女兒一家住在南灣帕洛阿托（Palo Alto）是史丹福大學所在地，學區極好，小學，中學，大學在全國都名列前茅。韓娜Hannah和丹紐Daniel所在的小學，就是當年林書豪的學校。姊弟兩每日下課後的活動很多：每週五次游泳，是史丹福的奧林匹克教練，冬天也不例外，在室外游泳。而且開始了無止盡地參加比賽。美國的游泳大軍都是這樣訓練出來的，誰的成績好，就可進國家隊，參加奧林匹克運動會。

平時根本沒有什麼國家隊。每週兩次或三次中文課，孩子從小就說雙語，他們的媽媽要求他們會讀、寫中文。每週一次的鋼琴課，兩人都彈得一手好琴，還有教會的大合唱，兩人都是領唱。雖然有個保母，但是只要他們「掰不開」了，我和太太就會提供援助，我們會開40分鐘車趕去支援，且帶去孫兒們愛吃的大批中國食物。韓娜Hannah一晃已經十歲了，是個全面發展的好孩子。丹紐Daniel不僅學習好，還是個外交家，腦子極好，經常有驚人之舉。例如，他會記著父母親的結婚紀念日。

二女兒一家住在東灣Moraga，也是好學區，離我們也是40分鐘車程。但是去他們家，我們可以乘地鐵（BART）到達。所以只要有需要，我們就出動，太太一人去的時候多一些。有時，還把孩子送來，我們看一天。索非亞Sophia是個極聰明的孩子，數學一教就會，而且彈琴也好，特別會與人打交道。傑妮Janie是個小可愛，是我們全家的「小寶」，她從小理一個有留海的頭髮，像極了朵拉（DORA），人見人愛。孩子們愛來我家，一到我們全家聚會，我們就事先準備好好吃的，等啊，等啊，好不容易來了，一陣熱鬧，四個孩子在一起玩得很好，每次要走了，都捨不得，互相擁抱了才走。

前不久，在暑假的最後三天，韓娜和丹紐住在我家，兩個孩子別提多高興了，我們當然也高興。孩子過生日時，他們的媽媽總是租個會場，可能是玩遊戲的，作體操的，打迷你高爾夫的，打保齡球的。丹紐說了：「媽媽，下次我過生日，不要在外面過，叫我到豆豆，婆婆家住一天就行了。」且說那次孩子住我家，知道了我在寫回憶錄，他們和我有過一次談話。孩子問：「豆豆，你寫什麼呢？」我說：「寫自傳，回憶錄。」孩子問：「那是什麼？是Autobiography（自傳）嗎？」我說：「是的。」孩子問：「你是Famous（著名的）嗎？」我說：「現在還不是，出了書後，可能是。」孩子說：「會寫我們嗎？」我回答：「當然會寫。」孩子們很高興，因為他們覺得能夠出書，是很神聖的事。

我的前半生，既豐富多彩，又艱難坎坷，經歷相當奇特。但我的後半生，主竟然這樣恩待我，叫我們全家十口在灣區團聚。感謝主！我喜歡宋朝辛棄疾的詞，他的一首「清平樂」有這樣幾句：

> 生平塞北江南，
> 歸來華髮蒼顏，
> 布被秋宵夢覺，
> 眼前萬里江山。

我雖身在美國，但我的心永遠是中國的。我想，經過幾代人的努力，我們國家一定能屹立在世界強國之列，成為繁榮富強的國家。

第十六章

愛妻驟逝

「門徒問耶穌說：「拉比，這人生來是瞎眼的，是誰犯了罪？是這人呢？是他父母呢？」耶穌回答說：「也不是這人犯了罪，也不是他父母犯了罪，是要在他身上顯出神的作為來。」

（約翰福音9章2——3節）

很多候，當我們生活中遇到患難，疾病，坎坷和缺乏，我們心中就產生了疑惑，甚至自責，是不是因為自己犯罪得罪了神，而招致神如此的懲罰？然而我愛妻患癌症，神使我們明白，並不是因為她犯了罪，也不是因為她父母犯了罪，而是神要在她身上，顯出神奇妙的作為。

123｜ 發現患癌

幾十年前人得癌症，相當稀少。大約70年代，萍的父親丁元華即得了肺癌，這麼好的一個人，1977年60歲就去世了，令人不勝唏嘘。那時，我已是他的女婿，因為我經常出差，所以有時能買到一些食品。記得有一次，大概在廣州買到兩罐糖水水果罐頭，他吃得好高興，因他喜食甜食。

吾妻蕾萍一向身體極好，從未生過任何病，連傷風感冒都沒有，她似乎有無窮的精力，整天操持着這個家，從未稍停。我們晚年，每年有兩次旅行，地方都是她定，每次必去中國，因為要傳福音及看望她高壽的老娘。我岳母以80多歲高齡，在訪美期間，在我們教會受洗，成為基督徒，自此，她生活極有喜樂。我們曾於2006年，在上海復旦大學組織召開了「聖經的翻譯與詮釋」國際研討會。於2008年在陝西師範大學為30位牧師授課。每次萍都盡心盡力，幫我極大的忙。她一找到便宜又精彩的旅行路線，就積極打電話聯絡，好在與中國的旅行社聯絡沒有語言障礙。2014年，我們計畫去日本，韓國，中國旅行探親，日韓的票已買好。原訂4月9日出發，3月23日，萍突然說，她右胯骨痛，我說，那你還不趁早去醫院看看。

萍24日早上腿仍痛，約好下午3：30看家庭醫生許醫生，我送她到地鐵站，她自己又換乘公車去的醫院。許醫生認為不是胯骨頭壞死，為保險起見，還是照了X光，後天看結果。後來，萍接到許醫生電話，說胯骨有三公分的陰影，放射科堅持要做CT，許醫生還不同意，說CT的輻射量太大，對人體有損傷。但到了28日，許醫生來電，說骨科醫生堅持做CT，明天驗血，下週一就做。萍心裡犯嘀咕，我心裡也發毛，想到她對這個家，對我個人的重要性，必要性，不可取代性，心急如焚，但也無法。

4月3日，許醫生來電話，說是多發性骨髓瘤，我有如晴天霹靂，接受不了。和萍一起共度了45年，現在都退休了，也有一點積蓄，正是享受生活之時，我們摯愛的孫輩孩子還太小，真是捨不得。自此，一路檢查，分別在髖骨及肝內穿刺，據萍形容，是半尺多長的針刺進去，勾出一小塊組織。多痛啊，萍卻輕描淡寫。最後檢查結果是肺癌最晚期，腫瘤轉移到腦，肝，淋巴，骨頭等處。僅只腦部，就有25個腫瘤。萍被轉移到了癌症科林醫生處。

124 與癌抗爭

自此，萍開始了抗癌戰鬥，她一點也不沮喪，樂觀面對。開始放射性治療，醫生是一位印度人，極有愛心，當他宣布萍腦子裡有多個腫瘤時，我禁不住哭出聲來，但萍不讓我哭。自她生病以來，她從不樂意人家哭，無論是當面或在電話裡哭，她都不喜歡。放療是針對腫瘤，力圖把它消滅掉，這是我們的希望。她背痛是因為骨裂，也做放療。放療結束時，萍獲得一張畢業證書，上面所有的醫生，護士都寫了祝福的話。她放療時帶的固定頭部的面罩也送給她留作紀念。在放療更衣間，更貼了很多字條，說「你是最漂亮的」，「你是最勇敢的」，等等。美國醫護界的人性可見一斑。最特殊的一次，是2014年年底，萍突然痛得厲害，林大夫給聯絡了放療，但那天是週六，人家休息，但聽到病人這麼痛苦，同意為她一個人開門。我們到了那兒，已經來了六個工作人員，他們認真地為萍做了放療，才回家休息。萍的疼痛得到了緩解。

放療後，又開始吃標靶藥，萍已經不能走路了，我們給她準備了輪椅。她雖然重病，但從不願麻煩人，總是做力所能及的事。我問她還有甚麼願望，豈料她說，在中國買的純棉布還有很多，她要給我及大女婿做內褲，大女婿是白人。她上不了三樓，用不了縫紉機，就用手縫的。找機會自己掙扎着上了三樓，又用縫紉機軋了，硬是給我和女婿每人做了多條內褲。

125｜癌症死因

經過我們陪萍打這場抗癌戰役，我總結出三點癌症病人的死因：一是嚇死的，聽說得了癌症，嚇得六神無主，自我感馬上就要歸西了，聽天由命，甚至放棄治療，等死。二是痛死的，由於癌細胞的侵蝕，會向一切地方轉移，例如轉到骨頭，會引起骨裂或骨頭錯位，痛死了，吃最強力的止痛藥，也只暫時解決痛的問題。三是餓死的，癌症病人沒有胃口，吃不下東西，更要命的是，嘔吐及便祕。很多人體重急驟下降，最後餓死了。萍有很強的生命力，她頑強地要活下去，癌症嚇不倒她，她接受一切治療，且積極配合。甚至有一種新藥做人體試驗，她也積極參加，並多次為科研獻血。最讓人感動的是，當萍得知新藥臨床實驗失敗後，為了幫助完成實驗，她又自願去獻了一次鮮血。從一開始，她的骨裂及錯位就極大地困擾她，但她從未哼出聲，總是自己克服。大夫給她的止痛藥是最強力的，最大劑量的，甚至沒有上限。但她很有節制。吃這些藥，容易引起嘔吐及拉不出大便來。最嚴重時，每天嘔吐兩三次，甚至把剛吃的藥也吐了出來。而且有8至10天不能排便的記錄。萍嘔吐時，總是自己收拾，不假他人之手，怕別人噁心。而且吐了，她再吃，有無比的毅力。當她知道吐嘔和便秘是吃止痛藥引起的，她一度甚至要停止服用止痛藥。

126｜信仰堅定

這一切，源自她有堅定的信仰。她信靠神，因為神就是愛，祂是我們愛的源頭。我們愛，是因為祂已先愛我們。為了愛我們，被釘死在十字架上。無條件的愛，無私的愛，全由神而來。萍對耶穌基督充滿了愛，對家人及一切人，充滿了愛。她說，「我要活，但我不怕死。我死了，活着的人難受。每天早上醒來，看到藍天，看到陽光，我就高興，我要快樂地過好每一天。」她在一個本子上，寫下她的靈修筆記，看後令人動容。例如她摘錄箴言4章22節說：「神的話是醫治全體的良藥。」她清楚地認識到，神的話不僅是現今最有能力的藥物，而且醫治包含在救贖之中。她說：「聖經告訴我們，我們在世上都是客旅，是寄居的。這世界並非我們的家，我們心中應當盼望的是那更美好的，永恆的家。死亡不過是一個嶄新的開始。」約・翰福音15章7節說：「你們若常在我裡面，我的話也常在你們裡面，凡你們所願意的，祈求就給你們成就。」萍讓神的話滲入了她的靈魂，成為她生命的一部分。

127｜百花爭豔

萍喜愛花草，自己的後花園被她種植得百花爭豔。而且她經常把花木送給朋友們。萍生病這一年多，花木也爭相開放。君子蘭百花齊放，幾十株紅彤彤的花開得好火熱。一棵令箭荷花，平時能開一、兩朵已是很吸引人，但今年，竟一次開了四、五十朵。萍看了這些盛開的鮮花，心裡充滿了感恩。因她知道，動植物都是神所創造的，都有情感，意志，心思，意念。正是，草木亦有情。

萍得癌症，兩個女兒分別請了事假，按加州法律，重病者家屬可以請假，僅拿失業救濟金。以前我們要見到孩子們，很難，因為他們活動太多。全家聚在一起，一年也沒幾次。但萍生病後，孩子們每週必來看婆婆，萍也盡自己力量，給孩子們做好吃的。有時她實在幹不動了，就教我幹。孩子們最愛吃婆婆包的上海粽子，萍生病後，竟然還包了三次，最後一次是她離世前一個月。我們也在她身體允許時，帶她外出遊玩。記得去了金門公園，四個孩子一起推輪椅的場面好壯觀。大女兒高潔一家還帶我們去了聖地亞哥，住在外甥的豪宅裡。外甥說，孃孃生病了，你們怎麼像過節一樣？我們要她高興，我們也盡可能多些時候與她相處。

128｜病中旅行

我們還帶她去了17哩，在酒店住了一個晚上。最瘋狂的是，於2015年6月4日至10日，我們全家十口帶她去了夏威夷的大島。林醫生不僅同意，還開了證明，但她提出，萍要乘頭等艙，可以舒服一些，我們遵從。在大島的東部，離機場約兩個多小時車程，我們租了一整幢樓房，全家住在一起，最重要的是，住處有私人的溫泉游泳池。孩子們好高興，一到了就跳下去游泳。大島是活火山區，經常有火山爆發，融岩所經之處，全部成為焦土。我們曾去參觀一座教堂，兩次經歷火山爆發，熔岩流經附近，但教堂巋然不動。去年火山爆發，鎮上的人都喊，「往教堂跑！往教堂跑！」跑到教堂的人都平安。我們參觀後，在門前合影，事後發現，竟有一束光直射在萍的頭上。正如馬太福音第4章16節說的「那坐在黑暗裡的百姓，看見了大光，坐在死蔭之地的人，有光照着他們。」約伯記22章28節也說「你定意要做何事，必然給你成就；亮光也必照耀你的路。」萍這麼重的病，已經完全不能行走，我們還帶她去享受世外桃源的生活，實在是上帝的恩典。夏威夷物價很貴，因為所有的工業產品全是美國本土運來。但大島自然出產的東西，卻很便宜。例如在舊金山要3、4塊錢一個的木瓜，這一塊錢竟能買4、5個。其他熱帶水果如荔枝、龍眼等都極便宜。我們還推着萍去逛農貿市場，有中國來的農民送給她水果，她好高興。

星期天，我們全家11口人作禮拜，唱詩，讀經，禱告，每個人分享。我們全家信主，來幫忙的我小妹高魯靜也在我所在的舊金山基督之家第二家受了洗。我們既有家庭的愛，又有主內的愛。萍也盡情享受這愛，並把她的愛給每一個人。回來後，二女兒高陽編輯了一本《夏威夷之行》的書，裡面萍所有的照片都在笑，是發自內心的笑，是嬰兒般的笑。可惜，萍生前沒有看到這本書，但她親身經歷了這一切。

129 臨終關懷

萍自旅行回來後，情況每況愈下，但她還堅持給孩子們做吃的。7月初，居然又包了一次粽子。林醫生說，放療，化療，吃標靶藥，吃最新研製的藥物，一切方法都試過了，但萍的癌細胞很頑強，正常人血中的癌指標是0—5，但萍的達到了2, 900，肝裡的腫瘤連成了一片，只剩下10%好肝。她要萍轉到「臨終關懷」，這是中國人的翻譯，美國的意思是特殊護理，為減少疼痛，使病人活得更舒服一些，生活更有品質。我們和由一位醫生，一位護士，兩位社會工作者組成的臨終關懷團隊談了。醫生說：我們一進來，病人就有一個很大的微笑，有甚麼特別的原因嗎？我們說，萍總是這樣，到哪兒都是微笑，從不愁眉苦臉。社工幫我們租了電動床，萍躺着可舒服一些。

萍越來越不行了，痛得厲害，也不能起來了，吃不下東西，人瘦得皮包骨，但兩條腿腫得像水桶。大夫說，若腫到肚子，人就完了。8月11日，她昏迷過去，我們馬上送急診，發現是尿道炎，嚴重脫水。醫院給輸了液，看萍又活過來了，就叫我們回家。回到家，我和潔好不容易把她放躺下，她掙扎著又起來。問她幹甚麼，她說「要幹一點兒活兒。」她在昏迷中，還念念不忘這個家，還要幹一點兒活兒。我整個崩潰了。

130｜向神呼求

到了8月12日早上，萍吃不進，喝不進任何東西，嘴唇變黑了，嘴裡全是血，嗓子裡呼嚕呼嚕的。我和兩個女兒束手無策，只能跪下來為她禱告。她也跟我們說「阿門！」，她不讓我們哭，說「人都有一死的。」她在昏迷當中，忽然抬起身呼喚「主耶穌，主耶穌，我是蕾萍，我向你呼求，你聽到了嗎？」反覆呼求了十多遍，人又陷入昏迷。正如詩篇20篇9節：求耶和華施行拯救，我們呼求的時候，願主應允我們！

中午我到樓上小酣，聽到有電話聲，下樓來，陽告訴我，「你們教會譚長老來了」。我很奇怪，她怎麼來了？譚長老說，她心裡有強烈的感動，一定要馬上來看望蕾萍。她女兒大腸癌，三次病危，都搶救過來了。水腫一直腫到頭，硬得像石頭，但現在居然能走路了。她說，萍一定要馬上送醫院，她現在這樣發燒，昏迷，可能今晚都過不去了。我告訴她蕾萍向主呼求的事，譚長老說，「呼求蒙主垂聽了。」我說，「所以上帝派你來了！」

131｜緊急送醫

我們原來約好了臨終關懷的人，他們送來了氧氣機等設備，還要下午來。我們打電話問教會一位姊妹，她母親肺癌剛剛過世。她說，接受了臨終關懷，就放棄了搶救的權利，連打911都不可以。我和兩個女兒禱告，我們決定放棄臨終關懷，馬上打911。不到五分鐘，一輛救火車和一輛救護車呼嘯而至，七、八個大漢把萍抬進救護車。隊長告訴我，像她這樣尿道炎，嚴重脫水，又餵不進任何東西，發高燒，昏迷，不送急診，人馬上就過去了。他們說，救護車只能載病人，叫我們自己隨後去醫院。

兩個女兒各開一輛車趕到我們平常去的舊金山凱撒醫院。急診室的護士說，沒有這個病人，說她昨天來過，不過已回家了。她再瞭解一下，發現萍被送往了南舊金山的凱撒醫院。我們連忙趕去南舊金山的凱撒醫院。萍已被收住院。萍嚴重脫水，尿道炎，發燒，昏迷。經大夫搶救，輸了四瓶藥液，人活過來了。不同的醫師來檢查她，居然還有吞嚥及語言能力的醫生。

孩子們正放暑假，大女婿帶兩個孩子在明尼蘇達州，二女婿帶兩個孩子在加拿大多倫多。聞訊都拼命往回趕。大女婿帶着兩個孩子晚上10：30才趕到，經請示醫生，叫馬上見面。孩子們看到婆婆這樣，都失聲痛哭，萍不讓他們哭，叫他們早點回家，準備開學了。有人說，幸虧救火隊送錯了醫院，否則，在舊金山不可能收她住院，因為急診室走廊上都是病人。我說，上帝給我們的總是最好的。臨終關懷的的護士在萍剛被救護車接走，就打來電話，當她知道萍已被送急診時說：「這或許是天意」。二女婿帶兩個孩子，也在次日下午1：30趕了回來。

132｜一週生命

上帝又給了萍一週的生命，美加各地的親友都到齊了。她哥哥，嫂嫂及他們的兒子等，從聖地亞哥過來；我哥哥及他女兒從加拿大多倫多過來；我二姊從亞特蘭大過來；我大妹妹從華盛頓DC過來。我家兄弟姊妹七人，五人來看萍。我小弟及小妹之前來看過她。在那一週，萍精神清醒，談笑風生。還經常要招待人，請他們坐下，喝水，吃水果。她用手摸我的臉，我說這幹什麼？她說，「擦乾了眼淚往前走」。外甥笑道：孃孃還挺有詩意，挺幽默。正如經上記著，「上帝也必擦去他們一切的眼淚。」（啟示錄7章17節下）萍經常拉着我的手，貼在她臉上，表示她對我的愛，依戀和她的不捨。急診室一位印度醫生說，他從醫30年，在急診室工作20年，從未看過這樣的肺癌病人，腫瘤全身擴散，肝中九成是腫瘤，居然還活着，他認為，應當撐不過三個月，但萍竟然活了一年半。

8月16日是星期天，我要帶二姊及大妹去作禮拜，我們先去醫院看萍，萍說，「你們多陪陪我吧，我的時間不多了。」萍自生病以來，從來未提出過任何要求，我們知道她感到自己真的不行了，決定不去教會了。萍又說，「哥哥和姪女來看我，為甚麼叫他們在家裡待着？」我們回家去接哥哥。我們在醫院一直陪着萍。僅回家吃了晚飯，又趕回醫院。萍已戴了氧氣面罩，有壓力的氧氣使她很不舒服，她要說話，我和二女兒高陽一人拉着她的一隻手。她費力地說，「我信主耶穌，叫哥哥和姪女也信主耶穌，兩個人。」她幾乎是拼了命喊出來的。我和高陽都說，我們聽到了，一定轉告哥哥。我流着淚說，萍，你臨終前仍不忘傳福音的大使命，我一定繼承你的願望，餘生要好好傳福音。

133｜奇異恩典

8月18日，醫生說，萍的器官衰竭，醫治已無任何意義，建議拔管，我和女兒禱告，商量的結果，我們同意。下午3:00多，親人們全在她身旁，把維生系統的管子全部拔下，電視監視屏幕也全部關閉，只留下滴注的嗎啡。孩子們向她告別，大家唱「奇異恩典」。管子拔下時，萍大概用盡了生平的力量，睜開了眼睛，想再深情地看上孩子們一眼。丹紐和索菲亞都說「我們看見婆婆睜眼看我們了。」孩子們捨不得婆婆，一直不肯走，到很晚才離去。晚上，原先分裂的教會的牧師及另一個教會的執事竟一起來了，坐在我的左右手，好像一家人。萍的去逝，竟也促進了教友們的團結。

8月19日凌晨，我和二女兒看到大女兒留言，說萍的血壓已降至最低，人還活着，我們趕緊去醫院。醫生說，拔管後，最多3至5個小時，人就會走了。但萍已堅持了十幾個小時。醫生說，這種情況很少有，病人竟然有這麼頑強的生命力。他們把萍轉到四樓大房間，可以看到日出，設備齊全，還為我們準備了豐盛的早餐。

萍還一直活着，一位護士說，她可能在等什麼人。我想，她也許是等譚長老。我馬上給教會人打電話，請他們告訴譚長老。一會兒，凌牧師送譚長老過來了。我們全家人也到齊了。譚長老拉着萍的手禱告，奇怪的是，萍的嘴唇慢慢變白了，也停止了呼吸。潔說：媽媽走了！看看時間，是3點18分，正是她的生日3月18日。全家及牧師和長老在側，她走得安祥，走得尊嚴。一般拔管後，3至5個小時，人就會走了，萍竟然堅持了24個小時。萍，我的好伴侶，你安息吧。

萍最後階段，外甥說，我看孃孃像耶穌。高陽也說，媽媽走前特像耶穌。甚至連我們用棉花蘸了水抹她的嘴唇，都像耶穌在十字架上，有人用海絨蘸滿了醋，綁在葦子上，送給他喝。這正如保羅說的，「我活着就是基督，死了也有益處。」（腓立比書1章21節）也如哥林多後書3章18節所說：「我們眾人既然敞着臉得以看見主的榮光，好像從鏡子裏返照，就變成主的形狀，榮上加榮，如同從主的靈變成的。」

134 | 追思無限

她的遺體告別儀式是8月28日下午4：00，在殯儀館的教堂。追思禮拜在8月29日下午2：30，在三藩市國語浸信會。這是她的遺願，因為她是在這兒受洗的。兩次都非常圓滿，非常感人。這也是萍人格的魅力。她曾說「在世上，我沒有仇人。」她愛所有的人。尤其29日的追思禮拜，能容納120人的教堂，竟來了170人，歷時兩小時，出席者都非常感動。有未信者說，我也要信主了。兩次追思會，有四位神學院院長出席。

在萍的追思禮拜上，我唸了自己寫的一首詩，懷念蕾萍，詩如下：

蕾萍我摯愛，已榮歸天家，息世間勞苦，安樂在主懷。
一生扶持我，默默付出多，家中乃棟樑，高家好媳婦。
與我結連理，夫妻情意深，分居隔千里，愛情無間隙。

侍候公與婆，周到含愛心，養老且送終，極至有孝心。
自我到美國，父職母兼任，細心呵護女，工作成就深。
有了四孫兒，心中極歡欣，十八般武藝，超級婆婆任。
最愛種花草，分享朋友們，百花競爭艷，色彩多繽紛。
我去讀神學，你扛重責任，外兼多份工，家務重若輕。
自當師母後，實踐主戒命，夫妻皆同心，神州做主工。
復旦研討會，陝師主培訓，走遍江南北，專心傳福音。
發現肺癌時，已到最末期，全身皆腫瘤，骨裂痛徹心。
醫生已束手，你心仍平靜，一切交托主，微笑面人生。
今年六月份，全家赴夏島，相聚一週整，兒孫身邊繞。
拜訪一教堂，火山下巋然，門前合影照，頭上靈光現。
生命到盡頭，你向主呼求，神派天使來，囑務必留醫。
神賜一星期，美加親友齊，話語仍幽默，使命牢記心。
生命到盡頭，拼命喊出聲，我信主耶穌，兄長要信從。
囑我擦乾淚，向前奔天路，親人皆環繞，你安祥往生。
我的好伴侶，我摯愛的妻，走上屬天路，今後必相逢。

135｜神蹟不斷

臨終前像耶穌，相關經節竟然記載在哥林多後書3章18節。3．18這個數字，在我生命中竟反覆出現。2016年春天，我參加美福神學院的約旦、以色列聖地旅行團。到了以色列，我從接待單位看到，原來我們的旅行團叫「3・18美福聖地旅行團」我覺得萍與我同行。今年9月份，我參加絲綢之路旅行團，團號中竟然又有3，18的數字。我知道，主耶穌在以此安慰我。

萍臨終前，一位菲律賓護士看顧了她兩個24小時，她看到我們全家如此虔誠，提出要參加萍的追思禮拜，她和她先生一起出席。她和兩個女兒也成為好友。二女兒高陽還與她分享了自己懷孕生女的神蹟奇事，那護士也結婚多年沒有懷孕。2016年1月她給大女兒發了電郵，說她在媽媽臨走前，托付她三件事，一是在天堂看到主耶穌替她問好；二是她父親也在天堂，如果看到他，給他一個hug；三是她結婚多年，沒有孩子，請萍告訴主耶穌，她要一個baby。她說，媽媽三件事都辦到了，因為她已經懷孕了。不久，兩個女兒參加了她的baby shower，之後，她生下一個健康的寶寶。

萍臨終前，跟大女說，讓孩子養個狗吧。大女兒當時不知道為什麼，但也上網去搜索。萍走後，四、五個月，孩子每天睡覺前都抱著婆婆的衣物哭。女兒才明白，原來為了減輕孩子們的痛苦。正好，從網上預訂的狗生了，但主人規定為了訓練狗狗及做必要的打防疫針等，從3月18日開始領養。不僅如此，女兒和孩子給狗狗起名叫Monkey，因為萍是屬猴的，而那年又是猴年。奇怪的是，主人也給狗狗起名叫Monkey。

萍雖走了，但將來我們在天堂會見面的。

我與妻和四個孫兒。萍癌症晚期化療頭髮掉光，戴的假髮。

夏威夷全家福。

國家圖書館出版品預行編目資料

一個清華學子的荊棘人生 ： 高魯冀回憶錄 /
高魯冀著.--初版. -- 臺北市 ： 華品文創, 2018.11
480面 ;17x23公分
ISBN 978-986-96633-0-4(平裝)
1.高魯冀 2.回憶錄

782.887 107016060

華品文創出版股份有限公司
Chinese Creation Publishing Co.,Ltd.

一個清華學子的荊棘人生

高魯冀回憶錄

The Autobiography of Luji Gao

Incredible Life of A Tsinghua Scholar

作　　者：高魯冀
總 經 理：王承惠
總 編 輯：陳秋玲
財 務 長：江美慧
印務統籌：張傳財
美術設計：vision 視覺藝術工作室
出 版 者：華品文創出版股份有限公司
地址：100台北市中正區重慶南路一段57號13樓之1
讀者服務專線：(02)2331-7103
讀者服務傳真：(02)2331-6735
E-mail：service.ccpc@msa.hinet.net
部落格：http://blog.udn.com/CCPC
總 經 銷：大和書報圖書股份有限公司
地址：242新北市新莊區五工五路2號
電話：(02)8990-2588
傳真：(02)2299-7900
網址：http://wwww.dai-ho.com.tw/
印　　刷：卡樂彩色製版印刷有限公司
初版一刷：2018年11月
定　　價：平裝新台幣450元
ISBN：978-986-96633-0-4

Chinese
Creation

Chinese
Creation